孔子学刊

孔子研究院　中國孔子基金會／主辦

楊朝明／主編

葉選平

第二輯

上海古籍出版社

《孔子學刊》編纂委員會

目　錄

Contents

作 者 簡 介

（按文章先後排序）

牟鍾鑒　山東煙臺人。著名哲學史家、宗教學家。中央民族大學哲學與宗教學學院
　　　　教授、博士生導師,孔子研究院學術顧問。

陳福濱　祖籍山東煙臺。哲學博士。臺灣輔仁大學哲學系教授兼輔仁大學主任秘
　　　　書、系主任,臺灣中國哲學會秘書長。

韓　星　陝西藍田人。歷史學博士,陝西師範大學歷史文化學院教授,陝西師範大學
　　　　宗教中心儒學—儒教研究所所長。

郭齊勇　湖北武漢人。哲學博士。武漢大學國學院院長,國際中國哲學會副執行長,
　　　　中國哲學史學會副會長,孔子研究院高級研究員。

胡治洪　江西奉新人。哲學博士。武漢大學中國傳統文化研究中心教授、博士生
　　　　導師。

黃玉順　四川成都人。哲學博士。山東大學儒學高等研究院副院長、教授、博士生導
　　　　師,"生活儒學"宣導者。

董衛國　山東東營人。北京師範大學哲學與社會學學院博士生。

彭　林　江蘇無錫人。清華大學人文學院歷史系暨思想文化研究所教授、博士生導
　　　　師,中國經學研究中心主任,《中國經學》主編,國際儒學聯合會理事,中國社
　　　　會科學院古代文明研究中心客座研究員。

李紀祥　祖籍江蘇鹽城。臺灣佛光大學歷史系主任兼人文學院院長。

劉續兵　山東曲阜人。孔子研究院學術交流部部長。

林鶴璇　女,韓國成均館大學藝術學部部長、教授,著名舞蹈家。

李學勤　北京市人。著名歷史學家、考古學家、古文字學家。清華大學歷史系教授、
　　　　出土文獻研究與保護中心主任、博士生導師,國際歐亞科學院院士,夏商周
　　　　斷代工程首席科學家、專家組組長,中國先秦史學會理事長,孔子研究院學

術顧問。

劉　彬　　山東滕州人。哲學博士。曲阜師範大學歷史文化學院副教授、碩士生導師，孔子研究院特聘研究員。

謝向榮　　祖籍廣東五華。香港大學中文學院博士研究生、研究助理，《東方文化》編輯助理，香港城市大學語文學部講師。

梁　濤　　陝西西安人。歷史學博士。中國人民大學國學院教授、博士生導師，孔子研究院高級研究員。

楊少涵　　河南桐柏人。復旦大學哲學博士，上海師範大學哲學博士後，現爲華僑大學哲學與社會發展學院教師。

林存陽　　山東濟寧人。歷史學博士。中國社會科學院歷史研究所副研究員。

宋　健　　山西晉中人。海南大學社會科學研究中心中國哲學碩士研究生。

楊朝明　　山東梁山人。歷史學博士。孔子研究院院長、研究員、博士生導師，山東孔子學會副會長兼秘書長，山東歷史學會副理事長，山東周易學會副會長。

張詒三　　山東菏澤人。文學博士。曲阜師範大學文學院副教授、碩士生導師。

李建軍　　四川大竹人。浙江大學古籍所博士後，副教授。

舒大剛　　湖北襄樊人。歷史學博士。四川大學國際儒學院院長、歷史文化學院副院長兼古籍所所長、教授、博士生導師，《儒藏》主編。

張學智　　寧夏中衛人。北京大學哲學系教授，中華孔子學會副會長，國際儒聯學術委員會副主任，《中國哲學史》副主編，孔子研究院高級研究員。

用孔子智慧守護民族精神家園

——牟鍾鑒先生專訪

李文娟 整理

整理者按：改革開放以來,中國綜合實力上升成爲全世界共同矚目的焦點,國人的文化自信力逐漸增強,開始重新審視自己的祖先文明。如何從中國古代精神文化中汲取智慧,以及如何守護中華民族精神家園成爲衆人關注的新視角和新話語。去年盛夏,《孔子學刊》編輯部一行拜謁牟鍾鑒先生,就此問題進行專題採訪。當時,牟先生正在中央民族大學"985 工程"民族宗教研究室,因胃病纏身面容消瘦,又忙於工作與會議更顯憔悴,我們實不忍心打擾。牟先生與楊朝明主編是多年老友,先生雖疲憊但依然笑聲爽朗。整理者曾從學于牟先生,先生是我們求知、做人的榜樣,同窗岑孝清說："我眼裏的牟老師,是一個有中國氣質的哲學家。他是一個大象無形的儒者,謙和可親的長者,望青勝藍的導師。"牟先生智慧與深邃的解答,或許能爲我們的思想打開一片"天窗"。

一、"新三教"的融合已經顯示出生命力

孔子學刊(以下簡稱"學刊")：牟先生,您對儒、釋、道三教的關係有著很深的研究,在"儒釋道交融與中國傳統文化"學術研討會上,您曾經提到：當前這種新的文化格局爲"新三教"(傳統文化、西方文化、社會主義文化)時期,我們應從"舊三教"(儒、釋、道)關係史中吸取經驗和智慧,正確地解決好"新三教"的互動互融,創造出新的中國文化。在此基礎上,您是怎樣看待"新三教"今後發展方向的呢？

牟鍾鑒先生(以下簡稱"牟先生")：這確實是我的提法。現如今儒、釋、道在中國逐漸融合成爲了一種大的文化,即中華傳統文化,當然內部保持著差異。社會主義文化是主導,中華傳統文化是根基,西方文化是營養,組成了現今社會的"新三教"。這

裏的"教"指的是廣義的,是一種能夠對社會進行教化的思想體系。以前的儒釋道在相處過程中,有一個很好的經驗,它們彼此之間不僅是和諧的,而且互相吸收,彼此漸行漸近。這樣講,是相對於西方亞伯拉罕體系的三大一神教來說的。猶太教、基督教和伊斯蘭教有著共同的先知——亞伯拉罕,但是它們的關係漸行漸遠,甚至很難和平共處。我們中國的儒、釋、道三教則不同,儒家是孔子創立的,佛教是外來的(兩漢之際,由印度傳入中國),道家是老子創立的,它們來源不同,但是卻彼此學習,越走越近,甚至達到"你中有我,我中有你"的狀態。在這種情況下,純粹的"儒",純粹的"佛",純粹的"道"實際上已經找不到了。這樣互相滲透的結果,就是共同繁榮發展。以前有個詞叫作"三教合流",這個也可以適用於"新三教"。

"新三教"有過一段時間關係比較緊張,其中有各種社會原因。近代帝國主義列強侵略中國,西方文化是強勢的,以至於中國有一部分人對西方文化產生反感,實際上,他們反感的不是這種文化本身,而是反對列強侵略、欺侮中國。當然,也有一部分人贊成全盤西化。社會主義文化進來以後,我們主要是學習蘇聯。蘇聯式的馬克思主義有一個缺點,今天來看就是強調階級鬥爭。斯大林有一個觀點:"社會主義社會階級鬥爭越來越尖銳。"這種觀點實際上是很錯誤的,但是受它的影響,中國有一段時間人為的"階級鬥爭"不斷加劇。這在文化上導致了社會主義的自我封閉,認為西方文化是資產階級的,傳統文化是封建主義的,所以,西方文化和傳統文化受到排斥,受到批判。與蘇聯、東歐搞翻關係以後,就認為它們是修正主義,統統加以否定,出現了"批判封資修"運動。在這種情況下,三者的關係能不緊張嗎?其實,這種做法對於社會主義、馬克思主義很不利。因為馬克思主義經典作家指出,馬克思主義要發展必須吸收人類文明全部成果。社會主義不是一種孤立的文化,它要吸收人類文明成果才能壯大起來。

改革開放以後,情況就不同了。特別是十一屆三中全會以來的實踐,認識到建設中國社會主義的規律,提出"走自己的路,建設有中國特色的社會主義"的科學論斷。中國特色的社會主義才是我們認同的社會主義,中國化的馬克思主義才是我們認可的指導思想。而中國特色的社會主義必然要與中華優秀文化相結合,必然要以開放的心態吸收世界各種文化成果。這樣一來,新三教關係就改變了。現在總體來看,不同文化之間的關係是比較和諧的。當然,這種和諧關係是和而不同的。胡錦濤同志在黨的十七大報告中強調指出,要"弘揚中華文化,建設中華民族共有精神家園"。這與以前"批孔"時代把傳統文化歸結為"封建主義"完全不同了,現在已經意識到,中國傳統文化凝聚著中華民族的強大力量,是創造智慧的源泉。但這也不是簡單地全盤肯定,要取其精華,去其糟粕。

儒家文化是中國傳統文化的主幹和底色,這是改變不了的。儒、釋、道三教之中,儒家是主導,如果沒有儒學,也不會有三教合流。中國化的佛教主要受儒家的影響。道家以前等同於社會的一個"旁觀者"、"局外人"、"批評者",後來受儒家的影響,道家和道教也逐漸參與社會活動,成爲三大精神支柱之一。總體來看,中國傳統文化的核心格局就是"儒家主導,佛道爲輔",佛道兩教受儒家的影響,同時儒家也在吸收佛道。儒家有時表面上反對佛道,但實際上是在吸收佛道理論中的精華,才有了新儒家——宋明理學。

今天來看,"新三教"是以中華傳統文化爲民族主體文化,這也是改變不了的。社會主義傳到中國來近大半個世紀,在社會與文化發展上起火車頭的作用,它講的是社會正義,共同富裕,民衆爲主,其實這些和儒家思想具有共通之處。今天中國特色社會主義所强調的以人爲本、社會和諧,就是吸收了儒學的精華而形成的理念。對於西方文化,今天不再像以前一樣統統作爲"資本主義文化"來"批倒"。現在我們的文化是開放的,對於西方文化的精華,包括管理、科技、民主與法制,以及一些人文的內容,我們都可以吸收。"新三教"之間的文明對話也越來越頻繁,首屆尼山論壇的主題就是儒學與基督教的對話。

學刊: 隨著文化交流的增多與深入,當今世界各種文明之間會不會呈現出像中古時期儒、釋、道之間融合的態勢?

牟先生: 當今世界主流文化可以概括爲"四大文明":基督教文明、伊斯蘭教文明、儒家爲代表的東亞文明、印度教文明。這些多元文化的融合需要長期努力。努力的難點在於其中的亞伯拉罕體系,因爲它是一神教,其原教旨主義都具有强烈的排他性。我們崇尚的是"至上神","至上神"是百神之長,手下還有文臣武將。而亞伯拉罕體系的宗教是一神教,崇拜的神是"絕對唯一神"。在這種情況下,會出現以下現象:有些信主的人,甚至會認爲別的神就是"魔鬼"、"異端";還有一句話叫"基督以外無拯救",即全世界的基督徒承擔著解放全人類的義務,各國人們都得信基督教才能得到拯救。要按這種說法,其他的宗教就無法存在或被取代,這樣一來很容易引起宗教衝突。原教旨主義流行,文明對話就困難。還有,社會達爾文主義在主導世界政治,西方發達國家用生存競爭的叢林規則來處理民族國家關係,形成霸權主義,激出恐怖主義,所以文明衝突連續不斷,而文明對話步履維艱。

這種情況怎麼克服? 現在,有一些自由主義神學家正在反思,認爲這樣(排斥其他"神")不行。"梵二會議"以後,天主教開始主動倡導同全人類宗教對話。孔漢斯等人提出世界與全球倫理,在倫理方面找一個最底線。這種趨勢越來越强,不過還不是主流,世界文明之間的溝通接近比中國儒釋道融合要難得多,要漫長得多。

我們生活在中國應該感到很慶幸,因爲文化有多元通和的傳統。如果中國只有一種文化反倒沒有生命力,有各種文化存在,雖然異質性比較强,但是它們匯合在一起,能夠激發出更强的生命力。中國有"和而不同"、"和爲貴"、"中庸之道"、"仁者愛人"等傳統觀念,有孔老夫子奠定的"文化基因"深入到我們的骨髓裏,一講"和諧"大家都高興,一講"鬥爭"大家都皺眉頭。中國存在著很多宗教,又能大致和諧相處,被稱爲"宗教聯合國",沒發生過宗教戰爭,中原地區沒有宗教裁判所,這要感謝孔老夫子奠定的貴和包容的"文化基因"。

中國人都抱有這樣一個觀念,宗教之間彼此可以友好來往,至少互不妨礙,你信你的,我信我的,進一步一個人同時還可以信幾個宗教。這多好啊!爲什麼要獨尊一教、消滅其他宗教? 在中國,很多人儒、釋、道一塊兒信,一個廟裏頭有三個教的"神",無論在大陸還是臺灣都存在這種現象。在西方是根本看不到這種現象的,教徒甚至不可以同時信仰不同的教派,如果"我"是遜尼派的教徒,就不可以再信仰什葉派。現在有些國家情況有所改觀,必要的時候宗教可以改信,但是不可以兼信。中國人被稱爲宗教的"混血兒",一個人信點儒,信點佛,信點道,這有什麼不好呢? 現在有些老百姓都搞不清楚自己信的是哪個教門的,教門對他們來說不重要,重要的是求得衆神保佑,多多益善。

在中國,"新三教"的融合已經顯示出生命力。社會主義曾經"極左",一度找不到出路,導致"文化大革命",天怒人怨,搞出很多人爲的"大災難",最終這種方式被大家所拋棄。後來,社會主義與中國文化結合起來,改革開放以後又和西方文化結合起來,現在已經初步取得成功。中國經濟、社會發展這麼快,原來只有"亞洲四小龍",現在我們這條"大龍"也起來了。現在我們講"改革開放"、"與國際接軌",向世界學習;講"以人爲本"、"和諧社會",接續中華傳統,形成有中國特色社會主義的內容。我們不敢說在美國如何,在歐洲如何,我們敢說在中國這塊土地上,"新三教"能夠做出一個榜樣,會比較快地融合。

二、世界文明轉型不能搞"社會達爾文主義"

學刊:隨著全球化進程的發展,各國文化之間的交流與對話逐漸增多,時值各大文明相互調適、相互吸收、相互融合之時,您認爲中國傳統文化將如何作出貢獻?

牟先生:中國講"和諧"社會,主要資源來源於孔子和儒學。中國領導人講話,能打動人的話都是用的中國傳統文化的語言,其中特別是儒家的語言用得最多。因爲她有魅力,她有影響力,她符合實際。2008 年,我身體好的那個時候去新加坡,看南洋孔教會播放一段錄像,內容是溫家寶總理在新加坡國立大學作演講,溫總理明確講和諧思想主要來源於孔子和儒學,整個演講過程都在表達"兼容並蓄"、"有容乃大"的儒家思想。

楊朝明:是的,2006 年胡錦濤主席在耶魯大學的演講也是如此。中國的政治領袖們對中國傳統文化充滿了自豪與熱愛,他們就是中國文化的代表者。

牟先生:已經是這樣,而且老百姓也高興。社會主義與中國文化結合在一起,這就是帶有中國特色的社會主義。中國文化具有很強大的力量,任何文化進來,她早早晚晚都會使它改變,變的更和平、更和諧、更仁慈、更寬容。以前的很多例子都能說明這個問題,任何外來文化傳進中國,哪怕幾十年強勢流行,並試圖把中國文化消解,但早早晚晚都會被"融化",不是它把中國文化"化"掉,而是中國文化把它"化"掉。當然,在這個過程中,外來文化由此提高了文明程度,中國文化也由此更加豐富多采。

我認為,今後世界文明轉型不能搞"社會達爾文主義",弱肉強食,鬥來鬥去,你死我活,把生物學的規則用在人類社會上就要出問題,這樣的話,人類就很危險了。弱肉強食的生存競爭,這種觀念還在支配著西方一些政治家的頭腦,認為"我是一個強大的國家,我就應該享受全世界最多的資源以維持一種最好的生活",別的民族和國家是從屬性的,要聽我的指揮,為我服務,不聽話的要打壓征服。他們的頭腦中沒有"天下一家"的思想,這種社會達爾文主義還在起作用。競爭是應該的,但要公平競爭,弱肉強食就不應該了。

世界要想得到可持續的發展,將來只能走"和而不同"這條道路。事實上,如果我們談論《中庸》,談論《大學》,或者談論中國的古典哲學,"和諧"都是非常非常重要的一個辭彙,而"和諧"意味著尊重差異、包容多樣。費孝通先生關於文化自覺有十六字名言:"各美其美,美人之美,美美與共,天下大同。"這個思想非常好,要有民族自尊,同時民族之間也要互尊,用一種開放的態度對待其他民族的文化,最後"美美與共",這些美好的文化走到一起,就是一個多元和諧的世界,這個世界就大同了。

三、中華文化的"根基"還在老百姓之中

學刊:目前社會上出現了以"自我"為中心、人情淡漠、"拜金"、"炫富"等不良觀念和言行,國家相關部門也作出淨化社會文化環境、對低俗電視節目堅決叫停等舉措。您對於這種社會現象及國家採取的應對措施怎樣看待?

牟先生:應該承認,目前社會道德風尚極爲糟糕,功利性太强。社會不再有"禮儀之邦"的氣象,而只是要"守住道德底線",目標降到最低要求,社會道德處於崩潰的邊緣。現在電視上的法制節目,很多是家庭成員之間打官司,兒女之間或與父母之間爭房子、爭遺產。還有關於弒親滅門的報道,更慘不忍睹。這就是多年反傳統造成的惡果,把最基本的"父子親情"都破壞了,一旦這樣,家庭倫理就喪失了。過去有一段時間,我們在理論與文藝宣傳上把革命與傳統完全對立起來。例如有的歌曲唱的是:"天大地大,不如黨的恩情大;爹親娘親,不如毛主席親。"把"天"、"地"、"爹娘"都取消了,這是不應該的。表面上看這些歌是歌頌黨的,但是它就應了那些反共主義說"共產黨不要父母,不要祖宗"的讕言。"文化大革命"就是社會主義的極端主義。一個是"極左"政治的衝擊,另一個是後來的拜金主義的衝擊,大大削弱了中華傳統美德的影響力,我們今天嘗到了它的苦果。我們現在的共產黨講的中國特色社會主義是溫和的社會主義。爲什麼溫和? 因爲接受了孔子思想。同時國家大力弘揚中華文化,培養文明風尚。爲了挽救道德良知,建設和諧社會,到處都在樹立典型,宣傳英雄,表揚先進,這是必要的,但不能解決根本問題。

在這種情況下,我們應該怎麼辦? 我認爲,有一個根本辦法,那就是把以前掃除的中華傳統美德恢復起來,特別是把儒家闡釋的五常八德恢復起來。我多次說過,"三綱"一個也不能留,"五常"一個也不能丟。仁、義、禮、智、信,具有超時代性,是做人的常道。八德:孝、悌、忠、信、禮、義、廉、恥,是中國社會的普遍倫理。當然需要做出新的解釋。它們雖然被誤作爲"封建道德"受到否定衝擊,但作爲民族精神生活元素已進入百姓血液之中,並世代相傳,根基還在。因此在意識到問題嚴重性的同時,我們對社會道德建設也不要失去信心。中國老百姓經常會議論"某個人孝不孝",這就是傳統道德觀的表現。現在社會上又在强調忠孝誠信禮儀廉恥,意在宣傳新"八德"。實際上,中國人的基本道德規範根本離不開儒學,離開了以後就會在文明人與野蠻人之間徘徊。我們現在要做的就是,如何把這個"根基"培植起來,使它煥發生機。

楊朝明:是的,連外國人都認識到了這一點。聯合國教科文組織泰勒博士曾說,在過去的 2 500 年,人類社會的基本需要變化之小令人驚奇。當今社會在很大程度上仍立足於孔子所確立和闡述的很多價值觀念。這些價值觀念超越國界,超越時代;屬於中國,也屬於世界;屬於過去,也會鑒照今天和未來。這才是孔子思想對當今世界的意義。所以,孔子了不起,關鍵就在於他思想學說的超越性。

牟先生:雖然那個時代沒有互聯網,也不懂英文,但是孔子把人生、社會最基本的東西看透了,有些東西即"人生常道",無論何時何地都是離不開的,離開了也可以,但是社會就會不正常，不健康，多痛苦，多災難。

如果大家不需要這個東西，那麼任憑誰也恢復不了。我對社會道德建設還是有信心的，爲什麼呢？就是因爲這是每個人本性的需要，大家都想過一個健康的人生，想在一個秩序、文明的社會中生活，這就必須遵守"人生常道"。我個人的生活態度受到兩家影響，一個"儒"，一個"道"。儒家告訴我怎麼修身齊家、盡社會責任，即"成己成物"；道家告訴我怎麼從容生活、自我調適，即"道法自然"。我覺得很受用，這樣生活得很愉快。

四、兼顧孔子的"偉大"與"平凡"

學刊：隨著科技的發展，人們汲取知識不再依賴單一的紙質書籍和媒體，現在人們似乎更喜歡有衝擊力的直觀的視覺感受。與此同時，儒學傳播的途徑也越來越多，您認爲怎樣表現才更能讓人們接近認識孔子？

牟先生：首先，要兼顧孔子的"偉大"與"平凡"，多體現他的智慧。但是他又是一個有血有肉的人，而不是不食人間煙火的"神"。其次，對他的形象要全面把握一下，他是一個政治家，又是一個教育家，更是一個思想家，是個多才多藝的人，這方面不能偏頗。再者，用孔子一生的經歷來讓大家瞭解他的時候，要注意幾個方面，如在不同時期他的活動中心不一樣，他一生是一個曲折的過程，另外也要注意他和學生、周圍的政界及有名士人的關係。

我很贊成立體化地、豐富地、多層面地展示孔子形象。咱們以前的研究太局限性了。如果用單線進化論和科學主義、自由主義這樣的眼光來看的話，孔子思想是專制主義，是落後的、過時的。現在看來，要多學科、交叉地來看待孔子及其思想，不能單純地把他歸結爲教育家、哲學家，他是一個大思想家，同時又是一個政治家，他的思想裏面涉及政治、經濟、哲學、倫理、藝術等方方面面。古代的一些偉人或代表人物，都不是單一方面的專家，而是一個多層面的人物。所以，我們應該多元化地來展示一個真實的、豐富的、有血有肉的孔子形象。

只有多學科、交叉地研究，才能透徹地認識儒家思想。比如，以前我們很少從宗教學的角度來研究儒學。儒家當時稱呼神靈崇拜不叫"宗教"，而叫"神道"，其主要觀點是"敬鬼神而遠之"、"祭祀報本"和"神道設教"。我有一篇談"儒家的宗教觀"的文章，我稱儒學爲"溫和的人文主義者"，它以人爲本，不熱心於鬼神之道，但又不反對宗教，我們今天爲什麼不能繼承呢？對於這個觀點，我專門寫了一篇文章《中國的社會主義者應當是溫和的無神論者》。不熱心神道的孔子卻主張"敬鬼神"，荀子和王充都是無神論者，卻重視祭祀的正面作用,認爲可以崇德繼孝,可以報功修先。歷代的大多數社會管理者都懂得"神道設教",善於把各種宗教納入社會控制系統和文化教育系統,使宗教成爲社會穩定的因素。這種歷史智慧值得我們借鑒。無神論可以溫和,有神論也可以溫和。一旦有了溫和的無神論,溫和的有神論,溫和的社會主義及溫和的資本主義,世界就和平了。

孔子去世後,歷代帝王爲彰顯對孔子的尊崇,不斷追封追謚。唐開元二十七年(739),玄宗李隆基封孔子爲"文宣王"。西夏仁宗三年(1146)三月,西夏仁宗頒佈詔令:"尊孔子爲文宣帝,令州郡悉立廟祀,殿庭宏敞,並如帝制。"元朝大德十一年(1307)成宗加銜"大成至聖文宣王"。明朝世宗嘉靖九年(1530)尊"至聖先師"。清朝順治二年(1645)世祖尊"大成至聖文宣先師"。1935年,國民政府尊"大成至聖先師"。由"王"最後定爲"師",可以說"師"的稱謂比較符合孔子。他不是一個"神",而是一個"人",但他又不是普通的"人",是一個"聖人",是一個"偉人"。我們現在既反對把孔子變成一個不食人間煙火的偶像,也反對把孔子變成一個普通的人,比如"喪家狗"這種詞,把"聖人"變爲常人,這種做法聽起來是要把孔子請下神壇,似乎訴諸理性,但要害是否定孔子的崇高。要去神秘化,去帝王化,但不能去神聖化。孔子是普通人,但是平凡中蘊含著偉大,他和"你"、"我"不一樣,他是中國文化的代表,我們要抱有一種崇敬的、敬仰的、嚮往的心理。

"五四運動"以來,新"三教"的融合與調整需要一段歷史過程。因爲當時中國落後,很多人難以接受中國一個堂堂大帝國落到衰敗不堪的地步,所以提出要革命,要改革,這是對的。但是文化激進主義占了上風,以批判和否定爲主,不能冷靜地對待自己的民族文化,由此形成了一種反傳統的傳統,根深蒂固,以至影響到今天有些學者還是這種心態。這些學者從這個框子裏跳不出去,腦子裏全是"階級鬥爭"、"進化論"、"自由主義"等一些西方的話語,使他有一種偏見,始終不能夠全面地、理性地看待孔子。所幸的是,這種批孔思潮再不能像以前一樣作爲主流思潮來左右輿論。現在在社會民衆裏面,在社會各界,大部分人對孔子是肯定的、尊敬的,這是主流。還有一些人會因爲"文革情結",甚至更遠的"五四情結",對孔子抱有抵觸情緒和很深的誤解,這是不可避免的。但回歸中華文化傳統,找回和守護民族精神家園,已是大勢所趨,民心所向,成爲新的歷史潮流,是任何力量都無法改變的。

五、用儒家的精神辦儒學的事業

學刊:作爲一個儒學研究的初學者,很想爲儒學的繼承與發展盡綿薄之力,可是有時候研究不得法,讀了很多書,走了很多彎路,卻感覺肚子裏空空如也,在學習和研究方面,您能爲我們介紹一些治學經驗和方法嗎?

牟先生:孔子距離我們已經 2 560 年了,現在我們只能根據與他相關的書來瞭解。我覺得有兩點需要注意:一個是"讀"。我們要對儒家的經典,特別是《論語》進行精讀,當然也要看一些現代人的注釋,多參考一些,盡可能地把握與文本最接近的意思,在這個過程中,要去掉很多後來由於各種偏見而誤讀的內容。二是要與自己的人生體驗、精神境界的提升結合起來。現在不能要求自己做"聖賢",這個要求太高了,但是讀孔子的書應該要求自己做個"君子",不要做"小人"。

儒學是生命的學問。儒學不像物理、化學那樣是純知識,它能提升個人的人生境界,能夠增加生存的智慧,能夠讓人成爲更成熟的、對社會更有益的人。我贊成王陽明講 "知行合一"的觀點。如果達不到"知行合一"的境界,至少要在生命中有所體驗,否則那個"知"雖然看起來頭頭是道,但不是"真知",還只是停留在口頭上和紙面上,還是不瞭解其精義。

楊朝明:作爲研究孔子儒家的學者,只有"知行合一"才能真正把握孔子思想,我們要從基本的東西做起。先生曾經說到這麼一句話,我印象比較深刻。當時咱們在济南參加會議,晚上散步時,您說到:"這個國家誰都可以腐敗,當老師的不能腐敗!當老師的可以腐敗,研究孔子儒學的人不能腐敗!"

牟先生:對。當時中國孔子基金會改選,我當選爲副會長,在發言時我說過:"要用儒家的精神辦儒學的事業。"如果勾心鬥角、爾虞我詐,又在宣傳儒學,別人會覺得你虛偽。研究儒學的人若沒有道德,只會敗壞儒學。

學刊:牟先生能否對孔子研究院今後的發展提幾點要求?

牟先生:我非常希望孔子研究院越辦越好。現在與孔子研究相關的機構越來越多,北京大學、清華大學、中國人民大學、山東大學、四川大學等一些院校都成立了以研究儒學爲主的國學院、儒學院,遍地開花,各有特色。我認爲,孔子研究院處在孔子的家鄉曲阜,曲阜這個"聖城"不是人工打造的,是歷史形成的,像麥加、耶路撒冷一樣,是不可取代的。我希望咱們秉承孔子和儒家的精神來辦好孔子研究院。同樣,處在"聖城"的孔子研究院也有希望成爲研究孔子和儒學不可取代的中心。

政治理想、儒家文獻以及中西對比

——陳福濱先生訪談錄

王希孟 整理

【編者按】 第三屆世界儒學大會期間，應孔子研究院學刊編輯部邀請，臺灣學者陳福濱先生特抽出午休時間接受了採訪。陳先生就儒家政治理想、儒學典籍、儒耶對比等問題提出了諸多見解，良有裨益。錄音整理後已請陳先生過目，今刊載於次，以貢獻於更多讀者。

一、儒家之政治理想

王希孟(以下簡稱王)：陳先生好！堯、舜在儒家道統譜系裏佔有極重要之地位，先生如何看待他們實行的禪讓制度？對於禪讓制後來被家天下取代，孟子的解釋是"天與賢，則與賢；天與子，則與子"。陳先生如何看待這一觀點？

陳福濱(以下簡稱陳)：堯舜的禪讓制度是一種公天下的制度，先秦並不像秦以後的大一統，在大一統之前，大概是從部落的共主中去尋找領導者，堯傳給舜，舜傳給禹，這是一個公天下的政治局面，大禹本想把王位傳給治水有功的益，後來大家覺得啟也跟著父親治水，也有他的功勞在，爲何一定要傳給益，而不傳給兒子啟？後來傳給了啟，開始了中國家天下的局面。從這一角度來看，我個人覺得：一個有德的人，被推舉爲領導者，當他把這個心用"公"的方式處理的時候，很容易就實行禪讓，可是自從血緣的親情倫理建構出中國第一個朝代以後，幾乎都是傳子，或者兄終弟及。兄終弟及也好，傳子也好，都不是禪讓。

我想孟子當時講"天與賢，則與賢；天與子，則與子"，應該說他是從天命的角度來看這一問題的。從天命的角度來看，該誰的就是誰的，但是人間的帝王如果不能把天下治理好，天也不會給你。不管是周天子也好，諸侯王也好，都會有這些問題存在，孟子生當周末，當時還有天子，他必須面對政治現實，所以他這樣講。我覺得孟子不會贊成從血緣親情倫理建構出來的這種父一定要傳給子的概念，如果一個領導者，他能夠保民而王，能夠"五畝之宅，樹之以桑，五十者可以衣帛矣；雞豚狗彘之畜，無失其時，七十者可以食肉矣"，如果讓百姓"仰足以事父母，俯足以蓄妻子，樂歲終身飽，凶年免於死亡"，誰做天子都一樣，如果做不到，就不合格。孟子曾經對梁惠王說："王何必曰利，亦有仁義而已矣。"如果上下交征利，天下一定大亂，我認爲孟子暗中的意思，更贊成"天與賢"，給有德者。

王：多數學者認爲儒學是因著漢代的獨尊儒術這一政治行爲才成爲中國文化的主流，陳先生如何看待獨尊儒術？在今天，儒學可以離開政治的支持而單獨存在麽？儒學與政治將來會是何種關係？

陳：獨尊儒術可以從兩個角度來看：一方面，獨尊儒術奠定了一個思想一統的基礎；但從文化的多元性來講，獨尊儒術是專制主義的一元文化。漢代以後，就難以開出像先秦諸子百家爭鳴那樣一個大的文化格局。可是是否獨尊儒術以後中國對於別的學問就不注重了呢？並不一定如此。譬如說除了儒家，道家也是非常盛行的，尤其是戰國晚期的稷下學所帶出來的所謂《黃帝四經》到《淮南子》，再到《河上公章句》，到《老子指歸》，到《老子想爾注》，一路下來，道家有很大的轉折，政治上轉化成爲黃老之術，宗教上轉化爲道教，學術上轉入魏晉玄學，這一支也很興盛。

不可以簡單地說，獨尊儒術後中國只是儒的學問而缺乏別的，漢代很清楚，外儒而內道，外儒而內法，儒道相合，儒法不分。爲了在封建體制之下便於領導，所以以儒爲主，儒家講禮，上下君臣都要守禮，儒家的東西就很容易被接受，裏面涉及到政統的問題，學統的問題，道統的問題，還有一個正當性即正統的問題。獨尊儒術的優點是便於統治，缺點是當一元文化取代多元文化後，多元文化容易被扼殺，很難具有多元文化的色彩。

關於第二個問題，我認爲儒學一直與政治具有關聯性，學而優則仕，仕而優則學，讀書人可以做官，做官之後可以回歸故里，繼續設教，做學問教孩子。在中國整個歷史上，我覺得宋朝是最可貴的，因爲宋雖然被認爲是最積弱不振的朝代，但是北宋160年，南宋150年，300多年的歷史，雖然軍事等各方面是最弱的，可是爲什麽能夠如此長久？我認爲與儒學大有關係。宋朝的整個君王，太祖、太宗以下，沒有不重視儒學的，從周敦頤到邵雍，到張載、二程，一路下來。金、元這麽強，元打金用了不長時間，可是打宋用了這麽久，如果沒有深厚的儒學，政治和國家怎麽會被支持？

從這一點看，政府重視儒學，會對國家的發展有極大的影響，就像大陸目前各地成立國學院,尤其是孔子學院的發展,會把中國古代重要的精神給帶出來。蔣介石到臺灣以後,非常重視中國傳統文化,一直沒有鬆懈過,當大陸在搞"三反"、"五反"、"大躍進"以及"文革"的時候,臺灣正在復興中國文化,大談孔孟之道,成立孔孟學社,創辦《孔孟月刊》,等等,這都與儒學有關。我個人覺得儒學對政治有安定的作用。

在中國,政治與學術一直無法分離,最悲哀的是學術一直都變成政治的幫傭。學術並不能夠改變政治現實,即使想要改變,也會非常辛苦,可能受到各種壓迫。古代有很多政治迫害,儒生能做什麼? 終究來講,讀書人大多是政治的幫傭,讀書人為了自己一時的功利而去幫助領導者,滿足他的需要,對或不對很難說,可是為了現實生活,從古到今一直如此。但是,真儒所表現的精神就不是如此。

宋立林(以下簡稱宋):儒家還有一個傳統,從孔子開始,理想就是入世、救世,一直想通過介入政治來促進社會發展。真正的大儒,包括董仲舒,想以天來制君,但很難操作,只是美好的理想。

陳:政治是管理眾人之事,從《論語》中可以看到,孔子不願意做一個獨善其身的人,他要去兼善天下,孔子畏於匡時說:"文王既沒,文不在茲乎? 天之將喪斯文也,後死者不得與於斯文也;天之未喪斯文也,匡人其如予何?"孔子很具有使命感與責任感,這種使命與責任,是為了除自己以外的其他人,孔子有這種胸襟,但孔子沒有非要做官,他是可仕則仕、可藏則藏的。可是現實政治人物,一般都是想名利雙得,得不到就與別人對立,得到了就附會於他,這樣是不對的。

若董仲舒沒有死掉,活得更長的話,會喟然而歎,因為他的以民隨君,以君隨天的觀念根本難以落實。天人相應,出現什麼日食之類,皇帝會怪罪到大臣頭上,皇帝下罪己詔,宰相會說都不是你的錯,是臣子沒有做好。天人相應沒有用。先秦儒家了不起的地方在於天人合德,從盡心言性的角度談心的善、性的善。道德主體做得夠麼? 不夠,要盡心知性知天、存心養性事天,然後達到天人合德。孔孟講天人合德,可是漢代更注重天人相應,帶動了揚雄、王充等反對天人相應的思想家。

關於儒學與政治將來的關係,我認為一直都會有關聯,因為政治畢竟要靠著學術來幫助,學術在中國來講,幾乎就是儒學。儒學對政治有絕對的幫助,儒學在於塑造有品德的人,沒有人做不了事,沒有人才不能做大事,沒有人品則只能做壞事,儒學會幫助政治走得更清明,可是如果一個人的儒學造詣不足,可能會把儒學當作謀取功名利祿的工具,一旦變成工具,這個學問就失掉它的原意了。孔孟都不是把學問當作工具的,不論政治怎麼走,如果儒學不能建構在德性倫理的基礎上,不一定會好。

二、傳統文獻與新出文獻

王：宋代的時候，朱子將《中庸》與《大學》從《禮記》中抽出，合《論語》、《孟子》爲四書，陳先生認爲《中庸》在四書中有何特殊位置？《中庸》裏說：“誠之者，人之道也。”這對人生有何價值？

陳：《中庸》一直隸屬於經典當中，被特別突出的時候是宋朝初年，像周敦頤等，視《中庸》、《易傳》爲最重要的形上著作，周敦頤就將誠的概念注入到《易經》當中，變成一個道德形上學，從那以後，《中庸》、《易傳》一直很被重視。我們在談論孟子性善，漢代卻沒有人講人性是善，董仲舒認爲天有陰陽，人有貪仁二性，仁貪之氣兩在於身，他從氣的角度去談人性，從“唯上智與下愚不移”，從“中人以上，可以語上也；中人以下，不可以語上也”的角度去談性三品，去談以性統情以及性善情惡，到揚雄講善惡混，到王充學世碩講有善有惡，這些都不是孟子的系統，反而接近告子與荀子的“生之謂性”，所以佛性進來，將之取代。

爲什麼會出現這種狀況？因爲都沒有注意到孟子的觀念，《盡心篇》說的盡心知性知天、存心養性事天，除了道德主體，還有一個天，《中庸》講得最好：“天命之謂性，率性之謂道。”當宋明理學家再談心性問題的時候，不再單從道德主體的我來說，要回歸到天，周敦頤是從天道講到人道，是本體到宇宙論的問題，然後從人道還契於天道，通過“聖人定之以中正仁義”、“主靜以立人極”才能夠達到。《中庸》很自然地被重點解讀，不一定只講到《論語》、《孟子》就夠了，《中庸》與《大學》都很重要。我在澳門發表過一篇文章：《中庸的科學精神與人文精神》，《中庸》的價值很豐富，不只是人文意涵，更有一些科學價值在裏面。關於誠之體與誠之用，《易傳》講得好：寂然不動、感而遂通，寂然不動是誠體，感而遂通爲誠用，體用貫穿，價值就出來了。

王：近年出土了很多文獻，諸如馬王堆帛書、郭店簡、上博簡等，引起學界注目，陳先生認爲出土文獻的最大價值在哪里？杜維明先生認爲郭店簡出來後，哲學史應該重寫，此話在何種意義上可以成立？

陳：《論語》中就說文獻不足徵，正因如此，過去寫哲學史也好，寫思想史也好，可能都是片段的，或者在寫的時候就照著古經典籍、照著古史的內容去寫，可是我們在讀《漢書·藝文志》等記載的時候，發現有很多書名，但內容已經失傳。由於出土文獻出來，改變了我們的很多看法。像《黃帝四經》以及《性自命出》、《太一生水》、《緇衣》等，都很有價值。再比如說《五行》，我們現在講五行就是金、水、木、火、土，可是《孟子》裏面就已經講了仁、義、禮、智、聖，荀子非議子思與孟子的"案往舊造說，謂之五行"。這個五行是哪種五行？ 通常說黃帝以下就有五行論，爲何《詩經》沒有，爲何《易經》沒有？《書經》裏面只有《甘誓篇》、《洪範篇》有，《論語》沒有，《孟子》沒有，《老子》、《莊子》沒有，那五行如何去解釋？ 很明顯出土文獻對理解荀子批評思、孟的五行很有幫助。

另外，出土的《老子》很多字句不一樣，我們怎麼去懂它？ 我們大都受王弼影響，可是他之前的太多東西，我們並沒有讀到。關於思想的東西，在不同的地域，被不同的人學習的時候，會有些改變。郭店出的甲、乙、丙三本《老子》，從外在形式講，有尖形的，有圓形的，有方形的，内容上也有不同，出土文獻可以幫助我們釐清我們原來的某些認知，至少可以證明我們在某些看法上的不足。

河北定縣曾經出土《文子》，歷史書上常提到《文子》，大家都沒見過，出土時，大陸剛剛開放，經濟條件不是很好，於是找到我幫忙，大約需要五萬人民幣。我答應了，但提出一個條件：定縣出土的文字要拍攝下來，雙方各自保存一份。後來在臺灣召開"《文子》與原始道家思想研討會"，我邀請了大陸很多學者，開完會之後沒有錢出專書，於是編入《哲學與文化月刊》，那兩期後來都只剩一本，其餘都被索要光了。可見出土文獻非常值得學者們關注與研究，會引發一些對過去的哲學史與思想史的討論。

我覺得不同時代書寫的哲學史與思想史都有它的意義在。胡適之先生寫的《中國哲學史大綱》，被批判得一塌糊塗，可是胡適之先生寫的《別墨》，關於《墨經》的那一段，大家都在學著他寫。再看張立文的《中國哲學範疇發展史》，利用範疇去寫史，也有他的一套路子。再如侯外廬與張豈之，也有他們自己的寫法。臺灣的學者，牟先生有當代新儒家的系統，勞思光有他的基源問題研究法的系統，羅光有他的天主教背景理論作基礎的系統。哲學史是否會改寫並不重要，重要的是如何增添了哲學史的内容與對具體問題的新看法，而不是說過去的哲學史都不重要了，包括馮友蘭三十年代的《中國哲學史》到五六十年代的《新編》，都有它的價值。新出文獻應該說是增潤了中國哲學史的不足，可是這個不足還需要繼續再研究，因爲不同的研究者有不同的見解，同樣的一個概念，李學勤有他的看法，裘錫圭也有他的看法，不見得一致。

宋：郭店簡中有一篇《唐虞之道》，談到禪讓的問題，學術界有個看法，認爲所謂禪讓是戰國中後期出現的一種呼聲，很多學者認爲禪讓是後人的虛構。陳先生如何看待這一問題？

陳：關於是不是假託，在歷史上來講，民國初年還沒有出土文獻的時候，一些疑古學者包括顧頡剛、錢玄同等，都有這樣的看法。當文獻出來，可以證明的確在什麼時候已經有了某種制度，可是並不能說在這之前一定沒有那個制度。文獻的出土是不斷的,我們以前讀的都是王弼本《老子》,可是後來又有帛書《老子》,有郭店簡甲、乙、丙三種《老子》,讓我們可以看到在那個時代對老子的研讀,以及後來稷下學之後發展出來的黃老道家,對整個中國道家思想的影響,後來的已經不是原始的老莊。我們現在的出土文獻可以達到一個研究範圍,可是如果將來出土更早的文獻,它所代表的意義是不是更能夠呈現出來? 我並不反對現代的一些文獻學者,因為有多少證據說多少話,也許我們會對堯舜的禪讓有所懷疑,但是我們很難去證明它是假託。

宋:現在有個說法,即所謂顧頡剛難題:"不能以一部分之真證全部皆真。"從文字發展看,最早可以推到夏朝,堯舜時代應該是沒有文字記載的,只能是傳說,傳說的真實性當然大可質疑,但是沒法證明難道就不存在麼? 沒法證明並不能完全否定掉。

陳:對,沒辦法證明並不能否定它的存在。從現代語言學的角度,從邏輯上來講,任何一個東西必須證明之後才承認它,必須經過檢證,我才認為它是。那就會產生太多問題,譬如說,太陽的中心溫度高達攝氏兩千萬度,科學家可以計算出來,可是有沒有儀器可以檢證一下它一定如此? 難道說太陽的中心溫度高達攝氏兩千萬度,這句話就沒有意義嗎? 當然有意義。一個物質體,每秒鐘以 35 萬公里的速度前進,則其質與量趨近於零,世界上根本沒有這種東西。可是因為它不能被檢測,你說這句話沒有意義也不對,因為有一天,如果真的發現這樣的物質體,它的速度可以達到這樣,那如何說呢? 創造宇宙根源的某一個存有,像基督宗教中的天主也好、上帝也好,回教的阿拉也好,還有中國人講的天,都無法去證明,難道就說它不存在麼? 這裏面的問題很多,並不是一個單向的歷史研究就可以解決。

三、生命教育與中西對比

王:聽聞陳先生在臺灣開設了有關生命教育的課程,大體是關於哪些方面的? 在教學的過程中,有無關於情感的內容?

陳:大概在 1970 年代的時候,澳洲最早成立了自殺防止協會,彰顯了對生命的尊重,歐美的很多孩子喜歡嗑藥,暴力犯罪等等層出不窮,因此要注重生命。後來因為臺灣中學生與大學生,在 1980 年代,也有同樣的問題,大學生應該成熟了,怎麼也會這樣子? 應該如何看待自己的生命? 當時澳洲在做的時候,我覺得臺灣不會發生,可是沒想到只差了 20 年不到,自殺率很高,現在中國大陸也很可怕,當時我想,政府也正好在提倡生命教育,所以我就變成生命教育的種子老師,在臺灣所有的中學,很多老師都來聽我演講。

臺灣換成綠色政黨當政以後,有些不重視,我也停了幾年,但是我覺得生命教育必然要不斷去推動,最近四年,政府又開始注意到這個問題,我們經常巡迴演講,談生命的內涵與意義,人與人之間應該如何互動,如何把生命教育的課題納入大中小學教育,生命教育不是單獨一門課程,而是在不同的課程裏面,把生命的意義融進去。比如說《遊褒禪山記》,不只是文字意義的解釋,更重要的是後面的義理,這裏面生命的意義是什麼? 比如我們講《醉翁亭記》,歐陽修如何看待他的生命,這裏面生命的意義是什麼? 我們在教生物課、地理課、歷史課時都有這些問題在。

自孔子立"仁"以爲人極,人類之價值得以發顯,人性之尊嚴得以證實,人生之意義與目標亦得以確立,蓋"仁"爲生命之和諧體,是人本來具有的先天的一種真誠樸實、不執著的生命本質,同時仁也是愛惜生命,是真實而具體的生命存在情境,因著人的仁心,使彼此間能愛人,以彰顯對他人存在價值的肯定與生命的尊重。

若說教育可以使人獲致精神的提升,也能使人邁向精神自由的圓融境界,在這提升的過程裏,任何人都不得犧牲別人來成就自己,這未嘗不是仁心的具體實現。只有互相尊重、關懷及包容別人,才能獲致一種合理性的提升,孕育出完美及圓融成熟的人性。

教育的目的在於培養兼具理性與感性的生命個體,就是身、心、靈都能成長,希望受教者身體、心理都健康,使知情意相涵互攝、和諧平衡,除了智性的提升,要讓受教者成爲一位具有審美能力的生命存有,注重儒家詩教對於情緒的轉化與提升,重視樂教的陶冶心靈,兼顧學生靈性、情性、及詩性等的提升。

儒家在情感處理上非常棒,我覺得儒家、道家、佛家都有這種精神,叫悅樂的精神。《論語》講"冠者五六人,童子六七人,浴乎沂,風乎舞雩,詠而歸",多愉快的心情啊。道家如果不是物我同體、道通爲一的話,如何把魚當作自己,如何像大鵬一般逍遙自在。這些都表現了悅樂精神,佛家也是如此。蔡元培先生強調美育,其實還有宗教的問題,達到知情意行的統一。

王:西元 1993 年,亨廷頓發表了著名的《文明衝突論》,認爲將來的衝突是文明間的,而不是意識形態的。陳先生認爲耶教文明與儒家文明能否共處?

陳:我認爲基督教文明與儒家文明之間要相輔相成、截長補短,儒家文明很重視家文化,帶動了血緣親情倫理的建構,講究父慈子孝兄友弟恭等等,西方在這方面沒有我們做得好。可是基督教文明卻有些地方值得我們學習,就是教會,他們有像教會那樣的家。當進入教堂做彌撒、做禮拜的時候,不會因爲地位低,那低的位置就一定是你的,誰先到誰愛坐哪個位置就坐哪個位置,晚到了剩下的位置就是你的,進去以後沒有位置就站在後面,不因爲你是總統、是企業家就特別,這裏面有一個平等的觀念,人都是平等的。儒家文化在這方面有些薄弱,同樣,家文化的血緣親情在西方是比較弱的,最好能夠截長補短。克林頓就講,如果美國人都如同中國人講孝道、講倫理,那美國的社會一定非常安定;同樣,我們如果學到西方教會的平等觀,人與人之間不應該是宰制與被宰制的關係,應該是互相尊重的關係,這樣人性的尊嚴才會被凸顯出來。中國人常常是不太講尊嚴的,所以做大臣做老百姓永遠被踐踏在君王或者領導者底下,朕就是法律、朕就是天。

我在輔仁大學,本身也是一個基督徒,寫過很多文章,比如《孔子的仁與基督的愛的會通》,比如《良心與仁愛之全球化之芻議》。劉述先先生去年在臺灣大學作主題演講,有關基督教文明與儒家文明的會通,是我做的點評,後來我們的對話發表了。以前沒有會通的時候都覺得自己最好,其實需要會通,最有名的例子是利瑪竇,利瑪竇到中國之後,讀了不少古書,思考天主教如何在中國生根,思索如何把儒家的天與天主教相應內容做一個結合,包括明朝末年的徐光啟、李之藻都很有見解,可是由於禮儀之爭,產生了從康熙到乾隆到道光一百年的鎖國。閉關自守的同時,西方世界發生了工業革命、商業革命等,中國還在做著迷夢,後來被迫加入世界體系,並一蹶不振,基督教文明與儒家文明要對話,宗教之間本身也要對話,對話的結果可以是截長補短的,互相學習對方的優點。

四、哲學轉向與傳統復興

王:晚明顧亭林、黃梨洲、王船山三位學者,似乎有一個哲學轉向,較爲重視事功,甚至反省傳統制度,這種轉向有何意義?

陳:我想這跟宋明理學的整個發展有所關聯,宋明理學發展到王陽明,它本身沒有問題,它的支系卻產生了無事束手談心性的問題。大臣受到學術影響,遇到國家有難的時候,沒有辦法拿出有效的方式來應對。當然不能只怪大臣本身,領導者也有他的問題。明朝政治昏暗,泰宗、武宗、光宗、熹宗,到思宗崇禎皇帝,一路下來,只怪罪到晚明理學的思想發展。東林學派的顧憲成說"風聲雨聲讀書聲,聲聲入耳;家事國事天下事,事事關心",調和朱、王的思想,要去改變學術,可是學術是政治的幫傭,當學術的東林發展到政治上的清議,很多不得志的人會附會到東林去,君子會附會,小人也會,造成東林黨與非東林黨的黨爭,國家的政治越來越下滑,好人也沒有了,壞人也被鬥得差不多了,最後把家人先處理掉,自己也慷慨就義了。

單純的心性之學無裨於國計民生,王心齋或者是李卓吾這批學者,不是學問不好,不是不能在心性上提升人,可是人畢竟不都是讀書人,人畢竟有差異。整個國家民族走向這樣一個境地的時候,外族進來了,這三位學者不願意做外族的大臣,認爲要改變現實,就要講事功。可是我覺得事功絕對不是西方的功利主義,是說學問要用之於事業當中,就像我們唸哲學,哲學如果不能坐而言、起而行的話,那就是空談,所以懷特海講:"哲學不是安樂椅上的學問。"不是安樂椅上的學問就代表哲學不是苦思冥想,而要實踐出來。《老子》說:"一曰慈,二曰儉,三曰不敢爲天下先。"不是告訴我們慈是什麼,儉是什麼,不敢爲天下先是什麼,而是要在生活當中把它實踐出來。

三者在實踐上是很重要的,比如顧炎武,認爲要採山之銅,而不要鑄舊銅,如果你不斷地對一個事物有新的認知而去做實踐的時候,你會發展得越來越好,如果因循守舊,如何去進步呢? 這三位學者都有這樣的胸襟,尤其是顧炎武。王夫之不做官,可是成就了大的學術志業,從學術志業中我們可以看出他們並非爲了做官而去把書唸好,而是思索如何把書上的道理用到政治與現實生活裏面,所以他們講經世致用,如果學問不能影響到政治,那就無所謂"用",也就是要以經議政。後來發現連這個也做不了,因爲領導者根本不聽這套,閉關自守,被迫加入世界體系了,於是反省到公羊春秋學對我們的重要性,在此情況下,出現了莊存與、劉逢祿、魏源,以至於梁啓超,連孫中山都是這一系的人。

我覺得這三位學者完全是當明朝末年,國家衰微的時候,思想的反正,即是說學問之道不是苦思冥想,不是空談心性,不是對經濟民生無所裨益,而應該是使百姓受惠。還有一個,談心論性,談到政治的時候,不小心就很容易被殺頭,雖然那時候文字獄還不是很厲害,可是我相信他們要避開。像顧炎武的《天下郡國利病書》,鼓勵人如何去實踐。王夫之寫《宋論》與《讀通鑒論》,創造出歷史哲學的觀點,我覺得很獨到。經世致用,逐漸走向以經議政,在現實中如何落實到不是爲議而議,而是落實到改革,即使戊戌變法、百日維新很短暫,但有歷史的價值與意義在。同樣,三位學者絕對有存在的意義與價值,不只是對理學的反省,譬如他們主張理欲合一,道器合一,我覺得他們的眼光是比較遠的。

王:最近在中國大陸興起了國學復興潮流,種種聲音中有批評也有讚揚,批評者以其爲浮躁的表演,贊同者以爲其對民族精神的凝聚有很大作用。自具體方式而言,有些學者提倡讀經運動及恢復古禮運動,陳先生如何看待這些復興國學的形式?

陳:如果我們失掉了一樣東西,又想再次得到,無疑證明這一東西是很寶貴的。大陸在文革前後,很多東西都失掉了。現在在社會的安定狀態之下,必然思考如何更久遠地持續下去,自然到中國的古經典籍裏面去找尋出路。我們的文化當然靠我們自己,如果我們的道路不能在過去的經典中有所根源與依據,而一味地學習西方,不見得是可行的。

中國文化當中有好的一面，也有不好的一面。我們要保有好的一面，但不能成爲形式的表徵，而應該落實到小學教育、中學教育與大學教育，不是做給人家看，大陸的大學不一定非要成立一個國學院，才表明重視國學。比如我們認爲中國是體育強國，因爲可以得很多金牌，可是絕對不是體育大國，體育大國應該是全民普及體育，變成國民生活的一部分，大陸並沒有做到。同理，國學應該普及於全國，才是真正的國學復興，如果只是在大學設立一些國學院或孔子學院，那不是國學熱，只是標榜某種意識形態。

讀經運動很好，臺灣一直在實施，孩子們讀經，也許當時並不十分懂得經意，後來到了國中，也不見得就懂，可是隨著年齡漸長，就會體會"事父母幾諫。見志不從，又敬不違，勞而不怨"的涵義，體會出侍奉父母，不是完全的順從，而是要做到真正的敬慕，這樣《論語》就慢慢地表現出它潛移默化的影響了，如果讀經運動普到中小學會更好，更有堅實的基礎，而不應該僅僅是大學。

至於古禮，則不是那麼重要，因爲禮是隨著時代而改變的。今天難道還要女人裹小腳的禮麼，難道還要講究指腹爲婚麼？現在這個時代，有些禮是必然要有的，能夠因循著某些禮在今天爲我所用，就由著他，如果不能用，就不必鼓勵。古代要女人三從，守節的給貞節牌坊，有這麼偉大的母親當然要表揚，可是有的還沒有當媽媽，丈夫就不見了，夫家不准再嫁，這樣並不合理。再如女人裹小腳，是男人的自私心，大門不出二門不邁，只有男人可以走到蘇州河畔，這是不好的禮。

禮要合乎時代的現實，要因時制宜、因地制宜。不可一切依照古禮而行，比如古代結婚講究納采、問名、納吉、納徵、請期、親迎等六大步驟，現在要麼？現在只剩下親迎這個環節，主要應重視雙方的情感與夫妻的和睦。具體的禮節隨著時代的變化而改易，但總體說來，不論什麼時代，都應該富而好禮。大陸的經濟逐漸變好，越來越富有，但不要忘了禮數與教養。曲阜本是很有文化傳統的城市，可是車輛與行人完全沒有禮，沒有自我節制與尊重他人，富了但沒有禮也是不好的。此外，隨地吐痰、亂扔煙蒂等等，都體現了文化的劣根的一方面，魯迅常常批評的一些東西，有些在今天還存在。

孔子儒家與中華民族共有精神家園的重建

韓　星

一、精神、精神家園、民族精神家園

何謂精神？《辭海·哲學分冊》說："指人的意識、思維活動和一般心理狀態。宗教信仰者和唯心主義者所講的精神，就是對意識的神化。唯物主義者常把精神當作和意識同一意義的概念來使用，認爲它是物質的最高產物。"①實際上人們往往把它與物質相對而稱。

中國古代的"精神"是指天地萬物的精氣、活力，一種奇妙難言的作用，一種事物運動發展的精微不顯的內在動力。《周易·說卦傳》上說："神也者，妙萬物而爲言者也。"萬事萬物所顯示出來的獨特的具有靈性的狀態，就是古人所謂的"精神"。

"精神"還有更深一層的意思，我們可以從中國古代文獻中概括、提煉出來。"精神"作爲一個完整的詞，始見於《莊子·天道》："水靜猶明，而況精神！聖人之心靜乎！天地之鑑也，萬物之鏡也。"又說："須精神之運，心術之動，然後從之者也。"在古代中國哲學中，人的精神亦稱爲"神明"。《莊子·齊物論》還說："勞神明爲一。"《荀子·勸學》："積土成山，風雨興焉；積水成淵，蛟龍生焉；積善成德，而神明自得，聖心備焉。"《荀子·王制》："聖王之用也：上察於天，下錯於地，塞備天地之間，加施萬物之上，微而明，短而長，狹而廣，神明博大以至約。"以上神明都與精神基本同意，是指人的一種獨特的思想意識和心理狀態。

---

① 《辭海·哲學分冊》，上海：上海辭書出版社，1980年。

現在一般意義上的人的精神就是指人的信仰、理想、信念、倫理、道德、追求、憧憬等,毛澤東曾經說過:"人活著總需要一點精神。"一個人離開了精神就會意志不堅,縮手縮腳,畏葸不前,難以成就大事業;一個國家,一個民族離開了精神就會被人欺侮,受人淩辱,遭人侵略,積貧積弱,難以應對大災大難,更難得以强盛。

精神家園,是一個漫長而又古老的命題,自從人類誕生的那一天起,人們就在尋找,而現代人的精神困惑越來越嚴重,對精神家園的渴望也越來越强烈。精神家園爲我們提供心靈慰藉、精神歸屬和終極關懷。作爲個體來說,每一個人都要有精神家園,這大概是人與動物的區別之一①。蘇軾有詩云:"此心安處是吾鄉。"一顆心能安頓處處皆爲故鄉。"吾鄉",即人的精神家園。所謂人的精神家園,就是人的精神、心靈獲得安寧、得以安頓的地方。有了精神家園,人就有了安頓感、溫馨感和幸福感,人的生活才有意義;不然,他的生存就有可能是動物性的,他的生活可能就充滿漂泊感、陰冷感和痛苦感,是沒有意義的。一個民族也是這樣,必須有一個精神家園,不然,這個民族就不成其爲一個民族,就喪失了作爲民族存在的精神依據,成爲一個生理意義上的群體存在。因此,精神家園是一個民族生命的寄託和精神的依歸,它反映了一個民族經過漫長的歷史積澱所傳承下來的特有的傳統、習慣、精神、心理、情感等。精神家園是民族生命的精神母體、民族創造的精神源泉、民族凝聚的精神紐帶、民族奮進的精神動力。

精神家園問題,核心就是人崇高的形而上問題,即人活著爲什麽? 它關乎著做人的根本原則和基本道理,涉及到人的終極關懷或本體論追求問題。解決了這個問題,人的精神就有了"支柱",安身立命就有了"根據",感情、心靈就有了"著落",也就是說,人的精神家園問題就解決了。

精神家園主要包括精神生活、精神支柱、精神動力和精神信仰四個方面。

人不僅僅是動物,所以人不能僅僅滿足於物質生活,他還要追求精神生活。一般情況下,物質生活滿足了,人或者去追求豐富而高尚的精神生活,或者沉湎於物欲而不能自拔,而絕大多數人也許就是滿足現狀,渾渾噩噩,並不再去追求更高層次的精神生活。相反,宗教信仰者、苦行者則反感、厭倦了物質生活,放棄舒適的物質生活甚至是最基本的物質需要,去追求一個純淨的精神世界。我們傳統的儒家比較走中道,追求物質和精神的平衡發展。生活中必不可少的是人的精神。沒有了對理想的追求,失去對明天的期望,拋棄對生命真諦的探索,這樣的生活是蒼白的,也是沒有意義的。

一個人,如果沒有自己的精神支柱就等於沒有靈魂,生命就會委頓,甚至活不下

---

① 用中國傳統的說法,天地之間人爲貴;用西方的說法,人爲萬物之靈長。

去；一個民族、一個國家，如果沒有自己的精神支柱就等於沒有靈魂，就會失去凝聚力和生命力。我們要全面建設小康社會，實現中華民族偉大復興，尤其需要弘揚民族精神，構築精神支柱。

一個人要維持生命，不斷工作，進行創造，沒有物質的能量補充固然不行，但人之爲人更在於精神動力，作爲一個人要生活下去必須要有精神動力。沒有精神動力的人可能精神委靡，渾渾噩噩，鬱悶無聊；一個民族也是一樣，需要有持續的精神動力。民族的精神動力來源於民族精神，黨的十六大報告指出："民族精神是一個民族賴以生存和發展的精神支撐。一個民族，沒有振奮的精神和高尚的品格，不可能自立於世界民族之林。在 5 000 多年的發展中，中華民族形成了以愛國主義爲核心的團結統一、愛好和平、勤勞勇敢、自强不息的偉大民族精神。"通過弘揚和培育民族精神，才能爲中華民族的偉大復興提供强大的精神動力。

人的現實生存有很大的局限性，人們往往不能滿足於現狀，於是有超越的追求，有精神信仰的需要。精神信仰，主要是指人的哲學意識和宗教意識狀態，因爲這兩者較其他思想意識而言更具有宇宙觀、世界觀的指導作用。由於精神是存在於人的頭腦中的客觀物質，是頭腦思想活動的產物，是建立在自然和社會認識基礎上的思維狀態，而信仰則是精神活動對理想的超現實價值的目標指向，所以，精神信仰就應該是人的意識穩定指向超現實價值的一種精神狀態。簡單地說，精神信仰就是作爲自己行爲準則的哲學觀和宗教觀。人的精神信仰可以是多元的，例如有人是馬克思主義者，共產主義者，有人就是基督教徒，佛教徒。因此，精神信仰可以分成理性的信仰和宗教的信仰兩大部分，當然這個劃分只是相對的，理性的信仰當中往往也具有很强的宗教色彩，如共產主義信仰；宗教的信仰當中也不乏理性的因素，如佛教等。

中華民族共有精神家園是中華民族認同和尊崇的安身立命、靈魂安頓和精神歸根的家園。中華民族共有的精神家園是民族生命力、創造力、向心力、親和力的源頭活水；是民族不畏艱險、團結奮進、科學創新的精神力量；是民族唯變所適、生生不息的動力。[1]

二、建設中華民族共有精神家園的
現實意義和歷史意義

在經濟全球化不斷加速、文化影響力日益增强的今天，建設中華民族共有精神家

---

[1] 張立文：《弘揚中華和諧文化　建設中華民族共有精神家園》，《光明日報》，2008 年 4 月 22 日。

園不僅具有十分重要的現實意義,而且還具有非常深遠的歷史意義。

精神信仰危機已被公認爲現代社會普通存在的基本問題之一,被視爲一種"現代性"(modernity)現象。人們可以看到,現代社會的信仰危機已然成爲一種普通現象。無論是先進的現代化國家和地區,還是後發的現代化國家或地區,抑或在某些具有嚴格統一宗教文化傳統的國度,都在不同程度上經受著精神信仰危機的衝擊。

當今中國人精神信仰問題已經到了非常危險的狀況,目前中國的精神病人有一億多,主要來自沒有宗教自由的精神危機。國人普遍缺乏信仰,在物欲中急急如喪家狗,沒有目標,跟著感覺任意遊走在一個沒有規則的社會裏,正義不見了,相互逼良爲娼。正如有學人不無憂患地指出的那樣:

> 一百年來中國文化崩潰,中國人的生命不能通過儒家文化所體現的超越神聖信仰與價值來安頓,出現了現在中國人心靈飄蕩無處歸依的普遍現象,這就是我們現在大家都普遍感到的中國人信仰空虛、價值虛無、生命荒謬、意義失落的現象,這一現象爲中國的各種怪力亂神提供了溫床,也是可能造成中國社會動亂的一個深深的隱憂。①

> 信仰的饑渴正在折磨著我們,一切危機中最根本的危機就是信仰危機。……信仰的饑渴正在折磨著我們。正是這種饑渴感使得我們內心漸漸萌發了尋找信仰的願望。……當然,更爲嚴重的問題還是今日中國人的內心生活。無論是所謂的上層精英還是下層百姓,從整體而言,已經喪失了生活的總目標,喪失了生活的真正的理由;我們只有眼前最直接最功利的一個個具體的生活目標,就是這些目標讓我們像無頭蒼蠅一樣盲目地奔波忙碌;我們沒有了判斷善惡是非美醜的標準,沒有了追求正義、真理和光明的目標與動力,沒有了確立人與自然、人與社會、人與人、人與自我之間關係的最高準則;實際上,我們已經沒有了真正的內心生活,沒有了人之所以成其爲人的精魂。正是在這個意義上,我覺得我們的生活出了毛病,出了真正的根本意義上的毛病。②

這樣,就導致了大量的中國人皈依各種宗教,甚至邪教。比如說法輪功,還有民間准法輪功,如農村傳播非常屬害的"東方閃電"是 20 世紀 90 年代初從邪教組織"呼

---

① 蔣慶:《儒學在當今中國有什麼用?》,2006 年 7 月 15 日在鳳凰衛視"世紀大講堂"上的講稿,未刪節本,華夏復興網。

② 摩羅、余傑等:《我們時代的精神困境——關於信仰問題的對話》,天涯之聲 www. tianya. com. cn。

喊派"分化演變而來。教主趙維山自封"能力主",歪解《聖經》中"閃電從東方發出,人子降臨也要這樣"等語句,編造"全能神是唯一真神,以東方女性的形象再次道成肉身顯現"等邪說,打著基督教的名義,認爲河南的一個女神是"道成肉身"的最後一位"基督",要在中國"做王掌權"。其教義宣揚現在是全能神的時代,一切要聽從其旨意,才能避免災難。以農村爲主要活動地域,以農民和信教群衆爲主要對象,秘密傳播,20 世紀 90 年代開始,從河南由南向北傳播,先後傳到陝西、內蒙古、山西一帶,繼續向新疆、寧夏、甘肅等地大肆滲透。另外,據筆者遇到的情形來看,在陝西農村有半秘密狀態的"基督教曠野傳教",吸引了許多農民。他們的内容與中國傳統文化的孝道和傳統禮儀有著衝突。在我們的大學校園,我也曾經碰見有大學生向我傳基督教,一個清純可愛的女孩真誠地邀請你加入他們的活動,一塊兒讀《聖經》,體驗與基督溝通的感受,據說這在大學生、研究生當中相當普遍,只是沒有辦法作詳盡準確的統計。傳統的道教、佛教也越來越興盛,而天主教、基督教在當代中國已經成爲最有影響力的外來宗教。據香港孔教學院院長湯恩佳先生的統計,天主教在祖國大陸平均每三天建兩間教堂,基督教在祖國大陸有一萬五千間教堂、三萬五千個傳教點,洋教教徒已有一億多人。近十分之一的中國人信基督教對中國文化不能不是一個巨大的衝擊,因爲中國人自古以來的生命信仰主要是以儒家文化爲主,道佛爲輔,而近代以來儒家文化式微,基督教乘虛而入填補了中國人很大的信仰空間,中國人自己傳統的信仰空間正在受到排擠而日益縮小,這不能不引起我們的嚴重關切與思考。可以想見,如果幾億中國人的頭腦都信了基督,不再講傳統禮儀,不講人倫道德,不講孝悌之道,我們還是中國人嗎? 正是基於精神信仰對一個民族和國家的重要性,所以近年來不少人對中國人的精神危機表示關切和憂慮,同時思考解決的辦法,探索未來出路。

現在,胡錦濤總書記在十七大報告就關係到中華民族整體復興在文化方面提出了"弘揚中華文化,建設中華民族共有精神家園"的提法,溫家寶總理在 2008 年的《政府工作報告》中也提出要加強文化建設,滿足人民日益增長的、多樣的文化需求。這些都是高瞻遠矚的,是順應時代潮流的。黨中央提出通過弘揚中華文化來建設中華民族共有精神家園,並把它作爲我國文化建設一項戰略任務,充分體現了我們黨在新的歷史條件下對繁榮發展民族文化的高度自覺和強烈的歷史責任感。從中華民族共有的精神家園高度來提出弘揚中華文化,不僅是對中國文化本身的肯定,更是對中國文化功能的提升,使我們爲之一振。如何對待中華文化的問題這不是一個小問題,而是近代以來文化爭論過程中一個大是大非的問題。近代以來,我們開始批判傳統文化,特別是囿於現代與傳統二元對立的思維模式和各種各樣的先見、偏見,對傳統文化否定多於肯定,造成了幾代中國人對自己文化傳統的無知和輕慢。如現在大家最頭疼的是教育不好家裏的"小皇帝",這可能有許多原因,但是從爺爺奶奶到爸爸媽媽連《弟子規》都不知道,不懂得教育小孩的基本規矩和做人處世的基本要求,能教育好孩子嗎? 中國科學院院士、華中科技大學前校長楊叔子教授在《高等教育的五重五輕》①一文中說:"1982 年我在美國的一個大學訪問,有幾位華人教授跟我講,內地教育有個缺陷,什麼缺陷呢? 內地的留學生,ABC 很好,XYZ 也很好,也懂得美元、英鎊,就是不太瞭解長城、黃河,也不太瞭解文天祥、史可法,一點也不知道《史記》、《四書》、《資治通鑑》,請問這種學生畢業出去以後能不能爲中華民族服務? 我認爲他們提得非常好,非常深刻,也非常生動。"這是我們的教育出了問題,不能把傳統文化傳承下來,轉化爲學生的基本精神素質。雲南師大教育系曾小英教授在《世界性儒學復興與當前我國教育改革》②中談了她自己的親身體驗:"筆者從小在批判封建禮教、打倒孔老二的社會氛圍中長大,從小養成了一種崇尚西方科學、鄙視傳統文化的心態。直到本人碩士研究生畢業在大學從教 10 年之後,受到政府委派在美國做訪問學者期間,思想才發生了變化。我在外國朋友家裏,看到了他們對中國傳統文化的敬重;從外國人寫的書裏,我瞭解了許多自己全然無知的東西。有一次聚會,外國朋友請我介紹中國傳統文化。我的講話言之無物卻充滿了自己的批判性意見,大家聽了都露出不以爲然的神色。這些經歷使我猛省:我橫加批判的東西,是我真正瞭解的嗎? 流傳了幾千年,受到全世界最有知識的人尊崇乃至外國的普通人都願意學習的東西,難道我這個炎黃子孫反而應該嗤之以鼻嗎? 我自以爲傳統文化是現代人應破除的封建迷信,根本不懂孔子學說卻認定自己比孔子高明,這難道是科學的態度嗎? 這下我才發現了自己的迷信、無知和狂妄。於是我才虛下心來認真讀古書,用科學的態度去研究中國傳統文化。通過幾年的學習研究,我才發現,原來,中國傳統文化像大海一樣深廣無邊,而且其中埋藏著無盡的寶藏。"因此,我們不能把近代落後的責任全部推到祖先的頭上,推到傳統文化的建設者頭上。用十七大報告的話說,我們"要全面認識祖國傳統文化",增強民族文化的認同。民族文化認同與民族精神家園有密切的關係:"中華歷久彌新的璀璨文化,是全民族文化認同、文化尊崇的基礎,是民族生命智慧的源泉,是民族安身立命的支撐。否定和斬斷中華文化,搞民族文化虛無主義,那是民族衰亡之路。無文化認同和尊崇,共有精神家園就無文化根基和文化底蘊。文化認同和尊崇積澱愈深愈厚,文化認同感、尊崇感就愈具有吸引力、聚合力、親和力,中華

---

① 《中華讀書報》,2002 年 10 月 9 日。

② 載《教育史研究》2001 年第 4 期。

共有精神家園就愈美滿。"①

黨中央之所以提出這個問題,提到這樣的高度,更是深切地體察到了當今中國所存在的精神危機。這種危機具有歷史性、整體性、現代性。就歷史性來說,說短點是近代,說長點從明末清初就開始了。在明清之際中國的思想家感受到了"天崩地裂"的變化,到了清末西方列強憑藉强大的軍事力量打開了中國的大門,給中國社會帶來了千古奇變,禮儀崩潰,綱常墮毀,以西方爲主流的外來文化對中國傳統文化構成全方位的衝擊。到了20世紀30年代,山河破碎,生靈塗炭,幾乎淪爲撮爾小國的殖民地。但是,畢竟中國沒有淪爲殖民地,這就充分顯示了中華民族蘊藏的無比偉大的精神力量,儘管後來又是殘酷的內戰,又是不斷的天災人禍,物質貧乏和生命的保障都成問題,很多情況下還顧不到精神問題。1949年毛澤東在天安門城樓上莊嚴宣佈"中國人民從此站起來了!"現在我們回過頭來看那其實還只是民族肉體的挺立,精神並沒有挺立起來,甚至可以說還匍匐在地上,不然怎麽會發生"文化大革命"那樣的事情? 怎麽會使十億中國人把自己的頭腦都寄託在毛澤東一個大腦上,把自己的精神信仰都維繫在毛澤東一個人身上? 後來長期的政治運動,人與人之間的鬥爭爲主,政治的盲目熱情和思想的簡單認同,幻想與理想的混淆,使中國人的精神問題一直沒有得到很好的解決。改革開放以來,我們要在幾十年間走完西方發達國家上百年甚至幾百年走過的現代化建設道路。時間壓縮必然使社會矛盾空前集中,物質生活的豐富,空閒時間的增多,還有大量社會不公正存在,人際關係的疏離,以及社會腐敗、道德墮落、思想迷茫等,而所有這些,最後都要反映到人們的精神上來,形成内心的矛盾,使得人們的精神困惑越來越突現出來,甚至精神危機。如何解決這些矛盾,是我們必須進行著重研究和回答的時代課題。

就整體性而言,這種精神危機,不是個別現象,而是與民族文化的危機密切相關的全民族的精神危機。在現階段,中國已經出現了精神危機並且日益嚴重,一些專家警告說,精神危機或許要比經濟危機更加可怕。而目前的中國恰恰是精神危機的重災區。據媒體報道,在2009年1月16日由清華大學社會學系主辦的心理危機干預學術研討會上,記者瞭解到,近年來我國的老年人自殺問題十分嚴重,部分地區甚至有漸成常態之勢。據華中科技大學的有關研究表明,位於江漢平原的湖北省京山縣,原本具有深厚的文化傳統,如今卻是部分鄉村老年人的自殺率高達千分之一以上。有的村莊因自殺而死的老年人高達十分之三四。有些中青年人認爲,老年人不給家庭創造財富,只是家庭的拖累,晚死不如早死,早死不僅自己解脱了,也給兒女們減輕了

---

① 張立文:《弘揚中華和諧文化　建設中華民族共有精神家園》,《光明日報》,2008年4月22日。

負擔。京山縣有位老人病重，其在外地打工的兒子兒媳回來準備爲老人送終，但老人遲遲沒有去世，這對夫婦就十分惱火，說怎麼還不快死，耽擱事兒。有些老人就在這樣的氛圍中，選擇自殺作爲結束生命的手段。而農藥的廣泛使用，則爲老年人自殺提供了最方便的手段，這在當地被稱做"喝老酒"。在一些村莊，人們普遍認爲，"老人喝農藥是必然要走的路"。在這樣的文化氛圍中，很多老年人也都將自殺看做是正常的。研究者發現自殺的原因與沒有信仰有很大關係。京山縣農村上自 80 歲的老人，下至幾歲的小孩，已經很少有人相信鬼神的存在。當地人不過鬼節、不敬神、不拜祖先，將燒香拜佛、敬拜祖先視爲"封建迷信"。當問及一般村民信仰什麼時，他們的回答一半是信科學，一半是什麼也不信，只信自己、信錢。這是比較落後的農村，也許最令人感到不可理解的是這幾年大學生、研究生，甚至大學教授自殺也呈上升趨勢。中國人民大學教授、博士生導師余虹因精神危機自殺，在他 9 月 13 日的最後一篇博客文章《一個人的百年》中透露了自殺的動機："莎士比亞在《哈姆萊特》中曾提出一個無法選擇的難題：活還是不活？ 活下去就要'忍受人世的鞭撻和譏嘲、壓迫者的凌辱、傲慢者的冷眼、被輕蔑的愛情的慘痛、法律的遷延、官吏的橫暴和費盡辛勤所換來的小人的鄙視'。不忍受這一切而挺身反抗呢？ 如果死亡真像一睡了之那麼寧靜也就好了，但誰知道這一睡之後會做什麼夢？ 誰知道那死亡之地是個什麼樣子？ 也許死比生更糟？ 誰知道呢？ 因此，我們說那些活著的人和那些以死反抗的人多少都是令人尊敬的人，因爲他們有自己的決斷和承擔，而不像那個丹麥王子停留在無解的思慮中而放棄做人的責任。……在今天，要想像在一個政治化的時代堅持學術所承擔的風險已經很難，在今天要想像在這樣一個時代生活的知識分子如何度過那些斯文掃地的日子就更難了。"他用自己的生命向歷史遞交了一行一個知識分子與現世抗爭的文字。因爲無法找到精神家園，他便以唯一的尊嚴與勇氣拒絕繼續活著。看來，中國人的精神危機主要還是政治、文化等各種原因導致的。余虹教授的死不是個人的精神脆弱，而是整個民族精神危機的象徵。他的文章中有一段話特別值得我們反思："在中國歷史上，人們曾創建了一個以家庭、家族、鄉里、民間社團、宗法國家和儒家道德爲社會正義的此世之善，也創建了以各種民間信仰（迷信）和道釋之教爲靈魂依託的彼世之善。儘管這種善並不那麼善，但好歹還是一種脆弱的依靠和庇護，可悲的是，近百年來連這種依靠與庇護也幾乎在革命與資本的折騰中消失淨盡了。"顯然，他的精神危機是百年來中華民族精神家園失落以後整個國民精神危機的一個表徵。對此，作爲中華民族的一分子我深感憂慮和不安，老祖宗留給我們的許多好東西我們都拋棄掉了，以至於我們今天的中國人精神發生了這麼大的危機，連靈魂工程師的大學教授都活不下去了，這多麼可怕！ 可悲！！

就現代性而言,精神危機具有鮮明的時代性,是人類進入現代化社會的過程中產生的。現代人生活得極匆忙,如尼采所形容的,總是形色匆匆地穿過鬧市,手裏拿著表思考,吃飯時眼睛盯著商業新聞、股票熒幕,不復有閒暇沉思,愈來愈沒有真正的內心生活。現代人的娛樂也無非是尋求刺激和麻醉,沉溺於快速的節奏、喧囂的聲響和色彩的魔術,那種溫馨寧靜的古典趣味似乎已經一去不復返。現代人無論在財富的積累上還是在學術的攻求上都表現出一種前所未有的貪婪,現代文化不過是搜集無數以往文化碎片縫製而成的"一件披在凍餒裸體上的襤褸彩衣"。凡此種種,都表明了喪失信仰引起的內在焦慮和空虛,於是急於用外在的匆忙和喧囂來麻痹內心的不安,用財產和知識的豐富來填補精神的貧困①。中國自 20 世紀 70 年代末搞改革開放,80 年代中後期改革開放取得巨大進展,但政治體制的滯後,傳統的社會主義理論和精神信仰無法有效地說明現實;新的經濟力量的生成,但在社會經濟發展的同時,人們的精神受到了冷落;新的社會矛盾的出現,社會結構的變遷,社會風氣的變化,思想及價值觀念的裂變:這一切使人們的靈魂落入迷茫並在痛苦中掙扎和呼喚,引發了廣泛的信仰危機和精神困惑。不說別的,就是被作爲精神純潔之地的大學,曾幾何時也成爲思想迷茫,學術浮躁,精神危機的地方。這幾年在大學校園裏開始流行起"鬱悶"二字,在"鬱悶"二字的背後,實質上隱藏著大學生精神家園失落的現實。有學者還揭示說:"社會喧鬧,大學更喧鬧;社會腐敗,大學更腐敗;社會浮躁,大學更沒有定力。這就是我們現在面對的現實。我覺得我們中國的大學彌漫著兩種可怕的思潮:實用主義和虛無主義的思潮。所謂實用主義就是完全被個人利益所驅使,有用就幹,無用不幹。因此必然也走向虛無主義,就是除了時尚和利益之外一切都不可信,一切都不可靠,一切都可以放棄拋棄。實用主義和虛無主義就導致了大學的兩個結果:一個是知識的實用化,一切與實用無關的知識都被大學所拒絕,既被大學裏的老師所拒絕,也被大學裏的學生所拒絕;二是精神的無操守,拒絕一切精神的追求和堅守。我覺得這樣的實用主義和虛無主義兩大思潮所導致的知識的實用化和精神的無操守,是現在大學裏的兩個基本弊病。"②

中國人從來都不缺乏精神家園,因爲中華文化博大精深、源遠流長,古往今來,已融匯成一派浩瀚的巨流,在世界文化之林獨樹一幟,形成了以儒學爲核心的傳統文化,即在相容諸子百家、融合道教、佛教文化的基礎上形成的博大精深的文化體系,千百年來一直成爲中華民族共同的文化根基和精神家園。事實上,我們的傳統文化曾

① 周國平:《尼采與現代人的精神危機》,《中國青年》1988 年第 7 期。
② 錢理群:《今天大學的精神危機》,《致青年朋友:錢理群演講、書信集》,北京:中國長安出版社,2008 年。

經支撐整個民族領先世界達上千年之久,並使中華文明能夠歷經劫難一脈相承,延續下來而不中斷。德國著名歷史學家、哲學家斯賓格勒在 1918 年出版的《西方的沒落》一書中把人類文化分爲八種:埃及文化、巴比倫文化、印度文化、中國文化、古希臘羅馬文化、墨西哥的瑪雅文化、西亞和北非的伊斯蘭教文化、西歐文化。每一種文化最初都是充滿青春的活力蓬勃興起,在其根生土長的地方成長壯大,發榮繁茂,然後枯萎凋落,完成了它的生命週期。在他看來,這八種文化的六種都已經死亡了或僵化了,而西歐文化也是在劫難逃,它的衰亡乃是無可奈何的事。只有中國文化存在至今。英國著名歷史學家湯因比研究了人類歷史上從古至今的幾個大的文明系統,提出了文明生態理論,認爲文明正如生命體,它有自己發生—發展—衰亡的過程,並且反復流轉著。在人類近 6 000 年的歷史進程中,共出現了 26 個文明形態,其中有 21個得到了發展,但在長期的歷史演變中,有的中衰,有的消亡,有的裂變,有的被征服而變異,至今只有八大文明仍然存在,它們是:西方基督教文明、儒家文明、日本文明、伊斯蘭文明、印度文明、斯拉夫—東正教文明、拉丁美洲文明、非洲文明。在這八大文明當中,只有中華文明歷盡滄桑,飽經磨難,沒有中斷、沒有滅亡、沒有轉移,在艱難曲折中傳承不輟,一脈相承地發展下來的,成爲迄今爲止人類歷史上最具有持久性的文明,並且各個時代都有新的成就。在與池田大作的對話中,湯因比充分肯定中國秦漢以後兩千年"所建立的功績",讚揚"中華民族一直保持下來的美德"[①]。值得說明的是湯因比的"文明"實際上是一種以文化爲基礎的歷史形態,或者說歷史形態化了的文化。爲什麼會這麼持久的根本原因就是我們的中華文化在漫長的歷史發展中逐漸形成了許多文化精神,或者說核心價值,如天人合一、以人爲本、仁者愛人、貴和尚中、和而不同、自強不息、厚德載物、憂患意識、與時偕行、生生不息、誠信、民本等等。

在世界歷史上,埃及文化曾被波斯帝國所滅,後又因亞歷山大的佔領而被希臘化,因愷撒的佔領而羅馬化,因阿拉伯人的移入而伊斯蘭化,多次出現文化的中斷和本質的變更。巴比倫文化也在屢遭中斷之後走向毀滅。印度境內的哈拉巴也因中亞雅利安人的進攻而於公元前十六世紀突然衰毀。希臘文化在公元前二世紀被併入羅馬版圖。在中國不僅沒有出現上述情況,上自伏羲、炎、黃、唐、虞及夏、商、周三代,下至唐、宋、元、明、清以至今日,浩浩蕩蕩,川流不息,綿延了五千甚至七千年,而且在東亞形成一個以中國爲中心的東亞"儒教文化圈",也可以叫"筷子文化圈"、"稻米文化圈"或"漢字文化圈",構成其要素的主要有漢字、儒家思想、律令制度、佛教、道教等幾項,成爲人類文明的重要一極。近代以來,這個文化圈還在不斷地擴展,從東南亞到歐美。今天,由我們國家推動的在世界許多國家和地區建立孔子學院就是儒家文化擴展的新行動。

三、孔子是中華民族的精神導師

對於什麼是中華民族的共有精神家園,學者有不同的看法,有一篇文章認爲,中國古代代表官方並爲整個社會所接受的民族主體價值,一是作爲國教的華教,二是作爲官學的六經(先秦時期)和儒學(漢代以後)。至於道、釋兩家,雖然曾在短暫的時期裏成爲官方意識形態,但總的來說,它們都屬於民間的宗教和學術。不過,這沒有妨礙它們爲整個社會所接受,並理所當然地成爲中國人的民族主體價值,並與華教和儒學一起,共同組成了中華民族的精神家園①。還有人從三教合一的角度,認爲歷史上中華民族的精神家園主要包括儒釋道三教,也有人概括中華民族精神家園的基本內容和基本特徵是諸如和諧觀念、自強不息、厚德載物、唯變所適、憂患意識、內在超越、反省意識等等。這些表述各有一定的合理性,各自都看到了中華民族精神家園的一些特點。

筆者認爲中華民族共有精神家園建設當然是非常大的一個問題,孔子是中華民族的精神導師,理應是中華民族精神家園的重要象徵。孔子是儒家學說的創始人,中國上古以來思想的集大成者,是人類歷史上最偉大的思想家。他的思想光輝,超越時空,深刻地影響了中華民族,決定了中華民族的精神面貌,是中華民族的精神導師,對人類精神文明作出了不可磨滅的貢獻。

孔子對中華民族思想和精神的貢獻與影響是無與倫比的。對此我們應該由周公說起。周公是西周初期傑出的政治家、軍事家和思想家,被尊爲"元聖",爲儒學奠基人,孔子一生最崇敬的古代聖人之一,他上紹堯、舜、禹、湯、文、武之緒,下啟孔孟儒術之運,承前啟後,可以說是中國上古文化史上的主角。周公爲政的主要政績是制禮作樂,確立嫡長子繼承制,即以血緣爲紐帶,規定周天子的王位由長子繼承。同時把其他庶子分封爲諸侯卿大夫。他們與天子的關係是地方與中央、小宗與大宗的關係。周公旦還制定了一系列嚴格的君臣、父子、兄弟、親疏、尊卑、貴賤的禮儀制度,以調整中央和地方、王侯與臣民的關係,加強中央政權的統治,這就是所謂的禮樂制度,是一

---

① 《華教與儒道釋: 中華民族共有精神家園》,人民政協網 www.rmzxb.com.cn。

個龐大、複雜但井然有序的社會制度體系,孔子一生所追求的就是這種有秩序的社會,後代的政治家與思想家幾乎無不將其視爲寶庫,言必稱周公。孔子的基本思想是承傳堯、舜、禹、湯、文、武、周公的業績而來,也即對上古歷史進行反思和總結,把歷史的經驗加以理論化、體系化。生活在禮崩樂壞的時代,面對禮樂越來越趨於形式化的局面,孔子一方面在行動上堅持遵守這些形式化的禮,另一方面,也是主要方面,從理論上極力提倡充實禮的精神實質,力圖給思想化的禮注入新的內容。他把禮樂作爲一種複合性文化實體進行解析,使之觀念化、理性化、人性化。這樣,他就超越了當時一般的"儒",成爲儒家的創始人。現代大儒梁漱溟這樣評述:"周公的制作是具體事物,而孔子則於其精神道理大有所領悟,以教之於人。'禮崩樂壞'的話見之甚早,殆即指周公當初制作者而說。此具體的禮樂制度保持不了,其傳於後者有限而由孔門的理性學風及其諄諄以情理教導於人者,卻能使人頭腦心思開明而少迷信固執,使人情風俗趨於敦厚禮讓,好講情理。兩千年來中國對外居於世界各方之間,其文化顯著異采,卓然不群,而就它如此廣大社會內部說,其文化競爾高度統一者,前兩千五百年的孔子實開之。"[①]這就是說,周公的制禮作樂是具體制度,而孔子則對其中的道理大有所領悟,致力於挖掘其內在精神,以之教人,成爲大師。西周禮樂制度的崩壞促使孔子進行思想學術的發展,改變了人們的頭腦,改變了社會的風氣,以至於開闢了兩千年來中國文化前進的道路,影響和塑造了中華民族的精神世界。現代新儒家的大師唐君毅比較孔子與耶穌和穆罕默德說:"孔子所傳承,所開啟的,是本身的民族文化,而耶穌之教,卻傳放外方,今日之猶太人,並不信基督,釋迦亦然,這雖更有時代性,但他們所要求的宗教精神,與他們本身的民族精神,有一段距離。而孔子所要求的精神生活,精神生命,便能與中華民族的精神生活精神生命合一,爲中國人所共同遵守。回教在這地方與孔子不同,但回教之所以能爲阿拉伯人所信,因爲穆罕穆德本人是軍事的領袖之故,是憑著軍政的力量,使阿拉伯人接受回教。孔子則純粹靠他的文化思想,學術內容,以'文'的傳承,成就中國文化,而不是靠軍政的力量,而使孔子的精神與中華民族的精神分不開。由以上之比較,便可見出孔子的特殊。"[②]也就是說,孔子的精神生命與中華民族的生命是息息相通的,這是孔子與世界上的宗教家、哲學家不同的地方,也是中華民族與世界上其他民族不同的地方。

但是,百年以來,在反傳統的浪潮中,從"五四"打倒孔家店到文革"破四舊",最後

① 梁漱溟:《孔子在中國歷史上的地位》,中華孔子研究所編:《孔子研究論文集》,北京:教育科學出版社,1987 年。

② 唐君毅:《孔子在中國歷史文化中的地位的形成》,《中華人文與當今世界補編》,桂林:廣西師範大學出版社,2005 年,第 330 頁。

與傳統進行最徹底的絕裂,儒學都首當其衝,成爲攻擊的目標,最後導致儒學式微。儒學式微最直接的後果就是中華民族喪失了自己的民族精神,學到的西方文化及其西學又不能轉化爲自己的民族精神,結果中國人靈魂四處飄蕩,無所歸依,中華民族成了一個沒有民族精神的民族,從而成了一個沒有民族文化自我的民族、沒有民族文化身份的民族、不能夠知道自己民族文化自性特質的民族。在這種情形下,中華民族就成了一個不知道"我是誰"的民族,一個"精神分裂無所適從"的民族,一個民族內聚力日益弱化的民族①。這樣,在精神家園失落的時代成長起來的許多人對孔子則失去了基本的敬意,喪失了基本的道德感。北京大學教授李零所著的《喪家狗——我讀〈論語〉》就是一個典型的例子。該書的封面上有一行紅色的小字是這樣說的:"任何懷抱理想,在現實世界找不到精神家園的人,都是喪家狗。"作者認爲,孔子不是聖,只是人,一個出身卑賤,"學而不厭、誨人不倦"的人;一個傳遞古代文化,教人閱讀經典的人;一個有道德學問卻無權無勢,敢於批評當世權貴的人;一個四處遊說,替統治者操心,與虎謀皮,拼命勸他們改邪歸正的人;一個空懷周公之夢,夢想恢復西周盛世,安定天下百姓的人。他彷徨無奈,顛沛流離,就像一條無家可歸的流浪狗。"這真是毛澤東在《改造我們的學習》一文中早就批評過的"無實事求是之意,有嘩衆取寵之心。"首先,精神家園與現實世界本來就不是一回事,精神家園不可能在現實中找到。正是在那個禮崩樂壞,思想觀念混亂,人們精神空虛,社會秩序失衡的時代,孔子以自己的救世熱情,廣博的知識和巨大的才能重建了人們的精神家園,而且他試圖讓那些精神流離失所的統治者、知識分子和一般大衆都能從不同的文化領域回歸精神家園,過上人道的生活。所以,孔子是一個懷抱理想,但是又腳踏實地,並力爭在現實中實現其理想的奮鬥者。可惜,當時理解他的人不多,才使他周遊列國,汲汲以求而沒有效果,無可奈何之際他接受了別人"喪家狗"的嘲弄,實際上那些嘲弄他的人才是真正的"喪家狗"——喪失了精神家園、無可依歸的人。孔子是現實中的失敗者,卻是精神家園的締造者、擁有者。孔子的精神境界沒有多少人能夠達到,也就沒有多少人真正地理解他,所以他有時有"浮海"、"入夷狄"的感歎。好在孔子有許多學生,能夠不同程度地理解他,追隨他,形成了儒家學派,把他的思想和人格傳承了下來。

更爲遺憾的是,由於李零生長的具體環境,對道德的誤解,對說教的厭倦,使他喪失了人之爲人基本的道德感。他在《喪家狗——我讀〈論語〉自序》②中聲稱:

① 蔣慶:《儒學在當今中國有什麼用?》,2006 年 7 月 15 日在鳳凰衛視"世紀大講堂"上的講稿,未刪節本,華夏復興網。
② 李零:《喪家狗——我讀〈論語〉》,太原:山西人民出版社,2007 年。

　　我討厭道德說教,其實是在"文革"前,和批孔無關,但不愛聽人講道德,
卻是一貫態度。用一種說教代替另一種說教,在我看來,沒必要。誰愛用誰
用,我不需要。

　　社會失範,道德失靈,急需代用品。就像戒煙的抽如煙,暫時過嘴癮。
有人呼籲的鄉約民規或宗教道德,也都是如煙。代用品,只要能代就行,不
定是哪種。比如,咱們的鄰居老大哥,人家俄國,就是雙頭鷹、三色旗、彼得
大帝、東正教。

在回答《新京報》記者提問時他說:

　　道德很抽象。抽象的東西,什麼地方都能安,很好,但也最沒用。

　　這可能是被過去假大空、高大全的道德楷模和所謂共產主義道德教條把頭腦弄
鈍了,以至於對道德產生了錯誤的認知。例如在該書第 56 頁,他這樣發議論:"在道
德問題上,與其'高大全',到處講用,舉國若狂,還不如勸大家盡職守責,少幹點壞事。
人爲地拔高,適得其反,北京話叫矯情。"這話孤立地看起來,倒也沒有多大錯誤。問
題是在對待儒家道德上,不能因爲無知就大膽胡說。事實上,儒家講的道德很高遠,
又很貼近,所謂"極高明而道中庸",天道心性與百姓日用水乳交融。只不過我們喪失
儒家道德薰陶太久了,對其精義大都一知半解,不了了之,空洞的心靈就易生狂悖的
念頭。因爲這些原因,也影響了他解釋孔子思想的正確性,以至於常常出現明顯的錯
誤。如該書第 68 頁,他說:"孔子把以德治國和以法治國對立起來。"事實上孔子不是
把二者對立起來,而正好是要把二者結合起來。關於"德"、"禮"與"政"、"刑"的關係,
孔子說:"道之以政,齊之以刑,民免而無恥;道之以德,齊之以禮,有恥且格。"(《論
語·爲政》)政和刑,是屬於政治的上層建築,德和禮,屬於思想的上層建築。朱熹注
云:"愚謂政者,爲治之具。刑者,輔治之法。德、禮則所以出治之本,而德又禮之本
也。此其相爲終始,雖不可以偏廢,然政刑能使民遠罪而已,德禮之效,則有以使民日
遷善而不自知。故治民者不可徒恃其末,又當深探其本也。"認爲"刑"、"政"是實現
"治"的輔助方式,而"德"、"禮"則是實現"治"的根本,而"德"又是根本的根本。《漢
書·禮樂志》引據說是孔子的話說:"禮節民心,樂和民聲,政以行之,刑以防之。禮樂
政刑四達而不悖,則王道備矣。"王國維先生對此也有闡述:"禮樂用陶冶人心,而政刑
則以法制禁令刑罰治民。前者爲道德,在修人心;後者爲政法,在律人身。雖此二者
相合,然後成爲政治,但其所最重者,則在禮樂。"①

---

① 《王國維文集》,北京:中國文史出版社,1997 年,第 150 頁。

對於孔子這樣一位中華民族的精神導師,我們的國人至今還不能給予肯認,例如著名的北京大學可以立許多外國哲學家、思想家的塑像,則不敢立我們的思想鼻祖的塑像,真是有點不可思議。所以北大以研究西方哲學成名的張祥龍教授就提出了這個問題。他在《無孔子之北大無靈魂》一文中這樣說:"北大校園的塑像漸多了。以前有一些現代中國人的像和外國人的像,如文學家賽凡提斯像。近日散步,發現靜園草坪邊的一院中立了西方古代哲人蘇格拉底的半身像,讓我這個搞東西方哲學比較的人受到觸動。既然立新像是可以的,立哲學家的像也可以,那爲何不立我中華民族第一聖哲孔夫子的像? ……爲什麼要在北大立孔子像? 首先,孔子是塑造中華文明的最偉大哲人和至聖先師,也是歷史上最有影響的教育家,在一所力求體現中華人文精神的中國最高學府中,立自己所從事事業的創立者和精神導師之像,可謂天經地義。"①這確實是抓住了問題的實質,在我們國家辦的第一高等學府,我們能給外國的文學家立一個塑像,爲什麼不能給我們中華民族的精神導師立一個塑像,豈不是妄自菲薄,自我貶低?

四、儒學是中華民族的精神軸心

儒學在我國歷史上曾產生廣泛而深遠的影響,是中華民族的精神軸心。在2 500多年前的春秋時期,孔子在"禮壞樂崩"的大動亂中,通過總結、清理和反思夏商周三代以來流傳下來的文化遺產,創造性地創立起儒家的思想學說體系。此後,經過孟子、荀子等儒學大師的進一步發揚光大,儒家學說日益興盛。至漢武帝"罷黜百家,獨尊儒術"之後,儒家學說更上升到官方哲學的地位,受到歷代統治者的提倡和尊崇,到宋明理學更是經過許多大儒的持續努力,構建了龐大的思想體系。儒家思想的主要內容,存在於"四書五經"之中,而五經主要是由孔子依據古代文化典籍編纂而成,是華夏族經歷了長期發展而形成的文明成果,是華夏民族祖先集體智慧的結晶,其淵源可以上溯到炎帝、黃帝時代,被孔子奉爲古代聖王,是儒家道統的代表人物,是儒家思想的基本來源。孔子以超凡的智慧和膽識,將華夏族的集體智慧闡述出來,進行發揮,加以宣揚,形成了儒家思想,成爲中華民族人生觀、道德觀、價值觀的集中表現。"從歷史上來看,民族精神都體現在一個民族的文化中,具體體現在一個民族占統治地位的思想學說中,如美利堅民族的民族精神體現在基督新教文化及其思想學說中,

---

① 《深圳商報》,2008 年 4 月 15 日。

俄羅斯民族的民族精神體現在東正教文化及其思想學說中,而中華民族的民族精神則體現在儒家文化及其思想學說中,即體現在儒學中。"[1]儒學是中國兩千年來一脈相承的正統思想,承擔著安立中華民族的民族生命,表達中華民族的民族精神,維護中國社會的安定和諧,養成中國人愛好和平與禮讓美德的歷史使命。從這個意義上說,以孔子爲鼻祖,經過歷代大儒不斷闡發的儒家思想理所當然是中華民族的精神軸心。鴉片戰爭以來,中國長期處於分離與混亂之中,根本原因就是中國人民喪失了孔子儒家思想這一精神軸心,從而造成民族靈魂的飄蕩,民族精神的危機。

在中國文化發展史上,儒道佛是三股主要潮流,它們各有源頭,互有流變,既有標新以求立異,又有自守以保特色,還有融通以得趨同,更有創新以圖發展,最終造就了相輔相成,相反相對,同中有異,異中有同,你中有我,我中有你,以儒爲主,居中制衡,佛道輔翼,安身立命,治國理民的獨特結構。這一結構就是西學東漸以前中國思想觀念層面的基本結構,其中儒學佔據主體的地位。對此,當代學者也有許多精闢的論述。侯外廬先生從古代社會結構著眼來解釋儒學構成中國古代主流文化的原因。他認爲,從根本上說,儒學適應了中國古代血緣家族的社會結構。血緣關係是人類社會最初的一種社會關係。世界各民族在原始社會時期都曾以血緣關係組成氏族組織,但是在歐洲,當原始社會向奴隸制社會轉變時,個人私產的獨立性分解了氏族的血緣關係,國家代替了家族。而在中國,個人私產關係沒有得到充分發展,從氏族直接發展到國家,國家混合在家族裏面。[2] 張豈之先生主編《中國通史·秦漢魏晉南北朝卷》就這個問題談了幾點:一、儒家崇尚"仁政",其實質是人本主義,客觀上有利於調整社會關係,安定太平。二、儒家提倡"和"的精神,貼近人情,容易爲一般百姓接受,既不像法家學說那樣强硬,又不像道家學說那樣遙遠,更便於以此推行道德教化。三、儒家中庸學說,更適宜於農業民族的心理習慣,從中國人傳統心理說,更容易認同。四、儒家"大一統"理論,更利於我國民族共同心理素質的形成,有利於我國二千多年來統一多民族國家的鞏固和發展。羅國傑先生在《中國儒家思想與政治統治》一文中將儒家的核心內容歸納爲五個方面:一、仁愛思想。孔子把"仁"看成一種最高的道德準則和道德品質,要求統治者要愛民,否則社會就得不到安定。仁愛思想是對一切人的要求,這樣社會和家庭便會安寧。二、強調整體思想。國家利益、社會利益、民族利益和整體利益要放到首位。三、提倡人倫價值。即強調每個人在社會人倫關

---

① 蔣慶:《儒學在當今中國有什麼用?》,2006 年 7 月 15 日在鳳凰衛視"世紀大講堂"上的講稿,未刪節本,華夏復興網。

② 侯外廬:《中國古代社會史論》(修訂本),北京:人民出版社,1955 年,第 32 頁。

係中的地位及其所應有的義務和權利。四、追求精神境界和理想人格。五、强調自我修養和實踐的重要,儒家認爲修身才能齊家、治國、平天下。正是上述這五點,使儒家思想在我國長治而不衰,因爲它是治國安民、經世治用、穩定社會、協調關係、完善人格的至寶。[1] 余英時先生曾經說:"儒家教義的實踐性格及其對人生的全面涵蓋使它很自然地形成中國大傳統中的主流。"[2]總之,儒家的思想學說體系影響滲透到了中國文化的方方面面,深刻地影響著中華民族的哲學、文學、藝術、倫理、宗教、科技、醫藥以及政治經濟各方面的發展,在中國文化發展過程中歷史地形成了主體地位,成爲中華民族的精神軸心。

結　論

總之,歷史的趨勢,現實的要求,使我們感覺到重建中華民族共有精神家園的重要性、迫切性,我們可以從不同領域和方向考慮這個問題。我的觀點是以孔子作爲中華民族的精神導師,以儒學作爲中華民族的精神軸心,重建中華精神文明,重整道德標準,確立共同的價值觀,增强民族的團結,促進社會和諧,實現中華民族的偉大復興。

---

① 國家教委高校社會科學發展研究中心組織編寫:《中外歷史問題八人談》,北京:中共中央黨校出版社,1998 年。
② 余英時:《士與中國文化》,上海:上海人民出版社,1987 年,第 143 頁。

儒學是我國當代公德建設之基礎

郭齊勇

現在有很多似是而非的說法,如說儒學只適合於熟人社會,不適合於陌生人相處的社會,只講私德,不講公德云云。我請諸位讀讀蔡元培先生在留德期間撰寫的《中學修身教科書》。該書係商務印書館出版,於 1912 年至 1921 年間印行了十六版。民初蔡先生還爲赴法華工寫了《華工學校講義》,兩書在民國間影響甚大,今人合爲《國民修養二種》一書。蔡先生的用心頗值得我們重視,他創造性地轉化本土的文化資源,特別是儒家道德資源來爲近代轉型的中國社會的公德建設與公民教育服務。

蔡先生强調,孝親是美德! 有這一美德的浸潤、養育,成就了一個君子的健康的心理、性情、人格、品質,增益了斯人的公德、正義,使其爲國家、社會,爲公共事務負責任,忠於職守,甚至赴湯蹈火,在所不辭。這就是蔡先生講的"國之良民即家之孝子"。反之,在社會交往與公共事務中不忠誠、不莊重敬業、不講信義,不廉潔奉公即是大不孝。

蔡先生强調家庭爲人生最初之學校,善良之家庭爲社會、國家隆盛之本。他指出:"家族者,社會、國家之基本也。無家族,則無社會,無國家。故家族者,道德之門徑也。於家族之道德,苟有缺陷,則於社會、國家之道德,亦必無純全之望,所謂求忠臣,必於孝子之門者此也。彼夫野蠻時代之社會,殆無所謂家族,即曰有之,亦復父子無親,長幼無序,夫婦無別。以如是家族,而欲其成立純全之社會及國家,必不可得。蔑倫背理,蓋近於禽獸矣。吾人則不然,必先有一純全之家族,父慈子孝,兄友弟悌,夫義婦和,一家之幸福,無或不足。由是而施之於社會,則爲仁義,由是而施之於國家,則爲忠愛。故家族之順戾,即社會之禍福,國家之盛衰,所由生焉。"①他認爲,如私

---

① 蔡元培:《國民修養二種》,上海:上海文藝出版社,1999 年,第 34 頁。

德不健全,則很難有健全之公德。受到家庭内部的愛的薰陶,在家有孝心孝行者,走上社會後自然而然地會把這種愛推廣到團體、社會、國家,此即為仁義、忠愛。可見,家庭與社會、私德與公德雖有區別,但不是絕然對立的,恰恰是有著有機聯繫的,是可以推己及人、由内而外,逐步加以推擴、實踐與體驗的。

蔡先生進而以孔子之"仁"的内涵——忠恕之道談公義與公德,指出由恕開出公義(不侵害他人的生命、財產、名譽等權利),由忠開出公德(泛愛衆、圖公益而開世務)。他說:"人之在社會也,其本務雖不一而足,而約之以二綱,曰公義;曰公德……夫人既不侵他人權利,又能見他人之窮困而救之,舉社會之公益而行之,則人生對於社會之本務,始可謂之完成矣。吾請舉孔子之言以為證:孔子曰:'己所不欲,勿施於人。'又曰:'己欲立而立人,己欲達而達人。'是二者,一則限制人,使不可為;一則勸導人,使為之。一為消極之道德,一為積極之道德。一為公義,一為公德,二者不可偏廢。我不欲人侵我之權利,則我亦慎勿侵人之權利,斯'己所不欲,勿施於人'之義也。我而窮也,常望人之救之,我知某事之有益於社會,即有益於我,而力或弗能舉也,則望人之舉之,則吾必盡吾力所能及,以救窮人而圖公益,斯即'欲立而立人,欲達而達人'之義也。二者,皆道德上之本務,而前者又兼為法律上之本務。人而僅欲不為法律上之罪人,則前者足矣,如欲免於道德上之罪,又不可不躬行後者之言也。"[①]蔡先生在這裏從法律與道德、公義與公德、消極道德與積極道德等方面建構公民社會底線倫理背後的基本原則,是對中華民族"仁愛"之核心價值的"忠""恕"兩方面的頗有新意的詮釋,至今仍有深刻的意義。

儒家一方面嚴格門内之治及門外之治,區別公私、義利,另一方面,又從道德上強調私德的養成可以有助於公德的建樹。這是從人格養成、性情調節的角度來說的。親情,健康的家庭生活與孝道,是幾千年來中華民族的志士仁人不絕如縷地成長起來的基礎,也應當是今天文明社會的公民健康成長的起點與源動力。有人不理解這一點,把孝道講成純粹是私利的東西,實在是太過隔膜。儒家的道德倫理是生活的智慧,生命的或實踐的理性,即具體的理性。這要靠生活實踐與切身的體驗才能認識。

蔡先生又強調智、仁、勇三達德,是内在的道德,而又隨行為而形之於外。他指出:"修德之道,先養良心……良心常有發現之時,如行善而愜,行惡而愧是也。乘其發現而擴充之,涵養之,則可為修德之基矣。"[②]他肯定為善無分大小、去惡為行善之

---

① 蔡元培:《國民修養二種》,上海:上海文藝出版社,1999年,第57—59頁。
② 同上,第130頁。

本、悔悟爲改過遷善之機、進德貴於自省等儒家傳統的修身工夫與健全的君子人格的培養對公民社會之公德建設的積極意義。蔡先生在民國初年爲中學生與赴法勞工寫的教科書,在實踐上重視社會基層的公民教育,在理論上則超越了福澤諭吉與早期梁啓超的公私德對立論。我們知道,福澤於 1875 年出版的《文明論概略》中把道德分爲"私德"和"公德"。實際上,按福澤的看法,屬內心活動的,如篤實、純潔、謙遜、嚴肅等叫做私德,而與外界接觸的表現,及屬社交行爲的,如廉恥、公平、正直、勇敢等叫做公德。僅按這種定義,儒家並不缺乏公德的資源。梁啓超受福澤、邊沁的影響,曾於 1902 年發表《論公德》一文,批評我國傳統有獨善其身之私德,缺人人相善其群之公德。這個論斷顯然是片面的。

其實,南宋以後在我國與東亞的民間社會流傳甚廣、深入人心的朱熹的《家訓》中說:"事師長貴乎禮也,交朋友貴乎信也。見老者,敬之;見幼者,愛之。有德者,年雖下於我,我必尊之;不肖者,年雖高於我,我必遠之。""人有小過,含容而忍之;人有大過,以理而諭之。勿以善小而不爲,勿以惡小而爲之。"又說:"勿損人而利己,勿妒賢而嫉能。勿稱忿而報橫逆,勿非禮而害物命。見不義之財勿取,遇合理之事則從……子孫不可不教,童僕不可不恤。斯文不可不敬,患難不可不扶。"朱子說此乃日用常行之道,人不可一日無也。應當說,這些內容來源於詩書禮樂之教、孔孟之道,又十分貼近民間大衆。它內蘊有個人與社會的道德,長期以來成爲老百姓的生活哲學。這裏所說,多由私德推致公德領域了。

赴歐美考察後,梁啓超反省自己,遂於 1904 年發表《論私德》一文,指出:"公德者,私德之推也,知私德而不知公德,所缺只在一推;蔑私德而謬托公德,則並所以推之具而不存也。故養成私德,而德育之事思過半焉矣。""一私人而無所私有之德行,則群此百千萬億之私人,而必不能成公有之德性。""是故欲鑄國民,必以培養個人之私德爲第一義;欲從事於鑄國民者,必以自培養其個人之私德爲第一義。"[1]梁啓超至此不僅完全拋棄了他自己所輸入和引進的那種公私德對立理論,而且還深刻地認識到儒家道德近代轉化的真正的價值和作用。

1904 年以後的梁啓超和民國初年的蔡元培的看法是不錯的,實際上清末民初有一大批教育家都在做傳統道德的近代轉化工作,尤其從行爲舉止、禮貌用語方面加强對兒童與青少年的品行教育。近代中小學與諸多報刊利用傳統蒙學讀物、《四書》等資源,接上傳入的西方的、新時代的新道德,並宣導從生活實踐做起的辦法,值得珍視。《弟子規》中對孩童舉止方面的一些要求也被繼承轉化了,如要求孩童站立時昂

---

① 　梁啓超:《論私德》,《飲冰室合集》第 6 冊《專集之四》,北京,中華書局,1989 年,第 119 頁。

首挺胸,雙腿站直,見到長輩主動行禮問好,開門關門輕手輕腳,不用力甩門等。成立於 1904 年 10 月的天津私立中學堂,後即爲南開中學,該校從容止細節上培養學生的自重與尊人。應當說,這都是從日常生活上把私德推爲公德,把道德、人生教育落到實處的實踐活動,對社會的移風易俗起到了良性的作用。儒家從來就重視道德價值"上以美政,下以美俗"的社會功能。民國時期的"風俗改造"、建立社會公德及中小學修身課程中的"公民教育",促進了近代社會與人的精神轉型,而且當時的媒體與教育界重視規範日常公共社會生活中的行爲習慣,改變不良風俗。抗戰勝利之後,我國臺灣地區的中小學重視《四書》教育與道德課程,強調"仁愛、正義、禮節、信實、勤儉、孝敬、守法、愛國"等德目與價值的學習與陶冶,有成功的經驗。

我很同意張汝倫教授的看法,張教授指出:蔡元培先生讓中西文化彼此攻錯,從中找一條現代中國之路;蔡先生秉承我國古代修身的傳統,以具體的道德實踐爲出發點,不想提出一種與生活實踐脫節的純粹的道德理論,而是要切實改變中國人的道德狀況。張汝倫又說:"蔡元培反對將私德與公德對立,而認爲兩者實不可分,所以往往言私德不離其公共效應;論公德落腳於個人。公德與私德間並無明確界限,區別只在於私德偏重個人努力,公德重在社會責任。然兩者實相互關聯,互爲表裏,體現了人的基本責任。""現代是一切傳統權威(包括最爲牢固的道德權威)趨於瓦解的時代……儘管鼓吹'新道德'不乏其人,但新道德並未隨舊道德的瓦解應運而生。新潮人物比舊式士大夫更不講道德,更無修養的例子比比皆是,成爲一觸目驚心的現象。"①

1980 年代中期,面對文化虛無主義與自戕主義的思潮,張岱年先生多次發表文章與演講,指出:人們總是說國民性中有劣根性,誠然如此,是否也有良根性呢?"假如中華民族只有劣根性,那中華民族就沒有在世界上存在的資格了,這就等於否定自己民族存在的價值……一個延續了五千餘年的大民族,必定有一個在歷史上起主導作用的基本精神,這個基本精神就是這個民族延續發展的思想基礎和內在動力。"②張先生認爲,中國文化有"良根性",即中華民族的優良傳統、習慣,"中華民族在亞洲東方能延續幾千年,一定有它的精神支柱,沒有這些,中華民族早就滅亡了。"③這個精神支柱,就是民族精神。

張岱年先生批評說:"近來又有一種看法,認爲中國傳統文化是貶低人的尊嚴的,

① 張汝倫:《現代中國人的道德要求》,載蔡元培:《國民修養二種》,第 222—223 頁。
② 張岱年:《文化與哲學》,北京:教育科學出版社,1988 年,第 66 頁。
③ 同上,第 48 頁。

是否認人的獨立人格的。我認爲,這種看法未免失之於膚淺……古代哲學中卻也有肯定人的獨立人格、重視人的尊嚴的進步學說。如孔子說:'三軍可奪帥也,匹夫不可奪志也'(《論語·子罕》),明確肯定平民具有獨立的意志。孟子說:'人人有貴於己者'(《孟子·告子上》),明確肯定人人具有内在的價值。這些觀點都具有非常深刻的涵義。道家更是重視個人自由的。在儒家道家的影響之下,知識分子中間形成了'士可殺不可辱'的傳統,這正是重視個人尊嚴的表現……理學家都强調'立志',也就是肯定人們應有不隨波逐流的獨立意志。陸九淵說過:'不識一個字,亦須還我堂堂的做個人。''堂堂的做個人'即是具有獨立的人格。"①

張岱年先生分析孔子讚揚伯夷、叔齊的例子,肯定孔子關於高尚品德的價值遠在世俗的富貴之上。張先生又分析了孟子的"天爵""良貴"思想,肯定孟子揭示的"人人具有的天賦價值是'良貴',這價值與世間爵位的價值不同,是不能剝奪的。應當承認,古代儒家高度肯定了人的人格尊嚴。這是一種極其深刻的觀點。""古代儒家肯定人的人格尊嚴的思想也就是認爲人的價值在道德自覺性……傳統文化中也有一些精粹的思想則能夠對現代化起一定的促進作用。應該承認,傳統文化中也包含著促進現代化的契機。如果民族意識的内部完全缺乏促進現代化的契機,那麼,現代化將是毫無希望的。"②

對於内涵豐富的"孝""忠"等傳統德目,乃至傳統道德價值系統,只要我們本著理性的、歷史主義的、具體分析的心態與原則,謹慎地批判、克服、剝離、剔除其理論的局限、歷史的負面與在社會生活流傳過程中的弊病,作創造性的轉化,完全可以把其中的靈魂、精華納入到現代文明的價值系統之中。愚忠愚孝隨時代有所淘汰,但仍有遺存,這肯定是要批判、克服的,但不能不加分析地把歷史上的"忠"全等於"愚忠","孝"全等於"愚孝",也不能老是讓祖宗、先儒代人受過,爲現在的一些體制問題與不法貪官開脱罪責。做一個現代社會的中國公民,首先仍然要有孝心,仍然要忠誠,當然"孝""忠"的内涵有了與時俱進的改變。不忠不孝的人,如何能做好公共事務?!中國現代文化與道德文明建設,不能建立在沙漠上,不能建立在對中國傳統文化與道德資源的"徹底決裂"、"鬥倒批臭"、"信口雌黃"之上。這也是對改革開放三十多年思想遺產的繼承。

我們現代的公民教育之目的在於培養年輕人認同、建樹"公民身份"、"公民權責"、"公民資質"。但僅此還不夠,還應進行價值教育。這是西方20世紀60年代以來

---

① 張岱年:《文化與哲學》,第53—54頁。
② 同上,第61頁。

興起的區別於重視知識傳授、忽視價值培育的一種取向。價值教育比德育與公民教育更爲廣泛且重要。①

我們認爲,現代社會不僅要强調公民的權利觀念,而且還要重視其所應具備的責任與德行。有人主張,"使一個好人成爲好公民的先決條件是擁有公民德行,其所强調的公民德行包括:愛國與勇氣、人性尊嚴、認同感、隱私權、自主性、關心他人、關懷社會、包容、公民服務,以及主動參與等。"②顯然,儒家道德資源中不缺乏這些因素,可以作揚棄與接榫的工作。

社群主義期望每個人不但是一個"好人",更要成爲一個"好公民",他們承襲公民共和主義的上述基本假設,"認爲一個好人有足夠的潛力成爲一個好公民,而使得一個好人成爲一個好公民的先決條件是擁有公民德行。因而,社群主義非常重視公民德行的培育,認爲公民德行即是一種公共精神,它是每個公民都需具備的潛在能力,因爲這個潛在能力才使得公民願意支持、維護並達成社群的公共善,公民的自由也才能得到真正的保障。"③我們當然不能把儒學歸類於社群主義,但在上述問題上,二者的確可以溝通對話。

儒家在人與己關係之自立自律、自彊不息、個體人格尊嚴與道德價值觀方面,在人與人關係之寬容、尊重與和諧人際關係、樂於助人方面,在人與社會關係之關心弱勢群體與公益事業、有道德勇氣、批評精神與盡職盡責於公共事務方面,在人與國家關係之尊重制度規範、民族文化與國家認同、忠誠廉潔方面,在人與世界關係之和平主義、修文德以來之及文明與宗教對話方面,在人與生態環境關係之尊重生命、仁民愛物、厚德載物、天地萬物一體方面等,都有豐富的文化精神資源可以發掘、調動、轉化出來,用於當世。

儒學是生活的智慧,特重生命與性情教育,主張知行合一。儒家之教,重在教人成德,所以稱爲"成德之教"。在儒家看來,道德善惡的標準、道德實踐的根據在内心的良知良能,這一本心本性又不是事實經驗層面的,而是有超越的天道爲源頭或理據的。但與基督教不同,儒家不把道德的基礎放在外在超越的存在上,而是放在内在心

---

① 劉國强、謝均才編著:《變革中的兩岸德育與公民教育》(修訂版),香港:香港中文大學出版社,2004年,《導言》,第1頁。

② 張秀雄、李琪明:《理想公民資質之探討——臺灣地區個案研究》,載劉國强、謝均才編著《變革中的兩岸德育與公民教育》(修訂版),第30頁。

③ 同上,第32頁。

性上,因而十分重視心性修養的工夫。[①] 這一成德之教有著十分豐富且生動的內容與實踐性,在今天的家庭、社會、學校的教育中,特別是公民教育與價值教育中,完全可以做創造性地轉化。

---

① 參見劉國強《從儒家心性之學看道德教育成效之內在基礎》,載劉國強、謝均才編著《變革中的兩岸德育與公民教育》(修訂版),第 91 頁。

全球生態危機與儒家救治之道

胡治洪

在世界主流輿論幾乎都爲"全球化"喝彩的同時,一個足以滅絕人類乃至地球生物的"全球化"趨勢也在日益擴張,這就是全球生態危機。無論是人口稠密的都會還是人跡罕至的極地和山巔,無論是人們近旁的環境還是高遠的大氣層,污染無處不在,而且愈演愈烈! 有專家警告説:"我們只有不到 100 年的時間,我們必須小心謹慎善待自身的生活環境,我們的子孫能否繼續生存下去,能否過上安全和幸福的生活? 這需要看人類能否在 21 世紀穿越生存瓶頸。"[①]人類究竟處在怎樣的生存瓶頸? 人類何以竟會落入這樣的生存瓶頸? 人類又如何才能穿越這一生存瓶頸? 這就是本文的問題意識和索解進路。

一

近四百年來,伴隨著由西方啟蒙運動所引發的、以富强爲旨歸的現代化浪潮席捲整個世界,人類的科技含量不斷提高、規模不斷擴大的活動,幾乎都落實爲對於自然資源日益全面深入的索取,而回饋給自然界的則是創傷、枯竭以及廢氣、廢水、廢渣等種種有害物質。時至今日,全球生態系統幾乎瀕臨崩潰,其中雖然不無自然界本身的原因,但人爲原因無疑是主要的,[②]其犖犖大端諸如:人類大量使用氯氟烷烴化學物

---

① 潘文石:《明智的倫理抉擇是安全穿越生存瓶頸的唯一指南》,《北京大學學報》(哲學社會科學版)2011年第 1 期。

② 尤根·莫爾特曼説:"種種跡象表明如今全球氣候已經發生了變化,以至於我們正經歷著越來越多的'自然'災害,如乾旱、洪災,實際上這些災害並非自然發生的,而是人爲因素導致的。"見《危機中的生命文化》,《北京大學學報》(哲學社會科學版)2011 年第 1 期。

質所造成的臭氧層空洞,致使太陽對地球表面的紫外輻射量增加,從而對人類和其他生物的正常生存產生破壞作用;人類在生產和生活中大量燃燒化石燃料所排放的溫室氣體,導致大氣污染、酸雨、極地冰蓋和高山冰川融化乃至厄爾尼諾現象,造成世界氣候異常,海平面升高,土壤和水體酸化,嚴重損害人類和其他生物的健康與安寧;過度砍伐森林、過度墾殖放牧使地表裸露、水土流失、河湖乾涸、旱澇頻發、沙漠化日益嚴重,不僅壓縮了人類宜居地域,而且使沙塵暴的強度和廣度有增無已;過量使用化肥和農藥導致土質退化、水源污染、人類和其他生物生存狀況惡化;工業廢水廢渣毒化河流和土地,致使遭受影響的人類和其他生物患病、畸變以至死亡;人類日常生活產生的大量無機質垃圾,也是土地、水源的嚴重污染源,進而是人類和其他生物的致病源或致命源。至於其他影響範圍相對較小、尚不具有普遍性的人爲生態破壞事件,諸如海洋油井鑽孔洩露、油輪海損外溢、森林或草原人爲火災、人工改變小流域環境、核設施放射性物質逸出、劇毒品爆炸或流入江河,乃至局部戰爭中使用化學武器、生化武器以及出於戰略意圖焚燒油田,等等,也都給自然界和人類造成不同程度的災難。可以說,經過億萬年演化而形成的地球生態系統,在短短四百年間人類的胡作非爲之下,已是千瘡百孔、日益貧乏、污濁不堪! 而人類也正在自己行爲造成的這種可悲境況中遭受身心的煎熬! 以上還只是對已經發生和存在的事實的陳述,假如爆發核大戰,那麼核國家儲存的作爲高科技成果、具有大規模殺傷性的原子彈將使地球生態毀於一旦,當然人類自身也就歸於滅絕![①]

應該承認,對於地球生態系統的關注已經成爲當今人類比較普遍的自覺意識。除了林林總總的民間環保組織採取的生態保護措施之外,許多國家政府和政府間機構也都著手制訂了生態保護政策法規。而集中體現生態保護意識並力圖將這種意識落實爲全球行動的,當屬 1992 年通過的《聯合國氣候變化框架公約》以及自 1995 年開始的每年一度的公約締約方會議。所有這些當然都是值得欣慰的良好動向,但結果能否真正抑制乃至扭轉地球生態系統惡化的趨勢,則實在令人懷疑。以《聯合國氣候變化框架公約》以及至今已舉行過 16 次的公約締約方會議來說,公約認爲"瞭解和應付氣候變化所需的步驟只有基於有關的科學、技術和經濟方面的考慮,並根據這些領

---

① 　尤根·莫爾特曼說:"1945 年 8 月投到廣島的第一顆原子彈結束了第二次世界大戰,隨之全人類進入世界末期。末期指一個時代,在這個時代裏人類社會有可能在任何一刻終結。大型核戰爭之後的'核冬天'無人能存活。長達四十多年的冷戰期間,人類就處於這種嚴重核戰爭的邊緣。確實,1990 年'冷戰'結束後,大型的原子戰就不大可能了,我們處於相對和平中。然而大國包括一些較小的國家的彈藥庫裏還儲存著那麼多原子彈和氫彈,可能導致人類的自殲自滅。"見《危機中的生命文化》,《北京大學學報》(哲學社會科學版)2011 年第 1 期。

域的新發現不斷加以重新評價,才能在環境、社會和經濟方面最爲有效",①這便將化解生態危機的希望依舊完全寄託在導致生態危機的主要原因上,不是對作爲導致生態危機主要原因的科技和經濟進行根本反思並加以限制,而是認爲科技和經濟發展得還不夠,還要沿著以往的覆轍走下去。按照這種思路來解決生態危機問題,無異於緣木求魚。② 與上述思路相聯繫,公約基於"共同但有區別的責任和各自的能力及其社會和經濟條件"的原則,强調"發展中國家締約方能在多大程度上有效履行其在本公約下的承諾,將取決於發達國家締約方對其在本公約下所承擔的有關資金和技術轉讓的承諾的有效履行",這一條款顯然是想要保障發展中國家"經濟和社會發展及消除貧困"的優先權,用意不可謂不善,但事實上卻使控制氣候變化的事業成爲締約各國圍繞資金和技術討價還價的生意經,在更深層次上則是圍繞國家實力對比所展開的權利博弈。這一點典型地表現於 2009 年在哥本哈根舉行的公約締約方第 15 次會議上。這次有多國首腦參加的會議,圍繞著由誰承擔在各國承諾的減排量總和與有效減緩氣候變化所需達到的減排量目標之間存在的巨大差額、發達國家如何爲發展中國家應對氣候變化提供資金幫助、要不要繼續履行僅對發達國家的減排目標作出強制規定而對發展中國家未作相應要求的《京都議定書》等問題,形成錯綜複雜的利益集團和難以彌合的巨大分歧,最終只是爲了避免會議無果而倉促發表了一個不具法律約束力的《哥本哈根協議》。形成這種局面的原因就在於各國都只關切自身發展而唯願他國減緩乃至不發展,其中包含著深刻的國際戰略謀慮。

其實,無論《聯合國氣候變化框架公約》還是公約締約方會議所達成的協議,所有制訂的減少溫室氣體排放量的指標都是很低的。公約只是泛泛要求"個別地或共同地使二氧化碳和《蒙特利爾議定書》未予管制的其他溫室氣體的人爲排放回復到 1990 年的水準";至 1997 年公約締約方第 3 次會議通過的《京都議定書》,才明確規定 2008—2012 年間主要工業發達國家的溫室氣體排放量要在 1990 年的基礎上平均減少 5.2%,③美國

---

① 資料來源見 http://unfccc.int/resource/docs/convkp/convchin.pdf. 下引《聯合國氣候變化框架公約》條文同此。

② 安東尼·吉登斯認爲,科學技術是現代社會風險的最大來源;查理斯·培羅也指出,被認爲是社會發展決定因素和根本動力的現代科學技術,正在成爲當代最大的社會風險源。參見干承武《吉登斯的風險社會理論及其對規制我國科技倫理的啟示》,《探索》2010 年第 3 期。

③ 《京都議定書》規定的有關國家減排量,最高者不過爲 1990 年基礎上的 8%,而新西蘭、俄羅斯、烏克蘭可以不增不減,澳大利亞、冰島、挪威甚至還可以分別增加 8%、10%、1%的溫室氣體排放量。這顯然不是基於地球生態優先的原則,而是基於國家利益平衡的考慮。照此辦理,可能是規定減排的國家並沒有真正減下來,而允許增排的國家卻堂而皇之地增上去,或者將自己"富餘"的排放指標有償轉讓給別國去排放,這樣,地球生態非但不會好轉,反而更加糟糕!《京都議定書》通過之後的十多年來,人們看到的不就是這種狀況嗎?

這個世界上最大的溫室氣體排放國的減排量也不過 7％，但即使這樣一個低指標，也遭到美國拒絕。如果聯繫到溫室氣體濃度至遲在 1970 年代就已對地球生態系統產生破壞作用，①那麼在近二十年後的 1990 年基礎上只將溫室氣體排放量平均減少 5.2％，這對抑制地球生態系統的惡化本來就不過是杯水車薪；然而就連這麼低的減排量都引發有關國家之間的嚴重矛盾，以至難以落實，怎麼可能指望真正抑制乃至扭轉地球生態系統惡化的趨勢呢？

當然，決不能說《聯合國氣候變化框架公約》以及公約締約方會議完全沒有意義和作用，公約和締約方會議畢竟使生態保護成爲國際社會的重要議題和各國政府的中心關切，由此也使地球生態在某些局部和表層得到了保護或修復；而且科技和經濟雖然不能作爲解決生態危機的唯一手段，但若運用得當，也還是必要手段之一。問題只是在於，公約以及締約方會議沒有把握住地球生態系統惡化的根本癥結，這個根本癥結就是因啟蒙理念的偏失而導致的、作爲內源型現代化初始動因和外源型現代化必要條件的人心的自私和貪欲，以及由自私和貪欲衍生的狹隘愚蠢、傲慢僭妄、攫取無厭、揮霍無度、麻木不仁、冷酷無情，所有這些，在造成人類社會亂象的同時，幾乎無不落實爲自然生態的破壞。

二

發生於 17—18 世紀歐洲以及北美的啟蒙運動，雖然分爲英格蘭啟蒙、蘇格蘭啟蒙、法蘭西啟蒙、德意志啟蒙等不同流派，甚至各個流派內部也存在著紛繁複雜的思想歧異，從而表現出形形色色的理論趣向和社會圖景，但其思想主旨基本上都是通過反神權、反王權而凸顯人的至上性，由此形成一系列迥異於中世紀傳統觀念的關於人本身、人與社會、人與自然的價值理念，諸如理性、人權、獨立、自由、平等、民主、法制、科學、進步等等。啟蒙理念極大地解放了人們在宗教信條和專制政體的長期抑制下所形成的自我身心束縛，激發了人們以個我自覺、主體意識、理性信心、存在欲念、權利主張、求知渴望和進取精神爲內容的心理動能。這種心理動能以群體聚合的方式作用於觀念領域，導致天啟宗教的祛魅及其邊緣化，從而實現了社會的世俗化；其作用於社會政治領域，則引發了以美國獨立戰爭、法國大革命爲代表性事件的波瀾壯

---

① 1979 年在聯合國歐洲經濟委員會主持下由 51 個國家簽訂的《長程跨界空氣污染公約》就是證明，1985 年由聯合國訂立的《保護臭氧層維也納公約》進一步證明了這一點。

闊、此伏彼起的社會政治運動,開創了現代民主政治體制;而在生產和生活方式上,這種心理動能集中體現爲追逐以財富和地位爲指標的人生成就以及由此獲得的現世幸福,無數個體對於這一目標的追逐,導致科學技術日益創新,生產規模日益擴大,市場交往日益頻繁,社會功能日益增多,促成了社會的科技化、工業化、市場化、都市化。正是基於世俗化、民主化、科技化、工業化、市場化、都市化,歐洲以及北美在整個人類社會中率先走出中世紀而進入現代化。[1]

　　相對於中世紀的觀念與社會,啟蒙理念及其引發的現代化進程具有某些進步性。啟蒙理念解除了神權和王權對於人的外在和内在宰制,賦予人以身心自主性,從而結束了中古神—王的世紀,開闢了現代人的世紀,人的此在價值得以空前凸顯,人的生存欲求得到全面肯定。現代化則發展出工業體系、交通設施、市場建置、金融行業、民主政體、法律系統、大眾傳媒、文化事業、公共教育、科研機構、醫療保健、都市服務等諸多新的利益領域,提高了人的生活品質和效率,豐富了人的生活内容。這些都是不爭的事實。然而,利之所在,弊亦伏焉;始而差之毫釐,終則謬以千里。曾經在反抗神權和王權鬥爭中顯示出崇高道義性的啟蒙理念,由於缺失超越的指向和傳統的歸依,而以人的現世利益爲主要訴求,因而在從思想家的高頭講章普及爲社會大眾的行爲根據的過程中,不可避免地隨著人性的卑俗而發生劣質畸變。極而言之,理性萎縮爲汲汲於利益最大化以及致思於爲利益最大化提供最有效手段的工具理性,人權膨脹爲自我中心主義,獨立演變爲非社群甚至反社群的原子式個人主義,自由扭曲爲肆無忌憚,平等表現爲拒斥一切必要差異,民主墮落爲政客和選民各爲私利而相互操縱的選舉把戲,法制蛻變爲私利的保障,進步不過是抽空了精神内涵的物質財富的無限增長;至於科學和技術,由於脫離了道德的控馭,則成爲破壞自然、滅絕物種、殘害人類的利器。總括而言,啟蒙理念給予人的身心解放,破除了人心對於形上存有以及古代聖哲的神聖感和尊崇感,蕩滌了人們在宗教文明傳統中積澱的道德觀念,空前地激發並肯定了人的自私和貪欲;現代化進程則是人的自私和貪欲得以實現、進而誘發更大的自私和貪欲並追求其繼續實現的不斷遞進過程;而以人的自私和貪欲作爲原動力的現代化進程,無論表現出多麼輝煌燦爛的面相,最終必定是以自然資源的消耗和自然生態的破壞爲代價,而且現代化進程越是顯得輝煌燦爛,生態破壞的代價往往也越大。

　　如果現代化僅僅局限於歐洲北美,那麼地球生態的破壞可能至今也只是局部性

---

[1]　參見彼得·賴爾、艾倫·威爾遜著,劉北成、王皖強編譯:《啟蒙運動百科全書》,上海:上海人民出版社,2004年。

問題,然而人類歷史的進程卻並非如此。早期西方現代化民族出於自私和貪欲,憑藉器物優勢,將領土擴張、資源攫取、市場開拓活動推向整個世界,用槍炮和商品將現代化强行帶到一切古老文明地區。在這一過程中,美洲和澳洲土著文明基本上被滅絕,在那裏建立的西方現代化民族的殖民國家,其生產生活方式幾乎是母國的翻版,甚至——例如從東部 13 州擴張而成的美國——較之母國有過之而無不及。而在亞洲和非洲那些傳統文明更加深厚、民族生命力更加堅强因而無法滅絕的古國,西方現代化民族則採取武力征服、經濟削弱、政治控制乃至文化殖民等手段,[①]將這些古國轉變爲自己的僕從或附庸,使之成爲傾銷商品、獲取資源、掠奪財富的場所。無論在美洲、澳洲,還是亞洲和非洲,標榜人權、獨立、自由、平等的西方現代化民族,除了殘暴、狡詐、貪婪、傲慢,簡直沒有絲毫人權、獨立、自由、平等可言,充分暴露了他們在以器物和制度文明所構成的現代化外殼之中包藏的兇惡的民族性以及啓蒙理念的虛僞性。西方現代化民族的行徑在古老文明地區大致引起兩種反應,其一是震懾或驚羨於西方現代文明,心悅誠服地步其後塵;其二是厭惡或仇恨西方現代文明,爲了抵禦西方現代文明以保存固有文明、延續民族命脈而仿效西方現代文明。這兩種反應的動機雖然如同冰炭之不相容,但在選擇現代化道路這一點上卻是一致的,這種一致起初不免存在著積極或消極、主動或被動的態度差異,但隨著現代化的啓動和發展,這種差異也就在自覺不自覺之間逐漸泯合爲對於現代化的積極主動追求了。一旦整個世界都被西方現代化民族裹挾到現代化的洪流之中,作爲現代化之必要條件的自私和貪欲也就在整個世界彌漫,一切古老淳樸的道德信念隨之土崩瓦解,神聖的誡律、先哲的教言被棄之如敝屣。但是,雖然自私和貪欲成爲人類的普遍心態,現代化成爲人類的共同目標,人類卻並沒有因此而達成哪怕只是卑俗意義上的一致。當代西方現代化民族在世界範圍策動了更加劇烈的競爭,他們爲了力保領先地位,一面在科技、軍事以及廣義的經濟領域不斷花樣翻新,一面處心積慮地遏制後發現代化民族,以期既不斷激發並强化人類的自私和貪欲從而將人類牢籠於近現代西方製造的意識形態之中,又一如既往地掌控後發現代化民族的命運。而後發現代化民族爲了達到西方式的富强水準,也爲了擺脫近代以來任由西方宰割、直至當今仍然時時處處遭到西方威脅或欺凌的命運(僅就這一點而言,後發現代化民族的任何選擇都具有某種正義性),

---

① 　友人侯旭東教授《中國古代專制說的知識考古》(《近代史研究》2008 年第 4 期)一文,細緻論述了西方人炮製的"中國古代專制說"於 19 世紀末被植入中國社會觀念領域的過程,由之可見西方現代化民族對於中國的文化殖民。可歎的是,在西方殖民者被逐出中國領土數十年後,他們植入中國社會觀念領域的許多謬見卻遭被不少中國人不加思索地奉爲圭臬,用以否定自己的文化傳統,瓦解自己的民族文化信心,做著西方殖民者想做而做不到的事情!

也在現代化的競賽場上奮起直追。在這場世界範圍的現代化競賽中,參賽各方誰都不願亦且不敢稍有怠慢,更不願亦且不敢停下腳步。發展成爲宿命,停滯等於滅亡!富强就是價值,貧弱罪該萬死! 這種以單一富强爲標準的無限制發展,對於世界各國乃至整個人類社會造成的嚴重弊害有目共睹,在此略而不論;它對自然界造成的後果則是使地球生態到了難以爲繼的地步,以至整個人類切實感受到了窮途末路的危機。當此之時,如欲真正拯救地球生態,整個人類(首先是西方現代化民族)必須一致抑制乃至扭轉現代化進程;如欲抑制乃至扭轉現代化進程,整個人類(首先是西方現代化民族)必須整治因啟蒙理念的偏失而導致的自私和貪婪的人心。

三

對於整治因啟蒙理念的偏失而導致的、作爲現代化之初始動因或必要條件的、給地球生態造成嚴重破壞的自私和貪婪的人心,世界各大宗教文明傳統都擁有寶貴的思想資源,儒家傳統也是如此。

儒家認爲,人和宇宙萬物在根本上都化生於具有生生之仁的道德本體。《周易·乾·彖》曰:"大哉乾元,萬物資始,乃統天。雲行雨施,品物流形。……乾道變化,各正性命。保合大和,乃利貞。"[①]表明包括人在內的宇宙萬物都發生於至高無上的乾元本體,蒙受乾德沾溉而流布成形,各得亨通,無所壅蔽,並且各自遵循本體賦予的品性而漸變或卒化,保任太和元氣而互惠互利,從而各得貞固。[②] 這就肯定了人和宇宙萬物在本體論意義上乃是平等的;人只是道德本體化生的萬物之一,沒有任何資格對於其他生物乃至無生物表現出知性的傲慢,更沒有權利無端地妨害其他生物乃至無生物各正性命,而只應盡可能地與其他生物和無生物共同保安和會。這種包含人物平等觀的"乾元始物"、"各正性命"本體—宇宙論,乃是儒家傳統中關於人物關係思想的基本前提,這一思想在宋儒張載的"乾父坤母"、"民胞物與"思想中得到呼應。儒家以此喚起人與宇宙萬物和諧相處的意識,並且引導人們戒除對於宇宙萬物不應有的僭妄。

在"乾元始物"、"各正性命"的基本前提下,儒家又肯定了人在宇宙中"首出庶物"

---

① 《十三經注疏》上冊,北京:中華書局,1980 年,第 14 頁。

② 《乾·彖》雖未言及人類,但已將人類包括於萬物之中,故孔穎達解說"各正性命"曰:"性者天生之質,若剛柔遲速之別;命者人所稟受,若貴賤壽夭之屬是也。"見《十三經注疏》上冊,北京:中華書局,1980 年,第 14 頁。

的地位,即人相對於宇宙萬物的特殊性,由此構成儒家關於人物關係思想的另一方面。《禮記·禮運》所謂"故人者,其天地之德,陰陽之交,鬼神之會,五行之秀氣也。……故人者,天地之心也,五行之端也",①《禮記·祭義》所謂"天之所生,地之所養,無人爲大",②《孝經·聖治章》所謂"天地之性,人爲貴",③《荀子·王制》所謂"水火有氣而無生,草木有生而無知,禽獸有知而無義;人有氣有生有知亦且有義,故最爲天下貴也",④乃至周敦頤《太極圖說》所謂"無極之真,二五之精,妙合而凝。乾道成男,坤道成女,二氣交感,化生萬物。萬物生生,而變化無窮焉。惟人也得其秀而最靈",⑤程頤《顏子所好何學論》所謂"天地儲精,得五行之秀者爲人",⑥都突出了人在宇宙萬物中的特殊地位。顯而易見,在儒家看來,人之所以在宇宙萬物中具有特殊地位,並非因爲其"有氣有生有知",而是因爲其"有義";克就人物關係方面來說,"有義"意謂人能夠自覺地遵循秉具的"天地之德"而適宜地對待宇宙萬物。《周易·繫辭下》謂"天地之大德曰生",⑦因此,人自覺地遵循秉具的天地之德而適宜地對待宇宙萬物,就是要護持萬物的生機,以促成一個生生不息的大千世界。這樣,人之"首出庶物",就完全不意味著人可以任意宰制萬物,更不意味著人可以戕害萬物,恰恰相反,人之"首出庶物"的地位,只是賦予人以協助天地照料萬物的崇高責任。《周易·泰·象》曰:"天地交,泰。后以財成天地之道,輔相天地之宜,以左右民。"⑧《周易·无妄·象》曰:"天下雷行,物與无妄。先王以茂對時育萬物。"⑨《禮記·樂記》曰:"是故大人舉禮樂,則天地將爲昭焉。天地訢合,陰陽相得,煦嫗覆育萬物,然後草木茂,區萌達,羽翼奮,角觡生,蟄蟲昭蘇,羽者嫗伏,毛者孕鬻,胎生者不殰,而卵生者不殈,則樂之道歸焉耳。"⑩此所謂裁成輔相、時育萬物以及舉禮樂昭天地,都體現了人協助天地照料萬物的崇高責任,雖然以君后、先王、大人而爲言,但終究屬於人事。《周易·繫辭上》則包舉人類而言曰:"與天地相似故不違,知周乎萬物而道濟天下故不過,旁行而不流,樂天知命故不憂,安土敦乎仁故能愛,範圍天地之化而不過,曲成萬物而不遺,通乎晝夜

① 《十三經注疏》下册,北京:中華書局,1980年,第1423—1424頁。
② 同上,第1599頁。
③ 同上,第2553頁。
④ 王先謙:《荀子集解》,《諸子集成》二,北京:中華書局,1954年,第104頁。
⑤ 《周子通書》,上海:上海古籍出版社2000年,第48頁。周子此語不僅表明人類"首出庶物",而且表明人類與萬物同出於本體,蘊涵著人物平等思想。
⑥ 《二程集》,北京:中華書局,2004年,第577頁。
⑦ 《十三經注疏》上册,第86頁。
⑧ 同上,第28頁。阮元曰:"石經岳本閩監毛本同釋文財作裁。"見《十三經注疏》上册,第33頁。
⑨ 同上,第39頁。
⑩ 《十三經注疏》下册,第1537頁。

之道而知",①此所謂"與天地相似"、"樂天知命"云云,即人之德合天地,順天之化;而"知周萬物"、"道濟天下"、"旁行不流"、"安土敦仁"、"曲成萬物"云云,則表達了秉具天地之德的人對於萬物的愛養。②

　　人既愛養萬物,必將以廣大的心量和包容的態度對待宇宙萬物,達致一體之仁。《中庸》所謂"唯天下至誠爲能盡其性,能盡其性則能盡人之性,能盡人之性則能盡物之性,能盡物之性則可以贊天地之化育,可以贊天地之化育則可以與天地參矣",③經典地表達了儒家一體之仁思想。張載"大其心則能體天下之物"說,④二程"仁者以天地萬物爲一體"、"仁者渾然與物同體"說,⑤劉宗周"直從天地萬物一體處看出大身子"說,⑥持續强調了儒家一體之仁思想。而對這一思想最爲精彩的表述,則見於王守仁的《大學問》:

　　　大人者,以天地萬物爲一體者也,其視天下猶一家,中國猶一人焉。若夫間形骸而分爾我者,小人矣。大人之能以天地萬物爲一體也,非意之也,其心之仁本若是,其與天地萬物而爲一也。豈惟大人,雖小人之心亦莫不然,彼顧自小之耳。是故見孺子之入井,而必有怵惕惻隱之心焉,是其仁之與孺子而爲一體也;孺子猶同類者也,見鳥獸之哀鳴觳觫,而必有不忍之心焉,是其仁之與鳥獸而爲一體也;鳥獸猶有知覺者也,見草木之摧折而必有憫恤之心焉,是其仁之與草木而爲一體也;草木猶有生意者也,見瓦石之毀壞而必有顧惜之心焉,是其仁之與瓦石而爲一體也;是其一體之仁也,雖小人之心亦必有之。是乃根於天命之性,而自然靈昭不昧者也,是故謂之"明德"。小人之心既已分隔隘陋矣,而其一體之仁猶能不昧若此者,是其未動於欲,而未蔽于私之時也。及其動于欲,蔽於私,而利害相攻,忿怒相激,則將戕物圯類,無所不爲,其甚至有骨肉相殘者,而一體之仁亡矣。是故苟無私欲之蔽,則雖小人之心,而其一體之仁猶大人也;一有私欲之蔽,則雖大人之心,而其分隔隘陋猶小人矣。故夫爲大人之學者,亦惟去其私欲之蔽,以自明其明德,復其天地萬物一體之本然而已耳;非能於本體之外而有所增益

---

① 《十三經注疏》上册,第 77 頁。

② 參見《周易·繫辭上》韓康伯注及孔穎達疏,《十三經注疏》上册,第 77 頁。《繫辭上》此段並未標明主語,韓康伯注同之,因此可以理解爲泛指人類;孔穎達疏則以聖人作主語。本文從《繫辭上》原文及韓注。

③ 《十三經注疏》下册,第 1632 頁。

④ 見《張載集》,北京:中華書局,1978 年,第 24 頁。

⑤ 見《二程集》,第 15、16 頁。

⑥ 見《劉子全書》卷八,清道光甲申乙未刻本。

之也。①

基於一體之仁思想,除了必要的取用之外,儒家當然不會對宇宙萬物有更多誅求,因而必然最大限度地滌除對於宇宙萬物的私心。

如上文所點明的,儒家也肯定人爲了生存和延續而對萬物(包括自然物以及以自然物作成的人工物)加以必要的取用,《尚書·大禹謨》所謂"水火金木土谷惟修,正德利用厚生惟和,……六府三事允治,萬世永賴",②主要就表達了這一意思。但值得指出的是,"六府三事"雖然主要論及人對萬物的取用,卻仍將"正德"置於突出地位,由此表明儒家強調以德取物,其具體內涵就是人在取用萬物的時候必須遵從自然的節律並保持欲望的節制。《周易·節·彖》曰:"天地節而四時成。節以制度,不傷財,不害民。"③表明天地運行、四時成功是有節律的,人必須依循天地四時節律,形成制度以節制身心,才可能既不斷傷財物,又不損害人自身。《孝經·庶人章》所謂"用天之道,分地之利,謹身節用",④表達的也是這種觀念。《禮記·祭義》載曾子曰:"樹木以時伐焉,禽獸以時殺焉。夫子曰:'斷一樹,殺一獸,不以其時,非孝也。'"⑤更是將順時節物上升到孝敬天地、友愛萬物的宇宙倫理的高度。爲了落實以德取物的觀念,儒家傳統中形成了許多抑制人對宇宙萬物無限誅求的制度,例如《周禮·地官司徒》對掌管林木、水產、田獵、礦物的林衡、川衡、迹人、卝人的職責規定:"林衡掌巡林麓之禁令而平其守,以時計林麓而賞罰之。若斬木材,則受法于山虞,而掌其政令","川衡掌巡川澤之禁令而平其守,以時舍其守,犯禁者,執而誅罰之","迹人掌邦田之地政,爲之厲禁而守之。凡田獵者受令焉,禁麛卵者與其毒矢射者","卝人掌金玉錫石之地,而爲之厲禁以守之。若以時取之,則物其地圖而授之,巡其禁令";⑥又如《禮記·月令》對人在不同時節取用自然物的行爲限制:孟春之月"命祀山林川澤犧牲毋用牝,禁止伐木,毋覆巢,毋殺孩蟲、胎夭飛鳥,毋麛毋卵",⑦仲春之月"毋竭川澤,毋漉陂池,毋焚山林",⑧季春之月"田獵罝罘、羅網、畢翳、餧獸之藥毋出九門……命野虞毋伐桑柘",⑨孟

① 《王陽明全集》,上海:上海古籍出版社,1992年,第968頁。
② 《十三經注疏》上冊,第135頁。
③ 同上,第70頁。
④ 《十三經注疏》下冊,第2549頁。
⑤ 同上,第1598頁。原文"夫子"下衍一"子"字,徑改。
⑥ 見《十三經注疏》上冊,第747—748頁。
⑦ 同上,第1357頁。
⑧ 同上,第1362頁。
⑨ 同上,第1363頁。

夏之月“繼長增高，毋有壞墮，毋起土功，毋發大衆，毋伐大樹……毋大田獵”，[①]仲夏之月“令民毋艾藍以染”，[②]季夏之月“樹木方盛，乃命虞人入山行木，毋有斬伐”，[③]乃至季秋之月“草木黃落，乃伐薪爲炭”；[④]《禮記·王制》則明確了自天子以至百姓取用自然物的度量和時機：

> 天子諸侯無事則歲三田，一爲乾豆，二爲賓客，三爲充君之庖；無事而不田，曰不敬；田不以禮，曰暴天物。天子不合圍，諸侯不掩群。天子殺則下大綏，諸侯殺則下小綏，大夫殺則止佐車，佐車止則百姓田獵。獺祭魚，然後虞人入澤梁。豺祭獸，然後田獵。鳩化爲鷹，然後設罻羅。草木零落，然後入山林。昆蟲未蟄，不以火田。不麛不卵，不殺胎，不殀夭，不覆巢。[⑤]

所有這些制度與以德取物的觀念相配合，從積極的方面啟沃人的孝敬天地、友愛萬物的宇宙倫理意識，從消極的方面則抑制人對萬物誅求無度的貪欲，防止人將對於萬物的必要取用畸變爲無限靡費。

綜上所述，儒家的人物平等觀念，秉德愛物、一體之仁觀念，以及以德取物、順時節物的觀念和制度，以其深蘊的對於天道的神聖感和對於傳統的尊崇感，曾經並且至今仍然能夠引導人們形成與宇宙萬物和諧相處的心理，而戒除人對宇宙萬物的私心和貪欲。這些觀念和制度並不因其產生於所謂“前現代”就對當今世界沒有意義，毋寧說其中包含的人與宇宙萬物共存共榮、可大可久的德智一如偉大智慧，相比近代西方啟蒙以來氾濫於整個世界的以自私和貪欲爲旨歸的凡俗智慧不知高明多少！但想必有人認爲通過以儒家這些觀念和制度整治人心來拯救地球生態是過於迂闊，殊不知正人心才是正世道乃至正天下的根本，而其他手段都不免是頭痛醫頭、腳痛醫腳、顧此失彼甚至貽患無窮的治標之策。又或有人質疑即欲整治人心，芸芸衆生曷勝其治？這是由於不知儒家道德主體性論說所致。儒家雖然也有“德風德草”之說，但根本上將整治人心繫於人人秉持道德自覺而自正其心。孔子曰：“爲仁由己，而由人乎

---

① 《十三經注疏》上冊，第 1365 頁。鄭玄注“繼長增高”曰“謂草木盛蕃廡”。
② 同上，第 1370 頁。鄭玄注曰：“爲傷長氣也。此月藍始可別。”孔穎達疏曰：“別種藍之體，初必叢生，若及早栽移，則有所傷損。此月藍既長大，始可分移布散。”
③ 同上，第 1371 頁。
④ 《十三經注疏》下冊，第 1380 頁。
⑤ 《十三經注疏》上冊，第 1333 頁。《禮記·曲禮下》也規定“國君春田不圍澤，大夫不掩群，士不取麛卵”，見《十三經注疏》上冊，第 1259 頁。

哉?"①"我欲仁,斯仁至矣。"②孟子曰:"萬物皆備於我矣。反身而誠,樂莫大焉。強恕而行,求仁莫近焉。"③都是直指人心,當下即是;直截了當,不假他求。問題的複雜性倒是在於,在近四百年來由西方現代化民族一手造成的"叢林世界"中,由於弱肉強食,仁義充塞,後發現代化民族爲了生態正義以及社會正義,雖然亟需端正人心,卻又萬不可單方面抑制發展,否則不啻假寇兵而資盜糧——既縱容惡者,又危害善類,且對地球生態的全面改善並無多少裨益。正如現代大儒熊十力所說:"夫弱小不奮發,則強暴無緣抑制,世界何由進於太平"?④ 這種既需端正人心、又不可抑制發展的矛盾,無疑是一個需要以大智慧進行協調的複雜課題。理想的狀況當然是整個人類爲了生態正義以及社會正義而一致端正心態、抑制發展,亦如熊十力所說"非舉世相率以仁,固無由太平";⑤且鑒於西方現代化民族一貫表現的基於自私和貪欲的侵略性及其現實擁有的侵略手段的先進性,以及自現代化發端以至當今西方現代化民族在生態破壞方面負有更大的責任,⑥所以他們理應首先端正自己的良心,抑制自己的發展,這又如同與虎謀皮。但面對地球生態瀕臨破毀的災難性局面,素以理性相標榜的西方現代化民族縱然不爲人類著想,也當爲他們自己的民族謀劃;縱然不爲其民族成員相互計慮,也當爲其各自的子孫後代盤算,所以應該相信他們能夠算清這筆賬。一個切近的具有積極意義的證據就是:1988 年 1 月,全部都是西方人士的諾貝爾獎獲得者在巴黎發表宣言,其中肯認"人類要生存下去,就必須回到二十五個世紀以前,去汲取孔子的智慧"!⑦ 這表明西方有識之士也已認識到,唯有以仁道對待宇宙萬物(當然也包括人類以仁道相互對待),人類才可能穿越生存瓶頸而在這個世界上生活和延續下去。因此,人類共同矯正因啟蒙理念的偏失而導致的自私和貪婪的心態,從而抑制乃至扭轉現代化進程,進而拯救地球生態,還是不無希望的。

---

① 《十三經注疏》下冊,第 2502 頁。
② 同上,第 2483 頁。
③ 同上,第 2764 頁。
④ 《熊十力全集》第八卷,武漢:湖北教育出版社,2001 年,第 175 頁。
⑤ 同上。
⑥ 尤根·莫爾特曼說:"生態危機首先是西方科學技術文明帶來的危機,這是毫無疑問的。"見《危機中的生命文化》,《北京大學學報》(哲學社會科學版)2011 年第 1 期。
⑦ 見帕特里克·曼海姆:《諾貝爾獎獲得者說要汲取孔子的智慧》,載 1988 年 1 月 24 日澳大利亞《堪培拉時報》。對於這一說法,中國的一些西化人士曾經表示強烈懷疑,他們不願意相信這是真的,不願意相信自己的民族擁有這樣一位偉大的先哲,甚至以自己的民族擁有這樣一位先哲而感到恥辱,這種心態可能在世界上任一民族中都會被認爲是匪夷所思的!然而令中國的西化人士失望的是,他們所懷疑的說法卻終於被證實,具見胡祖堯:《諾貝爾獎獲得者推崇孔子——懸案十五年終揭曉》,載 2003 年 1 月 17 日《國際先驅導報》。

制度規範之正當性與適宜性

——《周易》社會正義思想研究[*]

黃玉順

近年來,作爲制度倫理學的正義論研究成爲理論熱點。但是,易學界尚未對此作出應有的回應。爲此,本文將對《周易》正義思想加以初步探討,就教于海内外專家學者。

根據筆者多年研究,《周易》的文獻構成包含三個層次:一是古經所輯錄的殷周之際以及此前更爲古老的詩歌(象辭);二是古經所彙編的殷周之際的表示吉凶占斷的筮辭(占辭);三是大傳所彙集的戰國時期儒家所撰述的義理。[①]詩歌是前原創期(前軸心期)的一種前理性、前形而上學的生活情感言說,而筮辭則是進入原創時代(軸心時期)初期的一種神學形而上學的建構;然而大傳的義理卻是原創時代的一套哲學形而上學的建構。這套義理建構"廣大悉備",含"天道"(包括"地道")與"人道"(《繫辭下傳》):其天道"廣大配天地",乃是關乎作爲"形而上者"的陰陽的形而上學,是爲形而下學奠基的;其人道"易簡之善配至德",則是關乎"形而下者"的形而下學。(《繫辭上傳》)

這種形而下學的主題,就是人類社會的制度規範(社會規範建構及其制度安排)問題,也就是"禮"的問題,其所關注的是在"禮壞樂崩"時勢之下的制度規範的重建。這種重建所依據的是正義原則、即"義";而正義原則所解決的乃是利益衝突問題、即關於"利"的問題。爲此,《周易》大傳實際表述了兩條基本的正義原則:正當性原則,要求制度規範的公正性與公平性,這淵源于仁愛情感之中的超越差等之愛的一體之仁;適宜性原則,要求制度規範的時宜性與地宜性,以適應於具體的生活方式(時代

---

* 教育部人文社會科學研究項目基金資助,項目名稱"中國正義論傳統的現代性研究",批准號:08JA720020。

① 黃玉順:《易經古歌考釋》,成都:巴蜀書社,1995 年。

性、地域性）。顯然，正義原則（義）是由仁愛情感（仁）奠基的。如果說，仁愛情感作爲生活情感乃是生活的原初顯現，生活方式則是生活的次生顯現樣式，那麼，這一切皆歸屬於“生生”的生活之流。

一、《周易》正義思想的總體架構

《易傳》關注“禮”即制度規範問題，由此溯及“義”即賴以建構制度規範的正義原則。《序卦傳》第二部分由夫婦之道《咸》開始論人道，而歸結爲“禮義”問題：“有天地，然後有萬物；有萬物，然後有男女；有男女，然後有夫婦；有夫婦，然後有父子；有父子，然後有君臣；有君臣，然後有上下；有上下，然後禮義有所錯。”

關於“禮義”，《乾·文言傳》對於“四德”（元亨利貞）的解釋值得注意：“元者，善之長也；亨者，嘉之會也；利者，義之和也；貞者，事之幹也。君子體仁足以長人，嘉會足以合禮，利物足以和義，貞固足以幹事。君子行此四德者，故曰：乾：元亨利貞。”

對此，朱熹《周易本義》解釋：“元者……於人則爲仁，而衆善之長也；亨者……於人則爲禮，而衆美之會也；利者……於人則爲義，而得其分之和；貞者……於人則爲智，而爲衆事之幹。”[1]顯然，朱熹將《乾·文言傳》的“四德”直接理解爲儒學的四德“仁義禮智”，儘管不無道理，卻也存在問題（詳下）。

這自然使我們想起孟子提出的“四端”：“惻隱之心，仁之端也；羞惡之心，義之端也；辭讓之心，禮之端也；是非之心，智之端也。……凡有四端於我者，知皆擴而充之矣，若火之始然、泉之始達。苟能充之，足以保四海；苟不充之，不足以事父母。”（《公孫丑上》）孟子所提出的其實是儒家正義論——制度倫理學的一個基本的總體結構：仁→義→禮→智。本文討論《周易》正義思想的總體結構，也是參照孟子提出的這個結構。

上述朱、孟兩種說法，存在著兩點重要區別：

第一，四者的排列順序不同。朱熹的是“仁禮義智”，孟子的是“仁義禮智”。下文的分析將表明，孟子的排列才是正義論的一般結構。朱熹將《乾·文言傳》“四德”直接等同於孟子的“仁義禮智”，那顯然是不對的。《乾·文言傳》不是在討論“仁義禮智”，而是在討論“元亨利貞”，其中最核心的問題其實是孟子提出的“義利之辨”問題（《梁惠王上》），即利與仁義的關係問題（詳下）。

---

[1] 朱熹：《周易本義》，上海：上海古籍出版社，1987年。

第二,涉及的觀念層級不同。朱熹談的是"德",而孟子談的則是"端"。"端"有兩種解釋:一是朱熹的解釋"端緒"、"統緒",似乎"四端"就是"四德",但這並不符合孟子本來的意思;二是孟子本人之意,"端"僅僅是發端、開端,猶如"火之始然,泉之始達",需要更進一步"擴而充之","四端"才能成爲"四德"。"四德"說的是德性、人性,而"四端"說的則是這種德性的情感來源。孟子認爲,德性作爲人性,來源於作爲生活情感的仁愛情感——"惻隱之心"、"不忍之心";德性在仁愛情感中確立起來,這就是"先立乎其大者"(《告子上》)。

下面討論在"仁→義→禮→智"總體結構中,《周易》如何處理"義"與"仁、禮、智"及"利"的關係:

（一）正義與禮法制度

正義論作爲制度倫理學,首先直接關注的就是制度規範問題,亦即"禮"或"禮法"問題。[1]《易傳》亦然。故《繫辭上傳》論《易》之所以作,說:"聖人有以見天下之動,而觀其會通,以行其典禮。"所謂"典禮"是說禮法乃備載於典冊,猶如《尚書》所說"惟殷先人,有冊有典"(《尚書·多方》)。作者的意思是,聖人作《易》就是爲了解決禮法制度問題。《繫辭下傳》講"謙以制禮",《大壯·象傳》講"君子以非禮弗履",都是這個意思。

禮也叫"節"(故有"禮節"之說),合禮也叫"中節"。《蹇·象傳》說:"大蹇朋來,以中節也。"這與《禮記·中庸》的說法一致:"喜怒哀樂之未發,謂之中;發而皆中節,謂之和。"《易經·節卦》說:人應該"安節"、"甘節",否則,"不節若,則嗟若",故"苦節不可貞"、"苦節貞凶"。例如關於家庭倫理的制度規範,《蒙·象傳》講"子克家,剛柔節也";《家人·象傳》講"婦子嘻嘻,失家節也";如此等等。

所謂"禮"或"節"作爲社會規範,有些並不能制度化,例如道德規範;但有些則是可以制度化的,如《節·象傳》所說的"節以制度",《節·象傳》進一步說"君子以制數度"。

至於所謂"法",主要是指刑法,也是廣義的"禮"的一種,因爲法同樣是一種制度規範。當然,《易傳》所謂"法"還有更廣義的用法,諸如《繫辭上傳》:"闔戶謂之坤,辟戶謂之乾,…… 制而用之謂之法。"《繫辭上傳》:"法象莫大乎天地,變通莫大乎四時。"《繫辭下傳》:"古者包犧氏之王天下也,仰則觀象於天,俯則觀法於地。"但是也有"刑法"、"禮法"的用法,例如《噬嗑·象傳》:"先王以明罰敕法";《蒙·象傳》:"利用刑人,以正法也";等等。

---

[1] 關於"禮"或"禮法"即指制度規範,作者已有另文討論。

上文曾談到過，《周易》不僅關注"禮"，還關注"禮義"。這涉及禮與義之間的關係：社會規範建構及其制度安排，需要某種價值尺度，這個尺度就是"義"即正義原則。

（二）正義與利益問題

社會之所以需要建立制度規範（禮）並爲此而尋求正義原則（義），其實是因爲利益問題（利）或者說是利益衝突問題需要解決。所以，"義利"關係問題、或曰"義利之辨"也就成爲中國哲學的一個重大課題。故《繫辭下傳》說："天地之大德曰生，聖人之大寶曰位，何以守位曰仁，何以聚人曰財，理財正辭、禁民爲非曰義。"又說："損以遠害，益以興利，困以寡怨，井以辯義。"《序卦傳》說："比必有所畜，故受之以小畜；物畜然後有禮，故受之以履。"這就是說，禮義的課題，其所處理的就是利益的問題。假如人們完全沒有利欲、包括私利，就不會有利益衝突，禮義問題也就成爲多餘的了。對此，《禮記·禮運》講得很清楚：在"天下爲公"的時代，根本就沒有、也無需禮義；直到"天下爲家，各親其親，各子其子，貨力爲己"的時代，這才"如此乎禮之急"，"大人世及以爲禮"，"禮義以爲紀，以正君臣，以篤父子，以睦兄弟，以和夫婦，以設制度"，"未有不謹於禮者也"。

整部《周易》古經作爲占筮之書，其實就是"謀利"的，故其筮辭屢言"利貞"、"利見大人"、"主利"、"利建侯"、"利用刑人"、"利用獄"、"利用侵伐"、"利用行師征邑國"、"利涉大川"、"利用賓于王"、"利有攸往"、"利已"、"利用爲大作"、"利用爲依遷國"、"利用禴"、"利用享祀"、"利用祭祀"等。其正面的極端是"无不利"，而負面的極端是"无攸利"。簡而言之，就是《繫辭下傳》所說的"變動以利言，吉凶以情遷"。故《繫辭上傳》引孔子之說："聖人立象以盡意，設卦以盡情僞，繫辭焉以盡其言，變而通之以盡利。"

後來《易傳》繼承了這種"謀利"的指導思想。如《繫辭上傳》說："夫《易》，聖人所以崇德而廣業也。"《繫辭下傳》對"崇德"有專門的解釋："精義入神，以致用也；利用安身，以崇德也。"崇德廣業的所謂"德業"，又叫"盛德大業"，《繫辭上傳》是講得很明白的："盛德大業，至矣哉！富有之謂大業，日新之謂盛德。"《繫辭上傳》還說："崇高，莫大乎富貴；備物致用、立成器以爲天下利，莫大乎聖人。"《繫辭下傳》也說："神農氏作，斲木爲耜，揉木爲耒，耒耨之利，以教天下，蓋取諸益；日中爲市，致天下之民，聚天下之貨，交易而退，各得其所，蓋取諸噬嗑。…… 黃帝、堯、舜……刳木爲舟，剡木爲楫，舟楫之利，以濟不通，致遠以利天下，蓋取諸渙；服牛乘馬，引重致遠，以利天下，蓋取諸隨。…… 斷木爲杵，掘地爲臼，臼杵之利，萬民以濟，蓋取諸小過。……"還談到孔子論陰陽推移："往者，屈也；來者，信也。屈信相感，而利生焉。"

須注意的是：這裏所講的乃是"爲天下利"，也就是說，這是公利，而非私利。如

《節·彖傳》所說:"節以制度,不傷財,不害民。"所以《乾·文言傳》說:"乾始能以美利利天下,不言所利,大矣哉!"這就是《繫辭上傳》所說的"利用出入、民咸用之謂之神"。但這並不是說《周易》的"謀利"只講公利,不講私利。其實,正義問題之產生,正是利益衝突所導致的,這其中私利是主要的利欲。所以《繫辭下傳》記載孔子解釋"公用射隼于高墉之上,獲之,无不利"說:"君子藏器於身,待時而動,何不利之有?動而不括,是以出而有獲,語成器而動者也。"《說卦傳》說:"巽……爲近利市三倍。"如此等等。

承認利欲、包括私利,並不意味著唯利是圖,恰恰相反,利益衝突需仁義禮法來調節,由此才能真正有效地滿足人們的利欲。《繫辭下傳》引孔子說:"小人不恥不仁,不畏不義,不見利不勸,不威不懲。小懲而大誡,此小人之福也。"這就是說,所謀取的不論是公利、還是私利,都得出自仁義,遵從禮法。所以《乾·文言傳》才說:"亨者,嘉之會也;利者,義之和也。……嘉會足以合禮,利物足以和義。"

(三)正義與仁愛情感

之所以會出現利益衝突,是因爲人們有利欲;然而人們之所以有利欲,又是因爲什麼?這是一個重大的疑難問題。歷史上有兩種解釋,都是從人性論角度提出的:性善論者認爲,利欲是由於善性的被遮蔽;性惡論者認爲,利欲乃是人之本性。然而《易傳》事實上對此有自己的一種獨到解釋。如《繫辭下傳》說:"愛惡相攻而吉凶生,遠近相取而悔吝生,情僞相感而利害生。"這就是說,利害衝突是與人們的愛惡情感相關的;換句話說,利欲在一定意義上乃是源于仁愛的。

然而對於迄今爲止的儒家學者來說,"利欲源于仁愛"這樣的說法太過驚世駭俗了!不過,我們不妨看看大儒荀子的看法。爲此必須首先指明:荀子其實並非人們通常所說的那種性惡論者。他在《性惡》篇中所講的人性之"惡"並不是道德意義上的概念,而是對於"自然狀態"的一種描述。爲了論證仁義禮法的必要性,荀子闡明了"愛利"(愛而利之)學說:"禮樂則修,分義則明,舉錯則時,愛利則形,……夫是之謂道德之威";"無愛人之心,無利人之事,而日爲亂人之道,……夫是之謂狂妄之威"。(《荀子·強國》)顯然,前段的"愛利"就是後段的"愛人之心"、"利人之事"。所以王先謙集解"愛利則形"時,引楊倞注:"愛(人)利人之心見(現)於外也";引郝懿行之說:"愛人利人皆有法"。這就是說,"愛利"的意思就是"愛而利之"。這是合乎生活實情的:我們愛一個人,便欲利這個人:愛己便欲利己,愛親便欲利親,愛民便欲利民,等等。這涉及到仁愛之中的差等之愛。正是由於愛的差等性,才會出現利益衝突。

荀子這種看法,具有相當充分的學理依據。如果我們承認,對於儒學來說,仁愛乃是所有一切的大本大源,那麼合乎邏輯的結論就是:仁愛不僅是善的來源,同樣是惡的來源。不僅如此,問題的關鍵在於:不僅導致利益衝突的是仁愛(主要是仁愛中的差等之愛方面),並且最終解決利益衝突問題的同樣是仁愛(主要是仁愛中的一體之仁方面)。荀子正是這樣看待和處理問題的,《易傳》其實也是這樣看待和處理問題的。看來人們認爲《易傳》與荀學之間有著密切關係不無道理。

我們知道,《易傳》秉持儒家的仁愛立場。如《繫辭上傳》說:"安土敦乎仁,故能愛";《明夷·象傳》說:"王假有家,交相愛也";《復·象傳》也說:"休復之吉,以下仁也";《乾·文言傳》也說:"君子學以聚之,問以辯之,寬以居之,仁以行之";如此等等。這樣一來,按照上面的分析,必然在學理上合乎邏輯地得出"利欲源于仁愛"的結論。但《易傳》並不是僅僅停留於此,而是更進一步伸說:仁愛不僅導致利益衝突,而且最終解決利益衝突問題。《說卦傳》說:"昔者聖人之作《易》也,將以順性命之理,是以立天之道曰陰與陽,立地之道曰柔與剛,立人之道曰仁與義。"人道不是利欲,而是仁義。《繫辭上傳》稱《易》意在"成性存存,道義之門",極爲深刻:"存存"說的是存仁("存"的原始義正是仁愛),即孟子所說的對於仁愛惻隱情感的"擴而充之"(《公孫丑上》);"成性"說的是立德,即孟子所說的"先立乎其大者"(《告子上》);這兩者是通往正義的門徑。

在這個問題上,人們很容易想到孟子所提出的"義利之辯":"王何必曰'利'?亦有'仁義'而已矣。"(《梁惠王上》)人們往往以爲孟子是將"利"與"仁義"絕對對立起來,其實那是誤解。趙岐的注是比較正確的:"孟子知王欲以富國强兵爲利,故曰:王何以'利'爲名乎?亦有'仁義'之道可以爲名。"這是以何爲"名"的問題,而非以何爲"實"的問題。程子講得更爲明白:"君子未嘗不欲利,但專以利爲心則有害。唯仁義,則不求利而未嘗不利也。"(《孟子集注·梁惠王上》)[1]上文談到《乾·文言傳》討論作爲"君子四德"的"元亨利貞",其實就是討論"義利之辨"的問題:之所以說"利者義之和也",那是以"元者善之長也"爲先行條件的,即:正當之利是以仁爲前提的。

(四)正義與良知以及理智

正義的制度規範的建構,還需要"知"或"智"。[2]比起這種"知"或"智"來,"禮"是較爲次級的,正如《繫辭上傳》所說:"知崇、禮卑:崇效天,卑法地。"但事實上存在著兩種"知"或者"智":

一種是形上的、甚至更爲本源的作爲生活感悟的智慧(我們用"知"表示)。《繫辭上傳》將這種"知"提升到了形而上者的高度,而爲形而下者奠基:"乾知大始,坤作成物。乾以易知,坤以簡能。易則易知,簡則易從。易知則有親,易從則有功。有親則可久,有功則可大。可久則賢人之德,可大則賢人之業。易簡,而天下之理得矣。"這

---

① 朱熹:《四書章句集注》,北京:中華書局,1983 年。
② 先秦"智"皆作"知"。

種形上的智慧:"仰以觀于天文,俯以察於地理,是故知幽明之故;原始反終,故知死生之說;…… 知周乎萬物而道濟天下,故不過;旁行而不流,樂天知命,故不憂。"《繫辭下傳》也講:"子曰:知幾,其神乎?…… 幾者,動之微,吉之先見者也。君子見幾而作,不俟終日。…… 君子知微知彰,知柔知剛,萬夫之望。"

這種智慧的一個突出特點,是能洞見"險阻"。《繫辭下傳》:"夫乾,天下之至健也,德行恒易以知險;夫坤,天下之至順也,德行恒簡以知阻。"《蹇·彖傳》說:"見險而能止,知矣哉!"所謂"險阻",其實指的是非正義所導致的兇險,例如由利益衝突所導致的亂象。顯然,這種智慧不是知識理性給予的,而類似於孟子所說的"不慮而知"的"良知"(《盡心上》);在正義問題上,這事實上就是一種由生活感悟所生成的正義感,並表現爲孟子所說的"集義所生"之"浩然之氣"(《公孫丑上》)。

所以,這種智慧是從形而上到形而下的轉捩點。《乾·文言傳》說:"知至至之,可與幾也;知終終之,可與存義也。""幾"指形而上者之道,"義"即關於形而下者之器的正義原則。這就是說,這種智慧乃是先行於"義"的,即:仁→利→知→義→禮。這就叫做"神以知來,知以藏往"(《繫辭上傳》)。

另一種則是形下的理智(我們用"智"表示)。這種"智"在於知道"禮",因爲具體的制度規範的設計需要這種理智或者理性;反之,則正如《未濟·象傳》所說:"飲酒濡首,亦不知節也。"知道"禮""節",意味著明了制度規範的利害關係、是否可行,如《歸妹·象傳》所說的"君子以永終知敝",亦如《節·象傳》所說的"不出戶庭,知通塞也"。顯然,這種"智"是後於"義"、然而先於"禮"的,即是直接指向制度規範建構的。故《繫辭上傳》說:"無有遠近幽深,遂知來物。"

這樣一來,我們也就獲得了《周易》正義思想的總體結構:

仁(仁愛)→利(利欲)→知(良知)→義(正義)→智(理智)→禮(規範)

二、《周易》正義原則中的正當性原則

《周易》正義思想的核心是"義"亦即正義原則本身。如《說卦》說:"昔者聖人之作《易》也,…… 和順於道德而理於義,窮理盡性以至於命。昔者聖人之作《易》也,將以順性命之理,是以立天之道曰陰與陽,立地之道曰柔與剛,立人之道曰仁與義。"這裏"義"字兩次出現,都是在說正義問題:"和順於道德而理於義"是說正義乃是從形上(道)到形下(德)的樞紐;"立人之道曰仁與義"是說仁愛與正義是人道的根本。

《周易》實際所表達的第一條正義原則是正當性原則。首先,"義"意味著"正"、

"正當"。《繫辭下傳》指出:"理財正辭、禁民爲非曰義。"這就是說,在爲了解決利益衝突問題(理財)而確立的"義"的原則中,"正"是禮法的最核心的尺度。故《坤·文言傳》說:"直,其正也;方,其義也。君子敬以直内,義以方外,敬義立而德不孤。'直方大不習无不利',則不疑其所行也。"

因此,《易傳》才反復地強調"正"。例如:《大壯·象傳》:"大壯利貞,大者正也。正大而天地之情可見矣!"《萃·象傳》:"利見大人亨,聚以正也。"《頤·象傳》:"頤貞吉,養正則吉也。"《雜卦傳》:"頤,養正也。"這裏涉及幾層意思:(1)正的内在依據,是首先"正志"。《遯·象傳》:"嘉遯貞吉,以正志也。"《明夷·象傳》:"内難而能正其志,箕子以之。"《臨·象傳》:"咸臨貞吉,志行正也。"《屯·象傳》:"雖磐桓,志行正也。"這種正志,其實就是儒家"内聖外王"之道的"内聖"功夫,如《蒙·象傳》所說:"蒙以養正,聖功也。"這是"外王"的内在根據,如《師·象傳》所說:"師,衆也;貞,正也。能以衆正,可以王矣。"(2)正志的目的,乃是"正邦"。如《離·象傳》所說:"王用出征,以正邦也。"(3)正邦的一條基本途徑,是正禮法,也就是建立正義、正當的制度規範,如《蒙·象傳》所說:"利用刑人,以正法也。"

"正"的一個基本維度是"當"。所謂"當"有兩個基本含義:一是正當,這屬於此處所談的正當性原則,與"正"的含義相通。例如:《困·象傳》:"來徐徐,志在下也,雖不當也,有與也。""困於葛藟,未當也。"二是適當,這屬於適宜性原則,亦可作"宜"。(詳下)例如:《噬嗑·象傳》:"貞厲无咎,得當也。"《師·象傳》:"弟子輿尸,使不當也。"《歸妹·象傳》:"歸妹以須,未當也。"而《革·象傳》講"革命"即改變制度時說:"革而當,其悔乃亡。"這是兼有以上兩義的用法。《繫辭下傳》講到,假如制度規範的建構不正當、不適當,就有兇險:"道有變動,故曰爻;爻有等,故曰物;物相雜,故曰文;文不當,故吉凶生焉。"

表面看來,《易傳》所謂"當"很大程度上乃是指象數方面的"當位";但事實上,象數所反映的實質是義理,說的是正當、適當。上文曾談到《節·象傳》"節以制度,不傷財,不害民",這就是制度建構的正當性問題;該傳還說:"節,亨,剛柔分而剛得中。……說以行險,當位以節,中正以通。"此外例如:《否·象傳》:"大人之吉,位正當也。"《豫·象傳》:"盱豫有悔,位不當也。"《中孚·象傳》:"有孚攣如,位正當也。"這些實質上都是在講正當性問題。

在中國的制度倫理學中,"位"是一個非常重要的概念。《說卦傳》講乾坤:"天地定位";《繫辭上傳》也說:"天尊地卑,乾坤定矣;卑高以陳,貴賤位矣。""天地設位,而《易》行乎其中矣。"《繫辭下傳》強調:"天地之大德曰生,聖人之大寶曰位。"本文討論的所謂"禮"即制度規範的設置,其實就是一系列"位"的設置。這種"位"表面看是"爻位"問題,例如《乾·象傳》:"大明終始,六位時成。"《說卦傳》:"《易》六位而成章。"《小畜·彖傳》:“柔得位而上下應之,曰小畜。”《大有·彖傳》:“柔得尊位,大中而上下應之,曰大有。”《渙·彖傳》:“王居无咎,正位也。”其實,“位”的實質是所謂“名分”,這正是“禮”的體現,例如《履·彖傳》:“剛中正,履帝位而不疚,光明也。”《家人·彖傳》:“女正位乎内,男正位乎外。”以上兩種含義乃是相通的,故《繫辭下傳》說:“天地設位,聖人成能;人謀鬼謀,百姓與能。”因此,《繫辭上傳》指出:“列貴賤者存乎位。”《鼎·象傳》說:“君子以正位凝命。”《艮·象傳》說:“君子以思不出其位。”《乾·文言傳》:“居上位而不驕,在下位而不憂,故乾乾因其時而惕,雖危无咎矣。”這也正如孔子所說:“名不正,則言不順;言不順,則事不成;事不成,則禮樂不興;禮樂不興,則刑罰不中;刑罰不中,則民無所錯手足。”(《論語·子路》)《乾·文言傳》也引孔子所說:“貴而无位,高而无民,賢人在下位而无輔,是以動而有悔也。”《繫辭下傳》亦引子曰:“德薄而位尊,知小而謀大,力小而任重,鮮不及矣。”因此,所謂“正”首先是“正位”。如《渙·象傳》:“王居无咎,正位也。”《比·象傳》:“顯比之吉,位正中也。”正位的目的,乃是“正邦”,如《蹇·彖傳》所說:“當位貞吉,以正邦也。”

總而言之,正如《坤·文言傳》所說:“君子黄中通理,正位居體,美在其中,而暢于四支,發於事業,美之至也!”

因此,“正”“當”成爲《易傳》的非常核心的概念。《繫辭下傳》指出,《周易》就是談“當”與“正”的:“夫易,彰往而察來,而微顯闡幽,開而當名辨物,正言斷辭則備矣。”《乾·文言傳》談到“知”時說:“‘亢’之爲言也,知進而不知退,知存而不知亡,知得而不知喪。其唯聖人乎?知進退存亡而不失其正者,其唯聖人乎!”這就是說,制度規範建構中的良知與理智,都是離不開正當性原則的。

惟有在這種正當性原則的尺度下,所建構的制度規範才是正義的。例如《歸妹·彖傳》談到婚嫁制度乃是天經地義:“歸妹,天地之大義也。天地不交而萬物不興;歸妹,人之終始也。”又如《家人·彖傳》認爲,家族制度規範之“大義”就是“家道正”:“家人,女正位乎内,男正位乎外,男女正,天地之大義也。家人有嚴君焉,父母之謂也。父父、子子、兄兄、弟弟、夫夫、婦婦,而家道正;正家而天下定矣!”而《恒·象傳》也說:“夫子制義,從婦凶也。”這種“正家”的思想與《大學》“齊家”而“治國”“平天下”的思想是一致的。反之,《小畜·象傳》:“夫妻反目,不能正室也。”

這裏值得注意的有兩層意義:一是“女正位乎内,男正位乎外”,這是當時生活方式之下的一種特定的制度規範建構,所依據的是正義原則中的適宜性原則(詳下);二是“父父、子子、兄兄、弟弟、夫夫、婦婦”,這是具有更爲一般普遍意義的制度規範原則,其所根據的即是正義原則中的正當性原則。這使我們想起孔子回答齊景公的話:“君君、臣臣、父父、子子。”(《論語·顏淵》)這裏,孔子並未對君臣父子作出制度規範上的任何具體的規定，而只是說：君要像君的樣子、臣要像臣的樣子、父要像父的樣子、子要像子的樣子。唯其如此，這才是"古今之通義"的體現。

《易傳》的正當性原則也與儒家一般的正當性原則一樣，分爲兩個層次：

（一）公正性準則

這在《易傳》中表達爲"中正"。"正"的基本含義即"中正"。《同人·彖傳》："文明以健，中正而應，君子正也。"《訟·彖傳》："利見大人，尚中正也。"《觀·彖傳》："中正以觀天下。"《離·彖傳》："柔麗乎中正，故亨，是以畜牝牛吉也。"《益·彖傳》："利有攸往，中正有慶。"《姤·彖傳》："剛遇中正，天下大行也。"《巽·彖傳》："重巽以申命，剛巽乎中正而志行。"《需·象傳》："酒食貞吉，以中正也。"《訟·象傳》："訟元吉，以中正也。"《豫·象傳》："不終日貞吉，以中正也。"《晉·象傳》："受茲介福，以中正也。"《乾·文言傳》："大哉，乾乎！剛健中正，純粹精也。"

中正的關鍵是"中"："中"則"正"，不"中"則不"正"。此即《未濟·象傳》所說的"中以行正"。例如《臨·彖傳》："剛中而應，大亨以正，天之道也"；《師·彖傳》："剛中而應，行險而順，以此毒天下，而民從之，吉又何咎矣。"因此，行事、包括建構制度規範必須"得中"。例如《蹇·彖傳》："蹇利西南，往得中也。"《解·彖傳》："其來復吉，乃得中也。"《鼎·彖傳》："得中而應乎剛，是以元亨。"《旅·彖傳》："柔得中乎外而順乎剛，止而麗乎明，是以小亨，旅貞吉也。"《小過·彖傳》："柔得中，是以小事吉也。"《既濟·彖傳》："初吉，柔得中也。"《未濟·彖傳》："未濟亨，柔得中也。"《巽·象傳》："紛若之吉，得中也。"所謂"中"即"中道"。例如《蠱·象傳》："幹母之蠱，得中道也。"《離·象傳》："黃離元吉，得中道也。"《解·象傳》："九二貞吉，得中道也。"《夬·象傳》："有戎勿恤，得中道也。"《既濟·象傳》："七日得，以中道也。"得"中"爲"宜"，此乃爲"義"。例如《臨·象傳》："大君之宜，行中之謂也。"所以，這些其實就是在談正義原則中的公正性。

（二）公平性準則

關於公平性準則，《易傳》談的比較少，但也不是沒有，如《乾·文言傳》說："雲行雨施，天下平也。"這是對《乾·彖傳》以下文義的解釋："雲行雨施，品物流形，…… 乾道變化，各正性命，保合大和，乃利貞，首出庶物，萬國咸寧。"這種公平性，具體來說，如《謙·象傳》所說："君子以裒多益寡，稱物平施。"

三、《周易》正義原則中的適宜性原則

《周易》實際所表達的第二條正義原則是適宜性原則。一種正當的制度規範，未必就是適宜的。歷史上的制度規範事實上總是變動著的,此即孔子所說的禮有"損益"(《論語·爲政》);假如先後兩種制度,都出於仁愛中的一體之仁,從而都是正當的,這就表明:正當性不能保證適宜性。所以,還須有適宜性原則。因此,"義"同時意味著"宜"、"適宜"。故《禮記·中庸》說:"義者,宜也。"所謂適宜,就是制度規範的建構應當適應於不同時間和不同地域的不同生活方式。

《象傳》中以下"義"字皆作"宜"講:《同人·象傳》:"乘其墉,義弗克也。"《賁·象傳》:"舍車而徒,義弗乘也。"《復·象傳》:"頻復之厲,義无咎也。"《姤·象傳》:"包有魚,義不及賓也。"《鼎·象傳》:"鼎耳革,失其義也。"《漸·象傳》:"小子之厲,義无咎也。"《旅·象傳》:"以旅與下,其義喪也。""以旅在上,其義焚也。"《既濟·象傳》:"曳其輪,義无咎也。"等等。

反之,在《周易》古經中,以下"宜"字亦皆可以作"義":《臨卦·六五》:"知臨,大君之宜,吉。"《豐卦》:"豐:亨,王假之,勿憂,宜日中。"《小過卦》:"小過:亨,利貞;……飛鳥遺之音,不宜上,宜下,大吉。"《易傳》亦承此義。《豐·彖傳》:"勿憂,宜日中,宜照天下也。"《泰·象傳》:"天地交,泰;後以財成天地之道,輔相天地之宜,以左右民。"《繫辭上傳》:"聖人有以見天下之賾,而擬諸其形容,象其物宜,是故謂之象。"

(一) 時宜性準則

《周易》古經《歸妹·九四》已涉及了"時"的觀念:"歸妹愆期,遲歸有時。"後來《易傳》更高度重視"時"的問題。例如《乾·彖傳》:"大明終始,六位時成,時乘六龍以御天。"《觀·彖傳》:"觀天之神道,而四時不忒。"《賁·彖傳》:"觀乎天文,以察時變;觀乎人文,以化成天下。"《恒·彖傳》:"四時變化而能久成,聖人久于其道而天下化成。"《損·彖傳》:"二簋應有時,損剛益柔有時。"《无妄·象傳》:"先王以茂對時育萬物。"《革·象傳》:"君子以治曆明時。"《節·象傳》:"不出門庭凶,失時極也。"《既濟·象傳》:"東鄰殺牛,不如西鄰之時也。"《乾·文言傳》:"君子進德修業,欲及時也,故无咎。"《雜卦傳》:"大畜,時也。"《繫辭上傳》:"廣大配天地,變通變四時。""法象莫大乎天地,變通莫大乎四時。"《繫辭下傳》:"六爻相雜,唯其時物也。"等等。

時宜性準則在《易傳》中表達爲"時義"。《彖傳》五次談到"時義":"聖人以順動,則刑罰清而民服。豫之時義大矣哉!"(《豫·彖傳》)"大亨貞无咎,而天下隨時。隨時之義大矣哉!"[1](《隨·彖傳》)"剛當位而應,與時行也。…… 遯之時義大矣哉!"(《遯·彖傳》)"剛遇中正,天下大行也。姤之時義大矣哉!"(《姤·彖傳》)"旅,小亨,柔得中乎外而順乎剛,…… 旅之時義大矣哉!"(《旅·彖傳》)

---

[1]　按照《彖傳》這五次表述"時義"的一致性,"隨時之義"當作"隨之時義"。

這種"時義",《彖傳》也表達為"時用",如《坎·彖傳》:"險之時用大矣哉。"《睽·彖傳》:"睽之時用大矣哉。"《蹇·彖傳》:"蹇之時用大矣哉。"顯然,"時用"就是在說"時義"。

按以上"某卦之時義大矣哉"的表述慣例,《彖傳》下述"時"也應該是"時義"的意思:"天地養萬物,聖人養賢以及萬民。頤之時大矣哉!"(《頤·彖傳》)"剛過而中,巽而說行,利有攸往,乃亨。大過之時大矣哉!"(《大過·彖傳》)"天地解而雷雨作,雷雨作而百果草木皆甲坼。解之時大矣哉!"(《解·彖傳》)"天地革而四時成,湯武革命順乎天而應乎人。革之時大矣哉!"(《革·彖傳》)

那麼,何謂"時義"或者"時用"? 如果說"義"是"宜"的意思,那麼,所謂"時義"就是"時宜"。這種時宜性準則,體現在以下各個方面:

(1) 觀時。如《賁·彖傳》:"觀乎天文,以察時變;觀乎人文,以化成天下。"

(2) 時行、與時偕行。如《大有·彖傳》:"其德剛健而文明,應乎天而時行,是以元亨。"《遯·彖傳》:"剛當位而應,與時行也。"《損·彖傳》:"損益盈虛,與時偕行。"《益·彖傳》:"凡益之道,與時偕行。"《小過·彖傳》:"過以利貞,與時行也。"《乾·文言傳》:"終日乾乾,與時偕行。"《繫辭下傳》:"剛柔者,立本者也;變通者,趣時者也。"《繫辭下傳》:"君子藏器于身,待時而動,何不利之有?"這正如《蹇·彖傳》所說:"往蹇來譽,宜待也。"

(3) 順時、與時消息。如《豫·彖傳》:"天地以順動,故日月不過而四時不忒;聖人以順動,則刑罰清而民服。"《升·彖傳》:"柔以時升,巽而順,剛中而應,是以大亨。"《革·彖傳》:"天地革而四時成,湯武革命順乎天而應乎人。"《艮·彖傳》:"時止則止,時行則行,動靜不失其時,其道光明。"《豐·彖傳》:"日中則昃,月盈則食,天地盈虛,與時消息,而況於人乎。"《乾·文言傳》:"夫大人者……與四時合其序,…… 先天而天弗違,後天而奉天時;天且弗違,而況於人乎。"《坤·象傳》:"含章可貞,以時發也。"《井·象傳》:"舊井无禽,時舍也。"《乾·文言傳》:"見龍在田,時舍也。""乾乾因其時而惕,雖危无咎矣。"《坤·文言傳》:"坤道其順乎,承天而時行。"

(4) 時中。如《蒙·彖傳》:"蒙亨,以亨行,時中也。"《中庸》也講"時中":"君子之中庸也,君子而時中。"顯然,"時中"也就是講的"中庸"問題,而且講的是其中之"庸"即"用"的問題。《中庸》所說的"喜怒哀樂之未發,謂之中","中也者,天下之大本也","誠者不勉而中,不思而得",這是講性之體;"發而皆中節,謂之和",這是講情之用。因此,"時中"具有兩層含義:一是"用中",如"執其兩端,用其中于民","從容中道",是說必須以心性本體為尺度、而施之於民用,也就是"極高明而道中庸";二是"中和",如"和也者,天下之達道也",是說其用合宜,亦即《中庸》指出的"時措之宜"、"溥博淵泉,而時出之"。"時"儘管不是"中"的充分條件,卻是必要條件:不時,則不能中。

這種時宜性準則,是制度規範建構的指導準則。例如《節·彖傳》講"制度"建構,與"時"相關:"天地節而四時成;節以制度,不傷財,不害民。"又如《屯·彖傳》講"建侯"的制度建構問題:"屯,剛柔始交而難生,動乎險中,大亨貞,雷雨之動滿盈,天造草昧,宜建侯而不寧。"

（二）地宜性準則

關於地宜性,《周易》講的似乎不多,卻是具有根本意義的,如《繫辭下傳》說:"古者包犧氏之王天下也,仰則觀象於天,俯則觀法於地,觀鳥獸之文,與地之宜,近取諸身,遠取諸物,於是始作八卦,以通神明之德,以類萬物之情。"這裏的"地之宜"正是我們這裏所談的地宜性準則。其他地方也有講到地宜問題的,例如《小過·彖傳》:"不宜上,宜下,大吉,上逆而下順也。"《臨·彖傳》:"至臨无咎,位當也;大君之宜,行中之謂也。"等等。

綜上所述,事實上《周易》、尤其是《易傳》已提出了一整套關於社會正義的思想:不僅闡述了核心的正義原則（正當性原則、適宜性原則）,而且給出了一個很完整的制度倫理學的總體觀念架構"仁→利→知→義→智→禮"。

民間儒學及其社會教化功能

董衛國

通常大家都說儒學是兩千年中華文化的主流,而最有力的論據莫過於儒學是兩千年封建社會的官方意識形態。不可否認,依靠政權的强大力量,儒學在思想界處於至高無上的地位,官方也通過各種形式向全社會普及儒學。但是在官方儒學之外,中國自古以來存在一個歷史悠久、底蘊深厚的民間儒學的傳統。民間儒學以教化成德(成俗)爲最終目的,它代表著儒學的最高理想。官方儒學以政治體制爲依託,而民間儒學以民間社會爲依託。民間儒學雖然與官方儒學有著很多聯繫,但是並不必然依靠官方儒學而存在。我們認爲對民間儒學進行深入研究,具有重要的學術價值和現實意義。

一

從歷史上看,儒學是起源於民間的思想流派,雖然儒學在漢代成爲王官之學,被定爲官方意識形態,並不斷深入地落實於政治制度之中,但是民間儒學的傳統一直存在。官方儒學和民間儒學雖存在千絲萬縷的聯繫,但兩者畢竟有著巨大區別。

孔子是三代文明尤其是周代文明的繼承者、整理者和創新者,是儒學的奠基者和創始者。孔子一生在朝爲官的時間並不多,其大部分時間在民間授徒講學。一般認爲,漢武帝罷黜百家,獨尊儒術,儒學才逐漸走上了官學化的道路。從孔子沒後,到漢武帝時代,時經三四百年的時間,儒學並沒有官學化。這期間的儒學傳承、創新主要是依靠民間學術實現的。《韓非子·顯學》說,孔子身後,"儒分爲八"。這說明儒家學派發生了學術思想上的分歧,產生了不同的學派分支,但是儒學並沒有滅亡,恰恰說明它的繁榮和活躍,所以說"世之顯學,儒墨也"。可見從春秋到戰國末期,儒學的影響力在不斷擴大,是一個非常活躍的民間學術流派。

秦朝是以法家思想立國的,在思想文化上實行專制政策。秦初,法家認識到當時思想界的混亂,"私學而相與非法教,人聞令下,則各以其學議之,入則心非,出則巷議,誇主以爲名,異取以爲高,率群下以造謗"(《史記·秦始皇本紀》),他們建議廢除私學,加强思想控制。於是,定挾書律,以法爲教,以吏爲師,焚書坑儒,實行思想文化上的專制。這無疑對儒學造成嚴重衝擊,但是在文化專制下,宿儒老師私藏經典,私相傳授,儒家在民間的傳承並没有斷絕。如《史記·儒林列傳》記載:"伏生者,濟南人也。故爲秦博士。……秦時焚書,伏生壁藏之。"最爲著名的孔壁藏書則成爲後來古文經學的重要經典來源。再如《史記·劉敬叔孫通列傳》載:"叔孫通之降漢,從儒生弟子百餘人。"可見,儒學在民間的私人傳承依然興盛。《史記·孔子世家》記載:"魯世世相傳以歲時奉祠孔子冢,而諸儒亦講禮、鄉飲、大射於孔子冢。孔子冢大一頃。故所居堂,弟子内,後世因廟,藏孔子衣冠琴車書,至於漢二百餘年不絕。"可見,孔子遺教和儒家思想在魯國有很好的民衆基礎。綜上,雖經歷周末諸侯爭霸的亂世,經歷秦火的劫難,儒家依然薪火相傳,在民間保存著强大的生命力。要强調的是,這個時期儒學並没有官學化。

一般來講,儒學確立獨尊地位在漢武之世,這當然没有什麼爭議。但是儒學在漢代的制度化,則早在漢初就已開始,叔孫通爲漢高祖定朝廷禮儀,基本採用儒家的禮樂制度,高祖讓陸賈作《新語》雖然是禮法雜用,但賈誼更重儒家的禮樂教化。可見,漢代立國初期,深受儒家思想的影響。後來的高后、文帝、景帝大約都崇尚黄老(景帝又好刑名之術),採用與民休息的國策。到漢武帝開始重用儒生,設五經博士,推崇儒家。後又採納董仲舒建議,罷黜百家,獨尊儒術,定儒學於一尊,在中央設立太學,詔令全國,設立郡國、縣等各級地方學校,作爲傳授經典的教育場所,亦是國家養士之所。在政府,任用儒士,完善朝廷禮儀,推行儒家思想的教化。從此官方儒學慢慢建立起來。

儒學的官方化程度是隨著歷史發展的。自漢代罷黜百家,獨尊儒術後,官方儒學主要落實在政治體制、朝廷禮儀和官方教育等方面。從漢到魏晋南北朝,儒學雖然在官方教育内占重要地位,且是貴族教育的重要内容,但是這個時期内,儒學並没有完全把持選官制度。漢代的選舉、徵召,曹魏的九品中正制並没有將精通儒家經典定爲選官的唯一標準。甚至,隋唐逐漸確立的科舉制度,也並没有將儒學作爲選官考試的唯一内容。宋代開始,文人政治形成,科舉成爲選官的最主要途徑,而且科舉考試中儒學相關的内容大大增加,儒學參與政治的程度加深了。元代中期開始,朱注《四書》、《五經》被指定爲官方科舉考試的主要内容。明清基本沿襲了這一制度,選官制度上更加倚重於科舉考試;同時,從宋代到明清的官方禮儀制度也逐漸完備,政府極力在全國推行儒家道德教化。可以說儒家上行路線實現了,即儒學成爲唯一的王官學。

在儒學官學化程度不斷加深的同時,民間儒學也在蓬勃發展。漢代經學的傳授並不完全倚賴於官方的教學體制,民間講學仍然是經學傳授的重要方式。[1] 宋代理學產生的文化背景之一,是應對科舉制度和六朝文風對士人德行的侵蝕,因此宋初諸先生大多崇道抑文。[2] 宋明理學的產生和發展壯大,並非依靠政府的教育體制,更多是以民間講學、民間書院爲依託。書院制度在南宋發展健全,實現了書院和理學思想流派的一體化發展模式。[3] 理學家們以書院爲基地,聚徒講學、潛心著述。絕大多數民間書院的教學並不以科舉爲目的,而且多自覺警惕科舉對儒家成德之教的侵蝕。[4] 元代中期開始,朱子注的《四書》、《五經》成爲科舉考試的指定教材。明代初期官方編訂《五經四書大全》、《性理大全》皆以程朱思想爲准,朱子學成爲官方學術。依靠官方的力量,朱子學佔據了學術上主導地位,但是因此也走向僵化,暴露了朱子學的流弊。明代中葉以後,王陽明表彰陸學,辟朱學,提出自己新的思想學說,雖然跟陽明個人思想歷程和氣質有關,但也意味著民間儒學對官方儒學的反抗。王學講會是陽明學發展的主要形式,一時間各種形式、規格的講會遍佈大江南北,以至於今天很難想像在當時落後的交通、通訊條件下,一種非官方的學術活動竟然能夠達到如此廣泛的程度。[5] 宋代的書院、明代的講會都曾經爲當時官方禁毀,這又體現了民間儒學和官方儒學的距離。

上述歷代私人講學的傳統、宋代繁榮的書院、明代興起的王學講會的大部分發動者、參與者屬於儒家的知識分子,他們的教化活動主要圍繞經典或者師說展開,體現了民間儒學的精英層面,精英層面的民間儒學具有知識化、思想理論化的特點。但是儒學作爲中華文化的主流,其影響力絕對不僅僅限於知識理論界,儒學體現在人們日常生活中,表現爲全面安排民眾生活的文化形式。[6] 比如傳承流變中的禮儀民俗、不斷健全的鄉約民規、民間蒙學教育中的私塾、學堂,乃至於宗族、鄉村組織中的其他教

① 可參看《漢書·儒林傳》、《後漢書·儒林傳》等文獻。
② 陳來:《宋明理學》,上海,華東師範大學出版社,2004年,第28頁。
③ 鄧洪波:《中國書院史》,上海:東方出版中心,2004年,第144頁。
④ 同上,第132頁。
⑤ 可參見臺灣學者呂妙芬做的一個不完全統計。呂妙芬:《陽明學士人社群》,北京:新星出版社,2006年,第365—381頁。
⑥ 余英時:《現代儒學的回顧與展望》,北京:生活·讀書·新知三聯書店,2004年,第54頁。

化機制。通過這些生活中的文化形式,儒學的價值觀念直接灌輸於民衆的生活中。這些儒學文化形式具有大衆化、生活化的特色,因此與精英儒學有所區別,但是又同樣屬於民間儒學的組成部分。

從廣義上講,"民間"主要是指相對於官方而言的民間社會,民間儒學是與官方儒學相對而言的,民間儒學應該包括官方儒學之外的所有儒學形式。再者,"民間"具有生活化、大衆化的含義,它是相對於專業化、知識理論化而言的,即與"精英"是相對而言的概念,因此,狹義的民間儒學又與精英儒學相對而言,我們也可以將狹義的民間儒學稱爲大衆儒學。大衆儒學和精英儒學都屬於廣義的民間儒學。民間儒學(廣義)與官方儒學最大不同在於他們是以教化成德(就培養道德人格說)、成俗(就改善社會風氣說)爲目的。因此,我們將民間儒學界定爲儒學在民間的教化系統。[1]

自漢武帝以後,官方教育制度、選官制度、政府禮儀、行政理念無不受到儒家思想的影響,自宋以來,儒家思想更是不斷深入、全面地被落實於官方政治體制中。這種體制化了的,意識形態化了的儒學稱爲官方儒學。官方儒學有兩個特點,一是必須通過政府制度、政府權力來落實,爲現行政權服務,二是意識形態化,以作爲政府控制社會的思想工具。官方儒學只存在於辛亥革命以前,近現代以來,西方的政治文化觀念一直衝擊著儒學的正統地位。1905年清政府下詔廢除科舉,儒學從選官制度和官方教育制度中被逐漸驅逐,開始了儒學與政治體制的解構。辛亥革命以後,儒學被拉下中國政壇,從此儒學與政權的政教合一關係解體。

以上我們區分了官方儒學、精英儒學、民間儒學(狹義)的概念,說明了它們的基本内容和主要特性,但是這種區分只能是相對的,而不是絕對的。文化作爲一個整體,各個部分相互滲透、相互交織,形成一個文化有機體。但是要理清一個文化系統内各種文化因素的作用,以便於研究文化良性發展之道路,就必須對文化系統内部的各種要素做出分疏,因此官方儒學和民間儒學的區分具有重要的意義。[2]

---

[1] 董衛國:《世紀初以來民間儒學的復興》,李景林、李祥俊主編:《京師中國哲學》第一輯,哈爾濱:黑龍江人民出版社,2010年,第261頁。

[2] 這裏有一個問題需要辨析。有人可能會提出這樣的疑問:古代儒者往往同時又是官員,那麼他們所推行的儒學教化是否也屬於民間儒學的範疇呢? 首先必須再次強調,此處作官方儒學和民間儒學的區分只是相對的,目的在於凸顯民間儒學的獨立性並梳理其發展線索。在古代中國政教合一的社會體制下,民間儒學和官方儒學確實存在密切的聯繫,本不是截然兩分的。歷代的循吏、在位的儒者都會借助政權來推行教化,對他們的文化行爲僅僅作名義上的嚴格劃分意義不大。但是須知"循吏推行教化確是出於自覺地實踐儒家的文化理想——建立禮治或德治的秩序","未必出自朝廷的旨意"(余英時:《士與中國文化》,上海人民出版社,2003年,第159頁)。余英時先生的論述可謂一針見血。儒者的社會理想不僅僅止於權力的獲得和維繫,還在於社會教化的實現和人民德行的養成。儒家知識分子教化社會的使命深深植根於儒學文化傳統中,政治權力只是其借助的一種手段而已。

二

我們認爲傳統儒學的根本社會理想在於教化：塑造理想人格，安頓生命價值，化民成俗，安排民衆日常生活是其根本目的。雖然儒學長期作爲官方意識形態，但是儒學對於現實生活的影響卻主要依靠儒學在民間的一系列教化形式。我們認爲存在一個歷史悠久的民間儒學的傳統，它主要包括先秦到漢代的私人講學傳統、宋代興起的書院教育、明代中葉以後興盛一時的王學講會、歷代的鄉約制度、傳承流變中的民間禮俗，也包括宗族組織中的教化功能和遍佈民間的啟蒙教育。

1. 私人講學的傳統

在中國文化史上，一般認爲孔子是最早開設私學的人。自孔子開始，儒學的傳承主要依靠民間性的私人講學。儒家本來就起源於熟悉六藝之文，教化民間的禮文專家。儒家思想雖然於三代，尤其是周代文化有甚深淵源，但是作爲職業的儒者大概始于周代教化鄉里的師儒。[①] 而孔子時代，儒者的主要職業就是相禮、贊禮。[②] 我們通過孔子教授學生的情形可以瞭解當時講學的大體狀況。孔子有教無類，實行平民化教育，甚至是連名聲不好的人也不拒絕。[③] 孔子教育弟子多是隨機指導，有時是聚衆講學，未必有固定場所，如“樊遲從遊於舞雩之下”（《論語·顏淵》），《禮記·禮運》載孔子與子游參加蜡禮，《史記·孔子世家》“孔子去曹適宋，與弟子習禮大樹下”，都記載了孔子講學的場景，因此陳青之先生認爲孔子講學並沒有固定講壇，而是一“流動的講壇形式”。[④] 而且孔子的教育方式並非止於知識講論，學習禮樂還要演習，可見其教學方式多種多樣。孔子一生以六藝行教民間，據說他的弟子中身通六藝者七十二人。牟宗三說：“六藝之教，亦即組織社會之法典也。”[⑤]孔子弟子傳承的儒學其基本目的在於行教民間，組織社會生活。因此，從儒家的起源看來，儒者天生具有一種教化社會的責任。可見，通過禮儀指導來安排民衆日常生活，教化民間，這是儒者當時最爲普遍的職能。

---

① 陳來：《儒家思想文化的視界》，北京：生活·讀書·新知三聯書店，1996 年，第 347 頁。
② 現代學者胡適、馮友蘭等皆持此論，參見陳來《馮友蘭選集》，長春：吉林人民出版社，2005 年，第 340 頁。
③ 《論語·述而》：“互鄉難與言，童子見，門人惑。子曰：‘與其進也，不與其退也。唯何甚。人潔己以進，與其潔也，不保其往也。’”
④ 陳青之：《中國教育史》中，北京：中國社會科學出版社，2009 年，第 42 頁。
⑤ 黃克劍、林少敏：《牟宗三集》，北京：群言出版社，1993 年，第 139 頁。

漢代以後經學的傳授主要依靠民間講學。在儒學官方化的同時,民間的儒學從來沒有中斷過,而且民間的儒學一直是儒學中最活躍、最有創新能力的部分。漢代雖然設立五經博士和太學,後又詔令在郡國、州縣設立官學,但是一來博士的人數有限,不可能普及,[①]二來太學容量有限不能容納太多的學生(漢武帝初置太學博士弟子員爲五十人,後來逐漸擴大但是學生品質已經嚴重下降),郡國、州縣的地方官學則始終不能發達。[②] 因此,經學傳承的主要途徑,並不是靠政府的教育體制,而更多是民間的傳承體系。經師大儒不能從政或者不能取得博士機會者,往往自立精舍、精廬開門授徒;或者一面做官,一面講學,或者罷官還鄉後聚衆講學。如董仲舒,晚年罷官,在家著書講學,從學者甚衆;東漢"包咸字子良,會稽曲阿人也。少爲諸生,受業長安,師事博士右師細君,習《魯詩》、《論語》。王莽末,去歸鄉里……因住東海,立精舍講授"。又,"蔡玄字叔陵,汝南南頓人也。學通《五經》,門徒常千人,其著錄者萬六千人"(《後漢書·儒林列傳》)。再如"(馬)融才高博洽,爲世通儒,教養諸生,常有千數。涿郡盧植,北海鄭玄,皆其徒也"(《後漢書·馬融列傳》)。再如:漢代有私人講學的"精舍"或者"精廬",大儒所在聚衆講學往往有上百人,可見漢代的私學是十分興盛的。漢末到魏晉南北朝,世家大族除了政治上、經濟上的獨立性,往往都有"累世經學",一家幾代人專治一經,也屬於私學的範疇。

從先秦開始的私人講學傳統流傳後世,又表現爲不同的特色,如宋代以後的書院、明代盛行的講會等也多有私人講學的性質。私人講學的傳統使得儒學非常重視學術傳承,漢儒治經尤其講求師法;宋儒開始則逐漸構建儒學的道統論。儒學師道觀念的出現是民間儒學自然發展的產物,宋代儒學道統論的形成更是意義重大,標誌著儒學"道統"觀念與"治統"觀念的分化。[③] 儒學道統論的建立,標誌著儒學作爲一種文化傳統的自覺。

魏晉以來佛學大興,魏晉到隋唐三四百年的時間裏,雖然官方意識形態依然以儒學爲主,但佛教在思想學術界成爲主流。[④] 儒學的民間傳承也受到很大衝擊,民衆中更是掀起狂熱的佛教信仰,寺院遍佈全國,杜牧的"南朝四百八十寺"成爲當時佛教盛行的經典寫照。這個時代可以說是民間儒學是最爲衰微的時代。以至於當年的韓退之大力推崇六經,在《師說》一文中他無奈地描述當時民間儒學師傳遭到破壞的情況:

---

① 錢穆:《秦漢史》,北京:生活·讀書·新知三聯書店,2004 年,第 209 頁。
② 毛禮銳:《中國古代教育史》,北京:人民出版社,1983 年,第 144、164 頁。
③ 參見余英時《朱熹的歷史世界》,北京:生活·讀書·新知三聯書店,2004 年,第 16—18 頁。
④ 陳寅恪:《馮友蘭中國哲學史下冊審查報告》,《金明館叢稿二編》,北京:生活·讀書·新知三聯書店,2001 年,第 283 頁。

"士大夫之族，曰師曰弟子云者，則群聚而笑之。"①士大夫恥於問學儒門，造成民間儒學的發展的低谷。

2. 宋代以來的書院。最初的書院起源於士人讀書的書齋，但是它打破個人書齋的封閉性，憑藉積累的文化典籍和書院主人的文化造詣向社會開放，成爲士人學術文化活動的特定場所，因此它一開始就擔負起教化社會的使命。書院可以說是儒生的教化道場，修學團體，其目的是成就人才，傳承文化生命，教化社會。書院產生於唐，定型於北宋，完善於南宋，直到清末，書院還在維新變法中起到重要作用，成爲中國文化發展史上一道亮麗風景。

歷史上書院有民辦和官辦兩種，但是長期以來民辦書院佔據書院的絕對主流。

表　一

	民　辦	不　明	官　辦	其　他	合　計
唐　代	49		2		51
五代十國	13				13
宋　代	509	101	110		720
元　代	181	63	51	1	296
明　代	507	216	972	4	1 699
清　代	935	721	2 200	22	3 878

備註：此表資料根據鄧洪波《中國書院史》的統計。②

從上表我們可以清楚地看出來，從唐代書院產生以來，除明清民辦書院和官方書院基本持平以外，歷朝歷代，民間書院都是書院的主要組成部分。③ 民間書院和官方教育既有合作和互動的一面，又有對立和矛盾的一面。比如，在官方財政、文化能力不能普遍建立官學體制的時候，官方會鼓勵民間創辦書院，並且給予書院很多支持，比如撥給學田、賜予匾額、賜予書籍等；當民間思想與官方意識形態發生分歧和衝突的時候，或者當時的民間思想不利於當局政治的時候，書院就會遭到禁毀（比如明代張居正曾經禁毀天下書院）。

民間書院教育獨立於官方教育體制之外，具有獨立的教育理念和教化方式，擁有

---

① 韓愈：《韓昌黎全集》，北京：中國書店，1991 年，第 185 頁。

② 鄧洪波：《中國書院史》，第 26、42、121、271、414 頁。

③ 鄧洪波認爲，從古代官本位社會性質考慮，如果是官辦書院，史書或方志一般都會書明，因此，創辦者不明的應歸入民辦書院一類。其說可從。鄧洪波：《中國書院史》，第 121 頁。

相當大的文化教育自由。張栻《潭州重修嶽麓書院記》談到他修復嶽麓書院的目的：豈將使子群居族譚，但爲決科利祿計乎？ 抑豈使子習爲言語文詞之工而已乎？ 蓋欲成就人才，以傳斯道而濟斯民也！① 朱子的《白鹿洞書院揭示》成爲後世書院學規的典範，它表達了書院教育的最高理想是倫理教化和德行修養：

> 父子有親，君臣有義，夫婦有別，長幼有序，朋友有信。右五教之目，堯舜使契爲司徒，敬敷五教，即此是也。學者學此而已。而其所以學之之序亦有五焉，其別如左：博學之，審問之，慎思之，明辨之，篤行之。右爲學之序，學問思辨四者，所以窮理也。若夫篤行之事，則自修身以至於處事接物亦各有要，其別如左：言忠信，行篤敬，懲忿窒欲，遷善改過。右修身之要。正其義，不謀其利；明其道，不計其功。右處事之要。己所不欲，勿施於人；行有不得，反求諸己。右接物之要。②

成就人才，傳道濟世，推行社會教化，可以說是民間書院的最高目標。

傳統書院有很多具有特色的文化活動內容。比如傳統書院中祭祀居於非常重要的地位，有的書院甚至是爲了紀念某位大儒而建，比如宋代南京的明道書院爲紀念程顥而建、明代湛若水宦遊之處必建書院祀陳白沙，等等。傳統書院祭祀活動形式多樣，特別重視的是春秋釋菜之禮。祭祀明顯與現在理解的教學活動有別，但是卻是傳統書院的重要功能。即便是講學，也絕非僅僅是知識學習，書院更重視切實的道德實踐功夫。比如呂祖謙的《麗澤書院學規》"乾道四年九月學規"載："凡預此集者，聞善相告，聞過相警，患難相恤，游居必以齒相呼，不以丈，不以爵，不以爾汝。"③鄧洪波一再強調："教育和教學不能涵蓋書院的所有功能，更不能無限度地強調這種功能。"④書院實際上是一個教化場所，有的學者認爲書院的建立受到佛道道場的啟發和影響，⑤這是有道理的，在某種程度上說，書院就是一個儒家的道場，書院裏的儒生是一個修學團隊。綜上，書院並不同於今天學校教育以知識、技能傳授爲主的模式，它的目的在於教化。

3. 明代興盛一時的講會。一般認爲講會起源于宋代士人的學術討論活動，比如1175 年的朱陸鵝湖之會爲典型的會講形式，但是影響最大的是明代中葉以後興起的

---

① 陳谷嘉、鄧洪波：《中國古代書院資料》，杭州：浙江教育出版社，1998 年，第 108 頁。

② 朱熹：《朱子全書》，上海：上海古籍出版社，合肥：安徽教育出版社，2002 年，第 3586—3587 頁。

③ 陳谷嘉、鄧洪波：《中國古代書院資料》，杭州：浙江教育出版社，1998 年，第 31 頁。

④ 鄧洪波：《中國書院史》，第 2 頁。

⑤ 同上，第 111 頁。

王學講會。講會是一種民間教化的重要形式。講會一般要求約定特定的時間、地點，圍繞一定的話題進行講學教化活動。講會雖以學問討論爲主，但是決不止於此，其形式豐富多樣，針對不同性質、人群，採用不同的教化形式，最終起到促進道德修養、傳承道統、化民成俗的教化效果。明代中後期，王學講會發展迅速，制度完備，影響廣大，極大地促進了民間儒學的發展。陽明在世時就親自組織過各種形式的講會，陽明身後，講會的發展更如雨後春筍，遍佈大江南北。"陽明歿後，緒山、龍溪所在講學，於是涇縣有水西會，寧國有同善會，江陰有君山會，貴池有光岳會，太平有九龍會，廣德有復初會，江北有南譙精舍，新安有程氏世廟會，泰州復有心齋講堂，幾乎比戶可封矣。"①江西的講會又以鄒守益貢獻最大，講會形式多樣，以惜陰會和青原會爲盛，②其規模之大，層級之廣，已經達到了很高的程度。

講會活動一般有約定的時間，有月會、季會，甚至有日會。③ 講會活動以講明學問爲主，但是不同性質的講會又有不同的教化形式。講會往往以書院爲場所，④但因爲講會形式多種多樣，又不限於書院，而是以更加廣闊的民間社會爲依託，比如很多講會爲鄉會，即約集一鄉之人的講會，如江西永新永樂鄉會；⑤或者是以家族爲單位，如何心隱組織的萃和堂；⑥泰州學派的朱恕、韓貞、夏廷美本身就是普通民衆，往往利用農閒時節在鄉中流動講學，教化民間，踐行更加基層化的民間教化。陳時龍《明代中晚期講學運動》認爲：講學活動以王陽明和王艮爲兩大源頭而分爲兩系，學院式講學和庶民式講學。⑦ 學院式講學一般爲士人諸生爲主，可以說屬於精英儒學的範疇，而庶民式講學則主要是民衆間的講學活動，但是這兩者都屬於民間儒學，並不是官方行爲。學院式講會主要以經典、師說爲講學內容，庶民式講會主要結合百姓日用生活來宣傳儒家的價值觀念。

講會的形式並非以單一的義理討論爲主，往往也包括一些其他有助於道德培養的文化活動，比如祭祀、禮拜先師先賢、歌詩、靜坐養心等等，鄉間講會往往還包括當衆獎善警惡，鄉間宴飲等活動。比如，較正規的講會往往有會約，鄒東廓的《惜陰申約》影響很大，從中可以看出講會的具體形式：人立一簿，用以自考；家立一會，與家考

---

① 黃宗羲：《明儒學案》，北京：中華書局，1985 年，第 578 頁。
② 陳來：《中國近世思想史研究》，北京：商務印書館，2003 年，第 346—358 頁。
③ 陳來：《中國近世思想史研究》，第 345 頁。
④ 呂妙芬：《陽明學士人社群》，北京：新星出版社，2006 年，第 84 頁。
⑤ 吳震：《明代知識界講學活動繫年：1522—1602》，上海：學林出版社，2003 年，第 414 頁。
⑥ 黃宗羲：《明儒學案》，第 704 頁。
⑦ 陳時龍：《明代中晚期講學運動》，上海：復旦大學出版社，2006 年，第 4 頁。

之;鄉立一會,與鄉考之。凡鄉會之日,設先師像於庭中,焚香而拜,以次列坐,相與虛心稽切:居處果能恭否? 執事果能敬否? 與人果能忠否? ……凡與會諸友各親書姓名及字及生辰,下注:"願如約"三字,其不願者勿强,其續願者勿限。① 可見講會往往有一些禮儀程式,從而達到較好的教化效果。

4. 傳統的鄉約制度。傳統的鄉約制度是儒學實現社會教化的重要形式。鄉約可以說是推廣于鄉里的道德守則,甚至在一定程度上說有著民間法的性質。鄉約以勸導鄉民和睦相處、患難相恤爲基本理念,以道德教化,美化鄉間風俗爲主要目的。爲了落實鄉約理念,中國古代發展出比較完善的鄉約制度。比如,鄉約制度一般設立約正,以主持鄉約的實行;爲入約的鄉民建立約籍;鄉約通常會設立集會,通過宴飲的形式勸善戒惡等等。宋代呂大鈞、大臨兄弟的《呂氏鄉約》被推爲鄉約的鼻祖,不僅提出了鄉約的基本理念,還初步完成了鄉約的制度建設,成爲後世鄉約的典範。《呂氏鄉約》的基本內容包括:德業相勸(在道德修養,倫理規範方面相互督促)、過失相規(對不符合倫理道德規範的行爲要相互規勸、批評)、禮俗相交(婚喪嫁娶祭祀之禮要相互幫助)、患難相恤(遇患難要同舟共濟)等,規定了鄉民們應該遵守的基本的道德標準和倫理規範。鄉約的推行制度從兩方面進行:罰惡和勸善。對於違犯約規的人要根據程度之不同進行懲罰,屢教不改者最終被開出約籍;勸善則主要通過鄉間聚會實現:"每一月一聚會,具食。每一季一會,具酒食。"遇聚會,則書其善惡,行其賞罰。若約有不便之事,共議更易。鄉約設立約正一人或者兩人,"衆推正直不阿者爲之",設立"直月一人,同鄉中不以高下、依長少輪次爲之,一月一更主約中雜事"。② 後來朱子的《增損呂氏鄉約》、王陽明的《南贛鄉約》也非常著名,影響深遠。這些鄉約制度不僅僅是理論設想而是確實被比較成功地推行過,是長期存在於傳統中國的重要社會組織形式。鄉約制度在明清時期推廣最爲迅速,這與政府的大力宣導分不開,比如朱元璋親自擬定的《聖諭六條》、清代政府不斷推出的《聖諭廣訓》都屬於政府推廣鄉約的形式,③但是鄉約的具體實行主要依靠民間社會的力量。鄉約制度是鄉村自治,不屬於官方的行政體制。鄉約自治的主要方式和原則是靠鄉村教化而不是行政手段。

鄉約影響巨大,是中國古代民治傳統的重要組成部分。小說《白鹿原》中白嘉軒按照朱先生的建議在村裏推廣鄉約,收到了很好的美化風俗的效果,但是沒過多久,

---

① 鄒守益:《鄒守益集》,南京:鳳凰出版社,2007 年,第 734 頁。

② 呂大鈞:《呂氏鄉約》,見《古代鄉約與鄉治法律文獻十種》,哈爾濱:黑龍江人民出版社, 2005 年,第 5—20 頁。

③ 牛銘實:《中國歷代鄉約》,北京:中國社會科學出版社,2005 年,第 54 頁。

縣政府卻任命鹿子霖爲白鹿鎮保障所"鄉約",此時的白嘉軒不解道:"鄉約怎的成了官名了?"白嘉軒的疑問可謂意味深長,這須從小說的歷史背景方能看出。民國初年政局不穩,地方政權易手頻繁,有些地方官員也推行村莊自治,通過政治來推行鄉約,其實是試圖將鄉村納入政權範圍,遂設立"鄉約"一官職。實際上"鄉約"的主要任務就是爲政府徵收錢糧,已經喪失了其教化的責任。因此,白嘉軒的疑問代表了鄉約民間性和官方體制的衝突。陳忠實的這篇巨著被稱爲中華民族的心靈史,他對西北的農村生活有著深入的研究,雖然是以小說的形式表達出來,卻道出了鄉約民間性的根本屬性。可以說鄉約是以鄉村社會爲依託的鄉間教化機制,直到現代很多地方依然存在鄉約制度。

　　5. 宗族組織中的教化功能。中國古代爲宗法社會,在廣大的鄉村社會,血緣聚居非常普遍,宗族逐漸成爲重要的民間社會組織單位,也具有某些民間教化功能。現代學者研究認爲,中國宗族制度經歷了先秦的宗子貴族宗族制,中古的士族宗族制,宋元的官僚宗族制,明清的紳衿宗族制和近代以來的平民宗族制、宗親會制。① 可見宗族制度經歷了一個民間化、世俗化的歷史過程。先秦至魏晉,宗族組織與政治有著密切的聯繫,長期以來在家國一體同構的政治模式中,宗族不是一個普通的家族組織,而是一種政治組織,他們往往長期壟斷政權或者在政壇佔有舉足輕重的地位,突出表現爲魏晉南北朝時期的門閥世族政治。經隋唐到五代,世族勢力在政治動亂中受到削弱。宋代以來,宗族制度逐漸與政權分離,代之而起的是文官政治和庶族官僚地主階層。② 宗族組織民間化的趨勢也開始於此時。宗廟制度是宗族組織形成的關鍵,宗廟是一族成員身份認同的基礎,是宗族組織的核心。從先秦到宋代,官方禮法制度嚴格規定了官員建立宗廟的等級。③ 宋代以來隨著政府對家族宗廟制度、祭祀制度的放開,家廟、宗祠在民間大量出現。明清以來宗族制度逐漸發展完備,成爲重要的民間社會組織形式。

　　民間的宗族通過祠堂、祖墳、譜牒、家族集會、族規、尤其是婚喪祭祀之禮儀而聯繫在一起。宗族一般具有共同族產,以爲宗族活動的經濟基礎,比如義田、祭田或者學田,其主要的產出用於撫恤族內貧困孤寡,或用於族內的祭祀活動,或者用於興辦義學資助獎勵求學上進的族內子弟。④ 宗族一般都有家規、族規,南北朝時期的顏之推的《顏氏家訓》、宋代司馬光的《溫公家範》等影響最大,這些家規基本都以儒家的倫

① 馮爾康、閻愛民:《中國宗族》,廣州:廣東人民出版社,1996 年,第 32—62 頁。
② 馮爾康等:《中國宗族史》,上海:上海人民出版社,2009 年,第 219—220 頁。
③ 同上,第 170—171 頁。
④ 同上,第 180—188 頁。

理道德法則作爲家族成員的生活行爲準則,成爲後世族規的典範。① 宗族制度主要是一種社會組織形式,尤其是明清時期宗族民間化以來,它更是具有民間教化的重要功能,它組織家學、義學、族學教育族內弟子;訂立族規家訓,勸善懲惡教化族人;組織操辦族內的婚喪嫁娶等禮儀大事,安頓族人生活等等。宗族甚至具有一定程度的調節民事、甚至解決刑事訴訟的權力。②

儘管族權並非屬於官方政治體制,但是族權同樣也是一種具有公共性的權力。與權力結合在一起的教化往往會扭曲。因爲教化往往成爲維護族內既得利益者的工具,因此宗族教化的缺點是應該被正視的。近代以來的反傳統思潮中,最先受到批判的就是大家族制度,反對族權的鬥爭更是愈演愈烈。今天,宗族作爲傳統的社會組織形式已經不復存在,但是我們必須知道宗族曾經是中國社會重要的組織形式。我們並不提倡恢復宗族制度。事實上,宗族制度也不可能再恢復起來,但是我們是不是可以得到一種啟示,即在中國這樣一個重視血緣倫理、重視親情的社會裏,中國人的這些情結能否體現於一些新型的社會組織形式,進而起到民間教化的作用。

6. 源遠流長的禮儀文化。儒家的禮儀規範是儒學在民間影響最深刻、廣泛,傳承最久遠,最具有實踐性的教化形式。中國古代稱爲禮儀之邦,禮儀實際上是中國人最具特色的生活樣式,是中國文化最具代表性的部分。禮儀風俗將儒家的價值觀念直接體現爲民衆生活的文化形式,是全面安排民衆生活的規範和儀則。

孔子曾經認真研究過上古三代文化,並且認爲周代禮儀文化達到了最高的發展水準:"周監於二代,郁郁乎文哉,吾從周!"(《論語·八佾》)可以說儒家文化最爲直接的淵源就是上古三代的禮樂精神。儒家非常重視禮樂的教化功能。孔子說:"道之以政,齊之以刑,民免而無恥;道之以德,齊之以禮,有恥且格。"(《論語·爲政》)重視通過禮儀來教化民衆。《禮記·經解》云:"禮之教化也微,其止邪也於未形,使人日徙善遠罪而不自知也,是以先王隆之也。"禮樂教化在於移風易俗,賦予民衆日常生活以人文意義。

儒家的禮儀包羅萬象,故有"經禮三百,曲禮三千"之說,從家國政治到日常生活,以至於行住坐臥皆有禮節。《禮記·昏義》說:"夫禮,始於冠,本於昏,重於喪、祭,尊於朝、聘,和於鄉、射,此禮之大體也。"就個人說,禮貫穿於生命進程的各個階段,就社會說,禮體現在社會、政治生活的每一部分。歷史上,儒家的禮樂制度也經過了一個不斷民間化的過程。儒家經典三禮中記載的禮儀,主要是貴族、士大夫所行之禮,故

① 趙忠心:《中國家訓名篇》,武漢:湖北教育出版社,1997年,第1—53、107—157頁。
② 費孝通:《鄉土中國》,北京:北京大學出版社,1998年,第54頁。

有"禮不下庶人,刑不上大夫"的說法。隨著社會空間的擴大和文化下移,尤其是宋明以來,知識分子開始轉向教化民間的下行教化路線,儒家的禮儀普遍推行於廣泛的鄉村社會。宋明以來,在士庶中影響最大的是《朱子家禮》,它一方面保留了儒家傳統禮學經典中主要的禮儀形式和精神,一方面又是在當時社會實踐的基礎上對禮儀的精簡和提煉。宋明以來,不僅民間士庶自覺效仿《家禮》,它還得到政府的積極推行,明清兩代都有官方頒佈、推行民間的禮典(《明集禮》、《清集禮》),其原型無不本于《朱子家禮》。

從傳統的政教禮樂形式下移爲普通民眾生活禮儀,禮經過了"俗化"的形式,也就是根據具體的生活習俗,因革損益,去繁就簡,在最大程度上適合民眾生活,成爲民眾生活中自然而然的東西,同時,儒家基本的教化理念保存下來,並直接灌輸於民眾日常生活中。我們可以看到,在漢文化區,很多禮儀形式雖然有所差別,但是大同小異。以最受重視的喪禮爲例,儒家禮儀經典中記載的喪服主要有五種"斬衰、齊衰、大功、小功、緦麻"(《禮記•喪服小記》),雖然我們不知道這些禮儀是什麼時候開始落實于普通百姓生活中的,但是直到今天,五服制度是普遍存在于漢族文化區的喪制。[①] 喪服制度體現了儒家別親疏、愛有差等的基本理念,直到今天廣大的農村地區還通常以"幾服"來說明親戚之間的遠近關係,可見其影響範圍久遠、廣泛。

直到今天,很多傳統的禮儀形式依然保存在廣大的農村地區。熟悉禮儀的人,未必受過高水準教育,他們大多是通過多次親身經歷這些禮儀程式,因此了然於心,在群眾中德行能夠服眾,遇到村裏的禮儀大事,往往就被推舉爲主持者。中國古代佛教、道教是比較典型性的宗教,但是這些宗教卻不是安排民眾生活的主要文化形式,傳統中國社會的日常生活主要通過儒家禮儀來安排。因此,我們認爲禮儀是儒學教化民間的最爲有力的文化形式,而且是最具有生命力的教化形式。儒家經典認爲,禮之施設,乃是本於人的普遍的情感("因人之情而爲之節文"),因此它可以在變化的社會中因革損益中,爲生活提供普遍的人文範式。

7. 廣泛存在于民間的蒙學教育。歷史上,中國社會長期處在封建中央集權制的統治之下,但中國幅員遼闊,在交通、通訊極度不發達的情況下,政府對廣大的鄉村地區實際控制能力非常有限,即便是政權體制恐怕也只能到達縣鄉一級。長期以來政府並不能建立全國統一的官方教育體制。官方教育體制一般只能達到郡國學校一級,[②]在這裏學習的人基本是成年人(儘管明代初年以來,詔令全國五十家建立一社

---

① 石奕龍:《中國民俗通志•喪葬志》,濟南:山東教育出版社,2005年,第184—209頁。

② 毛禮銳:《中國教育史》,北京:人民出版社,1983年,第164、359頁。

學,但是實際上社學的建立主要是民間力量,政府只能是提出號召而已①)。那麼承擔青少年啟蒙教育的主要是廣泛分佈於鄉村社會的私塾、社學、族學、義學、冬學等民間學堂。這些學堂主要靠民間力量組織起來,在民間教化方面起到了重要的作用。

　　蒙學教育的師資則主要是民間有一定儒學修養的知識分子,也就是下層的儒者。他們不但熟悉儒家經典,往往還是民間禮儀的精通者,因此他們的工作不僅承擔啟蒙教育,還往往被推爲重大禮儀的主持人,在傳統社會,民間塾師教化鄉里的功績是應該被重視的。傳統的啟蒙教材體現了儒家基本的道德倫理要求,具有世俗化特點。啟蒙讀物的內容主要有兩類,一類是知識性,包含識字、名物、歷史知識,一類是倫理性,包括人生和道德訓誡。知識類的如《千字文》、《兔園冊》、《百家姓》,倫理性的比如《三字經》、《弟子規》等,②尤其是後一類讀物中,實際上將儒家的倫理道德思想通俗化、大眾化,並且採用便於青少年接受的表述形式,比如《弟子規》自清代以來備受重視,它基本以儒家經典《四書》、《五經》中的道德訓誡、生活儀則以韻文的形式表達出來,適合兒童學習,如“弟子規,聖人訓。首孝悌,次謹信。汎愛眾,而親仁。有餘力,則學文”③,這幾句綱領直接來自《論語》中的原文。④ 實際上,傳統的啟蒙教育遠遠超出識字掃盲意義,它起到民間教化的重要作用。

　　綜上所述,儒學是通過一系列的教化形式深深紮根於民間社會的。儒學作爲中國傳統文化的主流,而且不僅僅是學術思想領域的主流,如陳寅恪先生所指出:“二千年來華夏民族所受儒家學說之影響最深最鉅者,實在制度法律公私生活之方面。”⑤這句話是強調,儒學對於傳統中國的影響重在現實生活方面,但是儒學影響民眾現實生活的渠道有多種,可以通過政治體制也可以通過其他民間文化形式。通過我們的分析,可以看出,儒學影響民眾生活主要依靠儒學在民間的教化系統。這個教化系統的完善當然有時候得到官方支持,但是第一,儒學民間教化的文化形式大多是以身體道的士人君子出於儒家社會教化的責任感,在教化民間的實踐中創始的;第二,民間的教化形式從來都與官方保持著一定距離,甚至有時候會和政府發生衝突。因此,儒學並不一定要通過政治制度才能得到落實,相反,社會教化才是儒學應該有的位置。並且,儒學教化與權力結合往往造成教化的扭曲,儒教的教化理念被當成了官方意識形態控制的工具,儒家價值觀念流變爲鉗制人自由的道德話語霸權。儒學的根本理想

① 　鄧洪波:《中國書院史》,上海:東方出版中心,2004年,第275頁。
② 　陳來:《中國近世思想史研究》,第417頁。
③ 　王曉蓓:《古代幼學啟蒙經典》2,濟南:齊魯書社,1998年,第10頁。
④ 　《論語·學而》:“子曰:弟子入則孝,出則悌,謹而信,汎愛眾而親仁,行有餘力,則以學文。”
⑤ 　陳寅恪:《馮友蘭中國哲學史下冊審查報告》,《金明館叢稿二編》,第283頁。

在於教化,儒學教化可以通過政治手段得到推行,但是並不完全依賴政治手段,相反,深深植根於民間社會的民間儒學,才是長期以來教化社會的中堅力量。

我們應該看到,很多傳統的民間儒學形式在現代社會消失了,或者正在消失著。爲什麼傳統的民間儒學形式消失了? 能不能重新建立,它復興的可能性何在? 歷史上民間儒學形式的流變恰能解答我們這些問題。由於篇幅原因,我們用簡短的文字描述各種民間儒學形式的發展歷史,我們可以清楚地看到民間儒學的具體文化形式在不斷發展流變。比如,書院之建設始于唐代,並非古來有之,清末到民國初年,官方下令書院改爲學堂,逐漸形成小學、中學到大學的教育體制,在新的交通、通訊條件下,建立起了空前統一的官方教育體制,因此,傳統的書院、私塾受到嚴重衝擊;建國以來,官方對教育的控制更加嚴格,直到九十年代民辦教育才得到政府認可,長期以來基本不存在民間教育,被驅逐出官方教育體制的儒學當然無從通過民間教育的形式得到落實。講會之興起則晚在明代中葉,在萬曆時期曾遭張居正禁止,受到嚴重打擊,入清以後更是銷聲匿跡。戊戌以來,尤其是“五四”新文化運動中傳統的大家族制度首當其衝地受到批判,宗族觀念慢慢鬆動。隨著官方對地方控制力的增強,鄉村社會的運行原則也漸漸轉由政府的法令、法規,傳統的宗族、鄉約主導下的道德教化原則被慢慢取代。雖然,有相關研究表明,九十年代以來很多農村地區存在宗族復興的現象,但是也大概只是迴光返照,因爲隨著市場經濟的發展,人力資源的全國市場分配將從根本上斬斷宗族產生的土壤——血緣聚居。民間禮儀本該具有更強的社會適應能力,在社會變遷中因革損益,自然流變,但是不幸的是建國以來的各種思想運動、社會運動,甚至直接的官方禁令,讓民間禮儀遭到嚴重破壞,而近年來市場經濟爲主導的西方文化的入侵更是大有搶佔民間禮儀生存空間之勢頭。而普通民眾,甚至相關政府部門根本對學界的研究置若罔聞,根本看不到傳統禮儀文化的積極價值,有的竟然引狼入室,不知妄做,公然將基督教的禮儀引進公共生活領域,不中不洋,怪模怪樣,而又實在讓人痛心疾首。

我們將民間儒學稱爲儒學在民間的教化系統,這個教化系統乃是經由一系列體現著儒家精神的文化形式而實現的,可以說是民間社會的一套生活文化樣式,也可以統稱爲儒家說的“文”。孔子說禮文不是一成不變的,“殷因於夏禮,所損益,可知也。周因於殷禮,所損益,可知也。其或繼周者,雖百世,可知也”(《論語·爲政》)。禮文作爲一套生活文化樣式是應該隨著社會的變化發展而不斷因革損益的,但是其基本形式應該保持一種連續性,其根本價值應該保持適當的穩定性。孔子說,“百世可知也”,但是今天我們的社會生活還在多大程度上保持著儒家文化元素呢? 儒學的現代“遊魂”命運或者超出了夫子的“可知”範圍。但是從孔子的視野來看,“百世可知”並

沒有錯,從先秦到清末,中國社會的典章制度、禮儀風俗,確實與儒家的原始精神基本
一致。孔子的預言是從儒家文化自身的因革流變來說的,可以說是文化自身的常變。
但是近代中國社會的變化,並非自身的常變,而是在西方文化入侵和極端的思想文化
傾向造成的劇變,因此,很多儒學在民間的教化形式無法在短期內實現自身變革以繼
續發揮作用,而是走向了湮滅。

　　我們從中得到啟示:復興民間儒學不是復古,民間儒學的形式本身就在流變。但
是流變的形式有二,常變與劇變。常變是自然,應該因順社會之變化,而且非變不可,
如果儒學不能常變,將失去在現實中的生命力。但是對於劇變卻要深刻認識並努力
矯正其弊端,力爭讓傳統的文化在保持一種連續性精神的前提下,因革損益,可持續
性地發展下去。因此,民間儒學的復興應該結合當今社會現實,來建立民間儒學的新
形態。世紀初以來民間儒學以新的文化形式復興,正說明了這一點。

三

　　自上世紀八十年代中期以來,很多儒家文化元素又在大陸民間興起,民間儒學方
興未艾,大有復興之勢。這個趨勢到上世紀九十年代中後期基本明朗,而新世紀初以
來民間儒學發展態勢更爲迅速,民間儒學的興起大有形成一場社會運動的趨勢。世
紀初以來,青少年讀經熱席捲全國,讀經熱催生了大量的私塾、學堂等讀經文教企業,
經典教育在市場經濟中找到了新載體;全國各地以推廣儒學、教化社會爲目的書院、
讀書會等公益文化組織相繼產生,它們更加純粹地繼承了傳統民間儒學的教化精神;
祭祀孔子及紀念其他儒家聖賢的活動也越來越受到重視,漸漸成爲集學術、文化及地
方經濟爲一體的社會活動;網絡儒學以及電視儒學是民間儒學的新亮點,各種以儒學
爲主題的網站的建立,一些儒學類的網絡刊物相繼創辦,一些電視臺也紛紛爲儒學的
傳播提供話語平臺,借助現代化傳媒手段民間儒學找到新的平臺。此外,一些熱心人
士也在積極推動傳統禮儀的復興,高校內以儒學爲主題的學生社團也開展豐富多彩
的學術類或實踐類活動,學院學術也呈現出更爲明顯的民間化傾向。[1] 當然,當代民
間儒學的發展也存在各種各樣的問題,但其主流是好的,正在朝著健康的方向發展。
總之,文化現象說明民間儒學正在慢慢建立起新的形態,正在發揮其社會教化的

---

[1]　董衛國:《世紀初以來民間儒學的復興》,參見李景林、李祥俊《京師中國哲學》第一輯,哈爾濱:黑龍江人
　　民出版社,2010年,第261頁。

作用。

　　從上世紀六十年代開始，不斷有學者反思儒學的現代命運，其中比較著名的有六十年代的"博物館說"和八十年代的"遊魂說"，這些說法雖然有所不同，但是相同之處都是認爲儒學已經失去了安排日常秩序的地位，流變爲無關乎生活實際的東西。實事求是地講，就他們所針對的時代而言，我們不能否定其觀點的正確性，甚至直到今天民間儒學的復興，也並不能讓我們完全樂觀到可以忽視他們提出的問題。那麼，在時下這樣一個儒學復興已經成爲一股强勁思潮的時代，我們不得不去思考儒學應該以何種方式重新影響現實生活，或者說如何重建儒學與現實生活的關聯性。[①] 近些年來，有的學者主張儒學政治化，重新讓儒學成爲王官之學，作爲官方意識形態；有的學者則在積極推動儒教的建立。他們的文化使命和社會擔當意識令人欽佩。但是或者不符合現代中國的社會現實，或者與儒家思想的人文精神有背離，因此，受到來自學界各種思想派别的質疑。我們認爲，民間儒學的傳統更加符合儒家人文教化的精神，更加適合現代中國的社會、政治環境，能爲我們重建中國當代的社會教化提供文化資源。未來民間儒學的開展應立足于社會文化建設的總體目標，在不斷的發展創造中，肩負起社會教化的使命，同時也在此過程中實現自身的學術形態轉型。

---

① 李景林：《儒學關聯於民衆現實生活的載體》，《河北學刊》2006 年第 6 期。

釋 奠 說 略

彭 林

孔子是中國文化史上的巨擘,釋奠是中華民族禮敬孔子的儀式。釋奠大禮源遠流長,其內涵豐富而深邃。認識釋奠禮,是瞭解中國傳統文化必備的功課之一。

一、孔子在思想文化史上的貢獻

周公制禮作樂,是中國古代史上最爲重大的飛躍。西周政治家從商亡的覆轍中悟出了一條真理:國家能否長治久安,不取決於神,而是取決於民。因此而有了"以德治國"的爲政理念。但到西周末年,王綱解紐,天下大亂,之後的幾百年是春秋亂世,不義之戰連綿不絕,各種倒行逆施主導著潮流。社會向何處去? 成爲古代中國的最大課題。

我們很幸運,因爲有了孔子。孔子十五歲就志於學。三十歲學業有成。孔子打破了周代"學在官府"的文化壟斷,以個人之力開創私學。古希臘神話中的普羅米修士把天上的火種偷到了人間,爲民衆謀了萬世之福;孔子的功績不在普羅米修士之下,他使學術文化下移到民間,親手培養了三千弟子,七十賢人,推動了文化的普及與繁榮。他是中國私學的第一人,也是最早的教育家,提出了因材施教、學思並重、啟發式教學等一系列光耀萬世的教學原則。孔子以文、行、忠、信爲"四教",要求學生成爲文質彬彬的君子,奠定了中國式人格教育的範式。他提倡仁愛,希冀實現天下爲公的"大同世界",孔子的這一理想,鼓舞了後代千千萬萬的志士仁人爲之奮鬥。面對禮樂廢弛,文獻缺失的亂局,他整理《詩》、《書》、《禮》、《樂》、《易》、《春秋》等"六經",爲中華民族保留下了最寶貴的原典,我們的文化基因由此確定,其功甚偉!

　　孔子對中華民族的貢獻,前已成爲朝野的共識,宋代的蜀地,就有不知姓名的人寫了"天不生仲尼,萬古長如夜"的聯句,這是讚美,也是感歎,沒有孔子,人們猶在漫漫長夜之中苦苦摸索! 千年以來,中華民族用釋奠禮紀念孔子、感恩孔子,傳承文明,已然成爲一道靚麗的風景線。

二、釋奠禮淵源

　　魯哀公十六年(前 479)夏四月己丑,孔子卒,葬於魯城北泗上,弟子及仰慕孔子的魯人隨之搬到墓邊居住的多達一百多家,當時人稱之爲"孔里"。次年,魯哀公下令將孔子生前居住過的三間房改爲祀廟,人們又將孔子使用過的衣冠、琴、車、書籍等收藏於內,以志紀念。每年四時,人們都會自發地到孔子墓前祭祀,儒生們則在墓側講論孔子宣導的鄉飲酒禮、大射禮等。

　　祭孔,原本是孔子後裔的家祭。一年有四季,每季的三個月稱爲孟月、仲月、季月。古代用干支紀日,每月不超過三十天,甲乙丙丁等十個天干一般會先後出現三次,祭孔在每季仲月的第一個丁日(上丁日),一年祭四次,稱爲"四大丁祭"。

　　據《漢書・高祖紀》,漢高祖劉邦即位十二年,從淮南返回京城經過曲阜時,用太牢之禮祭祀孔子。漢代共有十一位帝王十八次到曲阜孔廟祭祀過孔子。

　　東漢明帝永平二年三月,各郡縣舉行鄉飲酒禮,禮畢,在當地學校祭祀先聖周公、先師孔子,以犬作爲祭牲。

　　《禮記・文王世子》云:"凡始立學者,必釋奠於先聖、先師。"凡創辦學校,一定要向"先聖"和"先師"行"釋奠"之禮。根據漢代經學家的解釋,先聖是指周公,先師是指孔子。

　　釋奠的具體儀式,《文王世子》沒有記載。東漢經師鄭玄的注說:"釋奠者,設薦饌酌奠而已,無迎尸以下之事。"則釋奠禮與其他祭祀的最大差異是不設"尸",僅僅"設薦饌酌奠而已"。唐人孔穎達認爲,釋奠是"直奠置於物,無食飲酬酢之事"。意思是說,只是將祭品直接放在神主之前,禮畢,致祭者之間不需要酬酢。可見釋奠是一種相當簡略的儀式。

　　相傳古代祭祀先師、先聖之禮還有一種稱爲"釋菜"的儀式。有學者說,釋奠有音樂而無尸,釋菜則連音樂也沒有,僅在神主前放蘋、蘩之類的菜作爲祭品。可惜釋菜禮在唐宋之際亡佚,今天已經無法考證。

　　在學校中把孔子和周公放在一起祭祀,是因爲周、孔合祭的做法,通行於漢魏。

但也有不同的處理方法,如隋大業以前,以孔子爲先聖,顏淵爲先師。唐初依然在國學同時祭祀周公、孔子。武德二年(619),唐高祖詔令國子學立周公、孔子廟。五年後,高祖親行釋奠禮,以周公爲先聖,以孔子配。

這種祭祀物件混亂的狀況,直到唐太宗時才有了改觀。貞觀二年(628),房玄齡等提出,周公、孔子固然都是聖人,但國學應該祭孔子,得到太宗的首肯,於是罷周公,以孔子爲先聖,顏淵配享。到高宗永徽年(650—655)間,一度又以周公爲先聖,孔子爲先師,不過非常短暫。高宗顯慶二年(657),禮部尚書許敬宗等奏議,認爲周公踐極攝政,輔助成王治國,功比帝王,應該配享成王才是,釋奠禮仍當祭祀孔子。高宗從其說。從此以後,孔子在國學祭祀中的獨尊地位再也沒有變化。

唐太宗爲推進全國各地的祭孔之禮,還作出過兩個大的舉措。貞觀四年(630),唐太宗又命令各地州學、縣學都要建孔子廟,以敦行儒學。這是我國州、縣普遍建立孔廟的開始,祭孔的儀式隨之推行到各地。此其一。

州、縣學如何祭孔? 例如,由誰主祭? 一年祭幾次? 每次在什麼時間? 等等,都沒有成例可循。釋奠的次數,鄭玄認爲是每季一次,故魏晉太學也是四季各祭一次。隋制,國子寺每歲以四仲月上丁釋奠於先聖先師。唐高祖武德年間,國子學也是四時致祭。唐初州縣之學多仿照魏晉故事祭四次,主祭者多由學官自己充任。貞觀二十一年(647),唐太宗規定,釋奠於春、秋的仲月舉行。釋奠儀式,當有規格,國學釋奠,以國子祭酒爲初獻,祝詞稱“皇帝謹遣”,司業爲亞獻,國子博士爲終獻。州學,以刺史爲初獻,上佐爲亞獻,博士爲終獻。縣學,縣令爲初獻,縣丞爲亞獻,主簿及縣尉等爲終獻。太宗這一國學遣官釋奠、州縣由守令主祭的規定,提高了釋奠的規格,爲後世所沿用。如果是皇太子親自釋奠,則規格更高,皇太子自爲初獻,國子祭酒爲亞獻,司業終獻。

隨著歷代政府對祭孔的提倡,釋奠禮變得越來越複雜。劉宋元嘉初建立國學,討論釋奠禮的規格,裴松之提議加入舞隊,用“六佾”。佾是古時舞隊的行列,以八人爲一佾,佾的多少,依等級而定,如天子用八佾,諸侯用四佾。裴松之建議用六佾,實際上是用諸侯的等級。由於金石器樂準備不足,未能實現。到南齊武帝永明三年,立國學時,再次討論釋奠的禮樂。尚書令王儉主張用軒懸之樂、六佾之舞,得到允許。到唐朝,皇太子親釋奠時,迎神、太子行、登歌奠幣等儀節都有了專門的樂章,稱爲承和、肅和、雍和、舒和等。宋紹興十年(1140),京城的釋奠禮由原來的中祀升爲大祀,籩豆用十二之數,祭祀規格與社稷相同。到明孝宗弘治十七年(1504),釋奠禮由六佾升爲八佾,籩豆等禮器的數目盡與天子等同。

三、孔子的封號

孔子原本布衣，生前沒有做過幾天官，但卻有身後之榮。漢平帝追封孔子爲公爵，稱"襃成宣尼公"。唐玄宗開元年間，追諡孔子"文宣"，自此有"文宣王"之稱。宋真宗大中祥符元年(1008)加諡"至聖文宣王"。元武宗於大德十一年(1307)，加諡"大成至聖文宣王"。明世宗嘉靖九年(1530)，改稱"至聖先師孔子"。清順治總其成，封孔子爲"大成至聖先師文宣王"。同時，尊稱孟子爲亞聖，顏回爲復聖，子思爲述聖。

上述層層累加的封號，後人或不知其來歷，或不解其意，加之有人不斷抨擊孔子，故不少人認爲這是封建帝王吹捧孔子的無聊之舉；也有人認爲這些話把孔子抬到了嚇人的高度。其實，這是很大的誤解。

"大成"一詞，目前有種種誤讀，有說是約取《老子》"大器晚成"一詞而成，或說取自北周宣帝宇文贇的年號，均非。敝見，當是《孟子·萬章下》中稱讚孔子的一段話：

> 孔子，聖之時者也。孔子之謂集大成。集大成也者，金聲而玉振之也。金聲也者，始條理也；玉振之也者，終條理也。始條理者，智之事也；終條理者，聖之事也。

孔子學無常師，刻苦學習一切知識，孟子認爲他集中了當時各種學術和思想的成就，故稱之爲"集大成"的學者。平心而論，孟子的評價並不爲過。

"至聖"一詞，見於《中庸》"唯天下至聖爲能聰明睿知"，但用"至聖"來讚美孔子的則首見於司馬遷《史記·孔子世家》如下的一段話：

> 《詩》有之："高山仰止，景行行之。"雖不能至，然心嚮往之。余讀孔氏書，想見其爲人。適魯，觀仲尼廟堂車服禮器，諸生以時習禮其家，余祗回留之不能去云。天下君王至於賢人衆矣，當時則榮，末則已焉。孔子布衣，傳十餘世，學者宗之。自天子王侯，中國言六藝者折中于夫子，可謂至聖矣！

司馬遷十分景仰孔子，把他比作高山和大道，無比嚮往。上面的這段話，司馬遷說得非常的平實、真誠，毫無矯情之處，贊其"至聖"，絕非過譽。

"文宣王"，孔子一介布衣，何以稱之爲"王"？其中大有緣由。《中庸》說，制禮作樂這樣的大事，必須要"有其位，有其德"的天子才能措手，而現實生活中，要麼是"有其德，無其位"，要麼是"有其位，無其德"，令人萬般無奈。古人把有帝王之德而無帝王之位者尊稱爲"素王",即無冕之王。《莊子·天道》提及"素王"一名,注:"有其道爲天下所歸而無其爵者。"是懷抱經天緯地之才。王充《論衡·定賢》:"孔子不王,素王之業在《春秋》。"後世帝王稱其爲"文宣王",不過是順應了學術界的普遍說法而已。

在春秋以後兩千多年的歷史中,獲得如此聲譽,而且世世享祀不絕的,孔子一人而已。順便要提到的是,孔子的弟子顏淵、曾參等,也都獲得了相應的封號,限於篇幅,此不贅述。

四、四　配

上古有以德配天的傳統,行祭天大禮時,夏后氏以黃帝配享,殷人以帝嚳配享,周人以后稷配享。這種形式也爲祭孔禮儀所仿效,孔廟以四位最傑出的孔門弟子顏淵、曾參、子思、孟軻配享,稱爲"四配",但四人進入配享的時間有先後。

最早得到配享殊榮的是顏回。顏回,字子淵,習稱顏淵,與其父顏路都是孔子的學生。顏淵是孔子最得意的弟子。顏回"一簞食、一瓢飲,在陋巷,人不堪其憂,回也不改其樂",一心向學;又有"聞一知十"(《論語·公冶長》)的能力。孔子以德行、言語、政事、文學四個科目評價學生,德行以顏回爲首。有一次魯哀公問孔子,弟子中誰最好學?孔子說"有顏回者好學",又說,顏回死了以後,"未聞好學者也"(《論語·雍也》)。顏回終身不仕,一直追隨孔子,親如父子,"顏回之於孔子也,猶曾參之事父也"(《呂氏春秋·勸學》)。所以,後人把他看作是孔子最親近的弟子。三國魏正始二年(241)春二月,齊王使太常以太牢祭孔子於辟雍,以顏淵配。這是以顏淵配享孔子之始。

第二位進入配享行列的是曾參。曾參,字子輿,也是孔子最優秀的學生,與父親曾點也都先後師從過孔子。曾子是著名的孝子,主張對父母"生,事之以禮;死,葬之以禮、祭之以禮"(《孟子·滕文公上》),唐人皮日休說"曾參之孝感天地,動鬼神,自漢至隋不過乎"(《宗聖志》卷七)。曾子又是一位剛毅超群的人,"辱若可避,避之而已。及其不可避,君子視死如歸"(《春秋繁露·竹林》)、"可以託六尺之孤,可以寄百里之命,臨大節而不可奪也"(《論語·泰伯》)等名言都出自曾子之口。所著《大學》爲《四書》之一,被譽爲"儒學綱領"、"入德之門"。唐睿宗太極元年(712),釋奠以曾參配,是爲曾參列入配享之始。

第三位是孟子。孟子受業於子思子的門人,是繼孔子之後,儒學史上最重要的代表人物,被後人尊爲僅次於"至聖"孔子的"亞聖"。孟子將孔子的德治思想發展爲"仁政”學說,在政治思想史上具有重要意義。孟子還提出了“君輕民貴”、“性善論”等頗具影響的觀點,他的心性學說,開啟了宋明理學的先河。所著《孟子》七篇,在宋代列入《十三經》和《四書》,影響至鉅。宋神宗元豐七年(1084),孟子開始進入配享行列。

最後一位是子思,即孔子的孫子孔伋。子思幼年喪父,故一直與孔子一起生活。成年後曾爲魯穆公師,在學術上很有建樹,後人曾將他的二十三篇文章彙編爲《子思子》一書,可惜除《中庸》一篇因被收入《禮記》而得以流傳至今外,其餘均亡佚於隋唐之際。《中庸》在中國哲學史上具有重要位置,韓愈認爲其重要性與《易經》、《孟子》等同。程顥、程頤視之爲“孔門傳授心法”之作。朱熹將其列入《四書》,從此成爲士子必讀的經典之一。宋度宗咸淳三年(1267),子思開始進入配享行列。

1126年,金人虜徽、欽二帝,北宋亡。高宗南渡,在臨安建立南宋政府。孔子第四十八代孫孔端友等南遷到衢州,並在當地建孔廟祭祀,成爲孔脈的南宗,而留在曲阜孔廟的稱爲北宗。咸淳三年(1267)春正月戊申,宋度宗詣太學,謁孔子,行舍菜禮,以顏淵、曾參、子思、孟軻配享。顧炎武稱讚宋代皇帝將顏、曾、思、孟配享孔子:“自此之後,國無異論,俗無異習,歷元至明,先王之統亡,而先王之道存,其功大矣。”(《日知錄》卷十四《從祀》)

五、十 二 哲

如果說“四配”是祭孔時陪祭的第一等級,那麼“十二哲”就是其第二個等級了。據《論語・先進》,孔子曾經用德行、言語、政事、文學四科評定他的學生的優長:“德行,顏淵、閔子騫、冉伯牛、仲弓;言語,宰我、子貢;政事,冉有、季路;文學,子游、子夏。”

因此,這十人被公認爲孔子的好學生。開元八年(720),唐玄宗詔令國學祭祀孔子時,以這十人爲“十哲”配享。

孔孟之後,儒學最傑出的功臣是朱熹。朱熹(1130—1200),字元晦,號晦庵,祖籍徽州婺源(今江西婺源),生於福建南建(今福建南平)尤溪縣。朱熹是程頤三傳弟子李侗的學生,於學無所不窺,經史、文學、釋道,乃至自然科學,無不精研。在貫通百家的基礎上發展了宋代理學,成爲理學的集大成者。所撰《四書集注》,水準超絕,故爲元、明、清三朝科舉考試的官定文本,對中國的思想文化產生了鉅大的影響。朱熹又是偉大的教育家,一生從事教學活動,並提出了一套富有特色的教育思想。鑒於朱熹對儒學的傑出貢獻,康熙五十一年(1712),增補朱熹爲第十一哲。

乾隆三年(1738),清人又增補有若爲第十二哲。有若的事蹟,文獻記載很少,後人對他瞭解不多。但有兩件事很值得注意,一是《論語·學而》錄有三段有若的言論,而且孔門中唯有有若與曾參兩人稱"子"。此外,孔子死時,魯哀公誄之;有若死時,魯悼公吊之。可見有若在孔門的聲望。二是《孟子·滕文公上》記載,子夏、子張、子游等認爲有若的言行、氣質與孔子相像,打算用侍奉孔子之禮來侍奉他。孔門弟子對於有若的推許,也由此可知。因此,南宋咸淳三年,因顏回升爲"四配",擬從孔門弟子中遞升一人進入十哲,儒臣多推有若,最後祭酒上書力諉,只得遞升子張入十哲。直到乾隆三年,有若終於成爲第十二哲。

六、先賢、先儒從祀

在孔廟中從祀,但級別又低於四配、十二賢的,稱爲"先賢"、"先儒"。

先賢主要是指孔門弟子。東漢永平十五年(72),明帝到曲阜祭孔,並祭孔門七十二弟子。此後,習慣上將七十二弟子畫在孔廟兩側的牆上,但不祭祀。唐開元八年(720),以十哲配祀,其他弟子從祀。南宋理宗時,周敦頤、張載、程顥、程頤、朱熹從祀。今日孔廟所見從祀的先賢共有七十九人,供奉於大成殿兩側東西廡的北端,除孔門弟子外,還有與孔子同時代的子產、蘧伯玉以及上面提到的五位宋代理學大師。

先儒是指在歷史上對儒學有傑出貢獻的學者。最早推出這一舉措的是唐太宗。貞觀二十一年,太宗下詔,每年太學祭祀時,將左丘明、卜子夏、公羊高、穀梁赤、伏勝、高堂生、戴聖、毛萇、孔安國、劉向、鄭衆、杜子春、馬融、盧植、鄭玄、服虔、何休、王肅、王弼、杜預、范甯、賈逵等二十二位爲《春秋》、《詩》、《書》、《禮》、《易》等作過出色的注釋的學者,作爲傳播儒學的功臣配享,以表彰其傳注之功。宋神宗元豐七年(1084),又將荀況、揚雄、韓愈等三位在儒學史上有傑出貢獻的學者列入從祀的名單。此後,從祀先儒的名單不斷增加,最後達七十七人,供奉於兩廡的南端。與四配、十二哲不同的是,從祀的先賢、先儒,都只有牌位,沒有塑像。

七、祭祀孔子的文化意義

在歷史上,孔子是中國文化的象徵。中華文明所及之處,無論南北,包括臺灣、海南,都有孔廟的存在。在古代漢文化圈內的朝鮮、日本、越南等地,也無不如此。撇開袁世凱爲復辟而祭孔不談，因爲那是另一回事。應該說，釋奠禮所要表達的，是對古老的中華文明的敬意，具有鮮明的提倡文教的意義。在古代中國，少數民族建立的政權不在少數，但都奉孔子爲正宗，惟其如此，歷史上不論政權如何更迭，中華文化始終綿延不絕。這裏可以舉一個很有典型意義的例子。據《遼史・宗室傳》，神册元年（916），遼太祖立長子爲皇太子。太祖問周圍的侍臣：“作爲受命之君，應當事天敬神，我想祭祀有大功德者，應該首先祭誰？”侍臣都說應該祭佛。太祖不同意這種建議，說：“佛教不是中國之教。”這時皇太子說：“孔子大聖，萬世所尊，應該首先祭祀。”太祖大悅，決定立即建孔子廟，命皇太子春秋行釋奠禮。我們常說，中國文化具有很强的凝聚力。我想構成這一凝聚力的因素很多，但孔子作爲中華文化的代表受到廣泛的認同，應該說是其中的重要因素之一。

此外，釋奠禮是在國學或者州縣學等學術機構舉行的，因此，釋奠禮往往與學術活動相伴隨。從文獻記載來看，至遲從魏晉時期開始，皇帝、皇太子每通一經，都要行釋奠禮。如《晉書・禮志》記載，魏正始二年（241）二月，齊王講《論語》通，五年五月講《尚書》通，七年十二月講《禮記》通，“並使太常釋奠，以太牢祀孔子於辟雍”。晉武帝泰始七年（271），皇太子講《孝經》通；咸寧三年（277），講《詩》通，太康三年（282）講《禮記》通。晉惠帝元康三年（293），皇太子講《論語》通。東晉元帝太興二年（320），皇太子講《論語》通。凡此，太子都“親釋奠，以太牢祀孔子”。東晉咸康元年（335），成帝講《詩》通。升平元年（357），穆帝講《孝經》通。寧康三年（375）七月，孝武帝講《孝經》通。“並釋奠如故事”。類似的記載，史不絕書。

學者爲帝王講論儒家經籍，也每每安排在孔廟。例如《隋書・禮儀志》記載，後齊爲皇帝講經，先在孔廟選定經書，並確定講經的人選。講經之日天明之時，皇帝戴通天冠，穿玄紗袍，乘象輅來到國子學，在廟堂上聽講。講畢，行釋奠禮。又如，《舊唐書・禮儀志》記載，貞觀十四年（640）二月丁丑，太宗親臨國子學，觀看釋奠禮，然後由祭酒孔穎達爲之講《孝經》。類似的記載，不勝枚舉。各地州縣學的情況，大抵也是如此。

孔廟中的受祭者，包括了歷代學術精英，實際上是一部濃縮了的中國學術史。此外還包括像諸葛亮、韓琦、李綱、文天祥、陸秀夫、黃宗羲、王夫之、顧炎武等有名節、卓行者，站在這群中國歷史上最傑出的名人面前，不能不在多方面受到激勵和教育。這是它的正面意義之所在。爲了證明這一觀點，我們不妨再舉一個少數民族帝王的例子。據《金史・熙宗紀》，皇統元年（1141）二月戊午，金熙宗到孔廟行再拜之禮。禮畢，他無限感慨地對侍臣說：“朕幼年遊佚，不知志學。歲月逾邁，深以爲悔。孔子雖無位，其道可尊，使萬世景仰。”由於在孔廟受到的激勵，熙宗幡然改過，從此刻苦學習

《尚書》、《論語》及《五代史》、《遼史》等書，"或以夜繼焉"。

八、孔廟與釋奠禮在海外

在歷史上，儒學早已是"聲教迄於海外"，孔廟也隨之遠播到朝鮮、日本、越南等地。

朝鮮半島是中國本土之外儒家化最徹底的地區，儒家思想的影響隨處可見，其中最具象徵意義的是成均館的釋奠禮。

《周禮·春官·大宗伯》云："大司樂掌成均之法，以治建國之學政。"後人乃用"成均"一詞泛指國立學校。朝鮮將國學名爲成均館，正是淵源於此。首爾的成均館已有六百多年歷史，其建築主體包括廟和學兩部分，但格局與北京國子監略有不同。國子監是左廟右學；成均館則是前廟後學，前廟稱"大成殿"，是祭祀孔子之處，大成殿內所立牌位，除孔子、四配、十哲之外，還包括朝鮮名儒崔致遠、李滉等"東國十八哲"，後學稱"明倫堂"，是讀書講學之處，當年明政府派往朝鮮的使節朱之藩手書的"明倫堂"匾額，至今猶懸掛在堂的正上方。明倫堂前面爲廣場，兩側爲養賢齋，乃當年學生的居室。

中國古代的國學，除春、秋仲月例行的釋奠禮之外，還有朔日行禮。從後齊開始，每月朔日，國子祭酒要帶領博士以下及國子諸學生以上，太學四門博士、升堂助教以下，太學諸生，到大成殿的階下"拜孔揖顏"。成均館至今保留這一傳統，以每月朔日爲焚香日，此日邀請學者前往講論《四書》、《孝經》等，用焚香和讀書來紀念孔子。

韓國目前尚有約 300 所古代儒林留存的"鄉校"，每校也由廟和學兩部分構成，規模不大，堪比成均館的縮小版。每年春秋兩季的仲月，從首爾到各道、各縣的鄉校都要祭孔，爲了避免過於集中，時間上必須錯開，故規定成均館用上丁日，各道用中丁日，鄉校用下丁日，再下一級的孔廟用次月的上丁日。成均館的釋奠，每年春、秋仲月的上丁日準時舉行，是對人文之祖的膜拜，故不售門票，歡迎參觀，成爲漢城著名的文化景觀之一。成均館的釋奠禮儀，用八佾舞，樂舞生手持籥翟，在鐘磬之聲中翩翩起舞。前往觀禮的外國遊客甚眾，競相攝像或拍照，表現出對東方儒家文化的極大興趣。特別需要指出的是，成均館祭孔的儀式，包括服裝、樂曲、禮器等，是明朝時傳去的，至今沒有變化。祭孔的樂曲，朝鮮王朝曾經加以記錄，故保存至今。

各地鄉校的祭孔典禮都一絲不苟。參與祭禮者自稱是"儒林"中人，人人身穿名爲"儒巾服"的祭服，老者都說這是從明朝傳到朝鮮的服飾。祭祀中的各項儀式，從初獻、亞獻、終獻，到監禮、司香、司巾等等，都各有專司，並寫在長長的紙上，貼於板壁，公諸於衆。令人汗顏的是，韓國祭孔，仍沿用古代的名稱稱釋奠禮；而中國稱爲"祭孔表演"，"釋奠"一詞，即使在北京和山東也很少有人知道。

越南也曾經是漢文化圈中的一員，歷史上有一百六十餘座孔廟，至今還有十餘所，河內、茅田、錦樣、順化、會安、安寧等地都有文廟。河內的文廟始建于聖宗皇帝神武二年(1070)，已有九百多年歷史，比首爾的孔廟還要早幾個世紀。廟內立孔子、周公及四配塑像，畫七十二賢肖像，四季供祭。六年後，在文廟旁建國子監。門口有對聯："瀛寰中數目，吾道最先，萬宇同舟應起敬；全境內文祠，此地爲首，千秋芹藻尚流芳。"大成殿內孔子塑像兩側奉祀孔門七十二賢以及越南先儒。此外有碑亭，內有一千二百餘位科舉考試進士的題名。每年春節，文廟都要舉行隆重的祭孔活動。

日本孔廟大多建立於江戶時代。東京孔廟習稱湯島聖堂，1690 年由德川五代將軍綱吉所建，乃是講論儒學和祭孔之地。明治維新之前，這裏是幕府主導的祭孔活動的中心，日本社會崇尚儒學由此蔚然成風，儒學成爲江戶時代的國學。

明治維新初，幕府政治影響轉衰，儒學失去官學地位，祭孔大典也被廢止。明治維新後期，儒學影響開始回潮，1907 年，湯島聖堂恢復祭孔大典，各地的祭孔活動再度活躍。當今日本影響最大的祭孔大典，是每年四月第四個星期天在湯島聖堂舉行的"孔子祭"，由公益財團法人斯文會主辦。1975 年 11 月 3 日的日本文化節上揭幕的孔子銅像高約 5 米，重約 1.5 噸，曾經是世界最大孔子銅像，旁側的"孔子樹"，是林學博士白溝保美 1915 年從曲阜孔墓旁的楷樹上所取樹種栽培而成。大成殿供奉的孔子像，相傳是明代遺臣朱舜水從中國帶去的。

臺灣的孔廟爲數不少。明永曆二十年(1666)，鄭成功收復臺灣後在臺南建立首座孔廟，故有"全臺首學"之稱。此後，臺灣學政均由巡臺長官兼任，最高等級的學校稱太學。凡府治或縣治的所在地，如臺中、新竹、彰化、高雄、屏東、嘉義等都有孔廟，府學、縣學就在孔廟內，屬於中等教育。各鄉設鄉學，或稱鄉塾，爲初等教育。

臺南孔廟大殿內正上方懸掛數塊歷代皇帝御題的匾額。後殿爲崇聖殿，是祭祀孔子五代先祖之處。臺北孔廟以漳州、泉州的孔廟爲藍本，黃色琉璃桶型屋瓦，具有典型的南方建築特色，大成殿供奉孔子及四配、十二哲的木主。如今，每年 9 月 28 日孔子誕辰日，臺北與臺南市政府都會在當地孔廟舉辦釋奠大禮，儀式參酌古制而有所變通，政府長官擔任初獻官，獻犧牲，樂舞生八佾舞於廷，笙管雅樂，萬人雲集，盛況感人。

香港雖然長期沒有釋奠儀式，但以孔子的生日作爲教師節，表達對堪稱萬世師表的孔子的敬意。香港回歸十週年時，香港各方聯合在香港體育場舉行盛大祭孔儀式，影響深廣。

祭孔之史的起源與演變

——以"孔子"爲軸的"興學"與"立廟"

李紀祥

一、序　　言

　　"祭孔"之禮，必興於孔子歿後，蓋孔子生時不僅不須"祭孔"，孔子出生之前亦無"祭孔"之事與理也。"釋奠"本是古禮，雖然現存的資料不詳，但我們至少可以確定，它是在孔子之前便已存在的一種祭禮，其禮以"興學"爲主意，所祭之主必與"授業者"有關，故稱"先師"；"先聖"之義則有兩種：其一是早期經典文獻中所提到的"先聖"，因爲"師"所授學所授習者皆與王業有關，是故"始立學"時亦祭"先聖"；另一種則是從"先師"的脈絡來尋覓"學"的源頭，源頭處的最早之"先師"，即是"先聖"；向先聖或先師舉行的"釋奠"之禮，其舉行的場所應以在"學"爲主，以"釋奠"爲祭祀之禮，故亦可於"學"中置"廟"，行"釋奠"之禮；若無"廟"，則臨時設奠以行之，祭畢則撤奠，故曰"釋奠"；鄭玄即注"釋奠"爲"舍奠"，由"舍"字，可知早期"舍奠"的非常態與非常時本義。

　　後世祭孔，其初皆是帝王親至闕里或是孔子宅祀之，未聞帝王於中央舉行祭孔之典禮者；及至後來，雖然亦開啟了在中央太學、辟雍中舉行釋奠之禮，然而此禮仍未專以孔子爲之"主"，而係以周公爲"聖"，孔子爲"師"，孔子係配享於"聖"，故此時孔子猶置列於周公之次，非爲之"主"；此意謂周公乃是先聖、孔子則爲先師。

　　然孔子既是中國第一位不透過政府體制、不任學官的"自爲師"者，漢代以來的國家政權又提倡由孔子所訂的五經文本作爲體制內"興學"之主軸；因之，後世逐漸興起一種當代的新觀點：即是將國家體制中立爲學官的傳經博士，視爲"師"，此"師"復又在"後師視域"中成爲"先師"；總五經之師與先師，其源頭所在，出於孔子，就此而言，孔子遂被定位爲此學之源頭；孔子的地位開始上升，在東漢時代即被稱爲"孔聖"；此後雖有升降，皆擺盪在"聖"與"師"之間。迄於唐代，唐太宗貞觀二年時與朝臣做了詳盡之討論與考量後,決意以儒治天下,遂對漢魏六朝以來的孔子地位變遷做了總定調與定位:孔子是"先聖",而第一代追隨孔子的孔門弟子,以及爾後歷代的傳學、授學、傳經、授經的儒林諸人,皆爲"師"與"先師";從此,孔子的地位便在"學"的脈絡上被宗爲"聖","先聖"與"先王"二詞在歷史中的所指,也正式因爲"周公"與"孔子"的分離而確定下來。① 在行釋奠禮時,孔子是先聖,陪祭或配享者則是先師;至此,"釋奠"之禮遂與"祭孔"之禮合一,"釋奠於學"成爲孔子的專屬,"祀孔"、"祭孔"所行之典禮即是"釋奠"禮。這是從中國文化傳統中的"學"之主軸所作的定位,同樣有"學"、有"教"的其他諸教之流,如佛教、道教,已在國家所制定的教育體制中被排除在外。我們可以看到,在古經典文獻中所提到的、早於孔子出生之前便已存在的"釋奠於學"的古禮,其中"四時"釋奠的先師與"始立學"釋奠的先聖,已經在"孔後歷史"時代中發生了一個絕大的轉移與變化,這便是出現了以孔子爲軸的"興學"與"祭孔",在此主軸中,無論是釋奠、釋菜、先聖、先師,都發生了"古今之變"。唐代的這一次定調,影響深遠,一直要到元代時才再度封諡孔子爲"大成至聖文宣王"而稱"王",而明代世宗時則改稱孔子爲"至聖先師",去其"王"號,這仍然是與唐代相同的認知舉措,將孔子定位在"以學爲軸"的"聖"與"師"之諡號使用上,"學統"中的孔子與"政統"中的王者,兩者是分離的!孔子只能是文化垂統中的至聖先師,而在宋明以來儒者的視域中,"聖"字是指"脩己"的境界,與"王"義全然無涉!

惟何以比孔子早便存在的"釋奠"古禮,竟然會在孔子歿後的"祭孔"中成爲其禮之主體,則正係一大可論究之"歷史課題"。論究的方法,當然是從歷史的角度出發而觀其演變之史,從釋奠到祭孔、從孔子生前與祭孔無關的釋奠古禮到孔子歿後成爲祭孔主體的釋奠新禮、從孔子生前到孔子死後;僅僅就此三軸的史之演變處,便足形成一共匯於以孔子爲主軸的新發展趨勢,在釋奠禮之新、舊間的演變之史,遂可自"從釋奠到祭孔"的視域與脈絡來探究。

換言之,早期儒家對於釋奠古禮的認知,係"主於學而祭"之禮,"主祀"對象爲"先師",此一"先師"是"前孔子時代"的人物,"釋奠先師"只是帝王下諸多祭禮中的一個環節;而釋奠新禮,則源起於孔子授學孔門,係以"歷史孔子"爲軸,屬"後孔子時代"的孔門發展史,在後代新興中央政權興起後,基於對此脈絡的歷史、現實雙重認知與考量,漸次將孔子納入學制、學祭之國家禮典中,"孔子"遂漸成爲主祀對象,並且是國家政權中有關學制的惟一祭祀之典,其典亦稱爲"釋奠";由於後代的學制又與士人的考

---

① 貞觀二年太宗的定制,雖然在唐高宗永徽年間一度又改回以周公爲先聖、孔子爲先師,但高宗顯慶二年時,又從長孫無忌之議,再度改回,此後周公只爲王者,配享於武王之祀,與主於興學立教的釋奠禮無關。

試、仕宦出路結合,以是"釋奠新禮"與"祭孔"的象徵意義更爲獨特與神聖。因而,從釋奠古禮到釋奠新禮,此一歷史的脈絡,是以孔子爲其軸的。

二、"祭孔"的起源
——以非血緣體爲軸的論述與考察

(一)古釋奠禮爲官學性格,其初與祭孔無關

最初的"祭孔",只能出現在孔子死後的"孔府"之中,因著"血緣性"的子孫之祭才能以"孔子"爲"主"而行"祭孔",這樣的"祭孔"必定與"祭師"無關,也必定與興學的學校"祭師"無關,故而最初的"祭孔"必定與"釋奠"無關。

總之,在孔子初歿之際的孔門服喪事件,意謂著此時的"尊孔"尚未以"師"的名義來"祭孔",因爲,在周天子與諸侯之四時學祭中的"師"乃是古禮中的"師",與孔子無關。

原初的釋奠之禮仍然是周天子的釋奠之禮,只能與周家的"先聖"、"先師"有關,與早期的"服孔喪"之禮無關(不論是魯儒的祭孔還是曲阜孔氏的家祭)。《禮記·王制》篇記曰:

> 天子將出征,類乎上帝,宜乎社,造乎禰,禡於所征之地。受命於祖,受成於學,出征執有罪,反釋奠于學,以訊馘告。

鄭玄注"禡"爲"師祭也";注"受命於祖"爲"告祖也",注"學"爲"定兵謀也";注"釋奠"則曰"釋菜奠幣禮先師也"。故知此"學"與天子征伐主兵之學有關,是"學"爲"主兵"之學也。亦知鄭玄訓解"釋奠"爲"釋菜奠幣"。"受命於祖"與"受成於學"對言,殊有意義,正與"廟"、"學"分途有關。是故惟孔子出,方有所謂"廟學合一"之"釋奠——祀孔"。在"祭孔之禮"中,"釋奠"又較諸"釋菜"爲隆,蓋後者無"奠幣"故也。在《禮記疏》中,彙集了許多漢及魏晉時先儒的"釋奠"觀點,有些以爲"釋奠"是"禮先師"之禮,與"祭"無關;有些則以爲"釋奠"即是"祭先師、先聖",仍是"祭"也;不論"主祭"或是"主禮",都反映了"釋奠"的原初禮意,仍自"告廟"而出,尤其是天子出兵、返師的"告廟",是故"釋奠"仍與"祖禰"有關,《周禮》所云"舍奠於祖廟,禰亦如之"者,即是此義。

是故早期"釋奠"是"主兵"屬性,既然"主兵",則"師"爲彼師而非此師之義;"主兵"意義下的"釋奠",其"先聖"意含當自血緣性之源來體會,這是"釋奠"禮中"宗廟"制下的祖源性,《史記》的《五帝本紀》最能反映此點。《周禮疏》疏文中所云之"非時而

祭",蓋以"奠"爲"凶禮"也,是故於天子征事中必有亡傷,傷而亡則服喪禮,故必曰"非時",凡祖禰之亡不能預知,故其喪事不能"時",故曰"奠",《周禮疏》之文云"奠之言停,停饌具而已",當是此意!至於"釋奠"的"主文"屬性,應是在於天子的"興學"與"立教"之面,《禮記·文王世子》篇最能反映此一屬性,"先師"已脫離"祖禰"的"告廟"儀典,由"主兵"而轉向"主文",同時"釋奠"亦改在"學校"中舉行,是故鄭玄注以爲"若漢《禮》有高堂生、《樂》有制氏、《詩》有毛公、《書》有伏生"之類,即是此義下的推論;鄭玄的推論與《史》、《漢》兩書的《儒林》之非血緣系譜性格有關;亦是後世之儒者在訂定孔子爲祀之"主"時,配享從祀的依據。但此依據乃是以孔子爲之宗、爲之祖之後的非血緣性之學譜,而非前孔子時代的學譜,古釋奠禮行於學中時,其受祭之先師、先聖者,皆是具有血緣性關係者,其學譜亦是宗譜也。

(二)早期的"祭孔禮"並非國典,乃興自孔門

"孔廟"的文化意義如果自孔子的"死後"來作源起論述,應當是以孔門諸弟子的服心喪三年及子貢築廬守墓事件作爲其起源,而不當如過去學界的論述成習:從魯哀公弔孔誄文或是以漢高祖在魯太牢祭孔,作爲言孔廟史的起源,此種編年與紀事本末,其"義"略可以商榷![1] 魯哀公之以誄文弔孔子,其實乃是一君臣間事耳,《左傳》中之"傳文"載此事,《禮記》中的《檀弓》篇上記有此事,司馬遷之《孔子世家》中亦記載此事,文略不同而所記則類近。魯哀公之弔文,亦僅是"孔府"之家喪禮舉行時出現的君弔臣之誄文,完全無後世所謂"祭孔"之"祭禮"的"事"與"儀"出現。魯哀公之誄孔丘文之事,《左傳》、《史記》、《禮記》皆有記載。《左傳》哀公十六年續《經》文載:

> 十有六年。春。王正月。
>
> 夏四月,己丑,孔丘卒。

《傳》文:

> 夏四月,己丑,孔丘卒。公誄之曰:"旻(旻)天不弔,不憖遺一老,俾屏余一人以在位,煢煢余在疚,嗚呼哀哉,尼父,無自律。"子贛曰:"君其不沒於魯乎!夫子之言曰'禮失則昏,名失則愆。失志爲昏,失所爲愆'。生不能用,死而誄之,非禮也。稱'一人',非名也。君兩失之。"

《禮記·檀弓》篇上則記云:

---

[1] 如明李之藻的《頖宮禮樂疏》(明萬曆間刊本,臺北:"國家圖書館"善本書室藏本)卷一之《歷代褒崇疏》,以"編年"體裁形式,將歷朝以來對孔子褒崇祭祀等事件依次繫之,備覽觀要;惟此《疏》首條所繫,歸之於漢高,云"漢高皇帝十二年,自淮南還,過魯,以太牢祀孔子"(第92頁),則恐未能明"褒崇孔子"諦義也。

　　　魯哀公誄孔丘曰：天不遺耆老，莫相予位焉，嗚呼哀哉，尼父。

《史記·孔子世家》載云：

　　　哀公誄之曰："旻(旻)天不弔，不憖遺一老，俾屏余一人以在位，煢煢余
　　　在疚。嗚呼哀哉！尼父，毋自律。"子貢曰："君其不沒於魯乎！夫子之言曰
　　　'禮失則昏，名失則愆。失志爲昏，失所爲愆'。生不能用，死而誄之，非禮
　　　也。稱'余一人'，非名也。"

　　三文本所記略異，其中值得關注的一處記異，爲由"師門/孔門"之視角發出的子貢之言中對哀公"余一人"之譏諷批評，則很明顯的係由《左傳》發端，司馬遷《史記》則承《左傳》而載錄。此處係《左傳》"續經"經文之終，則不論是"續經文"抑或是"解續經之傳文"，至少都是應在"孔丘卒"之後方得爲記，也就是說，至少應當是在"孔門"形成之後的敘事之成文。在此敘事成文中，子貢的批評焦點不僅在於哀公之自稱"余一人"的非名，更在於"生不能用，死而誄之"是一"非禮"的事件！

　　案：《春秋》經文、《左氏》傳文皆書曰"卒"，依周制，"大夫曰卒"，故《春秋》書"卒"；然"哀公誄之曰"者，乃魯哀公以諸侯之尊，"誄文"弔其"臣下"耳！我們實不能以此而謂哀公之"誄"爲"尊孔"的特舉。然則子貢之諷蓋有其所以諷焉，以其對孔子之認知，"生不能用"，自是有慨有傷；是故諷哀公之自稱"余一人"。中國之用孔子、崇孔子、超於"大夫"之位階，實在漢以後事也，漢世以降，"太學"中之"學"、"孔廟"中之"祭"，皆如是！此正與子貢"生不能用"一詞形成對照，蓋尊與崇中所蘊之慨、憾也。

　　要之，在人"由生至死"、"由將死至死後"的喪、葬、祭禮之流程中，惟"祭"方屬於召喚死者之"生前"入於"祭者"之當下仍活著的生命之事，因而"受祭者"與"祭者"之前也才能形成兩者間——"此生/祭者/活者之現在"與"彼生/受祭者/死者之生前"——的"共在"世界。後世所謂的成爲國典之"祭孔"，其義當在此。因此，孔門中尚無"祭師"之事出現！"孔子"與"異姓祭孔"禮之形成，其關鍵處，實在於孔子死後，"孔門弟子"對其所尊敬的"夫子"，作出敬意與情意的表示，因而出現了中國歷史文獻所見第一次弟子對老師行"心喪三年"的"仿血緣體喪禮"！"三年"意謂血緣體中"父子"之義引入"師生"的非血緣性關係中；而"心喪"一詞，更見孔門弟子有意"以師比父"，從血緣性的角度出發來模仿其"三年居喪"之禮以表達其情，這是非血緣的異姓之仿血緣之舉動；所以行與所以仿，在其師生之情，其行禮之源係緣於此。這樣的舉動在中國古代文獻中，尚係第一次出現：由"非血緣性"的"諸生"而"仿"其"血緣性"的"子弟"，"孔門諸生"雖未"與祭"，然而卻"服心喪三年"一如孔宅諸子、弟，則未知當時的"孔氏族人"與鄉里之人視此爲何？總之，文獻中所出現的"非血緣性"的"與喪之

禮”，可以稱之爲中國或是東亞更或者是世界史上的“首次事件”，一次被記錄下來的有意義的“歷史事件”，由於這次事件，方纔開啓了後世“祭孔”的地方禮、國典、釋奠新禮的先河。

司馬遷《史記·孔子世家》文云：

> 孔子年七十三，以魯哀公十六年四月己丑卒。

> 孔子葬魯城北泗上，弟子皆服三年。三年心喪畢，相訣而去，則哭，各復盡哀；或復留。唯子贛廬於冢上，凡六年，然後去。弟子及魯人往從冢而家者百有餘室，因命曰孔里。魯世世相傳以歲時奉祀孔子冢，而諸儒亦講禮鄉飲、大射於孔子冢。孔子冢大一頃。故所居堂、弟子內，後世因廟，藏孔子衣冠琴車書，至於漢二百餘年不絕。高皇帝過魯，以太牢祠焉。諸侯卿相至，常先謁然後從政。

諸弟子之服“心喪”與子貢（贛）的結廬守墓，雖在“墓畔”，是屬“死後”之“喪”事，尚無“與祭”其師的“祭”禮之事。觀乎司馬遷之行文，諸弟子之“與喪”無不出自於師生間之至情以及對老師的不捨！在司馬遷筆下，除了“高皇帝過魯”以太牢“祠焉”外，其餘均爲“先謁然後從政”的“諸侯卿相”，更重要的，係彼等皆於“魯地”祠、謁，未聞中央朝廷有關“祠孔”的記載。

其次，堪值得注意者，爲弟子守喪之文中出現了的“三年”與“心喪”之詞。“三年”乃是模仿子女爲父母守喪的血緣性之禮而來，是諸弟子視孔子若父也；而“心喪”一詞，蓋其意在於欲表述諸弟子未如孔氏子孫之必須著“喪服”也，既未服喪服，故曰“心喪”，正以“心”之內詞相對於以“服”爲顯外之外詞也。如此，則司馬遷此處之行文猶有不清處，前曰“弟子皆服三年”、後曰“三年心喪畢”，前句之“服”惟有從後句而解爲“心喪之服／服心喪”方可通。此若與《禮記·檀弓》篇參看，則其意便極爲明顯，蓋司馬遷本文多自《檀弓》採擷也。《禮記·檀弓》記載云：

> 孔子之喪，門人疑所服。子貢曰：“昔者夫子之喪顏淵，若喪子而無服，喪子路亦然，請喪夫子若喪父而無服。”

此一“若”字開啓了中國文化傳統中“師生”與“父子”間的非血緣與血緣的相彷關係。注意《檀弓》篇中所云皆爲“喪”，是諸弟子所論皆在“喪事”階段也。而諸弟子之討論“如何與喪”正是其所討論之重點，由其所討論看來，可見這是一件“前所無之”的事件，即便是在彼等追隨孔子期間，也是一個從未討論過的議題之首次出現：首次出現恰恰與孔子之死和孔子之喪有關；因此，子貢藉由孔子喪顏回、喪子路“若子而無服”

來作爲參照,提出了"喪夫子若喪父而無服"的觀點與作法,便獲得衆弟子同意而成爲後來司馬遷筆下的史實敘事之文。歷史文本中的確切之文字係"喪夫子若喪父而無服",細心的讀者當可察見此中並無"師"字出現,蓋就諸弟子而言,"夫子"一詞決不能等同於"師";同時,在周代的體制下,已有"釋奠"古禮中的"先師"之禮,且爲階屬於國家祭典層級的"師",則孔門弟子們便不可能以"祭師之禮"來爲孔子舉行喪祭禮;如果可以對孔子舉行"祭師"之"釋奠",弟子們早就做了,可見弟子們的意見最後落實於"喪夫子若喪父"而終止於爲孔子"行喪禮",而不能爲其舉行"仿國典"之"釋奠祭禮",不是沒有原因與歷史背景的!

在《檀弓》篇、《孔子世家》中,雖然只能讀到有關孔子死後如何做法的子貢一家之言,但卻可以想見:當時必有各種意見,甚至可能包括主張應當"若服父喪"意見的提出者。正是因爲由後視前,對孔門諸弟子而言,孔子之死與孔子之喪爲一獨一無二的大事件,因此也惟有在"孔子死後"而非在"孔子生時"才有可能出現"祭孔"與"孔廟"的歷代之禮的傳統之出現與形成,可以想見,"祭孔/孔廟"傳統的起源必在孔子死後,《檀弓》與《史記·孔子世家》的行文記敘,便正好見證了孔門之第一代的諸弟子與孔子之情誼如何,以及由情誼若父子而來的"喪夫子若喪父,無服"的傳統之起源,正是起源於諸弟子的討論聚會與子貢意見的成爲共識之意義。要之,魯哀公的誄文只是國君對大夫之顯者的弔辭,並不是後世"祭孔/孔廟"的起源。凡將魯哀公之弔文納入"孔廟起源之史"的"起源之域"中者,恐怕不僅是對於"祭孔"、"孔廟"的本質有所誤解,領會未透,同時也是解錯了方向![①]

從諸弟子的心喪三年到子貢的守墓,爲"異姓之祭"注入了"師生"模式的新的內容,這在歷史上乃是一件大事,而由孔門弟子之"緣情行禮"而來,雖未成"制",亦未與於"祭";要之,連孔子都僅是對周公以"夢"爲喻;但以異姓之後人對於前人之緣情的表達情意,卻在孔子死後由孔門弟子開創了中國歷史上的異姓模式的"師生之禮",因模仿"祖孫"的同姓模式,而出現了一種"文化傳承"的意義,這個"文化傳承"的內含,是"非血緣性"的。雖則"守墓",在祭祖儀式之禮意上僅屬於"葬禮",是子孫表其哀的"凶禮";尚未能提升至於一種文化傳承性的位階,這種位階,必須要從"祭禮"的角度、內含與層次才能看出"祭孔"之"如"其所仿的"祭祖"之大意義,也就是從文化角度成

---

① 是故今傳題爲宋本之孔傳《東家雜記》(愛日精盧影宋本,《孔子文化大全》本,濟南:山東友誼書社,1990年)於《歷代崇祀》首條即記:"魯哀公十七年立廟於舊宅,守陵百戶。"(卷上,頁六下)清孔繼汾《闕里文獻考》以爲孔子逝去第二年(魯哀公十七年)魯哀公便"仍舊宅立廟,守塋廟以百戶"。此皆非也。又或是追隨鄭玄的說法,以魯哀公弔文中之"尼父"爲國君封謚孔子之始,並以此作爲"孔廟"的起源,此亦非也,清龐鍾璐已駁之,見龐鍾璐《文廟祀典·考祀典溯源一》(臺北:中國禮樂學會),第206—207頁,龐氏按語。

立了"傳承"的意義,非血緣性與血緣性並行,血緣與文化並行,乃有其文明可言,所謂國家或是家國的詞彙也才有了意含。

三、"祭孔"進入國家體制的演變

（一）興學先於立廟：以孔子爲"先師/聖"的興學

孔子有廟,依"血緣性"之文化傳統,必在孔子歿後;又孔子有廟,受異姓之祭,則源自孔門"仿血緣性"而啓之;異姓"孔廟"逐漸自魯地曲阜而上昇其地位,遂終於後世王朝遞變中於中央首都之中爲孔子興立"孔廟",此是"祭孔"成爲"國典"的關鍵。然"祭孔"成爲國典,必基於、亦端視歷代帝王之在何種程度與等級上推尊與尊崇孔子之儒學而定。孔子之後,推尊儒學成爲國家級之學者,首自漢朝始,而漢世之"尊孔",多以"立學"、"隆儒"、"傳經"爲主,此遂啓漢世於中央立太學、地方立州郡學,以及專隆六藝傳經之諸博士,遂開兩漢儒林傳經之譜。案：漢武時從董仲舒對策議獨尊儒術、又從公孫弘議設博士弟子員,論者謂漢武之時實爲漢代設太學興學校之始。故班固《漢書·儒林傳贊》云：

> 武帝立五經博士,開博士弟子員,設科射策,迄於元始,百有餘年,傳業者寖盛,支葉蕃滋。

《漢書·董仲舒傳》亦記云：

> 董仲舒對策曰：……養士之大者,莫大乎太學,太學者,賢士之所關也,教化之本原也。……臣願陛下興太學,置明師,以養天下之士。

又云：

> 自武帝初立魏其武安侯爲相,而隆儒矣。及仲舒對策,推明孔氏,抑黜百家,立學校之官,州郡舉茂材、孝廉,皆自仲舒發之。

《漢書》所記,皆以漢代中央太學之設立,實始自武帝也。又以其首議及其議建之功,歸於董仲舒。是《漢書》中的觀點及其史述,所謂中央興太學,其內容既自仲舒發之,則所謂"以養天下士"與夫由"置明師"而養之者,其"師"所授、其"士"所受之內容,皆在孔子所傳述之六藝經學,亦即所謂"儒學"。故漢代尊孔,實集中於"興學"與"立學"一面,武帝所立學校之官,以及置"博士弟子員"之"弟子","太學"、"明師"、"弟子",已經將孔子置於核心位所而環繞出一個新朝代中的"新學"矣,而此"新學",實以"孔子"

爲核心而成。

因此,"孔子"之進入中央京師與成爲國家級典禮的"釋奠"中,其前提與要件,仍在於一個時代必須先有帝王倡議"興學"之舉。是故漢、魏、晉之世代,必先有中央朝廷之"興學",立"太學"、"辟雍",而後方得有於太學中舉行"釋奠"以祭"先師",若受祀之"先師"者爲"孔子"時,則"釋奠"之新禮可謂已以"孔學"爲中心的"釋奠/祭孔",此時的國家級之興學釋奠與祭祀先師孔子已合而爲一,所謂的以"祭孔"爲中心向"先師"致意之"釋奠新禮"乃在歷史中逐漸形成。

論者又有所謂"廟學合一"之制始於魏晉之時者,則此謂中央立"學","太學"中所學、習皆以"孔子之學"爲主軸;而爲尊孔,又於"太學"中立廟,此"廟"爲主於異姓祭之"孔廟";則於文化空間上,"廟學"成矣!"學"爲"太學",主於"釋奠"與"養士";"廟"則爲"祭孔",令孔子得享異姓之祭;此後在"廟學合一"制下,"釋奠"與"廟祭"合一,"釋奠"即"祭孔"、"祭孔"即"釋奠",無論在其"禮"、其"樂"、其"舞"上皆然! 觀蘇良嗣《〈文廟祀典考〉後序》云:

> 曩時學與廟異,故釋奠在學,享祀在廟,截然不同。考之西漢之祀孔子,只在魯廟;而東漢行釋菜、釋奠之禮,則皆在國學。

"釋奠在學、享祀在廟"已明確地道出其原初所以分之義![1]

在漢人的歷史認知中,皆以漢世帝王之興學,係始於漢文、漢武兩帝之時。而漢武帝時代的獨尊儒術、從公孫弘之議設博士弟子員以向博士學經,而"經"又係孔子所傳、所述、所訂、所作,是故漢武帝尤爲此下歷史認知中的關鍵人物,成爲"秦火毀學"之後的"興學"之第一帝;彼所興學舉措,即是以"孔子所傳之學"爲其中心,《史記》與《漢書》中的《儒林(列)傳》便係反映此一歷史認知的最佳實錄!

范曄《後漢書》中所敘寫的後漢時代對前漢興學之記載,最可反映漢世興學的歷史流傳與認知中的形塑爲何!《朱浮傳》中記載後漢光武帝開國時興學事云:

> 建武七年,朱浮以國學既興,宜廣博士之選。乃上書曰:"夫太學者,禮義之官,教化所由興也。陛下尊敬先聖,垂意古典,宮室未飭,干戈未休,而先建太學,造立橫舍,……尋博士之官,爲天下宗師,使孔聖之言,傳而不絕。"

是朱浮之言已然明確地出現了以孔子爲"孔聖"的稱謂,如孔子爲"孔聖",則博士之官自是爲"明師","師"者,所以授聖之遺典也! 孔子雖在封號上尚未有其專稱追諡,然

---

① 蘇良嗣:《〈文廟禮樂考〉後序》,見金之植、宋鉉編《文廟禮樂考》。

而已在概念上進入於"聖人之堂"矣！所謂"國學既興"者,乃指漢光武帝於建武五年修建"太學"之事。《儒林傳》載云：

> 凡十四博士,太常差次總領焉。建武五年,乃修起太學,稽式古典,籩豆干戚之容,備之於列,服方領習矩步者,委蛇其中。

同書《桓榮傳》又載：

> 建武十九年,車駕幸太學,會諸博士論難於前,桓榮被服儒衣……

同書《翟酺傳》更云其所認知之漢世興學史事,云：

> 順帝永建六年,將作大匠翟酺上言："孝文帝始置五經博士,武帝大合天下之書,而孝宣論六經於石渠,學者滋盛,弟子萬數。光武初興,愍其荒廢,起太學博士舍,內外講堂,諸生橫卷,爲海內所集。明帝時,辟雍始成,欲毀太學,太尉趙熹以爲太學、辟雍,皆宜兼存,故並傳至今。"

可見無論是興太學舍、還是辟雍,皆是中央君臣在共同的認知之下,以"孔子所傳之學"爲核心的"興學"之舉。然或稱太學、或稱辟雍,皆同可稱其學爲"國學"也,此時之"國學"已是以"孔子"爲中心的興學立校之國家級舉措。但在此興學舉措中,我們並未見到"祀孔"典禮的孔聖廟制出現在中央的"國學"之中。研究中國教育史或是中國孔廟史的學者們,所以會特重魏晉時代的"廟學合一"之制,不論是前學後廟、還是左學右廟,便是在此一"學"、"廟"尚未合一的歷史背景之下對此一現象的關注與研究。因此,有關劉邦稱帝後適魯以太牢三牲之禮對孔子的"祀典",此一歷史事件在"祭孔/釋奠"之史中應當如何定位,恐怕便不能單以"太牢"禮來爲劉邦之尊儒崇孔作出"第一位祀孔的帝王"之說法；劉邦祀孔顯與後世在"太學"及"闕里"之興學祀孔的意義大不同！要之,在"孔子"地位的上升歷史過程中,"秦火"之後的兩漢時期,多在中央太學中反映出"孔子"與"學"的結合性,故東漢諸帝多幸太學宣講經學,親幸魯地闕里以"祭孔"者則少。而魏晉與隋唐時期,則多反映出"孔子"與"廟祭"在中央合一的情形,無論是太子祭孔或是天子親自與祭,都顯示出"孔子"被歷代諸帝視爲"施教天下"中不可忽略的一位歷史人物,因而便不止是"興學"中的"傳述"孔子之學,而更是於中央"立廟"來"祭孔"！"祭孔"以尊與"述孔"以傳學,不外乎都是爲了要以孔子所傳的"六藝/六經"之學,教化天下,同時亦自此中來養士、取士。

（二）立廟以祭孔：制"釋奠"新禮

因此,古昔施於天子宗廟與四時祭享的太牢之禮、六代之樂、八佾之舞,或是廟祭時的初、亞、終三獻之序禮,便逐漸由皇室的血緣性場域向非血緣性場域移動。隋代及唐初的以“周公、孔子”爲“先聖”、“先師”，或是以“孔子、顏回”爲“先聖”、“先師”，便已反映出此點，《文王世子》篇中我們不能知其姓氏的周家“先聖”、“先師”，在此已因“孔子”而有了明確性：不論是“以孔爲聖”還是“以孔爲師”，“孔子”都已是歷代的“教化之宗主”，與歷代帝王的血緣性與否無關，“興學立教”的“祭孔國典”與主祭者的血緣性與否無關：主祭者無論是天子、太子、博士、太常之長，其“與祭”乃是爲了“興學立教”，而非“祖禰”！以是，在此一原爲宗廟中所施之太牢、八佾禮樂舞器移向“祭孔”典禮的歷史形成中，遂出現了齊武帝時主司“祭孔”的單位所提的問題：究竟“祭孔”之禮應當爲“釋奠”抑“釋菜”？究竟“祭孔”當“行何禮”？“用何樂”？“置何器”？鄭樵《通志》轉載此事，云：

> 齊武帝永明三年，有司奏：“宋元嘉舊事，學生到先釋奠先聖、先師禮，又有釋菜，未詳今當行何禮？用何樂及禮器？”時從喻希議，用元嘉故事。設軒懸之樂、六佾之舞，牲牢器用悉依上公。

《通志》又載云：

> 唐武德二年，於國子學立周公、孔子廟各一所，四時致祭。初以儒官自爲祭主，直云博士姓名，昭告于先聖，又州縣釋奠亦博士爲主。許敬宗奏曰：秦漢釋奠無文。魏氏則太常行事。自晉宋以降，時有親行，而學官爲主，全無典實，在於臣下，理不合專。今請國學釋奠，令國子祭酒爲初獻，辭稱皇帝謹遣；仍令司業爲亞獻，博士爲終獻。其州學，刺史爲初獻，上佐爲亞獻，博士爲終獻；縣學，令爲初獻，丞爲亞獻，主簿及尉通爲終獻。

《南齊書·禮志》則載：

> 永明三年正月，詔立學，創立堂宇，召公卿子弟下及員外郎之胤，凡置生二百人，其年秋中悉集。有司奏：“宋元嘉舊事，學生到，先釋奠先聖先師，禮又有釋菜，未詳今當行何禮？用何樂及禮器？”尚書令王儉議：“《周禮》‘春入學，舍菜合舞’。《記》云‘始教，皮弁祭菜，示敬道也’，又云‘始入學，必祭先聖先師’。中朝以來，釋菜禮廢，今之所行，釋奠而已。金石俎豆，皆無明文，方之七廟則輕，比之五禮則重。陸納、車胤謂宣尼廟宜依亭侯之爵；范寧欲依周公之廟，用王者儀，范宣謂當其爲師則不臣之，釋奠日，備帝王禮樂。此則車、陸失於過輕，二范傷於太重。喻希云‘若至王者自設禮樂，則肆賞於至敬之所；若欲嘉美先師，則所況非備’。尋其此說，守附情理，皇朝屈尊弘教，待以師資，引同上公，即事惟允。元嘉立學，裴松之議應舞六佾，以郊樂未

具,故權奏登歌;今金石已備,宜設軒縣之樂、六佾之舞,牲牢器用,悉依上
公。"其冬,皇太子講《孝經》,親臨釋奠,車駕幸聽。

此一記載,正足以反映出兩漢時期的"新學"之"興學",乃是"以孔爲尊"式的博士傳經
之學,前、後《漢書》中的《儒林傳》便係以"諸經授受"來載錄"師"與"弟子"間的聯繫。
而魏晉以下迄於隋唐,則是"孔廟"進入中央廟堂之上,成爲"異姓所宗"而受祀受享,
此乃緣於"師—弟子"之間的可依"仿血緣"的祭享聯繫。在此一異姓"廟祭"中,無論
是天子、太子、有司、諸來學者,都是在"弟子"的位所上行"尊師禮"於"祭典"之中;且
其討論的層次有愈後愈高的情形出現,尤其是對於"孔子"的位所,無論是師還是聖,
都已無礙於其地位的形成,於"師",則"不當臣之",於"聖",則"比擬帝王";上引記載
中的"車、陸失於過輕,二范傷於太重"便反映出對"孔聖"、"孔師"的討論,乃是在於
"爲天下所宗"、"爲傳承所宗"之位所層級上的聚焦議論。

在《晉書·禮志》中,其記載回溯了始於三國時魏正始中的"釋奠"之禮進入"祭
孔",並且是於中央之"學"中廟祭的歷史敘述,文載云:

> 魏正始中,齊王每講經遍,輒使太常釋奠先聖、先師於辟雍,弗躬親。

在此敘述中,"釋奠"禮係由"太常"主司,祭於"辟雍",《晉書》且特云齊王"弗躬親",意
在爲其下文表現出晉時成帝、穆帝、孝武帝等諸帝之"親釋奠"的特殊與隆重,《晉書·
禮志》述云:

> 及惠帝、明帝之爲太子,及愍懷太子講經竟,並親釋奠於太學,太子進爵
> 於先師,中庶子進爵於顏回。成、穆、孝武三帝,亦皆親釋奠。孝武時,以太
> 學在水南懸遠,有司議依升平元年,於中堂權立行太學。于時無復國子生,
> 有司奏:"應須復二學生百二十人,太學生取見人六十,國子生權銓大臣子孫
> 六十人,事訖罷。"奏可。釋奠禮畢,會百官六品以上。

《晉書·禮志》又載:

> 《禮》:"始立學,必先釋奠于先聖先師,及行事,必用幣。"漢世雖立學,斯
> 禮無聞。魏齊王正始二年二月,帝講《論語》通;五年五月,講《尚書》通;七年
> 十二月,講《禮》通,並使太常釋奠,以太牢祠孔子於辟雍,以顏回配。武帝泰
> 始七年,皇太子講《孝經》通;咸寧三年,講《詩》通;太康三年,講《禮記》通;惠
> 帝元康三年,皇太子講《論語》通;元帝太興二年,皇太子講《論語》通,太子並
> 親釋奠,以太牢祠孔子,以顏回配;成帝咸康元年,帝講《詩》通。穆帝升平元
> 年三月,帝講《孝經》通;孝武寧康三年七月,帝講《孝經》通,並釋奠如故事。

穆帝、孝武並權以中堂爲太學。

是南朝諸君臣的歷史認知，漢世之所爲，僅爲"興學"，對於祭孔的"釋奠"之禮，則未有閱聞。上述諸史之志中所述，意義皆同，而《晉書》所强調則爲晉帝爲太子時"親釋奠"之殊勝處，末句所述之"權以中堂爲太學"者，則顯示出"廟、學初合"時場所的不穩定性，可見雖有"故事"，仍未成爲"常制"也。而晉元帝時之以"顔回配享孔子"，仍然是以"宗廟"的血緣性之制度來摹擬非血緣性屬性的"師—生"表徵。表徵"孔—顔"關係的方式，在"釋奠"禮的儀式中，仍然是自宗廟禮制中"配享"之"仿制"而來。

《晉書》中《潘尼傳》中所錄潘尼所撰作的《釋奠頌》，尤爲"孔廟史"上的特殊篇章，《晉書》本傳中載錄全文，云：

初應州辟，後以父老，辭位致養。太康中，舉秀才，爲太常博士。歷高陸令、淮南王允鎮東參軍。元康初，拜太子舍人，上釋奠頌，其辭曰：元康元年冬十二月，上以皇太子富於春秋，而人道之始，莫先於孝悌，初命講《孝經》于崇正殿。實應天縱生知之量，微言奧義，發自聖問，業終而體達。三年春閏月，將有事於上庠，釋奠于先師，禮也。越二十四日丙申，侍祠者既齊，輿駕次于太學。太傅在前，少傅在後，恂恂乎弘保訓之道；宮臣畢從，三率備，濟濟乎肅翼贊之敬。乃掃壇爲殿，懸幕爲宮，夫子位于西序，顔回侍于北墉，宗伯掌禮，司儀辯位，二學儒官，搢紳先生之徒，垂纓佩玉，規行矩步者，皆端委而陪於堂下，以待執事之命。設樽篚於兩楹之間，陳罍洗於阼階之左；几筵既布，鍾懸既列，我后乃躬拜俯之勤，資在三之義。謙光之美彌劭，闕里之教克崇，穆穆焉，邕邕焉，真先王之徽典，不刊之美業，允不可替已。於是牲饋之事既終，享獻之禮已畢，釋玄衣，御春服，弛齋禁，反故式。天子乃命內外有司，百辟卿士，蕃王三事，至于學徒國子，咸來觀禮，我后皆延而與之燕。金石簫管之音，八佾六代之舞，鏗鏘闛闔，般辟偃仰，可以激神滌欲，移風易俗者，罔不畢奏。抑淫哇，屏鄭，遠佞邪，釋巧辯。是日也，人無愚智，路無遠邇，離鄉越國，扶老攜幼，不期而俱萃。皆延頸以視，傾耳以聽，希道慕業，洗心革志，想洙泗之風，歌來蘇之惠。然後知居室之善，著應乎千里之外；不言之化，洋溢于九有之內。於熙乎若典，固皇代之壯觀，萬載之一會也。尼昔忝禮官，嘗聞俎豆；今廁末列，親覩盛美，濫漬徽猷，沐浴芳潤，不知手舞口詠，竊作頌一篇。義近辭陋，不足測盛德之形容，光聖明之遐度。其辭曰：……

案：此一"釋奠祭典"在過去實無禮、無樂、無器、無舞可遵循，其所尊崇之核心意義，在潘尼《釋奠頌》中的一句："釋奠於先師,禮也!"倒是可以賅義地表達出來。但是,潘尼《釋奠頌》中以"釋奠於先師"即是"祀孔子","孔子"所在的位置、禮秩,果然如其所云,係"夫子位于西序,顏回侍于北墉"否? 孔子究竟係爲"聖",還是爲"師"? 隨著朝廷政權的亟須"祭孔",已經出現了古制中"以聖爲祭主"的祭禮儀典遇到"先師"此一與孔子有關的新名之矛盾與失所;在爾後的孔廟與釋奠歷史中,在唐代、在明代,仍不斷會出現定位孔子究爲"先聖"還是"先師"之爭議者,便係因爲異姓之主祭孔子時,必然遭遇的"釋奠新儀"體制中的"'主'爲何"問題。以"師"爲"主",則孔子自當從屬於帝王之下;以"聖"爲"主",則孔子與帝王位階平行;然而此又涉及"祭孔"時的"釋奠新儀"如何制定時的茫然;因此,潘尼《釋奠頌》的一句"真先王之徽典,不刊之美業,允不可替已",已然道出了此中前無可依的歷史問題,爲潘尼所歌頌的晉惠帝時代之"釋奠"之聖事,其實還是來自對帝王宗廟制度的血緣性禮制之"仿制"! 因之,有關興學立教中的"釋奠之禮"爲何? 如何與"先師爲孔子"的歷史實況結合在一起,則不僅此爲一新的時事,"釋奠禮主祀孔子"中的禮之詳爲何,亦無詳制可言。不僅於新禮尚乏實際施行之儀可爲定式,即便六藝中之經典古禮亦已無法考究其實! 周禮既衰,方有孔子之嘆,漢世以降雖重視"學",然"先聖/先師祭典"一旦升級至於中央皇室與負責之擔位學官或禮官主持時,便有此一疑惑。則南朝時代的齊武帝永明三年有司之奏,正足反映此一"禮"、"器"、"樂"、"舞"在制度上懸乏闕如的現象。是故《宋書‧禮志》中所載"釋奠"禮之"服冕之制"者,正是此一"闕如"之中的"制作"歷程,"闕如"歷程中所反映的,反倒是將古書經典中的祭祀之禮,從祭祀祖先之禮儀中制定仿之,將其凡尊貴者皆向"釋奠/祭孔禮"移轉。《宋書》中對此一歷程作出史述之載,云:

> 周監二代,典制詳密,故弁師掌六冕,司服掌六服,設擬等差,各有其序。《禮記‧冠義》曰:"冠者禮之始,嘉事之重者也。"太古布冠,齊則緇之。夏曰毋追,殷曰章甫,周曰委貌,此皆三代常所□□周之祭冕,繅采備飾,故夫子曰"服周之冕",以盡美稱之。至秦以戰國即天子位,滅去古制,郊祭之服,皆以袀玄。至漢明帝始採《周官》、《禮記》、《尚書》諸儒說,還備袞冕之服。魏明帝以公卿袞衣黼黻之文,擬於至尊,復損略之。晉以來無改更也。天子禮郊廟,則黑介幘,平冕,今所謂平天冠也。皁表朱綠裏,廣七寸,長尺二寸,垂珠十二旒,以朱組爲纓,衣皁上絳下,前三幅,後四幅,衣畫而裳繡,爲日、月、星辰、山、龍、華、蟲、藻、火、粉米、黼、黻之象,凡十二章也。素帶廣四寸,朱裏,以朱綠褌飾其側。中衣以絳緣其領袖。赤皮蔽膝。蔽膝,古之韍也。絳,絳襪,赤舄。未加元服者,空頂介幘。其釋奠先聖,則皁紗裙,絳緣中衣,

絳，黑舄。其臨軒亦袞冕也，其朝服，通天冠，高九寸，金博山顔，黑介幘，絳
紗裙，皁緣中衣。其拜陵，黑介幘，單衣。其雜服，有青赤黃白緗黑色介幘，
五色紗裙，五梁進賢冠，遠遊冠，平上幘，武冠。其素服，白帢單衣。漢儀，立
秋日獵服緗幘。晉哀帝初，博士曹弘之等議："立秋御讀令，不應緗幘，求改
用素。"詔從之。宋文帝元嘉六年，奉朝請徐道娛表："不應素幘。"詔門下詳
議，帝執宜如舊，遂不改。

此處討論"釋奠先聖"的"冠冕禮服"，正見禮、樂、舞、器、衣冠等的"釋奠新禮"是如何
地在歷史之中的形成與發展，且係以"孔子"爲中心。職是，我們也可以說：如果孔子
歿後，孔門諸弟子的"服喪若父"是以"仿血緣禮"來向其"師"致敬，那麼，後代帝王行
於中央的"釋奠/祭孔"之禮，又何嘗不是自血緣性的宗廟、四時祭享中取用了其禮、其
樂、其器來祭祀異姓的"孔子"呢！則"孔子爲聖"與"孔子爲師"，就是一個格局上與視
域上的"天子立教"之職與責，而不是孔子可以分身爲二，移動在聖、師之間，就孔子而
言，聖與師，猶如"若聖與仁"，皆是一事耳！

結　論

"祭孔"主於"廟"，其所以然在於孔子以私人授學，傳承了六藝之典與三代文化主
軸；"釋奠"古禮則在原初天子所行時，其意義本在"主於學"，以示天子之"興學"；兩者
仍然在"學"上相通。

是故"釋奠"主於"學"，"祭孔"主於"廟"，兩者之"祀"與"享"，意義本不同。但因
於"孔子"，使得"後孔子時代"在歷史發展中將孔子推向了漢魏隋唐之間"新先師/新
先聖"的形塑過程，"孔子"終於成爲官方體制內部的"先師/先聖"而逐漸與另一條歷
史的脈絡相結合，此一條歷史脈絡即是國家體制提倡官方教育設立學校亦是以孔子
保存或述作的"六藝"爲內涵。在此種背景與歷史發展下，"主於祭"的"祭孔"與"主於
學"的"太學/國學/博士"終於歷經漢魏兩晉的演變，成型爲"廟學合一"制度。於是，
我們可以知道，"孔子"實是兩者合一的關鍵！然而如果溯論其初，則兩者實不相屬，
且各有歷史淵源。在"孔子出生前"便已有的"釋奠"古禮，與在"孔子歿後"方出的"祭
孔"之禮，確實本無關係。其合而爲一，實肇自漢武，且是"學先於廟"、"興學先於立
廟"，由"興太學"之"尊孔"先行開始，既而歷漢、魏、隋、唐諸朝，終至於在中央的太學
或國學中祭祀孔子，返回到了《禮記·文王世子》篇所記載的"釋奠于學"之本義。古

代聖王無不重視"立學"與"教化",是故必對先師、先聖在學中行其祭禮;而後世歷經中央立"學",到"學"以孔為尊,到"祭孔"成爲國典,再到"祭孔"以"釋奠"禮爲主體,則"釋奠"古禮在歷史之發展中再度出現成爲"主於學"的"祭先師"之禮,以及官方體制中在中央出現了由天子所興立的國學、太學,其關鍵便是在於必須要有一位新的"先師"能歷經歷代帝王之承認、亦須歷經歷史傳承之考驗,才能出現此一"先師"作爲象徵的大事件之形成!如此,"孔子在世之所爲"爲與"後孔子時代之孔子塑形史",必以"孔子"主軸其間方能成之;不僅成其"學"、亦成其"祭","主於學"的"祭先師/先聖"禮方能稱之爲"釋奠禮",這是它的古義;同樣,亦惟有"主於學"的"祭孔"之禮方能稱之爲"釋奠禮",這是它的新義。古義與新義,皆有一貫之本義:此即是"主於學",惟其隆學,故祭之以釋奠禮!

是故,"釋奠"禮與"祭孔"禮本是兩個不同的國典禮儀,自兩者之起源性便可考知彼等必先、後有別,蓋非僅成詞原義即有不同,兩者兩相映照與聯繫,更可顯出古今之軸;尤其是在一個歷史時間的關鍵點上,探究何以兩者聯繫竟能古今相繫、又何以能相繫而成垂統?本文即欲就後世幾已成一事、幾已成同義之"釋奠"、"祭孔"兩詞,倒述逆溯以觀其自源起處之分,與夫後世之合以究之。筆者所謂之歷史時刻之關鍵點,所指便是在於"孔子之生"與"孔子之歿":"祭孔"必定興於"孔子之歿"以後,而"釋奠"則興於"孔子之生"之前,雖然對於"釋奠"起源的確切時間我們現在還不是十分明瞭。從文化垂制中有"學"開始,無論是"授者"抑"受者"、"教者"抑"化者","學"都不僅僅是指向一個"學習地點"之所在處而已!在數千年的歷史長河中,"興學"之意,指向"師"、指向"子弟"、指向"王業教化"、指向"尊重傳統";或是於"學"、於"教"、於"傳"、於"習",於"聖王之業"、於"師之教化"、於"四方來學",意義的深刻性遞傳在人類經驗與文化於綿綿不絕之傳遞中,經患、歷困、有頓、有揚,經憂患而更迭興,此之謂"興學"、謂"王業"、謂"立統"!

"釋奠"古禮主於"學",是故其禮舉行必在後世所謂的"國家級學校"之中,其禮以"學習"爲主意,故所祭之祭主必與"授業者"有關,故稱"先師",亦可稱"先聖"。先儒所謂的"四代之學",所指乃是"虞、夏、殷、周"。而"祭孔"的起源則與"仿血緣"的"祭祖"禮有關,故主於"廟"。"祭"於"廟",則祭主以"示"爲主,"示"即"木主",故"孔廟"之"祭孔",其執禮場所必在"廟"中,其禮以"死者猶在"爲主,"通死生幽明"也。原初"釋奠"主於"學",後出"祭孔"主於"廟",兩者之"祀"與"享"意義皆不同。是故溯論其初,各有歷史時間與歷史原因,本不相同。

"祭孔"則是在歷史發展過程中隨著孔子地位的提升而逐漸形成的一種以"孔子"爲祭主的祭禮:從孔門弟子的私禮推尊,到形成爲蔚然之儒家學派的宗師,再到地方性諸侯國的祭孔立廟,最終則是國家級的國學尊孔、國禮祭孔,終而取代釋奠古禮中的"先師"而成爲"釋奠之新禮"。

近代以來,東亞諸國受到西方的影響,學校制度於是仿自歐洲爲其原型,係以小學、中學、大學爲模式;從某一個角度來說,這樣的模式基本精神仍然是"流化於天下"式的,所謂"國學"、"私學"都是爲了教育的"普及",使人人皆得而入"學"受"教";這樣的"興學"精神,其實與東亞地區傳統學制中太學(國學)、州學、郡學、府學與縣學、鄉校等廣學的教化精神,在模式上並沒有甚麼太大的不同,都是一種層級制的普設學校模式;差異的重點要義,還在於東亞傳統的學制中,有其明確的"何爲學"、"學爲何"之宗旨:以古聖先師所傳習的文本、以古人智慧的結晶作爲傳統,並且立於現在、尊重傳統、前瞻將來。下一代在受教的目標上是明確的,傳、承之間有如長河不絕,對於文化斷裂性的克服顯然有其思考與努力的明確方向。若將"釋奠古禮"放在"釋奠新儀"的歷史角度重新觀察,則顯現在歷史長河中的當時人在各自當下的努力,尤其是對"新禮新儀"的努力,確實有其"制禮作樂"的主軸與文化意義在其間;此一主軸中的"師"、"聖"與"學",較諸於近代模式下西式學制之"校訓"提揭也者,表相上看來似乎相近相類,然而論其深度與意義感受,卻大有不同;在今日學制中,固然在每一個學期之初的開學儀式中也有"勉學"的儀式,但若與古代的"釋奠"之禮相較,顯然對比出的異趣足可令我們深深反省,爲何虔誠不再了,甚麼樣的禮儀符號與場域能再度作爲一種磁場中心,將授者、受者、學者、習者、家長、立學者、主政者的用心輻湊環聚成爲一個"人在生生世界之中"的成長與成熟之意義世界呢? 孔子究竟在甚麼位所上向我們言傳了甚麼呢? 爲甚麼是"人能弘道"? 一種儒家式的"人倫常道"何以經由"文化體"位所的"師"之"教化",便能啟迪"人"返歸到"人之爲人"的生命自身? 總之,"孔子"與"諸弟子"的關係,乃是一"非血緣性"的傳道、明道、學習、授受的關係,孔子"有教無類"已蘊"教化天下"之義,四方弟子來學,亦正顯示"人之性"中有著一種"誠之明之"的蛹動而不能已,"自行束脩"反映的正是"師—弟"之間的所爲、所求,開啟了的便是"道"的"生生"已在"孔子"身上開啟了文化之軸。凡是爲"聖"爲"王"者,想要開啟一個"常道立學"的時代,則有關如何對待"師"的思考,便是一時代主政者必將面對者,無論是"先師"、"後師"、還是"師—弟子"間的傳傳承承,"人之爲人"的意義不論是在過去、於現在、還是在將來,一貫之軸的常道所在,常在變易中考驗著知識份子與讀書士人,猶如沈約在其《宋書·禮志》中所致之感慨:

> 由此言之,任己而不師古,秦氏以之致亡。師古而不適用,王莽所以身滅。……然則漢、魏以來,各揆古今之中,以通一代之宜。

儘管歷史中的變化常大到令我們深崁其中而辛苦經營，通古今之宜以面對其斷裂，但觀諸馬端臨在《文獻通考》中所云者：

> 古者入學，則釋奠於先聖、先師，明聖賢當祀之於學也。……言廟而不及學，蓋衰亂之後，荒陋之邦，往往庠序頹圮，教養廢弛，而文廟獨存；……然聖賢在天之靈，固非……欲崇大其祠宇也。廟祀雖設，而學校不修，果何益哉！①

亦足令人興發。觀諸《論語》中曾子所云：

> 士不可以不弘毅，任重而道遠。仁以爲己任，不亦重乎！死而後已，不亦遠乎！②

曾子所云，即是孔子居"夫子"位所而"教/授"："仁以爲己任"，此"仁"此"己"，於是乎透過孔子此"師"，"學"者可以在"習"中知"道"之在"己"！於是曾子，作爲孔子的弟子，其感悟的生命體悟以及慨然承擔的使命意識，便顯示了由其"師"而來的"教化"之影響，在"師—弟"的"授受"與"傳承"中，"師道"的義意也即是"明道"與"教化"的意義，便在"人倫"的代代不絕中，成爲"文化之軸"。生生流轉之常，必"待有人"明之者，孔子已在文化之軸的位所上開啟了孔門的"師道"亦隨之流轉，向於能常矣；從"釋奠在學、享祀在廟"到"廟、學合一"，"釋奠"的古禮與新儀，也曾在歷史的變遷中因著"孔子"而流轉了古今之義；那麼，在這樣的古今映照之下，我們這一輩對於傳統興學、立學時向"先師"、"先聖"致敬的"釋奠"禮儀，能不能有更深一層的體會呢！特別是在這東風、西風交替的時刻。

---

① 馬端臨：《文獻通考》卷 43，學校考四，北京：中華書局，1986 年，第 411 頁。
② 這也恰好是我的太老師錢穆（賓四）先生在臺灣退出杏壇前，於臺北外雙溪"素書樓"中爲中國文化大學史學研究所博士生上最後一堂課時的開講主題！

釋奠禮與文廟祭祀的合流及其文化意蘊

劉續兵

文廟祭祀,作爲一种特殊的祭祀活動,在中國有著兩千多年的歷史,明清之際達到了鼎盛。歷代的文廟祭祀名目中,釋奠禮都是最高規格的祭祀禮儀,甚至在某種程度上成了文廟祭祀的專稱。但是,考察歷史記載,我們可以發現,這二者合二爲一經過了漫長的時間。

一、孔子之前的釋奠禮

我國古代非常重視祭祀,有"國之大事,在祀與戎"之說。其中,以拜"天地山川"爲"祭",以拜"祖宗先人"爲"祀",後來逐漸成爲一個名詞。

"祭"字,由"手"、"月"(即肉)和"示"(即神)三個象形獨體字構成,古音同殺,有殺生之義,本指殺牲(以手持肉)以獻神。"祀"字,《說文解字·示部》:"祭無已也。"也就是祭祀不斷的意思。如果作一下區分,"祭"大概指祈求天地山川及神靈的佑護,"祀"就是寄望於後代子孫的繁衍不絕了。

祭祀,按其對象可分爲三種:天神、地祇、祖先。荀子說:"禮有三本:天地者,生之本也;先祖者,類之本也;君師者,治之本也。無天地,惡生?無先祖,惡出?無君師,惡治?三者偏亡焉,無安人。故禮,上事天,下事地,尊先祖而隆君師,是禮之三本也。"(《荀子·禮論》)關於選擇具體神祇的標準,前於孔子百年的魯國賢人柳下惠就曾經說:"夫聖王之制祀也,法施於民則祀之,以死勤事則祀之,以勞定國則祀之,能禦大災則祀之,能捍大患則祀之。非是族也,不在祀典。""加之以社稷山川之神,皆有功烈於民者也。及前哲令德之人,所以爲明質也;及天之三辰,民所以瞻仰也;及地之五行,所以生殖也;及九州名山川澤,所以出財用也。非是不在祀典。"(《國語·魯語上》)"有功烈於民"、"前哲令德之人",等等,都應在祭祀的範圍之内。

儒家重視祭祀,更多地是著眼于血緣宗法社會的現實需要。祭祀祖先,乃出於對親情的維護與延續,而源自於血緣的親情乃是維繫宗法社會和諧秩序的一個重要紐帶。通過連續不斷的莊嚴的儀式,追思前人的恩德,使自己的内心得到昇華。因此儒家提倡祭祀鬼神的意圖就是所謂"慎終追遠,民德歸厚"(《論語·爲政》),要實現的還是社會秩序的穩定與和諧,這也是一種"神道設教"的教化之道。從這個意義上說,"釋奠禮",正是對"前哲令德之人"的追思和紀念。

"釋奠"一詞,現在看到的最早記載是《禮記》之《王制》與《文王世子》篇。《王制》曰:"釋奠于學。"鄭注:"釋菜奠幣,禮先師也。"《文王世子》云:"凡學,春,官釋奠于其先師,秋冬亦如之。"又謂"凡始立學者,必釋奠於先聖先師"。又云:"天子視學,……適東序,釋奠於先老。"可見,其對象乃"先聖先師"、"先老",而這又都與"學"有關。至於"先聖先師"、"先老"到底何指,至漢代已經失傳,即使鄭玄這樣的經學大師在注釋時也是前後矛盾,錯誤叢出了。

而《周禮》、《儀禮》、《禮記》中尚有"釋菜"、"釋采"、"舍采"、"舍奠"等相關記載。鄭玄《文王世子》注以爲,"釋"與"舍"、"采"、"菜"通假,"舍奠"即"釋奠"。而鄭注又謂"釋菜"較"釋奠"爲輕。"釋奠者,設薦饌酌奠而已,無迎尸以下之事"。不過,綜合《周禮》中關於"舍奠"的記載,主要集中於山川或宗廟之奠,與"釋奠"主要行于學宮有明顯不同。

釋奠禮舉行的時間,根據孔穎達和元代馬端臨《文獻通考》的說法,有"常時之釋奠"與"非時之釋奠"之分。常時,謂春夏秋冬四時所行之釋奠。非時,指"始立學"、"天子視學"和"出征反"之時的釋奠。而主持者乃"有司"或"官",可見是一種官方祭祀活動。

與此可知,此時的釋奠禮雖然肯定與"孔子"無關,但卻是一種與"學"、"教"有關的活動,這便爲日後釋奠禮與孔子祭祀合流奠定了基礎。

二、釋奠禮與周公、太公

由漢至唐,釋奠禮並未明確爲祭祀孔子專用。漢明帝永平二年(59),"上始率群臣躬養三老五更於辟雍,行大射大禮。郡縣道行鄉飲酒於學校,皆禮聖師周公、孔子,牲以犬"(《後漢書·禮儀志》)。《冊府元龜》卷四九的記載稍異,作"皆祠先聖先師周公、孔子,牲以太牢,孟冬亦如之"。兩處記載的祭祀等級不同,但都是周公、孔子並稱,且周公在孔子之前。

李唐建立之初,高祖于武德二年(619)下詔:"惟茲二聖(指周公、孔子),道著群生,守祀不修,明褒尚闕。朕君臨區宇,興化崇儒,永言先達,情深紹嗣。宜令有司于國子學立周公、孔子廟各一所,四時致祭。"(《舊唐書·儒學列傳》)此時周公、孔子仍無軒輊。五年後的武德七年(624),高祖幸國子學,親臨釋奠,以周公爲先聖,而以孔子配享。孔子從"先聖"降爲"先師",於釋奠中退居配享之位。

唐貞觀二年(628),房玄齡等人上書言:"臣以周公、尼父,俱稱聖人,庠序置奠,本緣夫子。故晉、宋、梁、陳及隋大業故事,皆以孔子爲先聖,顏回爲先師,歷代所行,古人通允。"(《唐會要》卷三五)唐太宗乃罷祀周公,仍以孔子爲先聖,以顏回配享。

唐高宗永徽年間,釋奠禮再一次發生逆轉,復以周公爲"先聖",孔子爲"先師"。根據黃進興先生的推測,這次高宗釋奠變革,實際上是受鄭玄之學的影響乃至左右。[1]具體情形如何,尚有待深考。不過,這次逆轉很快遭到朝臣的反對。太尉長孫無忌、禮部尚書許敬宗等上書,力爭恢復貞觀定制。經過一番努力,最終高宗同意恢復貞觀舊制,孔子重新取得了"先聖"的地位,而周公配享武王。

此外,在唐代,釋奠禮不僅用於祭祀孔子、周公,還用於祭祀武成王姜太公。唐開元十九年(731),令兩京、天下諸州各置"太公廟",張良配享,以太牢之牲、軒懸之樂、八佾之舞,于春秋二仲上戊日釋奠于太公。開元二十七年(739),追封孔子爲"文宣王";肅宗上元元年(760),追贈太公爲"武成王",而釋奠之禮一同"文宣王"。於是"文"、"武"並存。而釋奠太公以"八佾"之舞,文廟釋奠則舞用"六佾",可見頗有軒輊。至宋代,對武成王的祭祀仍曾存在。不過,釋奠太公,古無成例,因時特興,昌盛一時則可,但終究無法與文廟釋奠相提並論。隨著科舉制度的興盛,孔子的地位遠非太公所可望。如唐肅宗時,曾一度因旱災罷中小祀,太公廟在其列,而太學釋奠孔子卻行之如儀。唐德宗時,兵部侍郎李紓上書,請求將武成王廟祭祀規格予以裁降,甚至有人主張革除王號。[2]至明代,朱元璋廢止"武成王廟"祭祀,釋奠禮復歸於一,專祀孔子。

---

[1] 參見黃進興《聖賢與聖徒》,北京:北京大學出版社,2005年,第40頁。
[2] 王涇:《大唐郊祀錄》卷一。

三、釋奠禮定於孔子

釋奠之對象變爲孔子,大概始于魏晉時期。但官方祭孔子卻非始于魏晉,而可以追溯到漢初。

據司馬遷記載,漢朝的開國皇帝劉邦就曾"過魯,以太牢祠焉"。劉邦自淮南過魯,以"太牢祠孔子"發生在漢高帝十二年(前195)十一月(見《漢書·高帝紀》)。劉邦早年以蔑視儒生聞名,但在其政權建立之後,因陸賈的勸諫,加之叔孫通爲其制定禮儀,方認識到儒學對其統治的重要性。此番過魯,恐怕也是出於叔孫通之流的主意,以太牢大禮祭祀孔子,向天下的儒生和士人發出信號,從而吸引更多的士子進入漢政權。這次祭祀,開了後世皇帝和官方祭祀孔子的先河。

不過,我們也不必過高地估計它的意義。因爲漢初主要推行的是黃老之學,儒學尚未受到真正的重視,孔子的價值並沒有得到統治者的充分認可。在很長一段時間裏,對孔子的祭祀都沒有提上議事日程。即使在漢武帝採納了董仲舒"罷黜百家、獨尊儒術"的建議之後,對孔子的官方祭祀也是遲遲不見蹤影。

然而,有一些信息足堪玩味。《漢書·循吏傳》記載,漢景帝、武帝時期,文翁任蜀郡太守,修學宮。據黃汝成《日知錄集釋》:"漢文翁成都石室設孔子坐像……七十二弟子侍于兩旁。"朱彝尊《曝書亭集》卷五六亦有類似說法。後世甚至有《文翁禮殿圖》行世。[1] 可以推想,設孔子像則本應有祭祀之事。這雖是地方個別行爲,卻表明孔子遠在邊陲也已得到足夠的推崇。

西漢後期,朝廷已經開始對孔子祭祀有所重視。據《孔氏祖庭廣記》卷五,"前漢元帝初元中,下詔太師褒成君霸以所食邑八百戶祀先聖"。《冊府元龜》卷四九《帝王部·崇儒術》對此有詳細記載:"元帝即位,徵高密相孔霸以師,賜爵關內侯,號褒成君。霸上書,求奉孔子祭禮。帝下詔曰:其令師褒成君、關內侯霸,以所食邑八百戶祀孔子焉。故霸還長安,子福名數於魯,奉孔子祀。帝好儒術文辭,頗改宣帝之政,言事者多進見,人人自以爲得帝意。"相關記載亦散見於《漢書·孔光傳》。

漢成帝綏和元年(前8),梅福建議,封孔子之世以爲殷後。遂封孔子後孔吉爲殷紹嘉侯。二年,又下詔:"封孔子世爲殷紹嘉公。"(《漢書·梅福傳》)漢平帝元始元年(1)正月,王莽當政;六月,封"孔子後孔均爲褒成侯,奉其祀。追諡孔子曰褒成宣尼

---

[1] 參見胡蘭江《文翁禮殿圖小考》,《中國典籍與文化》2002年第3期。

公"(《漢書·平帝紀》)。"封周公、孔子後爲列侯,食邑各二千戶。莽更封爲褒成侯,後避王莽,更名均。"(《漢書·孔光傳》)四年,改封殷紹嘉公曰宋公。

東漢時期,官方的孔子祭祀因皇帝的數次臨幸而得以出現。《孔氏祖庭廣記》卷五云:"後漢光武建武五年,破董憲,還幸魯,使大司空祀先聖。"《漢書·光武帝紀》也記載了這次祭祀:"冬十月,還,幸魯,使大司空祠孔子。"漢明帝永平十五年(72),"三月,……還,幸孔子宅,祠仲尼及七十二弟子。親御講堂,命皇太子、諸王說經"(《後漢書·明帝紀》)。漢章帝二年三月,"祠孔子于闕里,及七十二弟子"(《後漢書·章帝紀》)。對此,《冊府元龜》卷四九《帝王部·崇儒術》的記載更爲詳實:"東巡狩,還,過魯,幸闕里,以太牢祀孔子及七十二弟子。作六代之樂,大會孔氏男子二十以上者六十三人,命儒者講論蘭臺,令史孔僖因自陳謝。帝曰:'今日之會寧於卿宗有光榮乎!'對曰:'臣聞明君聖主,莫不尊師貴道。今陛下親屈萬乘,辱臨敝里,此乃崇禮先師,增輝聖德,至於光榮,非所敢承。'帝大笑曰:'非聖者子孫,焉有斯言乎!'遂拜僖郎中,賜褒成侯。損及孔氏男女錢帛。詔僖從還京師,使校書東觀。"

漢代皇帝雖多次幸魯"祠孔子",甚至用"太牢"之禮,不過,可以推想,此時並無固定的祭祀禮制可言。西漢末年時梅福曾說:"仲尼之廟不出闕里,孔氏子孫不免編戶。"(《漢書·梅福傳》)據立于東漢桓帝永興元年(153年)的《永興元年乙瑛置守廟百石卒史碑》記載:"孔子作《春秋》,制《孝經》,刪述五經,演《易》系《辭》,經緯天地,幽贊神明,故特立廟。褒成侯四時來祠,事已即去。廟有禮器,無常人掌領,請置百石卒史一人,典主守廟,春秋饗禮,財出於王家錢,給犬酒直。"可見,當時雖有褒成侯專門奉祀,但因其仕于京師,唯四時來祠,孔子廟尚無固定的守護官吏。

東漢《魯相韓敕造孔廟禮器碑》記載,漢桓帝永壽二年(156年),魯相韓敕"修造禮樂,胡輦器用。存古舊宇,殷勤宅廟"。漢靈帝建寧二年(167年)所立之《魯相史晨饗孔廟碑》又記載,史晨于建寧元年四月到官,"乃以令日拜謁孔子,望見闕觀,式路虔跽,既至升堂,屏氣拜手。祇肅屑僾,髣髴若在,依依舊宅,神之所安"。隨後所刻《史晨奏祀饗廟碑》又云:"臣以建寧元年到官,行秋饗,飲酒畔宮畢,復禮孔子宅,拜謁神坐,仰瞻榱桷,俯視几筵,靈所憑依,肅肅猶存。而無公出酒脯之祠,臣即以奉錢脩上案食醊具,以敘小節,不敢空謁。""雖有褒成世享之封,四時來祭,畢即歸國。臣伏見臨辟雍日,祠孔子以太牢,長吏備爵,所以尊先師重教化也。""本國舊居,復禮之日,闕而不祀,誠朝廷聖恩,所宜特加。""出王家穀,春秋行禮,議共煙祀。"

從史晨的話來看,東漢末年,孔子祭祀依然遠非國之大典。但是,自東漢明帝開始,在辟雍祭祀孔子卻已經成爲慣例。而至魏晉時期,辟雍祭祀孔子便與釋奠禮合流了。據《晉書》卷十九《禮志》記載:

禮,始立學必先釋奠於先聖先師,及行事必用幣。漢世雖立學,斯禮無聞。魏齊王正始二年二月,帝講《論語》通;五年五月,講《尚書》通;七年十二月,講《禮記》通。並使太常釋奠,以太牢祠孔子於辟雍,以顏回配。武帝泰始七年,皇太子講《孝經》通;咸寧三年,講《詩》通;太康三年,講《禮記》通。惠帝元康三年,皇太子講《論語》通。元帝太興二年,皇太子講《論語》通。太子並親釋奠,以太牢祠孔子,以顏回配。成帝咸康元年,帝講《詩》通。穆帝升平元年三月,帝講《孝經》通。孝武寧康三年七月,帝講《孝經》通。並釋奠如故事。穆帝、孝武並權以中堂爲太學。

此時的太學或辟雍釋奠禮的主要對象已經確定爲孔子,而所用禮制也爲“太牢”禮。在魏晉時期,這一釋奠禮多在幼年皇帝或太子通一經之後舉行;而更爲隆重的是天子的視學禮。南北朝時期,這一制度被沿襲下來。

這樣,經過數百年的演變和發展,釋奠禮在這一時期逐漸定型完備,以孔子爲釋奠的主要對象這一制度基本得以確立,儘管後世仍有波動。

四、文廟釋奠規格的演變

孔元措《孔氏祖庭廣記》卷三記載:“宋孝武皇帝孝建元年(454)十月,詔建仲尼廟,制同諸侯之禮。”於此,孔子廟建制得以升格。這是見諸載籍的文廟升格的開始。《孔氏祖庭廣記》卷五又云:“南齊明帝永泰元年,詔增仲尼祭秩。後魏顯祖皇興二年,以青徐既平,遣中書令兼太常高元,以太牢祀先聖。”

值得注意的是,南齊武帝永明三年(485),議定孔子廟釋奠“設軒懸之樂,六佾之舞,牲牢器用,悉依上公”(《南齊書·禮志》)。① 這是對孔子釋奠禮規制的一次定型。而據《南齊書·禮志》記載,其實早在南朝宋文帝元嘉時期,裴松之就建議“應舞六佾”,只是“以郊樂未具,故權奏登歌”。而《文獻通考·學校考四》則記載,宋孝武帝大明年間“太子釋奠,采晉故事”,其注曰:“舞六佾,設軒懸之樂,器用悉依上公。”未知孰是。不過,永明所議定釋奠之禮,則十分明確,對後世產生了很大影響。

許嵩《建康實錄》卷九記載,東晉孝武帝在京畿建康首立宣尼廟,專供祭祀孔子之所。這成爲孔子廟從闕里走向外地的開始。而孔祥林先生的考證,同樣以爲京師國

---

① 又見於馬端臨:《文獻通考·學校考四》。

學孔子廟的創建時間應在東晉孝武帝時期。① 此時因曲阜恰恰處於南北政權互相爭奪之地，闕里孔子廟常罹兵燹。北魏孝文帝不僅在太和十三年(489)立孔子廟于京師平城，以與南齊武帝同年立孔子廟于京畿建康相對應；並於太和十九年(495)親幸曲阜，親祠孔子廟(《魏書·高祖紀下》)，封孔子後裔爲"崇聖侯"。② 此後，"孔廟外地化的現象，隨著南北政權的分峙，日趨顯著"。③ 如，北齊甫建，文帝即于天保元年(550)詔封"崇聖侯"，邑一百戶，以奉孔子之祀，並下令魯郡以時修復文廟，務盡襃崇(《北齊書·文宣帝紀》)。而南朝梁武帝於天監四年(505)立孔子廟于京師建康。此時南北政權競相襃封孔子及其後裔，重視孔子祭祀，充分顯示文廟祭祀制度所發揮的象徵力量，定然裨益安邦定國之計。

可見，魏晉南北朝時期，雖然儒學的獨尊地位受到外來佛學和本土道教的衝擊，但是對於孔子的尊崇和祭祀，反而不亞於"獨尊儒術"的兩漢。此中消息，頗堪玩味。

文廟祭祀制度，經過兩漢魏晉南北朝時期漫長的發展、演變，到了盛唐時期，得以基本定型。雖然在唐初，孔子祭祀曾有波動起伏，但文廟祭祀史上一些重要制度和事件，如文廟從祀制的基本確立、州縣皆立孔子廟、文廟釋奠的海外傳播等，都出現在這一時期。

特別是唐太宗貞觀四年(630)，令州縣學皆立孔子廟(《新唐書·禮樂志》)，這一舉措，極大地推動了文廟在全國的興建。正如黃進興先生所言："此舉促使士子耳濡目染儒者成聖希賢的榮耀，大有潛移默化之功。"④之後，雖有短暫逆流，但文廟遍佈全國的情形無法改變。如明代《孝宗御製孔子廟碑》曾說："古之聖賢，功德及人，天下後世立廟以祀者多矣。然內而京師，外而郡邑，及其故鄉靡不有廟；自天子至於郡邑長吏通得祀之，而致其嚴且敬，則惟孔子爲然。"⑤

而作爲文廟祭祀制度重要組成部分的從祀制度，即祭祀孔子之時，以孔子弟子後學以及歷代大儒附祭的制度，也在唐代開始定型。這種配享、從祀制度，並非文廟祭祀所特有，而是借鑒了古代其他祭祀制度而出現的。古代祭典有主、配之分，如《孔子家語·郊問》記載："郊之祭也，迎長日之至也。大報天而主日，配以月。"文廟祭祀中的從祀制度應當是對此類祭祀的借鑒。

其實，文廟從祀制度的雛形可以上溯到東漢明帝在曲阜祭孔時並及七十二弟子，

① 孔祥林：《孔子廟創建時間考》，《孔子研究》2007 年第 6 期。
② 孔元措：《孔氏祖庭廣記》卷一。
③ 黃進興：《聖賢與聖徒》，第 33 頁。
④ 同上，第 50 頁。
⑤ 孔繼汾：《闕里文獻考》。

這應當看作是弟子從祀孔子的濫觴。陳錦《文廟從祀位次考》即認爲"弟子從祀始此"。而弟子配享孔子之例，至少在東漢末年即已出現。至曹魏齊王芳之時，形成了辟雍祀孔，而以顏回配享的慣例。而傳統上多以爲顏淵配享始于漢高祖，陳錦即主此說。[①] 然而，配享與從祀真正成爲一種文廟附祭制度，卻要經歷更加漫長的過程。到唐代，聖、哲、賢、儒的文廟祭祀體系基本確立，標誌著文廟祭祀制度的大體定型。

宋代，文廟從祀制度的一個最大的變化就是"四配"（復聖顏回、宗聖曾子、述聖子思子、亞聖孟子）的確立。這是與宋代儒家道統意識、道學興起緊密相關的。"四配"從宋代定型，歷經元明清，除明初一段小波折之外，未曾動搖。

宋徽宗崇寧三年（1104），下詔改文廟"文宣王殿"名爲"大成殿"，孔子塑像用天子冕，十二旒（《宋史·禮志八》）。南宋高宗紹興十年（1140），改釋奠文宣王爲大祀（《宋史·禮志八》）。這是對文廟祭祀規格的一次提升。但五十餘年之後，宋寧宗慶元元年（1195），又降文廟祭祀爲中祀。

金、元兩代對於孔子祭祀亦是十分重視。作爲少數民族政權，他們也意識到，文廟祭祀的象徵意義對維護穩定政權的重要價值。因此，金代往往由皇帝親自主持文廟釋奠，闕里孔子廟十三碑亭中的金代碑亭爲孔子廟現存建築中最重要的文物古建之一。而孔子封號在元代達到了極點。大德十一年（1307），元武宗以"先孔子而聖者，非孔子無以明；後孔子而聖者，非孔子無以法"，[②]詔封孔子爲"大成至聖文宣王"，遣使詣闕里，以太牢祀孔子。

明初，對文廟釋奠的態度有短暫反復。洪武二年，下詔：孔廟春秋釋奠，止行于闕里，天下不必通祀。可是次年，下詔革除諸神封號，唯獨保留了孔子的歷代封號，又表明其對孔子的格外重視和推崇。洪武十五年（1382），下詔各州縣通祀孔子，恢復釋奠。這種反復，一方面反映了朱元璋對待孔子乃至士人集團的矛盾心態；同時，據學者研究，洪武二年廢止天下通祀孔子，可能與他個人和孔氏家族的嫌隙誤會有關。[③]

真正產生影響的是明世宗嘉靖的釋奠改革。嘉靖九年（1530）十一月，明世宗採納張璁的建議，對文廟祀典進行了改革：一是撤除孔子的王號，稱"至聖先師"；削除從祀弟子爵號；四配稱"某聖某子"，十哲以下及門弟子稱"先賢某子"，左丘明以下皆稱"先儒某子"；二是毀除塑像，改用木主；三是另立啟聖祠，主祭叔梁紇，而以從祀弟子

---

① 陳錦：《文廟從祀位次考》。

② 駱承烈：《石頭上的儒家文獻》，濟南：齊魯書社，2001年，第250頁。

③ 黃進興：《道統與治統之間》，《歷史語言研究所集刊》第61本第4分，1990年。

之父配享從祀；四是簡化祭祀禮制；五是重新認定從祀諸儒。[①] 明成化年間，祭孔子用八佾舞，升爲大祀；嘉靖時又復爲中祀。

　　滿清入關之後，對於文廟祭祀基本上取繼承明制的基本態度，其尊崇孔子、祭祀孔子的程度，較之以往歷代有過之而無不及。康熙、雍正、乾隆三朝，對於孔廟、孔府的崇重和恩賜，超越以往，在祭祀孔子儀式上也達到了新的高度。據《清史稿·禮志》記載："孔子德參兩大，道冠百王。自漢至明，典多缺略。我聖祖釋奠闕里，三跪九拜。曲柄黃蓋，留供廟庭。世宗臨雍，止稱詣學，案前上香、奠帛、獻爵，跪而不立。黃瓦飾廟，五代封王。聖誕致齋，聖諱敬避。高宗釋奠，均法聖祖，躬行三獻，垂爲常儀。"已經將釋奠升爲大祀，不過並未正式規定而已。到了清帝國即將壽終正寢的光緒三十二年(1906)，正式定祭孔子爲大祀。這是文廟祭祀規格的最後一次提升，但數年以後，大清帝國的大廈就傾塌了。

　　總之，文廟祭祀的規格，自唐以來，一向定爲中祀。除了宋、明、清代曾短暫地升爲大祀外，基本上維持了這一定制。然而，自孔子去世之後，對其紀念與祭祀，上至帝王，下至士子，從時間和空間上，是其他諸教無法比擬的。其中的原因非常簡單，那就是孔子是文化道統的象徵，也是政統教統的象徵。

五、文廟祭祀的文化意蘊

　　綿延兩千餘年的文廟祭祀，作爲中國歷史上非常獨特的一種文化現象，其中所蘊涵的文化信息，無疑具有極大的價值。

　　1. 文廟始立的"擬血緣性"

　　孔子去世後，孔子弟子以及魯人對其紀念一直延續不絕，其中所體現的文化意義非比尋常。孔子弟子對於孔子的紀念和祭祀，前無成例可尋，後有影響至深。

　　漢唐之後，闕里孔廟具有了家廟與國廟的雙重性質。所謂家廟，其祭祀當然是孔子後裔對祖先的祭祀，屬於血緣性祭祀。不過，我們考察文廟形成的原初過程，這種血緣性祭祀卻若隱若現。孔子去世之後，"祭孔"首先應當出現於其家庭之中，但當時孔子之子孔鯉先孔子而逝，其裔孫子思恐怕尚未成人，所謂家族祭祀之事，也只是依理推測，並無明文可據。故探討文廟祭祀的原初意義，其家廟祭祀並不在我們的論述

---

① 　對於嘉靖九年的文廟祭祀制度改革，陳東、黃進興等先生都有很好的歸納。參見陳東《釋奠制度與孔子崇拜》，《國際儒學研究》，第十五輯；黃進興：《聖賢與聖徒》，第 92 頁—94 頁。

範圍之內。我們以爲,真正意義的祭祀孔子活動,發生在孔子弟子依孔宅立廟之後,體現爲孔子弟子對於老師孔子的祭祀活動。

顯然,此種祭祀不屬於血緣性祭祀,然而其師生之間的關係,實非尋常可比。孔子以其偉大的人格魅力、淵博的學識加之以慈父般的關懷,贏得了弟子們衷心的擁戴和尊敬。孔子和弟子之間建立了深厚的感情,而"孝"這個原本屬於血緣—宗法範疇的倫理,已經超越了狹隘的親情,可以適用于孔門師生之間。《論語·爲政》記載子夏問"孝",孔子說:"色難。有事,弟子服其勞,有酒食,先生饌,曾是以爲孝乎?"這裏,儘管孔子以爲"有事弟子服其勞"、"有酒食先生饌"尚未真正達到"孝",但將"弟子"、"先生"納入到"孝"的領域進行討論,便暗示了當時"先生"、"弟子"之間的"擬血緣"關係。① 如果說,對本句所謂"先生"、"弟子"還有不同的理解,難以論證孔門師生之間這種超越血緣的"擬血緣"關係存在的話,那麼典籍所記載的幾則事例,則完全可以作爲佐證。

弟子顏回去世,孔子表現了超乎尋常的悲痛。弟子子路去世,孔子也有類似的表現。《論語·先進》記孔子說:"回也視予猶父也。"這自是實情。這種感情從孔子去世後更突出地表現出來。據史料記載,孔子去世後,"門人疑所以服夫子者"。因爲過去的喪服禮,並無爲"師"服喪這一項。這時子貢說:"昔夫子之喪顏回也,若喪其子而無服,喪子路亦然。今請喪夫子如喪父而無服。"隨後將夫子"葬于魯城北泗水上",殯葬"兼用三王禮,所以尊師,且備古也"。此處"喪夫子如喪父而無服"之"如",便真切反映了當時孔子弟子對於孔子的深厚感情,已比擬之于父親了。②

雖然此處所涉及的還僅僅處於"喪"、"葬"階段而未及"祭"的階段,但闕里孔廟之祭祀,卻正是從此而立。我們以爲,闕里孔廟之設,就是出於孔子弟子紀念、懷念老師,從而將孔子所居舊宅改造爲廟,成爲後世文廟的雛形,開啟了文廟祭祀的歷史。這裏需要強調的是,發生在孔門師生之間的這種"祭祀"活動,乃是模仿祭祖活動而來,但又超越了一般的親情,開創了祭祀史上的一大變革,爲其增加了一項新的內容:祭祀老師。這種祭祀老師的模式,因爲儒家的推揚而延續下來成爲傳統。

局限于孔門弟子之間的"祭孔",因之具有了"血緣性"與"非血緣性"並行的特徵,其中文化傳承的意味與親情延續的意義,同時存在,並行不悖。將"師"納入祭祀對象,成爲中國文化尊師重教的重要標誌。正如李紀祥先生所云:祭孔成爲具有流傳與

---

① 對於此處"先生"和"弟子"的傳統理解,先生指父母或年長者,弟子則指弟與子。黃懷信先生則以爲當理解爲老師與學生。宋立林先生也有這種認識。參見黃懷信《論語新校釋》,西安:三秦出版社,2006 年,第 29 頁。宋立林:《帛書〈繆和〉〈昭力〉中子爲孔子考》,《周易研究》2005 年第 6 期。

② 《孔子家語·終記解》。

傳承的文化大事，成爲師生關係中的神聖性象徵。[①] 而司馬遷所謂漢代之前魯國人對於文廟的持續祭祀，便是由孔門師生之間的"擬血緣性"到"非血緣性"的過渡。隨著後世文廟被逐漸納入官方祀典，其"擬血緣性"轉移到了民間的"生"祭"師"中去，而"祭孔"則成爲"非血緣性"祭祀活動的一種，即所謂對於"前哲令德之人"的祭祀之典，其中的"親情"、"血緣性"完全消解，而"文化意義"、"政治意義"凸顯。

2. 漢唐之後："祭孔"所以重教

自闕里始立，至明清時代，遍佈全國的文廟已有一千五百六十餘座，尚不計海外爲數衆多的文廟。歷代之所以十分重視文廟祭祀，其意義當然主要在於尊重作爲偉大思想家的孔子本人，尊重以孔子爲代表的歷代聖哲，尊重以孔子所創立的儒學爲代表的優秀傳統文化，這應該是孔子祭祀的本質意義所在。

孔子在中國文化史上的地位決定了後人對他的尊崇。柳詒徵先生說："孔子者，中國文化之中心也；無孔子則無中國文化。自孔子以前數千年之文化，賴孔子而傳，自孔子以後數千年之文化，賴孔子而開。"[②]梁漱溟先生說："孔子以前的中國文化差不多都收在孔子手裏，孔子以後的中國文化又差不多都從孔子那裏出來。"[③]孔子身上承載了上古三代的歷史文化，凝結著孔子以前中國先人的智慧創造，更奠定了中國文化的基本精神，影響後世既深且遠。

尊其人乃重其道。此即《禮記·學記》所謂："安其學而親其師，樂其友而信其道。"孔子有大功于中國文化，文廟之設，即是爲了尊崇孔子之道。宋末元初的學者熊鉌說："尊道有祠，爲道統設也。"[④]這裏的所謂"祠"，指的當然就是文廟。明洪武二年，明太祖詔文廟春秋釋奠止，行於曲阜，天下不必通祀。於是，有儒者錢唐上疏說："孔子垂教萬世，天下共尊其教，故天下得通祀孔子，報本之禮不可廢。"侍郎程徐亦上疏說："古今祀典，獨社稷三皇與孔子通祀天下。民非社稷、三皇，則無以生；非孔子之道，則無以立。堯、舜、禹、湯、文、武、周公，皆聖人也，然發揮三綱五常之道，載之於經，儀範百王，師表萬世，使世愈降而人極不墜者，孔子力也。孔子以道設教，天下祀之，非祀其人，祀其教也，祀其道也。今使天下之人讀其書，由其教，行其道，而不得舉其祀，非所以維人心，扶世教也。"(《明史·錢唐傳》)文廟中除了祭祀孔子，還祭祀儒家後學，關於這一點，前人也說得十分明白："太廟之有從祀者，謂能佐其主，衍斯世之

① 李紀祥：《代代相傳：祭祖與祭孔的血緣性與非血緣性傳統》，載韓國成均館大學編：《文廟釋奠禮的省察與定立》，2007年，第95頁。
② 柳詒徵：《中國文化史》上冊，上海：東方出版中心，1988年，第231頁。
③ 梁漱溟：《東西文化及其哲學》，北京：商務印書館，1999年，第150頁。
④ 熊鉌：《三山郡泮五賢祠記》，《勿軒集》卷二，四庫全書本。

治統也,以報功也。文廟之有從祀者,謂能佐其師,衍斯世之道統也。"①文廟祭祀孔子,乃爲尊祀其教、尊祀其道。文廟以後儒配享、從祀,乃爲衍續儒學道統也。

3. 文廟祭祀與儒學嬗變

黃進興先生對於文廟祭祀有著如下的精到見解:"歷代孔廟從祀制無疑均是一部欽定官修儒學史,十足體現歷史上儒學的正統觀。"②雖然此處僅以從祀制立論,但以之縱觀整個文廟祭祀制度的嬗變,無疑也是十分貼切的。

孔子在歷史上地位的起伏、儒學在歷史上地位的升降,均可以在這一部文廟祭祀史上得以展現。尤其可以從文廟從祀制的變革中,發現儒學本身的學術、信仰變化。體察文廟祭祀之演變,我們發現,其規格和禮制基本上呈上升趨勢,但其間也多有起伏變化。而歷朝歷代的祭祀變革無不彰顯了其時的世風與時勢變化。

以孔子的封號爲例。歷代統治者對孔子的封號基本上是逐步提高的。唐開元二十七年追諡爲"文宣王";宋真宗則加諡爲"至聖文宣王";元代武宗時期,對於孔子的封號達到了歷史的頂峰:"大成至聖文宣王",如《至大四年祭告玄聖廟碑》所云:"褒崇侈典,享祀縟儀,自漢唐以下未有若皇元之盛也。"③魯迅先生說這是"一個闊的可怕的頭銜"。④ 然而真的如此嗎? 橫向比較,便可窺其中奧妙。王葆玹先生說:"李唐奉老子爲祖先,兼行三教而以道教爲第一,尊崇孔老而以老子居首,如唐玄宗等追號老子爲帝而僅封孔子爲王,加號老子爲'大聖',而孔子只稱爲'聖'。"⑤宋代亦是如此。宋真宗雖然封孔子爲"至聖文宣王",但老子卻是"太上老君混元上德皇帝"。趙文坦先生曾撰文指出,元武宗之尊孔,乃出於儒臣閻復之推動,而皇帝本人則是儒學修養最差的。而且當時政治的一大特點即是封爵過濫,此"大成至聖文宣王"的尊號便無太多的實質意義了。尤其是蒙古貴族寵信喇嘛教,因此將之與同時的佛教、道教相比,更可見此尊號之輕。⑥

明代立國之初,朱元璋曾罷祀孟子。其原因就是孟子曾說過"君之視臣如土芥,則臣視君如寇讎"的話,被視爲"大逆不道",非臣子所應言。這恰是明代專制統治加強的一個顯著信號。而嘉靖九年的文廟祭祀改革,其中一個原因便是因皇帝乃以藩王入嗣大統,因追崇生父而與當時的士大夫集團矛盾升級,改革文廟祀典,目的即是

---

① 王士貞:《弇州山人四部稿》卷一一五,濟南:齊魯書社,1997 年。
② 黃進興:《聖賢與聖徒》,第 115 頁。
③ 駱承烈:《石頭上的儒家文獻》,第 257 頁。
④ 魯迅:《在現代中國的孔夫子》,《且介亭雜文二集》,北京:人民文學出版社,1973 年,第 80 頁。
⑤ 王葆玹:《正始玄學》,濟南:齊魯書社,1987 年,第 9 頁。
⑥ 趙文坦:《孔子尊號"大成至聖文宣王"的背後》,《文史知識》2008 年第 2 期。

借機打壓士大夫集團的勢力。

而文廟從祀制的確立與變化,更直接地體現著儒學內部正統觀的相互爭奪。唐代貞觀年間以左丘明等二十二人配享文廟,其中多數爲漢唐注疏專家。這表明所推崇的便是所謂"傳經之儒",與當時頒佈《五經正義》、崇尚漢唐經學的風氣有天然的聯繫。而宋代,隨著道學的興起,孟子、子思地位升格,顏、曾、思、孟四配開始定型,這無疑是道學道統觀的直接實現,說明其時道學大盛,成爲時代風氣,影響到了國家對於文廟祀典的安排。以至到了明代末葉,崇禎十五年將周敦頤、二程、張載、邵雍、朱熹等六人尊爲"先賢",凌駕于漢唐諸儒之上,使"明道之儒"地位上升。雍正二年及其後的增祀,出現了另一種儒者形象:"經世之儒",其中的重要人物以諸葛亮、王夫之、黃宗羲、顧炎武等爲代表。

當然,不管是傳經之儒、明道之儒還是經世之儒,其進退升降,除了最終由帝王決定之外,還要得到多數儒者的認可。正如清儒胡承諾所云:"從祀之賢,七十子無得而議焉,其餘則歷代所損益也。是以進而俎豆,退而黜奪,莫不經衆賢所論,以求衆心所同,而後躋於先聖、先師之側。"進退的標準則在於:是否"有益於天下後世者"。凡"尊王道、傳經義、師法後人,爲書佐人主,黜邪說以衛道"者,"皆有益於天下後世者也,天下後世所欲得而師之也"。因此,這些儒家要"進而祀之",目的"非有私於其人",而以"其道無日不在人心"。可見,在儒者看來,對於孔子學說和正道經典有所發明,有所維護,可以教化人心,所謂"扶綱常,淑人心"者,就應當被升入孔廟從祀。①

歷代統治者之所以對於文廟祭祀如此熱心,在很大程度上源於其贏取政權合法性的意圖。文廟祭祀作爲國家祀典,爲統治者所控制,黃進興稱之爲"統治階層的專利",乃是"帝國運行不可分割的一環",②非一般百姓所能覦覬。

從另一方面來說,祭祀孔子又是歷代士人的盛典。儒生們普遍覺得:"從祀大典,乃乾坤第一大事。"③以至於某些儒生說:"夢在兩廡之間。"還有文人說:"人至沒世而莫能分食一塊冷肉於孔廟,則爲虛生。"④在在都體現了文廟釋奠對於士人群體的重要象徵意義和心理撫慰作用。

孔子在士人中的影響力,不能不使帝王意識到,祭祀孔子所具有的重大意義。正如司馬遷所謂:"諸侯卿相至,常先謁而後從政。"(《史記·孔子世家》)足資爲證。

---

① 黃汝成:《日知錄集釋》,長沙:嶽麓書社,1994 年,第 533 頁—534 頁。

② 黃進興:《聖賢與聖徒》,第 183 頁。

③ 瞿九思:《孔廟禮樂考》卷五。

④ 劉大鵬:《晉祠志》,太原:山西人民出版社,1986 年,第 201 頁。轉引自黃進興《聖賢與聖徒》,第 111 頁。

文廟佾舞的歷史由來及其哲學背景

[韓國] 林鶴璇

一、佾舞的由來

一直以來,佾舞被認爲是一種普通舞蹈的名稱。其實,由於佾字的本意是指舞蹈的隊列,也就很容易將佾舞想像成是一種將舞員排成多個隊列起舞而編排的舞蹈。可以推定,中國古代曾將"排成隊列的舞蹈"總稱爲佾舞。

佾舞是產生於夏、殷、周三代以前的舞蹈,流傳至周代具有了排成隊列的舞蹈形式。這可以從當時嚴格按照社會身份地位的尊卑關係,排定不同數量舞蹈隊列的事實中得以推測。開創周代的武王爲鞏固政權、收服民心曾原樣繼承了夏殷的多種制度,並在周公的幫助下按照宗法制制定了禮樂制度,試圖維持長久的統治基礎與社會秩序。周代武王的樂舞"大武"正是鑒於這種目的而編排的舞蹈。

周代的統治法是在掌管禮的同時制定與之適應的樂,禮與樂結合稱爲"禮樂"。周代以禮規範人們的身份與行爲,以樂麻醉人們的心志,並通過認定宗法等級制度、統一強硬的刑法制度和行政管理來實現長治久安的統治理想。[①]

宗法制是一種以長子繼承父業爲原則的制度,其特徵是按照與最高權力的血緣性親疏關係來確立層次型身份秩序。因此,周代的這種宗法制成爲與所有統治相伴隨的秩序與禮法的規定基礎。樂舞正是依照這時的禮法而編定的。換言之,通過規定禮法編定樂舞的所謂制禮作樂的措施來綻放德治文化的絢麗花朵,並將建立太平盛世的理想國家視爲最終目標。在這一過程中,將禮作爲象徵表現出來的正是樂舞,

---

① 參見金秋《中國古代宮中禮儀樂舞》,《韓國舞蹈記錄學會第三屆國際學術座談會資料集》,第 107 頁,2006 年。

而其實體之一正是以佾舞形式編排出的舞蹈。

周代社會是由自上而下的天子、諸侯、卿、大夫、士、庶人、賤人等階級來區分的結構體。如前所述,由周公主導開展的制禮作樂產生自徹底根植于宗法制基礎的禮法。也就是說,制禮作樂也是按照區分社會身份與地位的等級制度,來規範舞蹈、音樂不同規模的立法過程。由此,樂器的配置因宮懸而定,天子四面、諸侯三面、大夫兩面,而士僅能使用一面。同時,依照行使八音節度與八風的法度排定舞蹈,規定天子爲八佾、諸侯爲六佾、大夫爲四佾、士爲兩佾,按照等級劃分不同的規模。

排成對列跳舞的佾舞恰似一種如實反映這種社會階級制度的規範。由此,佾舞便具有了按照不同的身份與地位規定不同等級的對列數目、確定不同等級的舞員人數的形式體系。此時,形成舞蹈對列的基本單位被稱爲"佾"。如此看來,可以認爲佾的數目已不能由哪個個人隨意決定,而須按照獻舞物件或主管人員的身份如何嚴格依禮而定。

最大規模的佾舞是向天子或與天子具有平等身份的人呈獻的編排有八個隊列的八佾。舞蹈的隊列數目依照各自尊卑不同採取遞減兩個列隊的偶數方式,分別減少爲六列、四列和兩列,被稱爲六佾、四佾和兩佾。每次遞減偶數列隊的理由緣於佾舞排列成陰陽兩極跳舞的結構特點。佾舞依據身份劃分不同等級的舞蹈隊列數目,規定天子爲八佾(八列八行共六十四人)、諸侯爲六佾(六列八行共四十八人或六列六行共三十六人)、大夫爲四佾(四列八行共三十二人或四列四行共十六人)、士爲兩佾(兩列八行共十六名或兩列兩行共四人),這些規定得到了切實而徹底的遵守實施。

如此看來,所謂佾舞的真正意義並非單純的一個"舞蹈名稱",而應將它視爲一種形成隊列隊形起舞的"舞蹈形式"更爲妥當。筆者的這種新主張,也可以從中國古代舞蹈可查史料中並未將佾舞特定爲舞蹈名稱的事實中得到證明。而且,在很多文獻中不表記爲八佾舞、六佾舞,而是記載爲舞八佾、舞六佾的形式,這種將舞字不表記爲名詞而是運用成動詞的表述方式也值得注意。此外,在周代編定的六代舞蹈,即六代大舞"雲門"、"咸池"、"大韶"、"大夏"、"大濩"、"大武"等舞蹈中也都記載有"舞八佾"的形式,很容易看出這裏的佾舞表現的是一種"舞蹈形式",並非"舞蹈名稱"。立足於這些事實角度,筆者認爲有必要糾正被歪曲理解爲"舞蹈名稱"的佾舞定義。

爲了便於理解佾舞的隊列數目——即佾,還將在此考察周代的其他制度。在周代,依照天子與諸侯等身份的等級規定不同措施的制度不僅限於遵照禮法的佾舞。當時建立宗廟也完全依照宗法制"天子七廟、諸侯五廟"的規定劃分等級,天子可在七座祠堂供奉七代祖上的牌位,諸侯僅能在五座祠堂供奉五代祖上的牌位。另外,在周代的軍事制度方面,爲了保證諸侯不能擁有多於天子六軍的軍隊數量,規定大諸侯爲三軍、中諸侯爲兩軍、小諸侯爲一軍,絕不容許擁有更多的軍隊。進而言之,天子與諸侯在國家活動中使用的舞蹈音樂、祭祀天地、劃分領土等許多方面都有著十分嚴格的等級區分。

有關佾舞是依照社會身份地位規定舞蹈等級的一種舞蹈形式的主張,還可見於《論語·八佾》篇中的記錄。書中記載春秋時代魯國大夫季孫氏曾在自家院中組織六十四名舞員呈獻八佾形式的舞蹈,孔子對此持嚴厲批判態度的事實值得矚目。面對季孫氏違反自己大夫身份只能安排四佾形式舞蹈的禮法,膽敢組織僅能呈獻給天子的八佾舞蹈的錯誤,孔子進行了嚴厲斥責。由此可以看出,當時曾嚴格按照社會身份與地位區分不同等級的佾舞形式,還爲這些禮法的如實實施規定了複雜的繁文縟節。

如上所述,依照身份差異區分不同等級的佾舞形式舞蹈流傳到周代,特別是伴隨著爲中國古代皇帝們歌功頌德的“雲門”、“咸池”、“大韶”、“大夏”、“大濩”、“大武”等六代大舞的確立,佾舞形成了牢固的結構框架。六代大舞中的六代是指世代相承的黃帝、堯帝、舜帝、禹王、湯王和武王六位帝王,編排六代大舞的目的也正緣於敬仰頌揚六位帝王的功德偉業。由此,這一舞蹈採取最高規格的八佾形式的緣由也就不言自明了。

二、佾舞的哲學解釋

佾舞傳至周代具備了舞蹈的形式體系,成爲蘊含深刻儒教禮樂思想的儒教祭禮舞。禮樂中的樂作爲包含音樂、歌曲和舞蹈的樂歌舞的統稱,與禮一起成爲禮樂思想的核心。因此,視禮爲治身,視樂爲治心,實現心身調和爲一的“禮樂一致”才是最終目標。從而可知,禮中有樂才能把握形體,兩者缺一都不能表現完美,他們有著互不可分的關係,必須具備了樂的形式才能形成“禮樂”一詞。

孔子主張以樂促成禮的完成,他所說“成於樂”中蘊含著通過樂的學習來形成完全個體的人格的意義。也就是說,通過樂歌舞的表現可以實現禮的至善,這在儒教方面具有絕對意義。因此,蘊含著這種禮樂思想的儒教祭禮舞通過十分嚴肅而意識化的舞蹈動作,來實現儒家的倫理道德和哲學思想。從這種觀點出發可以認爲,這種祭禮舞不僅在舞蹈內容方面獨具特色,在其表現形式方面也與一般舞蹈有所不同。

《南雍志·禮儀考》[①]從哲學角度考察了授受之禮。書中最後指出,人與人移交地

---

① 此書的封面寫爲“南雍志”,但正文中寫爲“南癰志”。

位或王位時,授予者與接受者互相遵守的禮儀十分重要,並以孔子顏子間的授受之禮類比堯帝舜帝間授受之禮的事例加以說明:

> 嘗謂孔顏授受之禮,其即堯舜之所謂欽乎? 視聽言動,攝諸其心,蓋合恭與敬而言之者也。是故,常在諸中敬而不貳,則動形於外恭而可象。

分析上述引用內容,中國儒家思想泰斗孔子將其地位移交給弟子顏子的事蹟,正好比黃帝王朝的第六代王堯帝讓位於非直系子孫但德智兼備的臣下姚重華的故事。姚重華便是繼承堯帝登基皇位的第七代王舜帝。後人常將兩位帝王合稱堯舜時代,這一時期成爲百姓安居樂業的太平盛世的象徵。

此處的核心思想是,孔子與顏子、堯帝與舜帝不僅將所見所聞所言寄寓內心,還通過身體力行的親自實踐向當代及後人們展示了授受之禮的真正意義。在這種授受之禮中最難能可貴的是相互間的信賴與恭敬。以上史實將恭敬之意表述爲“敬”,並將《書經》所稱的“欽”視爲第一義。也就是說,這種禪讓美德綜合了謙恭意義中的“恭”與恭敬意義上的“敬”,形成了禮的中心。

其他授受之禮的事例,還可見於黃帝王朝的末代舜帝不將大統傳於後孫,而是讓位於治水有功的臣下大禹的史實中。繼承黃帝王朝建立夏王朝的禹王(別名夏禹氏)正是這位大禹。

在此,一個不容忽視的重要事實是,我們所說的佾舞正是將這種欽、恭、敬等深奧內容寄寓內心,並以謙恭的態度與虔誠的形象表現於外的產物。最終,佾舞正是以這種恭敬、辭讓和謙讓事例表現出的哲學背景爲內容編排而成的。也就是說,佾舞總體性地表現了進退的步法和象徵著揖、辭、謙等禮法的舞姿。上前尊敬、後退辭讓等舞蹈動作體現著相互間的禮儀,這也表現在《南雍志》中孔子與顏子、堯帝與舜帝以及舜帝與禹王之間相互欽、恭、敬內心的授受之禮。

考察記錄這些文廟佾舞的《國學禮樂錄》和《聖門樂志》等資料,身體動作包括授、受、揖、辭、謙、讓、拜、跪、叩頭等不同種類。此外,舞具動作還包括執、舉、衡、落、拱、呈、開、合、相、垂、交等不同表現。授、受、揖、辭、謙、讓、拜、跪、叩頭等身體動作交流著相互間的內心,體現著自身的謙卑辭讓,並通過互相恭敬地跪膝叩頭等動作表現著深懷謙恭虔誠感情相互行禮的場面。

另外,在表現執、舉、衡、落、拱、呈、開、合、相、垂、交等舞具動作時,雙手把持籥翟並伸出互訴情感,兩手互握平靜內心仰天傳情,打開再合併籥翟並以下垂姿態相互交流,形成了雙方對視的形象。其中,最重要的動作是將籥翟集合爲一後再反復展開,最終彙聚爲十字狀的形象。這正是爲實現天地人合一的目的,表現出天、地、舞員

（人）合一後與孔子共存的心境。

　　組成這些形象的舞姿生動反映了樂章的內容。樂章是指跳文廟佾舞時所唱的歌詞，共有九十六字。由於舞蹈按照九十六字的各自意義相應編排了九十六個動作，樂章便成為文廟佾舞的實質性內容。《闕里志》收錄了被確認為最早的文廟佾舞譜的樂章，其內容如下：

　　　　自生民來，誰底其盛。惟王神明，度越前聖。粢帛具成，禮容斯稱。黍稷非馨，惟神之聽。

　　　　大哉聖王，實天生德。作樂以崇，時祀無斁。清酤惟馨，嘉牲孔碩。薦羞神明，庶幾昭格。

　　　　百王宗師，生民物軌。瞻之洋洋，神其寧止。酌彼金罍，惟清且旨。登獻惟三，於嘻成禮。

　　以上九十六字記述了各自備置聘物，以音樂、歌曲和舞蹈組成合樂共同稱頌孔子的內容。如此，文廟佾舞的舞蹈動作通過肢體語言表現了儒家以倫理道德和禮樂實現王道的禮樂治道思想。他們將中、和、祗、庸、孝、友等六德視為舞蹈語言的基礎，並將樂章中的每個漢字以及表現漢字意義的每個動作都賦予了各自的象徵意義。因此，祭祀孔子時舉行的文廟佾舞在內容方面集中表現著德，在表現形式方面則力圖將整體體現禮的一個個文字附著到舞蹈動作中。

　　在文廟佾舞的表現形式方面，最重要的特徵體現在將進退步法和揖、辭、謙之禮在每個樂章各重復三次，通過三進、三退、三揖、三辭、三謙來表現相互行禮的結構方式。進三步作揖、退三步辭讓、原地相互環視致謙的動作都重復三次，這是通過一而再、再而三地體現揖、辭、謙之禮，將相互間的恭敬之禮極大化。

　　同時，文廟佾舞還根據樂章中每個字的含義借用舞具來表現身體形態和動作規律，這體現了文廟祭祀孔子的舞蹈具有著深奧的哲學思想。這種既重視表達祭祀孔子的舞蹈——即祭孔舞蹈的本意，又固守藝術原則不失抒情面貌的哲學思想是其另一特點。

　　還值得注意的一大特點是，文廟佾舞不偏不倚地保持中庸，這是以調和各自不同內心、實現和的境界為基礎的，即所謂中庸與和的中和之樂。由於文廟佾舞是種既內涵深奧、又十分強調嚴肅性意識性的外層表現之舞蹈，因此與一般化的情緒舞有著本質的不同。

（邢麗菊　譯）

清華簡《祭公》與師詢簋銘[*]

李學勤

這是我第三次寫小文論述《祭公》了。

大家了解，《祭公》是傳世《逸周書》的一篇。對於該篇的時代和性質，歷代學者多有不同意見。爲此，我曾在 1988 年寫有《祭公謀父及其德論》一文②，說明《祭公》實係西周文獻，篇內專論“懿德”，繼承著周公的思想傳統，當視爲儒學的淵源之一。“我們研究西周思想流變，不可不給祭公謀父以適當的位置”。到 2000 年，我又寫了《師詢簋與〈祭公〉》③，指出《祭公》作於周穆王晚年，文句風格多同作於周共王元年的青銅器師詢簋銘文相似。我一共列舉了八點，從而對《祭公》的可信做了進一步論證。

2008 年入藏清華大學的一批戰國竹簡（通稱清華簡），經過編排考釋，發現其中有《祭公》④。《祭公》簡共有 21 支，保存良好，篇題原作《祭公之顧命》，正與《禮記·緇衣》及郭店簡、上博簡《緇衣》所引一致，應是流傳於楚地的該篇祖本。以簡文和《逸周書》本對照，能校正許多訛誤之處，這對於《祭公》的深入研究，無疑有特別重要的意義。

需要說的是，簡本《祭公》與傳世本的文句差異還是不少的。那麼，我在 2000 年拙文裏舉出的《祭公》同師詢簋銘相似的八點，在簡本《祭公》能否成立？或者有怎樣不同的情形？本文想就這方面問題試作討論。

（一）我在 2000 年文中提到，《祭公》傳世本有“朕皇祖文王、烈祖武王……用應受

———————————

* 本文得到教育部社會科學研究重大課題攻關項目“出土簡帛與古史再建”（09JZD0042）、科技部科技支撐計劃“中華文明探源及其相關文物保護研究”項目課題“古代簡牘保護與整理研究”（2010BAK67B14）和清華大學自主科研項目“清華簡的文獻學、古文字學研究”的資助。

② 李學勤：《祭公謀父及其德論》，《齊魯學刊》1988 年第 3 期。

③ 李學勤：《師詢簋與〈祭公〉》，《古文字研究》第 22 輯，北京：中華書局，2000 年。

④ 清華大學出土文獻研究與保護中心：《清華大學藏戰國竹簡》（壹），上海：中西書局，2010 年。

天命”，師詢簋銘也説“丕顯文武應受天命”，兩者“應”都讀爲“膺”。簡本《祭公》則作“用纏(膺)受天之命”，只多了一個“之”字。西周青銅器銘文罕見“天命”，多見的是“大命”，師詢簋卻是“天命”、“大命”並見，《祭公》簡本、傳世本也是一樣。

（二）簋銘“亦則惟汝乃聖祖考”，“汝”、“乃”同義。傳世本《祭公》有“我亦維有若文祖周公暨列祖召公”，“我亦維有若祖祭公……”句形相類。簡本作“我亦惟有若祖周公暨祖召公”，“我亦維有若祖祭公……”雖有個别差異，句形還是如此。

這裏附帶説一下，《史記·燕世家》云：“召公奭與周同姓，姓姬氏。”[①]其同周王室的關係似乎很遠，但《穀梁傳》莊公三十年説：“燕，周之分子也。”《白虎通義》、《論衡》及譙周、皇甫謐等也有類似説法，不少學者不予採信，實際從《祭公》穆王稱召公爲“祖”看，《穀梁》等説是接近事實的。

（三）簋銘“用夾紹厥辟，尊大命”，可對照傳世本《祭公》“用克龕紹成康之業，以將大命[②]，用夷居之大商之衆。”簡本此處作“克夾紹成康，用畢成大商[③]”，差别較大，但“夾紹”更與簋銘一致。

（四）《祭公》傳世本“執和周國”，“執和”一詞，我在2000年文中説明即簋銘“盭龢雩政”的“盭龢”之訛。也屬共王時的史牆盤則作“盭龢于政”。簡本《祭公》此處爲“埶(修)和周邦”，“修和”見於《尚書·君奭》。“盭”字《説文》云“从弦省，从盩”，傳統上認爲是來母質部字，不過看《祭公》和師詢簋等，銘文裏的“盭”恐怕就應該讀爲“盩”，而“修和”的“修”或通作“脩”，是透母幽部，古音可謂相同。這個詞其實應理解爲“調和”，“調”也可以讀在端母幽部。

（五）簋銘“肄皇帝亡斁”，“皇帝”也見於《尚書》中穆王時的《吕刑》。簡本《祭公》“惟時皇上帝宅其心”，作“皇上帝”。傳世本爲“維皇皇上帝度其心”，則是誤衍一“皇”字。

（六）簋銘“今日天疾威，降喪”，楊樹達先生《積微居金文説》引《詩·召旻》：“旻天疾威，天篤降喪。”指出：“銘文日字當讀爲旻，旻字從日文聲，此省聲存其形也。”[④]省聲存形，在西周銘文中前所未見，難於舉出其例，如果簋銘原確如此，只好説是誤字。簡本《祭公》有“敃天疾畏(威)”，“敃”即讀爲“旻”。至於傳世本《祭公》，此處作“昊天疾威”，“昊”疑即“旻”，形近而誤。

（七）傳世本《祭公》“俾百僚乃心，率輔弼予一人”，文句欠通。2000年小文曾據

---

① 參看瀧川資言：《史記會注考證》，上海：上海古籍出版社，1986年，第908頁。
② 大命，從朱右曾《逸周書集訓校釋》本。
③ 畢字釋讀尚待研究。
④ 楊樹達：《積微居金文説》，北京：中華書局，1997年，第59頁。

師詢簋"敬明乃心,率以乃友扞禦王身",試於"百僚"下補一"明"字。北京琉璃河 1193 號墓出土的克罍、克盉銘文云:"王曰:大保,惟乃明乃心,享于乃辟。"也有"明乃心"字樣。今看簡本《祭公》,該句作"遜措乃心,盡付畀余一人",與傳世本差別較大,但可知後者"輔弼"係"付畀"音近而誤。按簡本講臣下以心"付畀"於君,意義正和克罍、克盉大保以心"享于乃辟"相合。《爾雅·釋詁》:"享,獻也","獻"與"付畀"正是相近的詞。

(八)簋銘"欲汝弗以乃辟函于艱",句亦見毛公鼎。《祭公》傳世本有"我亦維丕以我辟險于難",我曾說"丕"字當讀爲"不"。簡本作"我亦不以我辟竷于戁",正爲"不"字。至於"竷(坎)"、"戁"都是通假字,是顯而易見的。

由以上討論,足見清華簡本《祭公》比傳世本在文句上更近似師詢簋,證實該篇的可信,今後可以作爲西周文獻深入研究。

還應提到,簡本有一些地方,足能祛除因傳世本訛誤造成的重大誤解。最好的例子,就是《祭公》中屢見的"三公"。篇文的"三公",注釋家多認爲是後世指爲"天子之相"的"三公"。《公羊傳》隱公五年:"天子三公者何? 天子之相也。天子之相則何以三? 自陝而東者周公主之,自陝而西者召公主之,一相處乎内。"潘振《周書解義》便把《祭公》的"三公"說成這個涵義的"三公"[1]。看簡本可知,《祭公》的"三公"恐怕只是對三位大臣的合稱,簡文說:祭公"召畢龏、井利、毛班,曰:三公,……"三人都受祭公召喚,接受他的教訓。我們不能因爲《祭公》有"三公"之稱,就推論當時有作爲"天子之相"的三公制度。

後記:本文寫就後,讀到《古籍整理研究學刊》2011 年第 2 期所載麻愛民《逨盤補釋》一文,其中引述安徽大學何琳儀教授 2003 年所作《逨盤古辭探微》關於"鼕"字從"鼚"得聲的意見,並加反駁。何文我沒有讀過,現知他正是將"鼕和"讀爲"調和"的。不過,"鼕"、"鼚"兩字有關的文字學問題較多,尚有難於通解之處,有待今後研究。

---

[1] 黃懷信等:《逸周書彙校集注》,上海:上海古籍出版社,2007 年,第 933 頁。

帛書《衷》篇校釋八則

劉　彬

馬王堆帛書《衷》是一篇重要的易學文獻。迄今爲止,學者根據原件或照片做出的釋文,已發表者約有以下八種:

1. 陳松長、廖名春《帛書〈易之義〉釋文》,文中簡稱《陳廖》。① 2. 廖名春《帛書〈易之義〉釋文》,文中簡稱《廖甲》。② 3. 廖名春《馬王堆帛書〈衷〉》,文中簡稱《廖乙》。③ 4. 廖名春《馬王堆帛書〈衷〉》,文中簡稱《廖丙》。④ 5. 廖名春《帛書〈衷〉釋文》,文中簡稱《廖丁》。⑤ 6. 丁四新《馬王堆漢墓帛書〈周易〉·〈衷〉》,文中簡稱《丁文》。⑥ 7. 張政烺《〈易之義〉釋文》,文中簡稱《張文》。⑦ 8. 廖名春,《帛書〈衷〉釋文》,文中簡稱《廖戊》。⑧

另外,據筆者統計,已發表或出版的《衷》篇研究的論著約有 78 篇(種),其中關於校釋的重要論著約 13 篇(種)。⑨ 從這些校釋論著來看,取得了豐碩成果,解決了很多重要問題,爲《衷》篇研究做出了重要貢獻。但毋庸諱言,在《衷》篇校釋方面仍存在一些疑難問題,亟需進一步深入研究。本文即是在對《衷》篇校釋中,形成的一些零碎淺見,敬請學者專家批評指正。

---

① 載陳鼓應主編:《道家文化研究》第三輯(馬王堆帛書專號),上海:上海古籍出版社,1993 年,第 424—435 頁。

② 載朱伯崑主編:《國際易學研究》第一輯,北京:華夏出版社,1995 年,第 20—25 頁。

③ 載《續修四庫全書》(經部·易類)第一冊,上海:上海古籍出版社,1995 年,第 29—35 頁。

④ 載《易學集成》(三),成都:四川大學出版社,1998 年,第 3036—3042 頁。

⑤ 載廖名春:《帛書〈易傳〉初探》,臺北:文史哲出版社,1998 年,第 272—277 頁。

⑥ 載《儒藏》(精華編)第 281 冊,北京:北京大學出版社,2007 年,第 263—283 頁。

⑦ 載張政烺:《馬王堆帛書〈周易〉經傳校讀》,北京:中華書局,2008 年,第 137—144 頁。

⑧ 載廖名春:《帛書〈周易〉論集》,上海:上海古籍出版社,2008 年,第 381—386 頁。

⑨ 筆者做了一個目錄,此不贅錄。

一、天地相衡,氣味相取。陰陽流荆,剛柔成[卦]。

"剛柔成"下一字變形不清,廖名春師釋爲"涅"[1],《丁文》釋爲"攻"。鄧球柏補爲"章"[2],趙建偉補爲"卦"或"文"[3],濮茅左補爲"質"[4],三人皆以義補。細觀照片,此字爲左右結構,似爲"卦"字,可與帛書《要》篇第十九行"損益一卦"的"卦"相比勘,但絕非"章"、"文"或"質",亦不類"攻",故趙建偉補"卦"似可從。

"衡"即"銜","銜"爲"率"省,"衡"即"率"。"率"爲率領之義。《荀子·王霸》"若夫論一相以兼率之",楊倞注:"率,領也。"《玉篇·率部》:"率,將領也。""率"又讀爲"類"。《史記·老子韓非列傳》"大抵率寓言也",張守節正義:"率,猶類也。"《漢書·孝成許皇后傳》"事率衆多",顏師古注:"率,猶計也,類也。""取"爲求義。《蒙》卦六三"勿用取女",焦循《易章句》:"取,猶求也。"《繫辭下》"遠近相取而悔吝生",焦循《易章句》:"取,猶求也。""氣味相取"即氣味相求。按《衷》篇"子曰""天地相率,氣味相取"與《文言》"子曰:同聲相應,同氣相求。水流濕,火就燥,雲從龍,風從虎,聖人作而萬物睹。本乎天者親上,本乎地者親下,則各從其類也"義同。"天地相率",即天地各統率其同類,即"本乎天者親上,本乎地者親下,則各從其類也"。"氣味相取",即同類氣味相互求取,即"同聲相應,同氣相求。水流濕,火就燥,雲從龍,風從虎"。

"荆"即刑,通形。"陰陽流荆"即陰陽流形,此"陰陽"指陰卦和陽卦。承上文"天地相率,氣味相取",即將天地間事物分爲兩類,各歸其類,"陰陽流形"言陰卦和陽卦互化其形。"流"爲化、求義。《廣雅·釋詁三》"流,匕也",王念孫疏證:"《莊子·逍遙游》篇云:'大旱金石流。'《楚辭·招魂》篇云:'十日代出,流金鑠石。'皆化之義也。"又補正:"《漢書·董仲舒傳》曰:'有火復于王屋流爲烏。'是流爲化也。"是"流"爲化,"流形"即互化其卦形。"流"又有求義。《詩·召南·關雎》"左右流之",毛傳:"流,求也。"《爾雅·釋言》:"流,求也。""陰陽流形"指陰卦和陽卦互爲索求、互化其形,此當與《說卦》所言《乾》、《坤》互索而得三陽卦和三陰卦密切相關。《說卦》:"《乾》天也,故稱乎父。《坤》地也,故稱乎母。《震》一索而得男,故謂之長男。《巽》一索而得女,故謂之長女。《坎》再索而得男,故謂之中男。《離》再索而得女,故謂之中女。《艮》三索而得男,故謂之少男。《兌》三索而得女,故謂之少女。"《坤》和《乾》作爲陰卦和陽卦的典型,《坤》卦分別索求《乾》卦的下爻、中爻和上爻,而得《震》、《坎》、《艮》三男卦,即三陽卦;《乾》卦分別索求《坤》卦的下爻、中爻和上爻,而得《巽》、《離》、《兌》三女卦,即三

[1]　廖名春:《帛書〈衷〉篇校讀札記》,《出土簡帛叢考》,武漢:湖北教育出版社,2004年,第236—238頁。
[2]　鄧球柏:《白話帛書周易》,長沙:嶽麓書社,1995年,第279頁。
[3]　趙建偉:《出土簡帛〈周易〉疏證》,臺北:萬卷樓圖書有限公司,2000年,第233頁。
[4]　濮茅左:《楚竹書〈周易〉研究》(下),上海:上海古籍出版社,2006年,第611頁。

陰卦。又按《乾》卦《象傳》"雲行雨施,品物流形",虞翻注:"《乾》以雲雨流《坤》之形,萬物化成。"虞翻注《坤》卦卦辭亦曰:"《乾》流《坤》形。"故"陰陽流形"意爲《坤》陰卦流化《乾》陽卦之形,《乾》陽卦流化《坤》陰卦之形,從而形成八卦。故《衷》篇"陰陽流形",乃言八卦的形成。

"剛柔成[卦]",承《衷》篇上文"曲句焉柔,正直焉剛",此"剛柔"指剛爻和柔爻。"剛柔成[卦]",乃言由剛爻、柔爻形成六畫的六十四卦。

二、是故《鍵》之"炕龍",《壯》之"觸蕃",《句》之"離角",《鼎》之"折足",《酆》之"虛盈",五繇老,剛之失也,僮而不能矜老也。

"繇",同"繇"。《說文·糸部》:"繇,隨從也。"邵瑛《群經正字》:"今作繇。"《集韵·宵韵》:"繇或作繇。"繇,本指龜卜之兆辭。《左傳·僖公四年》記晉獻公欲以驪姬爲夫人,卜之,卜人曰:"且其繇曰:'專之渝,攘公之羭。一薰一蕕,十年尚猶有臭。'"杜預注:"繇,卜兆辭。"孔穎達疏:"卜人舉此辭以止公,則兆頌舊有此辭,非卜人始爲之也。"卜人所引繇辭,爲舊傳卜辭。《文選·潘岳〈西征賦〉》:"遂鑽龜而啓繇。"庾信《周大將軍崔說神道碑》:"啓龜文之繇。"繇,又指卦爻辭。《左傳·昭公七年》記孔成子以《周易》筮,遇《屯》之《比》,史朝曰:"且其繇曰:'利建侯。'"杜預注:"繇,卦辭。""利建侯"正爲《屯》卦卦辭。《左傳·僖公十五年》記晉獻公筮嫁伯姬於秦,遇《歸妹》之《睽》,史蘇占之曰:"不吉。其繇曰:'士刲羊,亦无盍也。女承筐,亦无貺也。'"孔穎達疏:"《易·歸妹》上六爻辭:'女承筐无實,士刲羊无血,无攸利。'此引彼文,而以'血'爲'盍','實'爲'貺',唯倒其句,改兩字而加二'亦'耳。……《易》之爻辭,亦名爲繇。"又《國語·晉語四》記晉文公得國前筮,得貞《屯》悔《豫》,司空季子曰:"吉。是在《周易》,皆'利建侯'。……其繇曰:'元亨,利貞,勿用有攸往,利建侯。'……其繇曰:'利建侯行師。'""元亨,利貞,勿用有攸往,利建侯",爲《屯》卦卦辭;"利建侯行師",爲《豫》卦卦辭,季子皆稱爲"繇"。是春秋時人引《周易》卦爻辭,皆曰"繇",《衷》篇此"子曰""五繇",此"子"爲孔子正合情理。

此言"五繇者,剛之失也",應指五卦的剛爻之辭。"《鍵》之'炕龍'",即帛書《易經》《鍵》尚九"抗龍,有悬",通行本作《乾》卦上九"亢龍,有悔"。"《壯》之'觸蕃'",當即帛書《易經》《泰壯》九三"羝羊觸藩,羸亓角",通行本作《大壯》九三"羝羊觸藩,羸其角"。鄧球柏認爲"《壯》之'觸蕃'"指《大壯》上六"羝羊觸藩"[1],趙建偉、張政烺認爲指《大壯》九三爻辭和上六爻辭。[2] 按上六爲柔爻,此言剛爻之失,故鄧、趙、張言皆非。

① 鄧球柏:《白話帛春周易》,第308頁。
② 趙建偉:《出土簡帛〈周易〉疏證》,第247頁;張政烺:《馬王堆帛書〈周易〉經傳校讀》,第149頁。

"《句》之離角",即帛書《易經》《狗》尚九"狗亓角,闐",通行本作《姤》上九"姤其角,吝"。"句"通"狗"。"離"與"姤"義同,皆爲遇。"離角"即遇其角。"《鼎》之'折足'",即通行本《鼎》九四"鼎折足"。

"《酆》之'虛盈'","《酆》"即通行本《豐》卦。鄧球柏認爲"《豐》之'虛盈'"是"《豐》卦的'虛盈'"[①],趙建偉、丁四新認爲包括《豐·彖傳》"天地盈虛"和上六爻辭"豐其屋,蔀其家,窺其戶,闃其无人,三歲不覿,凶"[②],《張文》認爲指通行本《豐》卦上六爻辭,劉大鈞師認爲是《豐》卦九三"豐其沛,日中見沬,折其右肱,无咎"[③],王化平認爲"《豐》之虛盈"包括《豐·彖》和九三、九四兩條爻辭。[④] 按古人稱"繇"皆言卦爻辭,"《豐》之'虛盈'",當指《豐》卦卦爻辭中"虛盈"二字,但檢視帛書和通行本《易經》《豐》卦,皆無;又,古人稱"繇"在《易傳》形成以前,因此不可能指《彖傳》之辭;又,上六爲陰爻,《衷》篇此言剛爻,因此上言疑皆非。廖名春師初認爲是《豐·彖傳》中的"天地盈虛"[⑤],後否定前說,認爲《豐》卦初九當脫"虛盈","《豐》之'虛盈'"即指此脫文。[⑥] 按戰國楚竹書《周易》《豐》卦初九爻辭殘缺,不能直接驗證廖師的脫文說。但將竹書《周易》與帛書和通行本《易經》比較,可發現後兩者卦爻辭有不少脫文,如《未濟》九二爻辭,竹書《周易》有"利涉大川",而帛書和通行本《易經》皆無。故廖師所言脫文似有可能,可從。《豐》初九"虛盈",指日當正午,盈滿盛極,却發生日蝕,陰影蔽日。《衷》篇認爲,《豐》卦初九剛爻處陽位,過剛,故其辭言"虛盈"。

三、《川》之"牝馬",《小蓄》之"密雲",《句》之"[適]屬",[《漸》]之"繩婦",《肫》之"泣血",五繇老,陰〈柔〉之失也,鞲而不能僮老也。

"陰之失",按上言"剛之失",此當言"柔之失","陰"疑爲"柔"之誤。

此"五繇",言《坤》和《小畜》的卦辭,以及《姤》、《漸》和《屯》卦的爻辭。"《川》之'牝馬'","《川》"通行本作《坤》,"川"通坤。《衷》篇下言:"《易》又名曰《川》,雌道也,故曰'牝馬之貞',童獸也,《川》之類也。"故"牝馬"指童獸,即幼小的雌馬。《衷》篇認爲,《坤》六爻皆柔,安靜柔弱,故卦辭言幼小的雌馬。"《小蓄》之'密雲'",即通行本《易經》《小畜》卦辭"密雲不雨"。畜、蓄古音皆覺部曉母,雙聲疊韻,故蓄、畜通用。孔

① 鄧球柏:《白話帛書周易》,第 308 頁。
② 趙建偉:《出土簡帛〈周易〉疏證》,第 247 頁;丁四新:《馬王堆漢墓帛書〈周易〉》,《儒藏》第 281 冊,第 269 頁。
③ 劉大鈞:《續讀馬王堆帛書〈衷〉篇》,《周易研究》2008 年第 4 期。
④ 王化平:《讀馬王堆漢墓帛書〈衷〉篇札記》,《周易研究》2010 年第 2 期。
⑤ 廖名春:《帛書〈易之義〉簡說》,《道家文化研究》第三輯,第 199 頁。
⑥ 廖名春:《〈周易〉經傳與易學史新論》,濟南:齊魯書社,2001 年,第 68 頁。

穎達疏"密雲不雨"曰:"此卦《巽》在於上,《乾》在於下,《巽》是陰柔,性又和順,不能止畜在下之《乾》,唯能畜止九三。密雲不雨者,若陽之上升,陰能畜止,兩氣相薄則爲雨也。今唯能畜止九三,其氣被畜,但爲密雲,初九、九二,猶自上通,所以不能爲雨也。"《小畜》上卦爲《巽》,陰柔和順,不能畜下卦《乾》剛,又全卦一柔五剛,力甚柔弱,靜而不能動,故卦辭言但成密雲,而不能致雨。"《句》之'[適]屬'",即帛書《易經》《狗》初六"羸豨復適屬",通行本作《姤》初六"羸豕孚蹢躅"。《周易集解》引宋衷曰:"羸,大索,所以繫豕者也。"適蹢、屬躅皆同聲系而通用。《說文・足部》:"蹢,住足也。從足,適省聲。或曰蹢躅。"《玉篇・足部》:"蹢躅,行不進。"《禮記・三年問》:"今是大鳥獸則失喪其群匹,越月逾時焉,則必反巡過其故鄉,翔回焉,鳴號焉,蹢躅焉,踟躕焉,然後乃能去之。"《釋文》:"蹢躅,不行也。"是"蹢躅"乃不能前行之義。"孚"通浮,浮躁之義。王弼注:"孚,猶務躁也。"焦循《周易補疏》:"王氏以孚爲務躁,蓋讀孚爲浮。孚、浮古字通,《釋名》:'浮,孚也。'是也。"《姤》卦初六處卦之初,以一柔而遭遇五剛,力極微弱,靜而不能動,故其辭言豕被索縛,雖心躁,但住足不能行。"《肫》之'泣血'",即帛書《易經》《屯》卦尚六"乘馬煩如,汲血連如",通行本作《屯》上六"乘馬班如,泣血漣如"。

"[《漸》]之繩婦",當即帛書《易經》《漸》九三"婦繩不育,凶",通行本作《漸》九三"婦孕不育,凶"。《張文》認爲除指《漸》九三外,還包括九五"婦三歲不繩,終莫之勝,吉"。按《衷》篇所論"五繇者,柔之失",揆諸上下文義,其因在不處二、五中位,非二、五中爻,因此張言疑非。繩、孕古通用。《禮記・月令》"燒薙行水",孔穎達疏:"含實曰繩。皇氏曰:'繩,音孕。'"《說文・系部》朱駿聲通訓定聲:"繩,叚借又爲孕。"《衷》篇認爲,《漸》九三所言婦女懷孕而不能生產,是因爲陰柔的過失,靜而不能動。

但此處頗啓人疑竇:《漸》九三乃以剛爻處陽位,怎能言"柔之失,靜而不能動"?趙建偉認爲《漸》九三處下卦《艮》上,爲靜止之極,所以其失在於過於靜。[1] 此言有理,可釋"靜而不能動",但不能解"柔之失"。劉大鈞師引虞翻注《象・漸》九三,以卦變釋之,認爲《漸》九三動變而爲柔爻,卦變爲《觀》,二、三、四爻互體爲《坤》,《坤》過柔沉靜,故《衷》言"柔之失,靜而不能動"。[2] 按劉師此釋,甚爲有見。《周易集解》又引虞翻注《漸》九三曰:"《離》爲孕,三動成《坤》,《離》毀失位,故'婦孕不育,凶'。"《說卦》:"《離》,其於人也,爲大腹。"《漸》二、三、四爻互爲《離》,《離》爲大腹爲孕,故言"婦孕"。九三動變而爲柔爻,《離》卦毀滅,變爲《坤》卦,則"婦孕"象不見,故"不育"。《衷》篇認

---

① 趙建偉:《出土簡帛〈周易〉疏證》,第248頁。
② 劉大鈞:《續讀馬王堆帛書〈衷〉篇》,《周易研究》2008年第4期。

爲,《漸》卦九三爻動變,而爲柔爻,過柔,靜而不能動,故其辭言婦女懷孕而不能生產。

四、是故天之義,剛建僮發而不息,亓吉保功也。無柔救之,不死必亡。僮陽老亡,故火不吉也。地之義,柔弱沈靜不僮,其吉[保安也。无]剛文之,則窮賤遺亡。重陰者沈,故水不吉也。

"天之義",即《衷》篇上言"六剛无柔,是胃大陽,此天[之義也]",此"天"指六爻皆剛而無柔的《乾》卦。"建"通健。《老子》"建德若偷",俞樾《諸子平議》:"建,當讀爲健。"《象》言《乾》卦之象曰:"天行健。"故"剛建"即剛健。"僮"即動。動、發同義。《戰國策·齊策一》"動於顏色",高誘注:"動,猶發也。"《淮南子·原道》"非謂其底滯而不發",高誘注:"發,動也。"《論語·微子》"廢中權",《釋文》:"廢,鄭作發,動貌。"是動、發爲同義複詞。"吉"爲善,《說文·口部》:"吉,善也。"《詩·召南·摽有梅》"迨其吉兮",毛傳:"吉,善也。""是故天之義,剛建僮發而不息,亓吉保功也",言《乾》卦純剛所表示的天之義,剛健動發而不停息,其吉善在保住功業。

"救",即救字別體。《說文》:"救,從攴,求聲。"古攴、戈作形旁常通用,通行本《周易》《蒙》卦上九"不利爲寇"之"寇",竹書《周易》作"寇",是其證。救爲助,《禮記·檀弓下》"扶服救之",鄭玄注:"救,猶助也。"《廣雅·釋詁二》:"救,助也。""無柔救之,不死必亡",言《乾》爲純剛,如果沒有柔來救助它,不死必亡。救又通仇,《管子·中匡》"安卿大夫之家,而後可以危救敵之國",王念孫《讀書雜志》:"引之曰:'救敵'與仇敵同。《集韻》:'仇,仇也,一曰匹也,或作赇。'是仇、赇、救,古字通也。"仇爲匹配、配合之義,《鼎》卦九二"我仇有疾",《釋文》:"仇,匹也。"《爾雅·釋詁上》:"仇,合也。"故"無柔救之,不死必亡",言《乾》爲純剛,如果沒有柔來配合它,不死必亡。鄧球柏認爲"救"亦可訓爲傷害[1],非。

"僮陽者亡","僮"通重,僮、重古音皆爲東部定母,雙聲疊韵,故通用。下言"重陰者沈",與此對言,故僮、重同義。"僮陽者亡,故火不吉也",即重陽者亡,故火不吉也。

"地之義",即《衷》篇上言"六柔无剛,[是胃大陰],此地之義也",此"地"指六爻皆柔而無剛的《坤》卦。"地之義,柔弱沈靜不僮,其吉[保安也]",言《坤》卦純柔所表示的地之義,柔弱沉靜不動,其吉善在保持安定。

"文"爲錯雜、文飾,《繫辭下》:"物相雜,故曰文。"《禮記·玉藻》"大夫以魚須文竹",鄭玄注:"文,猶飾也。""无剛文之"之"文",與"無柔救之"之"救"義近,皆爲配合之義。"窮賤遺亡",窮即窮,與窮爲今古字。《說文·邑部》:"窮,夏后時諸侯夷羿國也。從邑,窮省聲。"段注:"今《左傳》作窮,許所據作窮,今古字也。"窮爲極,《荀子·

---

① 鄧球柏:《帛書周易校釋》(增訂本),長沙:湖南人民出版社,2002年,第463頁。

富國》"縱欲而不窮",楊倞注:"窮,極也。""賤"爲廢,《太玄·玄文》"已用則賤",范望注:"賤,謂廢也。""遺"爲亡,《說文·辵部》:"遺,亡也。"通行本《易經》《泰》卦九二"不遐遺",《周易集解》引虞翻曰:"遺,亡也。"《莊子·徐無鬼》"有遺類矣",《釋文》:"遺,亡也。"是遺、亡爲同義複詞。"[无]剛文之,則窮賤遺亡",言沒有剛來文飾它,則窮極而廢,導致滅亡。

"沈"爲凶。《文選·司馬子長〈報任少卿書〉》"故且從俗浮沈",呂延濟注:"沈,凶。""重陰者沈,故水不吉也",即重陰者凶,故水不吉也。

《衷》篇此處頗啓人疑竇:爲何"重陽者亡,故火不吉","重陰者沈,故水不吉"呢?趙建偉以"南方爲火,火性炎上,與陽同類;反之,北方爲水,水性潤下,與陰同類"釋之。[1] 按此以一般常識解之,失之膚泛不確。其餘學者則大多對此疑問視而不見,或存而不論。劉大鈞師認爲,此疑可以古代象數易學"《離》《坎》者,《乾》《坤》之家而陰陽之府"說解之,[2]可謂獨具隻眼。按"重陽者",即《衷》篇上言"六剛无柔,是胃大陽"之《乾》卦太陽。"火不吉"之"火",指《離》卦。《說卦》:"《離》爲火。""重陽者亡,故火不吉也",即《乾》陽亡,則《離》火不吉。"重陰者",即上言"六柔无剛,[是胃大陰]"之《坤》卦太陰。"水不吉"之"水",指《坎》卦。《說卦》:"《坎》爲水。""重陰者沈,故水不吉也",即《坤》陰凶,則《坎》水不吉。

《周易集解》引荀爽注《彖》"大明終始"曰:"《乾》起於《坎》而終於《離》,《坤》起於《離》而終於《坎》。《離》《坎》者,《乾》《坤》之家而陰陽之府。"《九家易》注"同人"卦曰:"《乾》舍於《離》,同而爲日。"荀爽曰:"《乾》舍於《離》,相與同居。"分析上注,可見"《離》《坎》者,《乾》《坤》之家而陰陽之府"說,是以《乾》舍於《離》、《坤》舍於《坎》,或曰《乾》《離》同居、《坤》《坎》同居爲說。此說實爲古代卦氣說,如李鼎祚所疏:"《坎》本《乾》之氣,故《乾》起於《坎》之一陽,而終於《離》之二陽。《離》本《坤》之氣,故《坤》起於《離》之一陰,而終於《坎》之二陰。"《乾》陽之氣生發於《坎》卦中間剛爻所表示的內含一陽,充其極而表現爲《離》卦上下兩剛爻所表示的外顯兩陽,故《乾》《離》同處,實成一體。《坤》陰之氣生發於《離》卦中間柔爻所表示的內含一陰,充其極而表現爲《坎》卦上下兩柔爻所表示的外顯兩陰,故《坤》《坎》同處,實成一體。這種《乾》《離》一體、《坤》《坎》同居的象數理論,春秋時代已經存在。《左傳·閔公二年》記:"又筮之,遇《大有》之《乾》。曰:'同復于父,敬如君所。'"《大有》之《乾》,即《離》變爲《乾》,筮辭所言,即《離》卦復歸《乾》卦君父之所,《離》《乾》同居而爲一體。正由於《乾》與《離》、

① 趙建偉:《出土簡帛〈周易〉疏證》,第248頁。
② 劉大鈞:《續讀馬王堆帛書〈衷〉篇》,《周易研究》2008年第4期。

《坤》與《坎》一體同居，故《乾》陽亡則《離》火不吉，《坤》陰凶則《坎》水不吉，故《衷》篇言"重陽者亡，故火不吉也"，"重陰者沈，故水不吉也"。

五、故武之義保功而恆死，文之義保安而恆窮。是故柔而不𢖽，然后文而能朕也。剛而不折，然〈而〉后武而能安也。

"𢖽"，《陳廖》釋"狂"，《廖甲》、《廖乙》、《廖丙》釋"狄"，《廖丁》釋"狀"，《丁文》、《廖戊》釋"玦"，《張文》釋"𢖽"。細觀照片，此字形爲𤝗，左右結構，左邊明顯爲王，故釋"狀"非，右邊明顯非王，故釋"狂"非。將右邊字形與《馬王堆簡帛文字編》399頁所列"犬"字形、114頁"夬"字形相比照，有一定差別，而與180頁"刃"字形較吻合，因此釋"𢖽"較妥。上言"然后文而能朕也"，下言"然而后武而能安也"，顯然"然而后"之"而"爲衍文。

此言"武之義"，即上言"天之義"，亦即陽之義、剛之義。"文之義"，即上言"地之義"，亦即陰之義、柔之義。兩"恆"字，當讀爲"極"。通行本《繫辭上》"易有太極"，帛書《繫辭》作"恆"。郭店《老子》甲組"至虛，亙（恆）也"之"亙（恆）"，帛書《老子》作"極"，王弼本《老子》亦作"極"。極爲至極，《助字辨略》卷五："極，至極也。《禮記·禮運》：'父子之極。'《史記·高祖本紀》：'極不忘爾。'""武之義保功而恆死"，即武之義在於保住功業，但達到極至則消亡。窮即窮，窮爲終結，與亡義近。《漢書·律曆志上》"易窮則變"，顏師古注引孟康曰："窮，終也。""文之義保安而恆窮"，即文之義在於保持安定，但達到極至則終結。

"𢖽"，《張文》認爲當讀爲肕，甚是。《玄應音義》卷十九"牢肕"注引《通俗文》曰："物柔曰肕。""柔而不肕"，即柔而不軟，柔而有剛之義。"朕"，通勝。勝爲任，《說文·力部》："勝，任也。從力，朕聲。"段注："凡能舉之能克之皆曰勝。"俞樾《諸子平議·莊子一》"吾鄉示之以太沖莫勝"按："勝讀爲朕。勝本從朕聲，故得通用。"《詩·商頌·玄鳥》"武王靡不勝"，毛傳："勝，任也。""文而能勝"，即文柔而能勝任。"折"爲斷，《賁·象》"无敢折獄"，《釋文》："鄭云：折，斷也。""剛而不折"，即剛而不斷，剛中有柔之義。"武而能安"，即武剛而能安定。

六、《易》曰："直方大，不[習，吉]。"[此言吉]之屯於文武也。

"直方大不"以下至"之屯於文武"，帛書原殘缺五字。《張文》補"習"，它本皆補"習吉"。按此言《川》（坤）六二爻辭，《衷》篇上引其辭曰："直方大不習吉"，故補"習吉"是。趙建偉認爲，後三字可補"此言吉"，有理。① "之屯"，《廖丙》、《廖丁》、《丁文》、《廖戊》無釋，《陳廖》、《廖甲》、《廖乙》、《張文》釋出，但《張文》對"屯"存疑。驗諸照片，

---

① 趙建偉：《出土簡帛〈周易疏證〉》，第248頁。

"之屯"二字明顯存在,釋"之屯"是。

"屯"爲聚,《莊子·寓言》"火與日,吾屯也",成玄英疏:"屯,聚也。"《楚辭·離騷》"飄風屯其相離兮",洪興祖補注:"屯,聚也。"《廣雅·釋詁三》:"屯,聚也。"《衷》篇認爲,《坤》卦六二爻辭"直方,大,不[習,吉]",乃言吉之聚於文與武。可見,《衷》篇認爲《坤》卦六二爻辭具有文武、也即剛柔之性。

按此頗啓人疑竇:《坤》卦六二明爲文柔之爻,爲何認爲有武剛之性呢? 劉大鈞師以"旁通說"釋之,可通。[1] 愚見以爻動說釋之,亦通。按《象》釋《坤》六二實際已給我們啓發,其曰:"六二之動,直以方也。不習,无不利,地道光也。"其言《坤》"六二之動",是指六二柔爻變動而成剛爻。《象》認爲,《坤》六二爻動而爲剛爻,故其爻辭言"直方大";《坤》六二爲柔爻爲"地道",故其辭言"不習,无不利"。可見,《象》是兼《坤》六二本爻以及《坤》六二變而爲剛爻而言,《衷》篇孔子此言當與《象》同。孔子認爲,《坤》六二爲柔爻,故爲文;《坤》六二爻動而爲剛爻,故爲武;六二爻處中位,故剛柔、文武兼備中和,故其辭言"吉"。

七、此《易贊》也。

"贊"爲助,《左傳·閔公二年》"以此贊國",杜預注:"贊,助也。"贊又爲明,《說卦》"幽贊於神明而生蓍",韓康伯注:"贊,明也。"《衷》篇此"贊"是指古代的一種文體,劉勰《文心雕龍·文體論》述其源曰:"贊者,明也,助也。昔虞舜之祀,樂正重贊,蓋唱發之辭也。及益贊於禹,伊陟贊於巫咸,并揚言以明事,嗟嘆以助辭也。"據《周易正義》,鄭玄曾有《易贊》,其曰:"《易》一名而含三義,簡易一也,變易二也,不易三也。故《繫辭》云:'《乾》《坤》其《易》之蘊邪。'又曰:'《易》之門戶邪。'又云:'夫《乾》確然示人易矣,夫《坤》隤然示人簡矣。易則易知,簡則易從。'此言其易簡之法則也。又云:'爲道也屢遷,變動不居,周流六虛,上下无常,剛柔相易,不可爲典要,唯變所適。'此言順時變易,出入移動者也。又云:'天尊地卑,《乾》《坤》定矣。卑高以陳,貴賤位矣。動靜有常,剛柔斷矣。'此言其張設布列不易者也。"《衷》篇作者認爲,自上孔子所言"萬物之義"至此"[此言吉]之屯於文武也",乃是對《易》之精神的重要說明,可以幫助人們更好地理解《易》,故爲《易贊》。《丁文》認爲,此段本爲獨立一篇,篇名即爲《易贊》,《衷》篇直接將此編入,頗有道理。

按此《易贊》章,孔子以十個卦爻辭,來申明純剛、純柔之卦以及處初、三、四、上位之爻皆有剛、柔之失,只有處中位之爻最吉,從而闡明易學的基本精神在於陰陽、柔剛、文武通過匹配、救助而達致中和,而篇名"衷(中)"也當取義於此章。

---

① 劉大鈞:《續讀馬王堆帛書〈衷〉篇》,《周易研究》2008 年第 4 期。

帛書《衷》篇爲何名"衷",大部分學者沒有關注,實際上這是一個重要問題。廖名春師對此以專文討論,認爲"衷"之義當爲適合、適當,帛書《衷》篇是孔子後學按照陰陽和衷共濟的主題所選定的孔子論《易》言論的彙編,編者認爲這些言論是最爲適當的論《易》之語,故名其爲《衷》。① 廖師是以"陰陽和衷共濟"釋"衷",頗有道理。筆者愚見,"衷"古通"中",《衷》篇此"衷"可直接訓"中"。《左傳·閔公二年》"用其衷則佩之度",杜預注:"衷,中也。"《國語·周語上》"其君齊明衷正",韋昭注:"衷,中也。"《鶡冠子·泰錄》"入論泰鴻之内,出觀神明之外,定制泰一之衷",陸佃注:"衷之言中也。"吳世拱注:"衷,中也。"《文選·曹植〈責躬詩〉》"天啓其衷",李善注引《左傳》杜預注:"衷,中也。"俞樾《群經平議·春秋左傳一》"夫能固位者,必度於本末而後立衷焉"按:"衷與中古通用。然則此《傳》'衷'字亦當訓中,猶言執其兩端用其中也。"《書·呂刑》"士制百姓於刑之中",《後漢書·梁統傳》作"爰制百姓於刑之中"。《吳越春秋·勾踐伐吳外傳》"吾欲與之僥天之中",徐天祐注:"中,《國語》作'衷'。"是"衷"、"中"古互通用,"《衷》"篇實即"《中》"篇。

"中"在古人是一個重要觀念。《論語·堯曰》記堯禪位時,命舜曰:"天之曆數在爾躬,允執其中。"《左傳·成公十三年》記劉康公之言曰:"吾聞之:民受天地之中以生,所謂命也。"《禮記·中庸》曰:"中也者,天下之大本也。"顯然,古人已形成一種形而上的中道。這種中道在易學中以二、五中位、中爻表示,在通行本《易傳》的《文言》、《彖》、《象》中有大量的申說,如劉大鈞師所言:"《彖》、《象》僅對'中'的稱謂就有'中正'、'正中'、'得中'等共二十九種,分布於《彖》的三十六卦中,《象》的三十八卦中。"② 故中道是孔子所闡發的重要易學思想,《易贊》章闡發的正是中道,以"衷"(中)命名章題,合情合理。

八、《鍵》六剛能方,湯武之德也。"潛龍勿用"者,匿也。"見龍在田"也者,德也。"君子冬日鍵鍵",用也。"夕沂若,厲,无咎",息也。"罪龍[在天]",[親]而上也。"羣龍无首",文而耶也。

"《鍵》"即通行本《乾》。"剛能方"之"能",讀爲"而"。楊樹達《詞詮》卷二:"能,承接連詞,與'而'同。《管子·任法》:'是貴能威之,富能祿之,賤能事之,近能親之,美能淫之也。'按《管子》下文五能字皆作而。""《鍵》六剛能方"即"《鍵》六剛而方"。"方"爲直。《文選·張衡〈東京賦〉》"方將數諸朝階",李善注引鄭玄《毛詩箋》曰:"方,直也。""《鍵》六剛而方",言《乾》卦六爻剛而方直,即《衷》篇上言"正直焉剛"。

① 廖名春:《試論帛書〈衷〉篇的篇名和字數》,《周易研究》2002年第5期。
② 劉大鈞:《續讀馬王堆帛書〈衷〉篇》,《周易研究》2008年第4期。

"見龖在田"，《乾》九二爻辭。"龖"即龍。"'見龍在田'也者，德也"之"德"，鄧球柏、趙建偉、丁四新、劉大鈞師皆釋爲"德性"、"品德"之"德"①，並引《文言》證之，而《張文》釋爲"升"。按此"德"訓升是。《說文·彳部》："德，升也。"徐鍇繫傳："升聞曰德。"《書·顧命》"王義嗣德"，劉逢祿《今古文集解》引莊云："德，升也。"《呂刑》"罔有馨香德"，孫星衍《今古文注疏》："德者，升也。""'見龍在田'也者，德也"，即"見龍在田"也者，升也。"'潛龍勿用'者，匿也"與"'見龍在田'也者，德也"相對爲文，初九言潛藏，九二言升聞。"見龍在田"也者，升聞也，即《文言》"'見龍在田'，天下文明"。

"夕沂若，厲，无咎"，《乾》九三爻辭，"沂"通行本作"惕"。《丁文》認爲"沂"通"忻"，悅義，廖名春師認爲"沂"即析，析通愆，愆爲惥（惕）字異構，義爲解除，此引申爲安閑休息之義。② 按《文言》："九三曰：'君子終日乾乾，夕惕若，厲，无咎'，何謂也？ 子曰：'君子進德修業，忠信所以進德也，修辭立其誠，所以居業也。知至至之，可與言幾也。知終終之，可與存義也。'"孔子言"君子進德修業，忠信所以進德也，修辭立其誠，所以居業也。知至至之，可與言幾也"，顯然釋"君子終日乾乾"；而"知終終之，可與存義也"，顯然釋"夕惕若"。按"終"爲終止，"知終終之"謂知道終止而善於終止，可見《文言》是以"終止"釋"惕"，可證廖師所訓甚是，"沂"當爲安閑休息之義。"息"爲休息、止息。《呂氏春秋·情欲》"日夜不休"，高誘注："息，休息也。"《詩·唐風·葛生》"誰與獨息"，毛傳："息，止也。""'君子冬日鍵鍵'，用也。'夕沂若厲，无咎'，息也"，即"君子終日乾乾"，施用也；"夕沂若，厲，无咎"，止息也。劉大鈞師認爲《衷》篇此言與《淮南子·人間訓》"'終日乾乾'，以陽動也；'夕惕若厲'，以陰息也。因日以動，因夜以息，唯有道者能行之"義同③，甚是。

"罪龖"下至"而上"上，帛書殘三字，各本據通行本《易經》《乾》九五"飛龍在天"補"在天"，是。餘一字，各本無補。趙建偉補"達"④，濮茅左補"治"⑤，劉大鈞師補"德"⑥。按《衷》篇下言"上達"，"上而達"可，"達而上"不通。《文言》曰"'飛龍在天'，上治也"，"上而治"可，"治而上"不通。"德"爲名詞，"德而上"不通。愚意可據《文言》釋《乾》九五"本乎天者親上"，補爲"親而上也"。"罪龖"，即通行本"飛龍"。親，親附。

① 鄧球柏：《白話帛書周易》，第 310 頁；趙建偉：《出土簡帛〈周易〉疏證》，第 249 頁；丁四新說見《丁文》，劉大鈞：《續讀馬王堆帛書〈衷〉篇》，《周易研究》2008 年第 4 期。
② 廖名春：《〈周易〉經傳與易學史新論》，第 5—6 頁。
③ 劉大鈞：《續讀馬王堆帛書〈衷〉篇》，《周易研究》2008 年第 4 期。
④ 趙建偉：《出土簡帛〈周易〉疏證》，第 250 頁。
⑤ 濮茅左：《楚竹書〈周易〉研究》（下），第 614 頁。
⑥ 劉大鈞：《續讀馬王堆帛書〈衷〉篇》，《周易研究》2008 年第 4 期。

"飛龍[在天],[親]而上也",言《乾》九五"飛龍在天",親附而上。

"羣龍无首",《乾》用九之辭,帛書《鍵》迵九之辭,"羣",即通行本"群"。羣、群異構。"文而耼也",文即柔義,見上言。"耼",即聖,通義。《說文·耳部》:"聖,通也。"《國語·楚語下》"其聖能光遠宣朗",韋昭注:"聖,通也。"《衷》篇認爲,《乾》用九"群龍无首",乃謂文柔而通。

按此頗啓人疑寶:《乾》六爻皆剛,爲何言文柔而通? 此實從卦變而言。《左傳·昭公二十九年》記蔡墨之言曰:"《周易》有之,在《乾》之《姤》曰:'潛龍勿用';其《同人》曰:'見龍在田';……其《坤》曰:'見群龍无首,吉。'""其《坤》曰",即"《乾》之《坤》曰"。"《乾》之《坤》",即《乾》六剛爻皆變爲柔爻,而成《坤》卦。從蔡墨之言,可知春秋時有以"《乾》之《坤》",即以《乾》變《坤》的卦變而稱《乾》用九之辭者,《衷》篇此言"群龍无首,文而聖也",亦當以此理解。《衷》篇認爲,《乾》卦六爻爲剛,故用九言"群龍",《乾》卦變爲《坤》,故言"无首",是文柔而通的意思。按先儒亦有以卦變而釋《乾》用九之辭者,如朱熹《本義》:"用九,言凡筮得陽爻者,皆用九而不用七,蓋諸卦百九十二陽爻之通例也。以此卦純陽而居首,故於此發之。而聖人因繫之辭,使遇此卦而六爻皆變者,即此占之。蓋六陽皆變,剛而能柔,吉之道也,故爲'群龍无首'之象,而其占爲如是則吉也。"李道平《周易集解纂疏》:"《乾鑿度》曰:'陽動而進,變七之九。陰動而退,變八之六。'故九爲陽爻之變,六爲陰爻之變。又六陽皆變,故曰'用九'。""聖"爲通,"迵"亦爲通,故"聖"實亦釋"迵九"之"迵",此亦爲《衷》篇用卦變之旁證。

《周易·渙》上九"血去逖出"考釋

謝向榮

  傳本《周易·渙》上九"渙其血去逖出"①,敦煌寫卷"伯 2619 號"無異②,阜陽漢簡本《周易》全缺,漢熹平石經僅存"上九"二字③,唐開成石經則殘見"其血去"三字④。《上海博物館藏戰國楚竹書(三)·周易》簡 55〈䜌(渙)〉上九爻辭作:

⑤

整理者濮茅左先生釋爲"䞓丌血,欲易出"⑥。馬王堆帛書本則作

渙亓亞夅湯凷⑦

馬王堆漢墓帛書整理小組隸定爲"渙其血去,湯(逖)出"⑧。"其",廖名春先生釋文採嚴式隸定作"亓"⑨。

---

① 王弼、韓康伯注,孔穎達疏:《周易注疏》(影印清嘉慶二十年 [1815] 南昌府學重刊宋本《十三經注疏》附校勘記),臺北:藝文印書館,1973 年,卷 6,第 13 頁 a(總第 132 頁上)。標點爲筆者所加。
② 參許建平:《敦煌文獻合集·羣經類周易之屬》,載張涌泉主編《敦經部文獻合集》,第 1 冊,北京:中華書局,2008 年,第 80 頁。
③ 屈萬里:《漢石經周易殘字集證》,臺北:中研院歷史語言研究所,1961 年,卷 2,第 12 頁 b。
④ 參中華書局編:《景刊唐開成石經:附賈刻孟子嚴氏校文》(影印 1926 年上海皕忍堂刊本),第 1 冊,北京:中華書局,1997 年,卷 6 第 9 頁(總第 61 頁)。
⑤ 馬承源主編:《上海博物館藏戰國楚竹書(三)》,上海:上海古籍出版社,2003 年,第 67 頁。
⑥ 同上,第 210 頁。
⑦ 參濮茅左:《楚竹書〈周易〉研究——兼述先秦兩漢出土與傳世易學文獻資料》(下引簡稱《楚竹書〈周易〉研究》),下冊,上海:上海古籍出版社,2006 年,第 581 頁。
⑧ 馬王堆漢墓帛書整理小組:《馬王堆帛書〈六十四卦〉釋文》,《文物》1984 年第 3 期。
⑨ 廖名春:《〈帛書易經〉釋文》,《帛書〈周易〉論集》,上海:上海古籍出版社,2008 年,第 369 頁。

比照諸版本《周易》所見，不乏異文。"血去逖出"之訓釋，歷來亦聚訟紛紜，頗有異說。本文謹結合前人時賢之研究成果，由文字訓詁角度出發，結合義理、象數、辭例諸端之考察，試加管窺《周易·渙》上九之辭義。

(一)

竹書本"譞"字爻辭數見，卦名則作"奱"，濮茅左先生原考釋曰：

> "奱"，爰聲，下或作"譞"，可讀爲渙，渙散，離散，字待考。①

陳惠玲女士曰：

> "譞"字，隸定爲"奱"，原考釋可從。楚簡本作"爰"聲，上古音喻三元部，帛書本、今本作"渙"，上古音曉紐元部，同爲喉音元部，聲近韻同，可通。②

又孟蓬生先生曰：

> "奱"字讀"渙"，毫無疑義，但其構形當分析爲廾，譞聲。而"譞"字爲一雙聲符字，睿爰皆聲。……睿聲字一般認爲在文部，而按之載籍，則常與元部之字發生關係。今本《周易》："浚恒，貞凶，无攸利。"上博竹書《周易》第二十八簡："譞恒，貞凶，无攸利。"馬王堆漢墓帛書《周易》："夐恒，貞凶，无攸利。"《說文·玉部》："瓊，赤玉也。从玉，夐聲。"臣鉉等曰："今與璚同。"《左傳》僖公二十八年："楚子玉自爲瓊弁玉纓。"《說文·玉部》："美玉也。从玉，睿聲。《春秋傳》曰：璚弁玉纓。"《說文·目部》："夐，營求也。从夏，从人在穴上。《商書》曰：高宗夢得說，使百工夐求，得之傅巖。巖，穴也。"又《廾部》："奐，取奐也。一曰大也。从廾，夐省。"小徐本作"夐省聲"，段注從之，並說："鉉本去聲字而爲之說，不知古音故也。"實際上奐夐上部均从𠒅，二者皆从之得聲。金文師𡩬父簋之"𡩬"字作𡩬，侯馬盟書"改換"的"換"字作𢔧、𢔧(奐)、𢔧(禈)、𢔧(𡩬)等形，表明𢔧(𠒅)是可以獨立成字的構件。《說文》將該構件分析爲"从人在穴上"，當屬可信，但附會殷高宗得傅說之事爲說，則爲蛇足。睿聲古音與夐聲相通，而夐與奐又同从𢔧

---

① 馬承源主編：《上海博物館藏戰國楚竹書(三)》，第 209 頁。

② 陳惠玲：《〈上海博物館藏戰國楚竹書(三)·周易〉研究》，臺灣師範大學國文研究所在職進修班碩士學位論文(季旭昇教授指導)，2005 年 8 月，第 730 頁。

（瓦）聲，故睿與夐可以相通。㲄（睿亦聲）之於渙，猶璿之於瓊，㲄之於夐也。①

秦倞女士從其說②。又李零先生曰：

渙，簡文从睿从爰，左右皆聲旁。其首字，睿旁加卝，其實就是夐字，等於夐加爰。③

又侯乃峰先生曰：

"渙"，傳本《歸藏》作"夐"，秦簡《歸藏》作"渙"，帛本《繫辭》、《二三子問》作"夐"。竹本對應"渙"之字，孟蓬生、李零先生皆以爲雙聲字，此說是。古籍中"爰"聲與"夐"相通之證甚夥，如"爰田"即"換田"，而"睿"聲又與"夐"聲可通，故亦可作爲聲符。④

據諸家所言，竹書本"㲄"从"爰"从"睿"，均與"夐"聲可通，釋讀爲"渙"，並無可疑。

"渙"，《雜卦傳》曰："渙，離也。"⑤《序卦傳》曰："說而後散之，故受之以渙。渙者，離也。"⑥均以"散離"義釋之。案：《玉篇》："渙，水盛貌。"⑦《說文》："渙，流散（散）也。"⑧"渙"本義爲"水盛"，《渙》卦辭"利涉大川"，《彖傳》："乘木有功"⑨，《繫辭傳》："刳木爲舟，剡木爲楫，舟楫之利，以濟不通，致遠以利天下，蓋取諸渙。"⑩明顯與"水盛"之義相關。水盛而奔流四散，故又引申有"流散"義。⑪

---

① 孟蓬生：《上博竹書〈周易〉字詞考釋》，載饒宗頤主編《華學》第 8 輯，北京：紫禁城出版社，2006 年，第 125—126 頁。案：此文由《上博竹書（三）字詞考釋》、《上博竹書〈周易〉的兩個雙聲符字》二文增刪而成，分別首發於簡帛研究網，2004 年 4 月 26 日及 2005 年 3 月 31 日。

② 秦倞：《上博竹書〈周易〉異文的初步考察》，北京大學中文系本科生畢業論文（李家浩教授指導），2005 年，第 18 頁。

③ 李零：《讀上博楚簡〈周易〉》，《中國歷史文物》2006 年第 4 期。

④ 侯乃峰：《〈周易〉文字彙校集釋》，臺北：臺灣書房出版有限公司，2009 年，第 463 頁。

⑤ 王弼、韓康伯注，孔穎達疏：《周易注疏》，卷 9，第 15 頁 b（總第 189 頁上）。

⑥ 同上，卷 9，第 14 頁 a—b（總第 188 頁下）。

⑦ 顧野王：《大廣益會玉篇》（影印清康熙間張士俊澤存堂刊本），北京：中華書局，1987 年，篇中第 74 頁 b（總第 89 頁下）。標點爲筆者所加。

⑧ 許慎：《說文解字》（影印清同治十二年 [1873] 陳昌治刻本），卷 11，長沙：嶽麓書社，2006 年，第 229 頁下。標點爲筆者所加。

⑨ 王弼、韓康伯注，孔穎達疏：《周易注疏》，卷 6，第 11 頁 b（總第 131 頁上）。

⑩ 王弼、韓康伯注，孔穎達疏：《周易注疏》，卷 8，第 6 頁 b（總第 167 頁下）。

⑪ 詳參拙作《上博簡〈周易·渙〉卦辭"利見大人"、"利貞"考異》，《東方文化》第 43 卷第 1、2 期合刊本，待刊。

（二）

《渙》上九“血去逖出”，與《小畜》六四“血去惕出”近同，可以合觀。《經典釋文》於《小畜》六四“血”下引馬融(79—166)注云：“當作恤，憂也。”①李威熊先生《馬融之經學》曰：“馬云‘血當作恤’者，乃易之以本字也。《爾雅》：‘恤，憂也。’”②是李氏認爲“血去惕出”之“血”爲借字，本字當作“恤”。王弼(226—249)注《渙》上九曰：

> 逖，遠也。最遠於害，不近侵害，散其憂傷，遠出者也。散患於遠害之地，誰將咎之哉！③

孔穎達(574—648)疏云：

> “渙其血去逖出”者，血，傷也。逖，遠也。上九處於卦上，最遠於險，不近侵害，是能散其憂傷，去而逖出者也，故曰“渙其血去逖出”也。“无咎”者，散患於遠害之地，誰將咎之矣，故曰“无咎”。④

王、孔二氏釋“血”爲“憂傷”，顯亦以“恤”義爲解。此外，有謂“血”假爲“洫”者，如劉蕙孫(1909—1996)《周易曲成》曰：“血，洫也。”⑤又今人李磊先生《周易導讀》云：

> 渙其血：洪水泛濫在護城河。血，通“洫”。溝洫。即護城河。⑥

廖名春先生則據帛書本《周易》異文，認爲“血”當讀爲“室”，釋作“止”，廖先生曰：

> 《訟》卦卦辭“窒”，帛書《易經》作“洫”。兩字古音同屬質部，定爲假借，當屬可信。而《小畜》六四爻辭的“血”，與“洫”諧聲，通假更無問題。因此，《訟》卦卦辭的“窒惕”，就是《小畜》六四爻辭的“血”“惕”，應該沒有問題。……“窒惕”之義是止息。《小畜》六四爻辭的“血”“惕”之義也應相同，也當是止息。由於“窒惕”是複辭同義，所以能拆開，以“血去惕出”的形式出

---

① 陸德明：《經典釋文》(影印北京圖書館藏宋刻宋元遞修本)，上海：上海古籍出版社，1985年，上冊，卷2，第5頁 a(總第81頁)。

② 參李威熊《馬融之經學》，臺灣政治大學中國文學研究所博士學位論文(高明教授指導)，1975年，第201頁。

③ 王弼、韓康伯注，孔穎達疏：《周易注疏》，卷6，第13頁 a(總第132頁上)。

④ 同上。

⑤ 劉大紳遺稿，劉蕙孫續成：《周易曲成》，下冊，臺北：學易齋，2006年，第568頁。

⑥ 李磊：《周易導讀》，香港：靈蘭閣圖書國際公司，2007年，第84頁。案：同書第43頁又釋《小畜》六四“血去”曰：“血去：憂患消除。血，通‘恤’。”

現。而"血去惕出",完全可以同義換讀爲"恤去惕出"。①

廖先生所著《〈周易〉經傳十五講》重申曰:

"血"讀作"恤",止也。②

考通行本《周易》"血"字共六見③:

1.《坤》上六:龍戰于野,其血玄黄。

2.《屯》上六:乘馬班如,泣血漣如。

3.《需》六四:需于血,出自穴。

4.《小畜》六四:有孚。血去惕出,无咎。

5.《歸妹》上六:女承筐,无實,士刲羊,无血。无攸利。

6.《渙》上九:渙其血去逖出,无咎。

又"恤"字亦六見④:

1.《泰》九三:无平不陂,无往不復。艱貞,无咎。勿恤其孚,于食有福。

2.《晉》六五:悔亡。失得,勿恤。往,吉,无不利。

3.《家人》九五:王假有家,勿恤。吉。

4.《夬》九二:惕號。莫夜有戎,勿恤。

5.《萃》初六:有孚,不終,乃亂乃萃。若號,一握爲笑。勿恤。往,无咎。

6.《升》卦辭:元亨。用見大人,勿恤。南征,吉。

案:傳本《渙》上九、《小畜》六四之"血",竹書本⑤、阜陽漢簡本⑥、帛書本⑦、唐石經⑧、

---

① 廖名春:《〈周易〉"惕"義考——傳世文獻與出土簡帛的互證》,載朱伯崑主編:《國際易學研究》第 8 輯,北京:華夏出版社,2005 年,第 237—238 頁。

② 廖名春:《〈周易〉經傳十五講》,北京:北京大學出版社,2004 年,第 80 頁。

③ Kunst, Richard Alan, *The Original Yijing: A Test*, *Phonetic Transcription*, *Translation*, *and Indexes*, *with Sample Glosses* (unpublished Ph. D. dissertation, University of California, Berkeley, 1985), p. 586.

④ Kunst, Richard Alan, *The Original Yijing: A Test*, *Phonetic Transcription*, *Translation*, *and Indexes*, *with Sample Glosses*, p. 551.

⑤ 竹書本存《渙》上九簡文,《小畜》六四則已殘缺。參馬承源主編:《上海博物館藏戰國楚竹書(三)》,第 210 頁。

⑥ 阜陽漢簡本存《小畜》六四簡文,《渙》上九則已殘缺。參韓自強:《阜陽漢簡〈周易〉研究》,上海:上海古籍出版社,2004 年,第 50 頁。

⑦ 參廖名春《帛書〈易經〉釋文》,《帛書〈周易〉論集》,第 368—369 頁。

⑧ 參中華書局編《景刊唐開成石經:附賈刻孟子嚴氏校文》,第 1 冊,卷 1 第 26 頁、卷 6 第 9 頁(總第 13、61 頁)。

敦煌本①均作"血",未有作"恤"者。又竹書本《夬》九二、《萃》初六之"恤",竹書本均作
"𧖷",整理者隸作"卹"②;而《需》六四、《渙》上九之"血",竹書本則作"𧖨"形,整理者
隸作"血"③,與今本無異。竹書本"恤"、"血"二字,抄寫者既有意區別,其義當有所不
同。從辭義言,《坤》上六、《屯》上六、《需》六四、《歸妹》上六之"血"字,均當如字解之,
不宜讀爲"恤"之假借;而《小畜》六四、《渙》上九之"血",若如字解之,亦文從字順,似
無需以通假釋之。《渙》上九"渙其血去逖出","渙"爲水流散義,"血"如字解,正合
《渙》之卦旨。

(三)

竹書本《渙》上九"𧮫"字,整理者原釋文隸作"欲",非議者甚衆,如陳偉先
生曰:

> 攷,原釋文釋爲"欲"。此字左部上从大,下从口,是楚簡中常見的"去"
> 字。楚簡文字的"谷"字或"欲"字所从,"口"上所从皆像是兩個"八"字,左右
> 筆劃有一定距離,與"去"字區別分明。因而竹書《周易》此字當釋爲"攷",讀
> 爲"去",與帛書本和今本《周易》用字相同。④

又季旭昇先生曰:

> 簡55"渙其血,欲易出"——第四字,原考釋逕釋"欲",並指出《馬王
> 堆》作"去湯出",今本《周易》作"去逖出"。旭昇案:字不得釋"欲"。細審
> 此字左旁,實從"去",其上作"大"形,與"欲"字左旁之"谷"其上作"重八"
> 形者完全不同。字當從"欠"、"去"聲,隸作"攷",與"去"同音,本簡當逕讀
> 爲"去"。⑤

陳斯鵬先生從陳偉先生之說,又認爲竹書本簡14"聖𧮫𡎚"之"𧮫",亦應當隸作"攷",

---

① 敦煌寫卷《小畜》六四見"伯2616號",《渙》上九見"斯5992號"。參許建平:《敦煌文獻合集·羣經類周
易之屬》,《敦煌經部文獻合集》,第1冊,第17、80頁。
② 參馬承源主編《上海博物館藏戰國楚竹書(三)》,第187、193頁。圖版見第50、54頁。
③ 同上,第138、210頁。圖版見第14、67頁。
④ 陳偉:《上博簡〈從政〉、〈周易〉校讀》,載丁四新主編《楚地簡帛文獻思想(二)》,武漢:湖北教育出版社,
2005年,第6—7頁。案:此文由《楚竹書〈周易〉文字試釋》一文增刪而成,首發於簡帛研究網,2004年4
月18日。
⑤ 季旭昇:《〈上博三·周易〉零釋七則》,簡帛研究網,2004年4月24日。

陳氏云:

"𫗴"字又見於同篇第55號簡,陳偉先生已指出從"去"從"欠"(《楚竹書〈周易〉文字試釋》),是。……頗疑"𫗴"即"嗑"字異體,二字均從"去"(葉部字)得聲,義符"欠"、"口"可通用。"適"字楚簡已數見之,此應讀作"謫",古書用"適"爲"謫"之例甚多(參高亨《古字通假會典》465頁)。①

何有祖先生申之曰:

簡55 [字],陳偉、季旭昇先生釋爲"𫗴",簡14的 [字],陳斯鵬先生釋爲"𫗴"可信。茲補充一條證據,《汗簡》卷中之二"欠"部引《義雲章》"去"字作 [字],正與楚簡 [字]、[字] 形體結構相同。[字]、[字],俱是"去"字。②

又張新俊先生云:

《周易》第55簡說:"上九:藏其血,[字]易出。"《周易》簡的整理者釋作"欲"。從形體上看,此字與"欲"的確十分接近,楚文字中的"欲"字寫作:[字](老子甲5)[字](容成氏12)二者的形體非常接近,但只在於左上部的四筆之間距離的大小。[字]字的左邊是"去"而非"谷",所以,與此字相對應的馬王堆帛書本、今本《周易》均作"去",可以爲證。③

又陳惠玲女士云:

楚簡本"[字]"字,原考釋隸定作"欲",非。"欲"字,楚系文字作 [字](《信陽》1.026)、[字](《天》3604),"去"字,楚系文字作 [字](《郭·老甲》18)、[字](《郭·語三》4)、[字]([达]《天·卜》)。楚簡本"[字]"字,與"欲"字之左半不類,應爲"去"。陳偉、季師旭昇之說可從。故此字當隸定作"𫗴",與帛書本、今本作"去"同音。④

秦倞女士⑤、王鳳先生⑥亦認爲陳偉等先生之說可從,何琳儀先生(1943—2007)《上博

① 陳斯鵬:《楚簡〈周易〉初讀記》,清華孔子2000網,2004年4月25日。
② 何有祖:《楚簡釋讀七則》,《江漢考古》2006年第1期,第92頁。案:此文由《竹書〈周易〉補證一則》一文增刪而成,首發於簡帛研究網,2004年6月6日。
③ 張新俊:《上博楚簡文字研究》,吉林大學古籍研究所博士學位論文(吳振武教授指導),2005年,第53—54頁。
④ 陳惠玲:《〈上海博物館藏戰國楚竹書(三)·周易〉研究》,第745頁。
⑤ 參秦倞:《上博竹書〈周易〉異文的初步考察》,第13頁。
⑥ 參王鳳:《上海博物館藏戰國楚竹書(三)的研究及文字整理》,東北師範大學文學院碩士學位論文(張世超教授指導),2006年,第17頁。

簡〈周易〉》釋文①及《上海博物館藏戰國楚竹書(一至五)文字編》②,"髭"均隸作"敊"。濮茅左先生後著《楚竹書〈周易〉研究》,亦修訂前說,將"髭"隸作"敊",並釋云:

> "敊",《玉篇》:"敊,丘庶切,欠敊張口也。"《莊子‧外篇‧秋水》:"公孫
> 龍口敊而不合,舌舉而不下,乃逸而走。"體倦則伸,志倦則敊。或作"呿",
> 《集韻》:"敊,張口皃,或作呿。"可讀爲"去"。③

諸家之說甚詳,"髭"隸作"敊",音讀爲去,當無可疑。

(四)

《渙》上九"血去逖出",《小畜》六四作"血去惕出",帛書本"逖"、"惕"二字皆作"湯"④,竹書本《渙》上九爻辭作"血敊易出"⑤,阜陽漢簡本殘文《小畜》六四爻辭存"血去易"數字⑥,是"逖"亦作"惕"、"湯"、"易"諸形,異文甚夥。濮茅左先生釋竹書本《渙》上九"血敊易出"之"易"曰:

> "易",變易。《廣韻》:"易,變易,又始也,改也,奪也,轉也。"渙散之時,
> 禍害紛起,也有所傷,變換而擺脫出患難之境,自然無禍害。⑦

案:《夬》九二爻辭"惕號。莫夜有戎,勿恤",呂祖謙(1137—1181)《古易音訓》"惕"下注云:"晁氏曰:'案古文作易。'"⑧考"易"字上古餘紐錫部⑨,"逖"、"惕"二字則爲透紐錫部⑩,三字同屬錫部,餘、透二紐則同屬舌音,音近故可通假。韓自強先生釋阜陽漢簡本《小畜》六四"血去易"之"易"曰:

> "易",帛書作"湯",今本作"惕",古文作"愓"或"愁"、"僾"。焦循云:

---

① 參何琳儀點校:《上博簡〈周易〉》,載龐樸主編《儒藏》(精華編第 281 册:出土文獻類),第 114 頁。
② 參李守奎、曲冰、孫偉龍編著:《上海博物館藏戰國楚竹書(一至五)文字編》,北京:作家出版社,2007 年,第 823、833 頁。
③ 濮茅左:《楚竹書〈周易〉研究》,上册,第 182 頁。
④ 廖名春:《〈帛書易經〉釋文》,《帛書〈周易〉論集》,第 368—369 頁。
⑤ 濮茅左:《楚竹書〈周易〉研究》,上册,第 182 頁。
⑥ 韓自強:《阜陽漢簡〈周易〉研究》,第 50 頁。
⑦ 馬承源主編:《上海博物館藏戰國楚竹書(三)》,第 211 頁。
⑧ 呂祖謙:《古易音訓》卷上,《呂祖謙全集》第 2 册,杭州:浙江古籍出版社,2008 年,第 5 頁。
⑨ 參唐作藩《上古音手册》,南京:江蘇人民出版社,1982 年,第 155 頁。
⑩ 同上,第 128 頁。

"惕,逖也。"《說文》:"逷,古逖字。"桂注:"狄、易聲相近,本書惕或從狄。"今本《渙》卦上九"渙其血去逖出","惕"正作"逖"。"逖"從狄得聲,通"狄",如帝嚳妃簡狄,《漢書·古今人表》作"簡逖"。"逷"從易得聲,故"狄"通"易",如王充《論衡》"狄牙",經史皆作"易牙"。《訟》卦"有孚窒惕",于省吾說:"窒惕乃至易之假字也。"此皆"狄"、"惕"通"易"之證。帛書"惕"作"湯","湯"亦從易得聲,假作"惕"。"湯",字書無此字。今本《師》卦九二"王三錫命",帛書作"王三湯命","湯"假爲"錫","湯"又音逖,在錫部,"湯"亦讀爲"逖",與"惕"通。①

其說甚辨。《說文·辵部》:"逖(逖),遠也。从辵狄聲。逷(逷),古文逖。"②又《心部》:"惕(惕),敬也。从心易聲。愁(愁),或從狄。"③桂馥(1736—1805)《說文解字義證》釋"愁"曰:"或從狄者,易、狄聲近,本書逖,古文作逷。"④段玉裁(1735—1815)《說文解字注》云:"易、逖同部。"⑤《汗簡》引古文"惕"字作"悤"、"愁"諸形⑥,是"逖"與"惕"、"湯"、"易"諸字,具通假條件。濮氏以竹書本"易"爲本字,未必無理,惟訓"易出"爲"變換而擺脫出",則可待商榷。

《周易集解》引虞翻(164—233)釋《小畜》六四曰:"惕,憂也。"⑦虞翻又釋《渙》上九曰:"逖,憂也。"⑧是"惕"、"逖"二字同訓。程頤(1033—1107)則直釋"逖"爲"惕",程氏曰:

> 上應於三,三居險陷之極,上若下從於彼,則不能出於渙也。險有傷害畏懼之象,故云"血"、"惕"。⑨

朱熹(1130—1200)《周易本義》申之曰:

> "逖"當作"惕",與《小畜》六四同,言渙其血則去,渙其惕則出也。⑩

---

① 韓自強:《阜陽漢簡〈周易〉研究》,第 106—107 頁。
② 許慎:《說文解字》,卷 2 下,第 7 頁 b(總第 42 頁上)。
③ 許慎:《說文解字》,卷 10 下,第 22 頁 b(總第 223 頁上)。
④ 桂馥:《說文解字義證》,下冊,北京:中華書局,1987 年,卷 32,第 50 頁 a(總第 920 頁下)。標點爲筆者所加。
⑤ 段玉裁:《說文解字注》(影印清嘉慶十二年 [1815] 經韻樓刻本),杭州:浙江古籍出版社,2006 年,卷 2 下,第 75 頁上。
⑥ 參黃錫全《汗簡注釋》,湖北:武漢大學出版社,1990 年,第 377、380 頁。
⑦ 李鼎祚:《周易集解》,載《北京圖書館古籍珍本叢刊》,第 1 冊,北京:書目文獻出版社,1988 年,卷 3 第 26 頁 a(總第 52 頁下)。標點爲筆者所加。
⑧ 李鼎祚:《周易集解》,載《北京圖書館古籍珍本叢刊》,第 1 冊,卷 12,第 5 頁 b(總第 208 頁上)。
⑨ 程頤:《周易程氏傳》卷 4,《二程集》,下冊,北京:中華書局,1981 年,第 1005 頁。標點與原文略異。
⑩ 朱熹:《周易本義》卷 2,載《朱子全書》,第 1 冊,上海:上海古籍出版社;合肥:安徽教育出版社,2002 年,第 83 頁。

朱氏謂"逖"當作"惕",劉大鈞先生以爲其説至確,劉氏《周易概論》曰:

> "逖",《本義》以爲"逖"當作"惕",與《小畜》卦六四爻同。然後人多有不贊同者。按帛書《易經》此爻及《小畜》卦六四爻皆作"血去湯①出"。帛本之"湯"顯係"惕"字之借,可證"湯""惕""逖"可互假。再,"惕"字又作"悐"字,而"逖"字應是"悐"的異體。由此而考之,《本義》以"逖"作"惕",可謂至確。②

夏含夷先生(Edward L. Shaughnessy)英譯帛書本"湯出"作"warily exiting"③,顯以"惕"義釋"湯"也。廖名春先生亦云:

> 今本之"逖",帛書《易經》作"湯"、上博楚簡作"易",絶非偶然,説明程頤、朱熹讀"惕"説是非常正確的。"惕"不但是此爻今本"逖"的本字,也是帛書《易經》之"湯"、上博楚簡之"易"的本字。④

是上述諸家皆以《涣》上九"逖"、"湯"、"易"諸形與《小畜》六四之"惕"同義,當釋爲"憂懼"。惟高亨(1900—1986)《周易古經今注》釋《小畜》六四曰:

> 焦循曰:"惕,邊也。"亨按惕疑借爲邊。《説文》:"逖,遠也。"古文作逿。惕逿同聲系,古通用。故此以惕爲逿。出猶走也。字孳乳爲趉。《説文》:"趉,走也,从走,出聲,讀若屈。"逿出猶云遠走耳。《涣》上九云:"涣其血去,逖出,无咎。"與此句法相似。此作惕,用借字,彼作逖,用本字也。⑤

則又以"惕"爲《涣》上九"逖"之借,當釋爲"遠"。又《説文》曰:"逿(逖),遠也。"⑥《象傳》云:"'涣其血',遠害也。"⑦宋人鄭剛中(1088—1154)《周易窺餘》據之曰:"本或作'惕出',讀《象》則知其非'惕'矣,與《小畜》六四文類而意異。"⑧又項安世(1153—

① 案:"湯"當爲"湯"之誤。下引同,不另注。

② 劉大鈞:《周易概論》(增補本),成都:巴蜀書社,2008年,第210頁。

③ Edward L. Shaughnessy, *I Ching: The Classic of Changes* (New York: Ballantine Books, 1996), p. 161.

④ 廖名春:《〈周易〉"惕"義考——傳世文獻與出土簡帛的互證》,《國際易學研究》第8輯,第239—240頁。

⑤ 高亨:《周易古經今注》(重訂本),北京:中華書局,1984年,第186—187頁。

⑥ 許慎:《説文解字》,卷2下第7頁b(總第42頁上)。

⑦ 王弼、韓康伯注,孔穎達疏:《周易注疏》,卷6,第13頁a(總第132頁上)。

⑧ 鄭剛中:《周易窺餘》(影印文淵閣《四庫全書》本),上海:上海古籍出版社,1989年,卷14,第19頁(總第188頁下)。標點爲筆者所加。

1208)《周易玩辭》云:“‘惕’與‘逖’文義自殊,據《小象》言‘遠害也’,則逖義甚明,不容作‘惕’矣。”①金景芳(1902—2001)從項說②。王弼、孔穎達訓“逖”爲“遠”,不取“惕”義③,朱震(1072—1138)《周易集傳》曰:“一本作‘去惕出’。巽爲多白眼,有惕懼之象。然《象》曰‘遠害’,當從逖矣。”④則又以“逖”、“惕”義別。案:帛書本“湯”、竹書本“昜”,均可假爲“惕”,而“惕”又可作“愓”,故諸家認爲“逖”本當作“惕”。惟《說文》謂“逖”古文作“逷”,“惕”、“湯”從“易”不從“狄”,亦可能用古文“逖”也。《渙》上九之“逖”,本字無論從“易”抑從“狄”,均可成說,何者爲是,頗難遽定。

除“憂”、“遠”二義外,今人頗有以新說釋“逖”者,如鄧球柏先生認爲帛書本之“湯”當有“蕩滌”之義,鄧氏曰:

> 湯:借爲滌。……這條爻辭的意思是說:洪水沖走了祭祀用的牲血,蕩滌得一乾二淨。⑤

惟帛書本《小畜》六四之“湯”,鄧氏則以“暘”義釋之,並曰:

> 血去湯出,鮮血流出紅似日出。湯,借爲暘。暘,暘之異文。《說文》:“暘,日出也。”《集韻》:“暘,或作湯。”又疑湯字乃暘字之異文。《說文》:“暘,日覆雲暫見也。從日易聲。”⑥

案:鄧氏謂“湯,借爲暘”,其意似爲“暘爲湯之譌”。鄧氏又以“湯”爲“暘”之異文,以證“湯”爲“暘”之異文,其意似謂從水之字與從日之字得爲異文,所說偏重義符,實未得假借之要。若“湯”果爲“暘”之異文,二字之關係爲通假,蓋皆從易聲故也。胡志勇先生《〈易經〉卦爻辭中之“惕”字質疑》一文,則認爲帛書本之“湯”與通行本之“惕”,當爲“湯”、“惕”之誤,二字均通古之“蕩”字⑦,胡氏曰:

> 一、“湯”,即“湯”(今簡化爲汤),通“蕩”(今簡化爲荡)。帛書《易之義》“湯武之德”的“湯”字寫作“湯”;帛書《泰過》卦九二、九五爻辭所出現的兩個“枯楊”之“楊”字,均寫作“楊”,說明當時“易(yì)”與“昜(yáng)”作

① 項安世:《周易玩辭》(影印文淵閣《四庫全書》本),上海:上海古籍出版社,1990年,卷11,第23頁a(總第173頁下)。標點爲筆者所加。
② 參金景芳講述,呂紹綱整理:《周易講座》,桂林:廣西師範大學出版社,2005年,第337—338頁。
③ 參王弼、韓康伯注,孔穎達疏:《周易注疏》,卷6,第13頁a(總第132頁上)。
④ 朱震:《周易集傳》卷6,《朱震集》,長沙:嶽麓書社,2007年,第368頁。
⑤ 鄧球柏:《帛書周易校釋》(修訂本),長沙:湖南人民出版社,2002年,第427—428頁。
⑥ 同上,第407頁。
⑦ 參胡志勇:《〈易經〉卦爻辭中之“惕”字質疑》,《周易研究》2003年第6期。

偏旁有混用的情況。帛書本爲漢初版本,當時正值漢字隸變之中,寫字有所隨便,通假很多,形誤不少。像這種一筆之差相混便成爲可能。在《漢語大字典》"蕩"字條所收錄的例字中,駝蕩宮壺之金文與《石門頌》之隸書,"蕩"的聲部"湯"均寫作"湯",表明"湯"字曾與"湯"相通。又在"湯"字條所收錄的例字中,《春秋事語·四二》,也寫作"湯",並作"蕩"字解。即:"齊亘(桓)公與蔡夫人乘周(舟),夫人湯周(舟)。"《正字通·水部》:"湯,與蕩通。"

　　二、疑"惕"誤爲"惕"、"傷"誤爲"傷",通"蕩"。同"湯"誤作"傷"一樣,"惕"當爲"惕"之誤,"傷"當爲"傷"之誤。"惕",《說文》:"惕,放也。從心,易聲。一曰平也。"朱駿聲《說文通訓定聲·陽部》:"經傳該①以'蕩'爲之。"帛書《繫辭》將通行本的兩個"易知"的"易",一個作"傷",一個作"傷",便是"傷"爲"傷"之誤的佐證。"傷",《字彙補·人部》:"傷,古蕩字。"《法言·淵騫》:"魯仲連傷而不劘,藺相如劘而不傷。"李軌注:"傷,古蕩字;劘,古制字。"②

胡氏據而釋曰:

　　《小畜》卦、《渙》卦之"血去惕(逖)出"用"蕩"解釋亦符合其卦意。《小畜》卦是記叙農事活動的。其中這一爻是先民"日出而作,日落而息"的形象寫照,大意是說,從田間回來,血色般的夕陽在天水交際處跳蕩,誰也不會感到有災害到來。過去大都把"血"釋爲"恤",作憂慮解,將"惕"作驚恐解,釋爲去掉憂慮,排除驚恐,似同農忙歡快氣氛不協調。《渙》卦之"渙",《說文》解爲"流散",結合卦辭"利涉大川",當釋作洗浴。這一爻的大意是說,血色般的夕陽也在洗浴,跳蕩於水浪之中,人更覺沒有煩惱。過去多將"逖"按《說文》作"遠"解,釋爲散其憂傷,遠離其害,同洗浴爽快氣氛亦不合拍。

案:鄧、胡二氏,釋"血去湯出"爲"洪水沖走了祭祀用的牲血,蕩滌得一乾二淨"、"鮮血流出紅似日出"、"血色般的夕陽在天水交際處跳蕩"云云,頗感牽强附會,恐非爻辭原意。

---

① 案:"該",朱駿聲原文作"皆"。又"傷"字《說文通訓定聲》收於《壯部》,胡氏誤作《陽部》。詳見朱駿聲:《說文通訓定聲》,北京:中華書局,1984 年,卷 18,第 3 頁 a(總第 890 頁上)。

② 胡志勇:《〈易經〉卦爻辭中之"惕"字質疑》,《周易研究》2003 年第 6 期。下引同,不另注。

又《乾》九三爻辭"夕惕若"之"惕"，帛書本作"𢎥"①，《二㲉子》引作"𢎥"②，《衷》③則二見，形作"𢎥"、"𢎥"④，廖名春先生認爲均當隸作"沂"⑤。根據《淮南子·人間訓》"'終日乾乾'，以陽動也；'夕惕若厲'，以陰息也。因日以動，因夜以息，唯有道者能行之"，廖先生認爲《乾》九三之"惕"當從帛書本作"沂"，訓爲"止息"，其《〈周易〉乾坤兩卦卦爻辭五考》⑥一文曰：

> 帛書"夕沂若"，沂即析（懇），由解除引申爲安閑休息。由於析與懇通，而愬、㥏（惕）實爲一字的異寫，故今本皆作"夕惕若"。……這條爻辭就是講的因時而動、因時而止的道理。"惕"就是"息"。⑦

其後廖先生著《〈周易〉"惕"義考——傳世文獻與出土簡帛的互證》一文，復申論曰：

> 《周易》中《乾》卦九二（向榮案：當作"九三"）爻辭、《訟》卦卦辭、《小畜》六四爻辭之"惕"（包括《渙》卦上九爻辭之"逖"）字，都應訓爲止息，《夬》卦九二爻辭之"惕"字，則是"嗁"的同音假借。懂得了這一點，這五條卦爻辭的疑難，甚至包括郭店簡《六德》篇的"帝號"之謎，就可迎刃而解了。⑧

案："惕"古音透紐錫部⑨，"嗁"定紐支部⑩，二字錫、支對轉，透、定二紐則同屬舌音，語音相近，故具通假條件。又廖氏訓"惕"爲"止息"，雖頗有啟發，惟亦不乏非之者，如蘇建洲先生《楚文字雜識》曰：

> "訟：有孚窒惕，中吉，終凶。"……廖名春先生解釋此段經文則說："爭訟，誠信被止息拋棄，眼前雖有利，但最終卻凶險。"其中"窒"的意思是遏制、阻止。"惕"，通析，解除，引申爲止息。帛書本作"寧"，音義相近。廖名春先

---

①　見濮茅左：《楚竹書〈周易〉研究》，下冊，第 550 頁。

②　同上，第 589 頁。

③　案：《衷》，又名《易之義》、《易贊》、《子曰》，今採廖名春先生說，稱之爲《衷》。詳參廖名春：《試論帛書〈衷〉的篇名和字數》，《周易研究》2002 年第 5 期。

④　見張政烺：《馬王堆帛書〈周易〉經傳校讀》，北京：中華書局，2008 年，第 25 頁。

⑤　參廖名春：《帛書〈易經〉釋文》、《帛書〈二㲉子〉釋文》、《帛書〈衷〉釋文》，《帛書〈周易〉論集》，第 359、372、383—384 頁。

⑥　廖名春：《〈周易〉乾坤兩卦卦爻辭五考》，《周易研究》1999 年第 1 期。案：本文又以《〈周易〉乾坤兩卦卦爻辭新解》爲題，載於《古漢語研究》1999 年第 2 期及《〈周易〉經傳與易學史新論》，濟南：齊魯書社，2001 年，第 3—25 頁。

⑦　廖名春：《〈周易〉乾坤兩卦卦爻辭五考》，《〈周易〉經傳與易學史新論》，第 6—7 頁。

⑧　廖名春：《〈周易〉"惕"義考——傳世文獻與出土簡帛的互證》，《國際易學研究》第 8 輯，第 243 頁。

⑨　參唐作藩：《上古音手冊》，第 128 頁。

⑩　同上。

生所解文意似乎不是很順暢,所謂"誠信被止息拋棄"也不知如何理解? 且將"惕"解爲"止息"似乎不是常詁。[①]

又朱冠華先生《帛書與今本〈周易〉之乾、坤二卦四題》曰:

《乾卦》九三說:"君子終日乾乾,夕惕若,厲,无咎。"先從句讀說,"君子終日乾乾",與"夕惕若"兩句,各自獨立,相對成義。……所謂"惕若"者,猶云"惕如",即是惕然,是實有其事,不作"如似"假設解。此種句法《易經》屢見,如《離》之六五:"出涕沱若,戚嗟若。"《巽》之九二:"用史巫紛若。"《豐》之六二:"有孚發若。"《節》之六三:"不節若,則嗟若。"皆是其證。……

《周易》"夕惕若"的"惕",帛書作"沂",有學者以爲是"息"字之誤。"是講君子在'時至'之時要努力用事,於'時盡'之際要知道及時休息。"一動一靜,一用一息。"'日'、'夕'成了'時至'、'時盡'的代名詞"。這種說法,贊同的學者根據《淮南子·人間訓》之"'終日乾乾',以陽動也;'夕惕若厲',以陰息也。因日以動,因夜以息,唯有道者能行之"一段以爲佐證,且以爲這種和陰陽順天時而"動"、"息"的思想,正合魏相所表採之《易陰陽》的主旨云云。是否如此,大有可商。……

無論在字形和義訓上,(惕)都和現今所見的相差不遠。如果將之解作"息",不但未見前聞,且使下文"厲无咎"三字變得義無所承。此等"及時作、及時息"的見解,早在堯帝時候已有老人擊壤歌於路途之中,要是聖人的議論也是這般格調,那《易經》的可讀性當受質疑。又按《淮南子·人間訓》云:"……《易》曰'潛龍勿用'者,言時之不可行也。故'君子終日乾乾夕惕若厲无咎'。終日乾乾,以陽動也;夕惕若厲,以陰息也。因日以動,因夜以息,惟有道者能行之。"上引文字,劉安用《易》的重點在於"潛龍勿用"一句。"言時之不可行也","時"不一定訓爲"時間",亦可解作"時宜"、"時勢"。……時有利、不利,於是人的行爲也有潛現動靜、進退取捨種種調整。這裏則偏重於靜,相當於《艮·象》:"艮,止也。時止則止,時行則行。動靜不失其時。"側重於"時止","時行"是陪襯義。《淮南》先以"終日乾乾,……夕惕若厲"爲句,不在"若"字作斷,取其行文之相偶,亦加强"潛龍勿用"之義而已。如果沒有首尾讀過上引《淮南子》的一段,全豹未窺,則此義容易疏忽,完全看不出劉安純粹針對乾之初九而發,要是拿它來解釋《乾卦》九三,就變得郢書燕

---

① 蘇建洲:《楚文字雜識》,簡帛研究網,2005 年 10 月 30 日。

說,無法釋疑止爭了。……

《乾卦》六爻通以"龍"爲喻,初九和九三,由於卦位的不同,彼此象徵的人事意義亦判然差異。……九三的君子必須做到日乾夕惕且危厲,才僅免咎殃,否則必凶;明白到他爲何在夜間疲累需要休息之時,仍然抱持"悚怍之情,夙宵兢惕"的必要。故訓"沂"爲"息",就不如李學勤於"沂"下直標爲"惕"①,來得言簡意賅,愜然貴當。推之"日乾"與"夕惕",相對成義,乃古人的慣用語……乾之初九與九三,各具象徵,此一時,彼一時,"時乘六龍以御天",要是兩爻只作一爻解,聖人何必多費唇舌?……

此爻由於失中處極,從自覺危機的存在開始,日間努力不懈,不斷自我充實;又於夜間退陰以息之時,"月悔朔,日悔昨"(《淮南子·原道》)。要是不讀書,不求進取,人如何會上進?不能反省,不敢反省,不願反省,如何寄望他向前看與提升?這就是《大象》"天行健,君子以自强不息"、恒保"反復道也"的保證。能夠德學益進,自然就會不蹈有過之地。自知個人"重剛不中"的缺點以及"上不在天,下不在田"的事業局限,因而做到行止取捨合宜,就是"與時偕行"。《曾子·立孝篇》申《詩》"夙興夜寐,無忝爾所生"之旨,指謂"廣明德慧"(《說苑·建本》),"無自舍也",取義與此正同。②

秦倞女士《再說"夕惕若"》認爲"廖文對帛書《易》傳的解說有充分的證據,豐富了我們對《乾》卦的認識"③,惟注文則評曰:"廖文的問題在於强把《易經》按照帛書《易》傳等較晚材料作解"④,並質疑曰:

帛書《周易》經傳中作"沂"的異文,則應該跟傳本分別作解。廖名春該文說"沂"本應爲"析(怵)",其字形分析就靠不住,進一步說"引申爲安閑休息"云云顯然更不可信。

侯乃峰先生《〈周易〉文字彙校集釋》則從字形、音韻辨之曰:

帛書本對應今本"夕惕若厲"之"惕"字從原圖版來看似乎並無殘缺,其形作"㲊",原考釋者釋爲"泥"。

① 案:據朱氏原注,李學勤先生之說當見於《簡帛佚籍與學術史》第266頁,惟查考李氏原書,並未見相關說法,恐爲朱氏誤引,姑存疑待考。
② 朱冠華:《帛書與今本〈周易之〉乾、坤二卦四題》,《周易研究》2005年第6期。
③ 秦倞:《再說"夕惕若"》,復旦大學出土文獻與古文字研究中心網站,2008年7月21日。下引同,不另注。
④ 參秦倞:《再說"夕惕若"》注10。

帛書《二三子問》中對應"夕惕若属"之"惕"字作"㞒"形，與帛書本《辰(震)》卦"辰(震)遂泥"之"泥"字作"㞒"同形。"辰(震)遂泥"之"泥"字由於有今本對應，字形亦吻合，釋爲"泥"字當屬無疑。而《二三子問》中對應"夕惕若属"之"惕"字與其同形，所以釋爲"泥"也是可信的。雖然與《二三子問》中出現的字形並非完全相同，但是，如果認爲"㞒"形右下部有些殘缺的話，還是可以將二者看作同一個字的。可見，原考釋者將"㞒"也釋爲"泥"在字形上是很有根據的。

于豪亮先生將《二三子問》中對應"惕"的字釋爲"沂"，鄧球柏、廖名春先生從之，並由此將"㞒"字也釋爲"沂"。而《馬王堆簡帛文字編》推而廣之，將《二三子問》〇一六中的字和"辰(震)遂泥"之"泥"字形統一放在"沂"字頭下。《二三子問》中的字釋爲"泥"，古音在泥紐脂部；今本"惕"字古音在透紐錫部；二字聲紐同屬舌音，韻部通轉，從音理上可以解釋它們之間的關係。若釋字爲"沂"，古音在疑紐微部，與"惕"的讀音較"泥"爲遠。因此，筆者傾向於認同釋爲"泥"的看法。

再從字形上說，我們可以將此字與馬王堆簡帛中常見的"斤"字形和從"斤"的"近"字形相比較。通過比較可見，此字形右部所從僅和"近"字的個別形體有些相似，且並非完全吻合，而且和馬王堆帛書中經常出現的"斤"字形不類。由此，上述釋爲"沂"的看法在字形上並沒有十分充足的證據。①

案：據上述諸家所論，訓"惕"爲"止息"，似不乏可商榷之處，廖氏所解，未必盡合經文原意。

（五）

考通行本《周易》"惕"字四見②，分別爲《乾》九三"夕惕若"、《訟》卦辭"窒惕"、《小畜》六四"血去惕出"及《夬》九二"惕號"，又《渙》上九"血去逖出"，"逖"古文作"逷"，亦可與上引諸卦爻辭並觀。考竹書本《周易》，《乾》九三、《小畜》六四已殘，《訟》卦辭"窒

---

① 侯乃峰：《〈周易〉文字彙校集釋》，第9—10頁。
② Kunst, Richard Alan, *The Original Yijing: A Test*, *Phonetic Transcription*, *Translation*, *and Indexes*, *with Sample Glosses*, p. 552.

惕",竹書本簡 4 作"愯**愯**",整理者隸"**愯**"爲"愙"①;《夬》九二"惕號",竹書本簡 38 作
"**愯**虜",整理者隸"**愯**"爲"啻"②。楚竹書《季庚子問於孔子》簡 23 有"**夢**"字,整理者濮
茅左先生隸作"商"③,季旭昇先生隸爲"啻"④,《上海博物館藏戰國楚竹書(一至五)文
字編》則認爲與《周易》簡 38"**愯**"同形,將二字同隸作"啻"⑤。爲便於直觀,茲將相關字
形放大列下(字形隸定據整理者原釋文):

上博三·周易《訟》	上博三·周易《夬》	上博五·季庚子問於孔	上博三·周易《渙》
卦辭簡 4"愙"	九二簡 38"啻"	子簡 23"商"	上九簡 55"易"

案:邵瑛(生卒年不詳,清乾隆四十九年進士)《說文解字群經正字》釋"啻"字曰:"今經
典本字从口帝聲作啻,而凡偏旁俱作商,如適、敵、嫡、滴、摘、鏑、蹢、楠之類,蓋即啻之
變體。漢石經如此作,《五經文字·木部》'楠'字下云:'《說文》从啻,石經从商',是其
證也。"⑥"商"蓋"啻"之變體,"**愯**"(愙)、"**愯**"(啻)二字,上部構形無異。惟《渙》上九
"血去逖出"之"逖",竹書本簡 55 作"**夕**"(易),顯與"**愯**"、"**愯**"構形相異,疑抄寫者有意
別之。"血去逖出"之"逖",釋義當與其餘卦爻辭之"惕"有別,宜另求他解。

(六)

《渙》上九"渙其血去逖出",聞一多(1899—1946)《周易雜記》曰:

《渙》上九曰:"渙其血去逖出,无咎。"《象》曰:"渙其血,遠害也。"俞樾
云:"據《傳》,當以'渙其血'三字爲句,疑血下古更有血字,當作'渙其血,

---

① 馬承源主編:《上海博物館藏戰國楚竹書(三)》,第 141 頁。
② 同上,第 187 頁。
③ 濮茅左釋文:《季庚子問於孔子》,載馬承源主編《上海博物館藏戰國楚竹書(五)》,上海:上海古籍出版
　社,2005 年,第 235 頁。
④ 參季旭昇:《上博五芻議(上)》,武漢大學簡帛網,2006 年 2 月 18 日。
⑤ 參李守奎、曲冰、孫偉龍編著:《上海博物館藏戰國楚竹書(一至五)文字編》,第 56 頁。
⑥ 邵瑛:《說文解字群經正字》(影印清嘉慶二十一年 [1816] 桂隱書屋刻本),載《續修四庫全書》,第 211
　冊,上海:上海古籍出版社,1995 年,卷 3,第 13 頁 a—b(總第 52 頁上)。標點爲筆者所加。張參《五經
　文字》原文,見《景印文淵閣四庫全書》,第 224 冊,臺北:臺灣商務印書館,1986 年,卷上,第 2 頁 b(總第 254
　頁下)。

血去逖出，无咎。’古人遇重文但加二畫以識之，傳寫因奪去耳。‘血去逖出，无咎’，猶《小畜》六四曰‘血去惕出，无咎’。惕、逖古字通，此假逖爲惕也。”案俞說精確。虞注惕、逖並訓憂，是正讀逖爲惕也。然俞又據馬注《小畜》云“血當作恤，憂也”，謂《渙》之下血字亦爲恤之假借，則有未諦。誠如所言，恤惕並訓憂。“恤去惕出”，猶言憂去憂出，不辭甚矣。今謂血仍當讀如字，惕與瘍通。《廣雅·釋詁》一：“瘍，病也。”三：“瘍，癡也。”王念孫云：“《說文》：‘瘍，脈瘍也。’脈瘍，猶辟易也。”《吳語》“稱疾辟易”，韋《注》：“辟易，狂疾。”《韓非子·內儲說》下篇：“公惑易也。”《漢書·王子侯表》：“樂平侯訴病狂易。”易與瘍通。案狂易者多驚恐，惕訓驚、訓懼，故驚恐之病謂之惕。呼爲病之專名，則書作瘍。其實，惕、瘍本無二義也。荀注“惕，疾也”，蓋即讀惕爲瘍。“血去瘍出”者，此醫家針砭之術，出血以療病者也。《渙》下體坎，坎爲心病（孟氏坎爲疑），故曰瘍。《小畜》與《渙》並上體《巽》。《巽》爲進退不果，爲躁卦。躁急不安亦狂疾之象也。①

聞氏釋“血去逖出”爲放血病癒，何新先生從之，並引《漢書》事例爲證，何氏曰：

> 聞一多說：惕通瘍。《廣雅·釋詁》：“瘍，病也。瘍，疾②也。”血去瘍出，此放血療病之術。又見《渙》上九：“血去逖出，无咎。”血去惕出：《漢書·李廣蘇建傳》：“鑿地爲坎，置熅火，覆武其上，蹈其背，以出血。”蹈或作搯，叩擊也。③

又周乾溁先生曰：

> 爲瘡癰、腫塊等施用手術，是會出血的，也包括膿水。“渙其血去”，手術時要把血、膿去淨。④

又劉蕙孫《周易曲成》曰：“逖，疾。”⑤是諸家均釋“逖”爲病義。

案：聞氏釋“血去逖出”爲治疾之法，信而有徵，既通義理，亦合卦象。《廣雅·釋詁一》：“瘍，病也。”王念孫(1744—1832)《廣雅疏證》曰：“瘍，謂狂病也。”⑥又《釋

---

① 聞一多：《周易雜記》，載《聞一多全集》，第 10 册，武漢：湖北人民出版社，1993 年，第 293 頁。
② 案：“疾”，聞氏原文作“癈”。
③ 何新：《天行健——〈易經〉新考》，北京：中國民主法制出版社，2008 年，第 125 頁。標點與原文略異。
④ 周乾溁：《〈周易·渙〉筮辭解》，《孔子研究》2001 年第 5 期。
⑤ 劉大紳遺稿，劉蕙孫續成：《周易曲成》，下册，第 568 頁。
⑥ 王念孫：《廣雅疏證》，北京：中華書局，1983 年，卷 1 上，第 24 頁 a(總第 16 頁下)。標點爲筆者所加。

詁三》:"瘍,癡也。"《廣雅疏證》曰:"瘍者,《說文》:'瘍,脈瘍也。''脈瘍',猶'辟易'也。……'易'與'瘍'通。"①"易"可通作"瘍",故有病義,《國語·吳語》:"員不忍稱疾辟易。"韋昭(204—273)注曰:"辟易,狂疾。"②汪遠孫(1789—1835)《國語發正》曰:"易,讀爲'瘍'。"③又《韓非子·内儲説下》:"公感易也。"邵增樺(1907—?)《韓非子今註今譯》曰:"易解作怪異,不正常。"④《韓非子校注》曰:"易:通'瘍'(yì 易),痴,狂。惑易:神志迷亂。"⑤又《漢書·王子侯表》謂樂平侯訴"病狂易"⑥,《五行志》謂王褒(生卒年不詳)"病狂易"⑦,《孝元馮昭儀傳》謂張由(生卒年不詳)"素有狂易病"⑧,均借"易"爲"瘍"也。醫聖張仲景(約 150—219)《傷寒論》有《辨陰陽易差後勞復病脈證並治》篇,成無己(約 1063—1156)《注解傷寒論》釋曰:"大病新差,血氣未復,餘熱未盡,強合陰陽,得病者名曰易。"⑨亦以"易"爲病名。傳本《小畜》六四"血去惕出"之"惕",阜陽漢簡本作"易";《渙》上九"血去逖出"之"逖",竹書本亦作"易",而"逖"字古文作"逷",與傳本《小畜》六四之"惕"及帛書本之"湯"皆从"易"旁,故亦可通作"瘍"。惕訓驚懼,狂瘍者多有驚恐之徵,故惕、瘍二義可以合觀,《宋書·文五王傳》云:"五音士忽狂易見鬼,驚怖啼哭。"⑩可爲佐證。《周易集解》引荀爽(128—190)注《小畜》六四曰:"惕,疾也。"⑪李道平(1788—1844)《周易集解纂疏》注謂:"疾速之疾。"⑫聞一多謂荀爽"蓋即讀惕爲瘍",未必盡當。惟段玉裁注"疾"云:"經傳多訓爲急也、速也。此引伸之義,如病之來多無期無迹也。"⑬是"疾"之速義,亦承自病義也。

中醫古有"一砭、二針、三灸、四藥、五導引"之説,其中"砭"爲外治法之一,《説文·石部》:"𥐫(砭),以石刺病也。"⑭又《淮南子·説山訓》:"醫之用針石。"東漢高誘

① 王念孫:《廣雅疏證》,卷 3 上,第 17 頁 a(總第 82 頁上)。
② 徐元誥:《國語集解》,北京:中華書局,2002 年,第 545 頁。
③ 汪遠孫:《國語發正》卷 16 第 5 頁 b,《皇清經解續編》卷 647(影印清光緒十四年［1888］南菁書院刻本),載《續經解春秋類彙編(一)》,臺北:藝文印書館,1992 年,第 1182 頁上。標點爲筆者所加。
④ 邵增樺:《韓非子今註今譯》,下冊,臺北:臺灣商務印書館,1982,第 500 頁。
⑤ 《韓非子》校注組編:《韓非子校注》,南京:江蘇人民出版社,1982 年,第 341 頁。
⑥ 班固撰,顏師古注:《漢書》,第 1 冊,北京:中華書局,1962 年,第 508 頁。
⑦ 同上,第 5 冊,第 1475 頁。
⑧ 同上,第 12 冊,第 4006 頁。
⑨ 張仲景著,成無己注:《注解傷寒論》,上海:商務印書館,1955 年,卷 7,第 209 頁。
⑩ 沈約:《宋書》,第 7 冊,北京:中華書局,1974 年,第 2037 頁。
⑪ 李鼎祚:《周易集解》,載《北京圖書館古籍珍本叢刊》,第 1 冊,卷 3,第 26 頁 a(總第 52 頁下)。
⑫ 李道平:《周易集解纂疏》,北京:中華書局,1994 年,第 152 頁。
⑬ 段玉裁:《説文解字注》,卷 7 下,第 348 頁上。
⑭ 許慎:《説文解字》,卷 9 下,第 12 頁 b(總頁 195 下)。

（生卒年不詳）注曰："石針所抵，殫人癰痤，出其惡血。"① 是砭石之作用，乃在於刺破皮肉，放血治療也。馬王堆帛書《脈法》謂"用砭啓脈"②，《周禮·天官·瘍醫》云："瘍醫掌腫、潰瘍、金瘍、折瘍之祝，藥劀殺之齊。"③ 惠士奇（1671—1741）《禮說》曰："劀殺猶砭割。"④《左傳·襄公二十三年》："美疢不如惡石。"⑤ 東漢服虔（生卒年不詳）《春秋傳服氏注》注："石，砭石也。"⑥ 羅泌（1131—?）《路史》謂伏羲"嘗草治砭，以制民疾"⑦，知砭術之應用，源遠流長。古籍中不乏"放血治病"之醫例，如《史記·扁鵲倉公列傳》載："上古之時，醫有俞跗，治病不以湯液醴灑，鑱石撟引，案扤毒熨，一撥見病之應。"⑧ 謂上古有醫家俞跗（生卒年不詳），治病不用湯藥，而僅靠砭石刺割等法。同篇又載春秋名醫扁鵲（約前 407—前 310）爲虢太子屍診治，並云："厲鍼砥石，以取外三陽五會。"⑨ 扁鵲亦曾對齊桓侯曰："疾……在血脈，鍼石之所及也。"⑩ 除此，《新唐書·則天武皇后傳》載侍醫張文仲（約 620—700）、秦鳴鶴（生卒年不詳）爲唐高宗治病，並云："風上逆，砭頭血可愈。"⑪ 又《黃帝内經·素問·針解》曰："菀陳則除之者，出惡血也。"⑫ 均可爲證。如前所述，"易"爲病名，古籍中亦有作"狂易"者。馬王堆帛書《五十二病方》曰：

　　　　癲疾……發，即以刀剝其頭，從顛到項……⑬

馬繼興先生譯曰："當患者癲疾開始發作的時候，就在患者的頭部由頭頂到頸後部用

---

① 案："石針所抵，殫人癰痤。"何寧案曰："'抵'當爲'砥'，字之誤也。……殫當爲彈，景宋本不誤。"何寧：《淮南子集釋》，北京：中華書局，1998 年，第 1153—1154 頁。

② 馬繼興：《馬王堆古醫書考釋》，長沙：湖南科學技術出版社，1992 年，第 285 頁。

③ 鄭玄注，賈公彥疏：《周禮注疏》（影印清嘉慶二十年［1815］南昌府學重刊宋本《十三經注疏》附校勘記），臺北：藝文印書館，1973 年，卷 5，第 7 頁 a（總第 75 頁上）。標點爲筆者所加。

④ 惠士奇：《禮說》，載《景印文淵閣四庫全書》，第 101 冊，臺北：臺灣商務印書館，1986 年，卷 1，第 46a 頁（總第 411 頁下）。標點爲筆者所加。

⑤ 杜預注，孔穎達疏：《左傳注疏》（影印清嘉慶二十年［1815］南昌府學重刊宋本《十三經注疏》附校勘記），臺北：藝文印書館，1973 年，卷 35，第 17 頁 a（總第 606 頁上）。標點爲筆者所加。

⑥ 服虔：《春秋傳服氏注》（影印清光緒十四年［1888］鄭氏佚書本），載《續修四庫全書》，第 117 冊，上海：上海古籍出版社，1995 年，卷 9，第 10 頁 b（總第 35 頁下）。標點爲筆者所加。

⑦ 羅泌：《路史》，載《景印文淵閣四庫全書》，第 383 冊，臺北：臺灣商務印書館，1986 年，卷 10，第 7 頁 a（總第 75 頁下）。標點爲筆者所加。

⑧ 司馬遷撰，裴駰集解，司馬貞索隱，張守節正義：《史記》，第 9 冊，北京：中華書局，1959 年，第 2788 頁。

⑨ 同上，第 2792 頁。

⑩ 同上，第 2793 頁。

⑪ 歐陽修、宋祁：《新唐書》，第 11 冊，北京：中華書局，1975 年，第 3477 頁。

⑫ 馬蒔：《黃帝内經素問注證發微》（影印明萬曆十四年［1586］王元敬刻本），載《續修四庫全書》，第 979 冊，卷 6，第 48 頁 b（總第 472 頁下）。標點爲筆者所加。

⑬ 馬繼興：《馬王堆古醫書考釋》，第 426 頁。

刀割開正中部的皮膚……"①然則以刀割破皮肉,流出惡血,當爲古方治療癲狂症狀之其中一個過程。《黃帝内經》對此有詳細記載,其《靈樞經·癲狂》曰:

> 癲疾始生,先不樂,頭重痛,視舉目赤,甚作極已而煩心。候之于顏。取手太陽、陽明、太陰,血變而止。癲疾始作,而引口啼呼喘悸者,候之手陽明、太陽。左强者,攻其右;右强者,攻其左,血變而止。癲疾始作,先反僵,因而脊痛,候之足太陽、陽明、太陰、手太陽,血變而止。治癲疾者,常與之居,察其所當取之處。病至,視其有過者瀉之,置其血于瓠壺之中,至其發時,血獨動矣。……脈癲疾者,暴仆,四肢之脈皆脹而縱。脈滿,盡刺之出血。②

據《黃帝内經》所載,治癲狂之症,當於其始作之時,刺之不同穴位,瀉其惡血,至血色回復正常方止。又"易"通作"瘍",《說文》曰:"腸(瘍),脈瘍也。"③《黃帝内經》謂"脈癲疾者,暴仆,四肢之脈皆脹而縱。脈滿,盡刺之出血",亦以"放血"爲"脈癲疾"之治法也。

從象數言,《渙》卦體上巽下坎☴,《說卦傳》謂坎爲血卦、爲心病,又謂巽爲躁卦④,均爲得病之象。渙義爲流散,上九與六三相應,心病、躁急諸症得以外洩,故曰"血去逖出"。《小畜》卦體上巽下乾☴,巽爲躁卦,乾卦剛進,亦有狂疾之象。"畜"爲積畜,小畜即略有所畜,《小畜》卦時以畜止爲先,卦辭謂"密雲不雨",正喻蓄勢待發之意;而六四與初九正應,爲全卦唯一相應之例,有如蓄積之症得以外洩,故爻辭以"血去惕出"爲喻。

綜而言之,《渙》上九"渙其血去逖出",蓋指渙散其血,而疾病可癒也。《小畜》六四"血去惕出",似亦當如是。《象傳》釋《渙》上九曰:"遠害也。"⑤狂疾得癒,咎害自去。惟得病本非吉事,大病得癒,僅爲不幸中之大幸,傳本《渙》上九"血去逖出"、《小畜》六四"血去惕出"後,占辭均繫之以"无咎",於理甚安。

① 馬繼興:《馬王堆古醫書考釋》,第426頁。
② 馬蒔:《黃帝内經靈樞注證發微》(影印明萬曆十四年[1586]王元敬刻本),載《續修四庫全書》,第980冊,卷3,第20頁b—23頁a(總第127頁上—128頁下)。標點爲筆者所加。
③ 許慎:《說文解字》,卷7下,第15頁a(總第156頁上)。
④ 參王弼、韓康伯注,孔穎達疏:《周易注疏》,卷9,第9頁a(總第186頁上)。
⑤ 王弼、韓康伯注,孔穎達疏:《周易注疏》,卷6,第13頁a(總第132頁上)。

清華簡《保訓》的"中"爲中道說[*]

梁 濤

一、《保訓》舜"求中"、"得中"釋義

《保訓》引人注目,在於其"中"字;引起爭議,也在於其"中"字。關於《保訓》的"中",學界的意見已有十餘種之多,且不時有新說湧現,大有"你方唱罷我登場"之勢。但沈澱下來,真正有影響的不外中道說、地中說、訴訟文書說、旌旗說、民衆說和軍隊說等幾種。[①] 筆者認真閱讀了學者的有關論述,感到要讀懂《保訓》,讀懂《保訓》的"中",以下幾點值得予以關注。首先,是《保訓》的性質和年代。已有越來越多的學者傾向認爲,《保訓》雖然體例上接近《尚書》,但它可能並非史官的實錄,而有可能是後世諸子的撰述甚至假託。筆者同意這一觀點,這裏不展開討論。如果這一觀點成立,那麼,撰述《保訓》的自然應該是儒家,也就是說,《保訓》主要反映的是儒家的思想,應該將其放在儒學的思想脈絡裏進行解讀。其次,《保訓》形式上是文王"臨終遺言",是

* 本文爲國家社科基金課題"新出土文獻與荀子哲學研究"(08B2X034),中國人民大學明德學者支持計劃"新出土文獻與早期儒學"(10XNJ028)階段性成果。

① 中道說,見李學勤先生:《周文王遺言》,《光明日報》2009 年 4 月 13 日。地中說("中"代表"四方之極",與九鼎一樣,是權力的象徵),見李零:《說清華簡〈保訓〉的"中"》,《中國文物報》2009 年 8 月 21 日。訴訟文書說,見李均明:《周文王遺囑之中道觀》,《光明日報》2009 年 4 月 20 日;《〈保訓〉與周文王的治國理念》,《中國史研究》2009 年第 3 期。民衆說("中"可通假爲"衆",即民衆),見子居:《清華簡〈保訓〉解析》,復旦大學出土文獻與古文字研究中心網站,2009 年 7 月 8 日。高嵩松:《允執厥中,有恃無恐——清華簡〈保訓〉篇的"中"是指"中道"嗎?》,《東方早報》2009 年 7 月 26 日。旌旗說("舜向堯借來象徵最高權力的旌旗以治民施政";"上甲微向河伯借來象徵最高權力的旌旗以出兵征伐"),見周鳳五:《清華簡〈保訓〉重探》,《中國人民大學國學院五周年紀念會論文集》,2010 年 10 月。軍隊說("中"字是"幣〔師〕"字訛誤),王輝:《也說清華楚簡〈保訓〉的"中"字》,中國古文字研究會、中華書局編輯部編:《古文字研究》第 28 輯,北京:中華書局,2010 年,第 473 頁。

文王臨終前以史爲鑒,向武王傳授治國安邦的"寶訓"。而儒家的治國安邦思想,不外乎仁、禮兩個方面,並落實於民本、仁政、制禮、名分的具體措施之中。這一點也十分重要。一些學者喜歡追溯"中"的字源,將其理解爲太陽崇拜或者是大地之中,未免失之迂遠。蓋太陽崇拜、"建中立極"固然是上古已有的觀念,但它已非儒家政治思想的重心。文王絕無可能在其遺訓中對太子發講述這些內容,更不可能將其視爲治國安邦的"寶訓"。還有,《保訓》主要講了舜"求中"和上甲微"假中"的故事,共出現四個"中"字。這四個"中"的含義雖然不必完全一致,容有語境的差異,但也應彼此呼應,具有內在聯繫。最後,儒家有源遠流長的"中"的思想傳統,並形成了中庸、中和、中正等概念,《保訓》的"中"顯然應該放在這一背景下去進行分析、理解,而不應僅僅停留在字源的考察上。下面我們將根據清華簡《保訓》的釋文,①同時結合學者的研究成果,對《保訓》的內容進行分析、梳理、解讀。凡意見一致處,徑直採用其說,只對有爭議的地方進行注釋、說明。簡文云:

> 惟王五十年,不豫。王念日之多逝②,恐墜寶訓。戊子,自濱③。己丑,昧₁〔爽〕□□□□□□□□□□□。〔王〕若曰:"發,朕疾漬甚④,恐不汝及₂訓。昔前人傳寶,必受之以詷⑤。今朕疾允病,恐弗念終。汝以書₃受之。欽哉!勿淫。
>
> "昔舜久作小人,親耕于歷丘,恐,求中,自詣厥志,₄不違于庶萬姓之多欲,厥有施于上下遠邇。乃易位設儀⑥,測₅陰陽之物,咸順不逆。舜既得中,

---

① 清華大學出土文獻研究與保護中心:《清華大學藏戰國竹簡〈保訓〉釋文》,《文物》2009 年第 6 期。

② 逝,簡文作"",整理者隸定作"啇",讀爲"曆"。周鳳五認爲當釋爲"帝",讀爲"逝"。《論語·陽貨》:"日月逝矣"與簡文"日之多逝"用語相同。見上引周鳳五文。

③ 濱,簡文左從水,右從宀,從,整理者釋"濱",讀爲"濱",通作"頮(盥手)"、"沬(洗面)"。對於此字,學者多有異說,或讀爲"饋",或改釋爲"演",或讀爲"寅",或改釋"演水"二字合文,參見林志鵬:《清華簡〈保訓〉集釋》,武漢大學簡帛網,2010 年 9 月 30 日。此處暫不討論。

④ 漬甚:漬字簡文作"",整理者隸定爲"適",訓爲方。"適甚"指病情正處於嚴重之時。或讀爲"漸","漸甚"指病情嚴重(孟蓬生:《〈保訓〉"疾漸甚"試解》,復旦大學出土文獻與古文字研究中心網,2009 年 7 月 10 日)。或讀爲"漬",訓爲病(蘇建洲:《〈保訓〉字詞考釋二則》,復旦大學出土文獻與古文字研究中心網,2009 年 7 月 15 日)。周鳳五引《呂氏春秋·孟春紀·貴公》:"管仲有病,桓公往問之,曰:'仲父之病矣,漬甚!'"認爲"漬"與"漸"意相近。

⑤ 詷,整理者謂指幼稚童蒙;又疑讀爲"誦"。學者或釋爲"諷",謂背誦;或通假爲"庸",訓爲"功",謂必須有功之人方能接受。參見林志鵬:《清華簡〈保訓〉集釋》。

⑥ 設,簡文作"埶",讀爲"設"(參見裘錫圭:《古文獻中讀爲"設"的"埶"及其與"執"互訛之例》,香港大學亞洲研究中心:《東方文化》第 36 卷 1、2 號合刊,2002 年)。儀,簡文作"詣",整理者讀爲"稽",學者從之而說解各異。周鳳五讀爲"儀",詣,古音疑紐脂部;儀,疑紐歌部,二字聲同韻近可通。

焉不易實變名,身兹服惟₆允,翼翼不懈,用作三降之德①。帝堯嘉之,用授厥緒。嗚呼! 祇之₇哉!

"昔微假中于河,以復有易,有易服厥罪,微無害,乃追中于河。₈微志弗忘,傳貽子孫,至于成湯,祇服不懈,用受大命。嗚呼! 發,敬哉!₉

"朕聞兹不久,命未有所引。今汝祇服毋懈,其有所由矣,丕₁₀及爾身受大命。敬哉,勿淫! 日不足,惟宿不祥!②"₁₁

簡文第一段講述文王病重,向武王發傳授寶訓的情景。第二、三段,則講述舜和上甲微"求中"、"假中"的故事。關於舜與"中"的關係,儒家典籍中多有涉及,說明《保訓》的記載確有來歷,並非空穴來風。如《論語·堯曰》載堯命舜:

"咨,爾舜,天之曆數在爾躬,允執其中,四海困窮,天祿永終。"舜亦以命禹。

朱熹《集注》:"此堯命舜,而禪以帝位之辭。……曆數,帝王相繼之次第,猶歲時氣節之先後也。允,信也。中者,無過不及之名。四海之人困窮,則君祿亦永絕矣,戒之也。"朱熹認為,此章是堯禪讓舜帝位時的言辭,甚為正確;但將中理解"無過不及",卻未必準確。蓋因為其將中看做一客觀之"正道"、"定理"也。其實,這裏的中就是中道,"執中"就是執政時應公平、公正,不偏不倚,執兩用中。劉寶楠《正義》:"執中者,謂執中道用之。"甚是。又,《禮記·中庸》云:

子曰:"舜其大知也與? 舜好問而好察邇言,隱惡而揚善,執其兩端,用其中於民,其斯以為舜乎?"

朱熹《集注》:"兩端,謂衆論不同之極致。蓋凡物皆有兩端,如小大厚薄之類,於善之中又執其兩端,而量度以取中,然後用之。"朱熹將"兩端"理解為事物的兩個方面,尤指衆人不同的意見,甚為精當。但他主張"於善之中又執其兩端",不免又戴上了理學家的有色眼鏡。其實,社會之有兩端、意見之有分歧,均無所謂善與不善的問題,"政

---

① 三降之德:學者或讀"降"為"隆",為重、大的意思。《尚書·洪範》:"三德:一曰正直,二曰剛克,三曰柔克。"(李均明:《周文王遺囑之中道觀》,《光明日報》2009年4月20日);或謂字為"降"而讀為"陟",是楚簡特殊的用字現象。"三陟"是說舜被堯試用九年,每三年考核一次,歷經九年三次考核,而登上帝位(上引周鳳五文)。或謂即上博簡《容成氏》"堯於是乎為車十又五乘,以三從舜於畎畝之中"。"三降"指舜有德感動堯三次降從(李學勤:《清華簡釋讀補正》,《中國史研究》2009年第3期)。

② 惟宿不詳:宿訓為拖延。《管子·君臣上》"有過者不宿其罰",尹注:"宿,猶停也。"《漢書·韓安國傳》"孝文寤於兵之不可宿",顏注:"宿,久留也。""日不足,惟宿不祥"是說時間不多,遲滯拖延是不吉祥的(子居:《清華簡〈保訓〉解析》,復旦大學出土文獻與古文字研究中心網站,2009 - 07 - 08)。

治家的任務,是在兩端調節均衡,不以一端去消滅或取代另一端",這就是中道,就是
"中"的精神。"所以中國正統的政治思想,總不外一個'平'字,'均'字。平與均都是
從中字來的。"① 堯舜重視、授受"中",可能與其所處部落聯盟的時代有關。據《戰國
策・趙策下》,"古者四海之內分爲萬國,城雖大,無過三百丈者;人雖衆,無過三千家
者"。這些蕞爾小邦,在金屬工具尚嚴重短缺的冷兵器時代顯然尚不具備攻城掠地的
實力,於是各方只有偃武修文,平心靜氣地討論共處之道。共主只是召集人,其權力
只能以同意爲基礎。② 這樣,"上古竞於道德"的現實便發展出"中"的政治智慧,並貫
穿於以後的政治實踐與思想之中。誠如徐復觀先生所言:"大概拿一個'中'字來衡量
中國幾千年來的政治思想,便可以左右逢源,找出一個一貫之道。並且中國的思想
家,對中的瞭解,是'徹內徹外'的,是把握住中在社會進化中的本質,且不局限於某一
固定階段的形式的。……中的政治路線,在中國文獻中的實例舉不勝舉。"③《保訓》關
於"中"的追述,應該正是來自這一政治文化傳統。

　　根據竹簡,舜曾經身份低微("小人"),耕種於歷山之下。"恐,求中"。舜爲何
"恐"? 簡文沒有交代,但從後面的內容看,應與"庶萬姓之多欲"有關。"多",訓爲
"大"。《呂氏春秋・知度》:"其患又將反以自多。"高誘注:"多,大。"多欲即大欲。《禮
記・禮運》:"飲食男女,人之大欲存焉。"明白了多欲即大欲,《荀子・禮論》中的一段
文字,可能有助於我們對於簡文的理解。

> 人生而有欲,欲而不得,則不能無求;求而無度量分界,則不能不爭;爭
> 則亂,亂則窮。先王惡其亂也,故制禮義以分之,以養人之欲,給人之求,使
> 欲必不窮乎物,物必不屈於欲,兩者相持而長,是禮之所起也。故禮者,
> 養也。

人生下來就有飲食男女等各種欲望,如果欲望得不到滿足,便會向外去求索;如果沒
有"度量分界",便會產生紛爭,導致混亂、貧窮的結果。這恐怕就是舜"恐"的原因吧。
舜於是"自詣(注:考)厥志",也就是反躬自問,認識到既不能違背百姓飲食男女的大
欲,但顯然也不能任其無限膨脹。那麼,最好的辦法就是"求中",有一個"度量分界",
"使欲必不窮乎物,物必不屈於欲"。這樣便消除了人與人之間的紛爭,使其可以和睦

---

① 　徐復觀:《論政治的主流——從"中"的政治路線看歷史的發展》,收入《學術與政治之間》新版,臺北:學
　　生書局,1985年,第9頁。
② 　參見陳明《〈唐虞之道〉與早期儒家的社會理念》,姜廣輝主編:《中國哲學》第20輯《郭店楚簡研究》,瀋
　　陽:遼寧教育出版社,1999年,第245頁。
③ 　參見上引徐復觀文,第9頁。

相處了。舜將“中”推行到不同地位、關係的人群之中（“厥有施於上下遠邇”），又“易位設儀”，“易位”即換位思考，也就是忠恕之道，是儒家思想的精髓。《大學》：“所惡於上，毋以使下；所惡於下，毋以事上。所惡於前，毋以先後；所惡於後，毋以從前。”“設儀”即制定具體的禮儀。《周禮·夏官·大司馬》：“設儀辨位，以等邦國。”鄭注：“儀，謂諸侯及諸臣之儀。辨，別也。”蓋中是抽象的，必須落實爲具體的準則、禮儀，否則“民無所錯手足”。所以在儒家那裏，禮往往也被看做是中，是中的體現。《荀子·儒效》：“曷謂中？曰：禮義是也。”《禮記·孔子閒居》：“‘敢問將何以爲此中者也？’子曰：‘禮乎禮！夫禮所以制中也。’”《逸周書·度訓解第一》：“衆非和不衆，和非中不立，中非禮不慎（注：應爲‘順’），禮非樂不履。”所以，中體現爲禮，禮就是中，二者是一回事，只不過一個是抽象的原則，一個是具體的規定而已。瞭解這一點就可以明白，原來舜“求中”實際與制禮有關，而禮樂乃古代聖賢治國安邦的大綱大法，是當時政治實踐中最重要的內容。

“測陰陽之物”一句中的“陰陽”，學者或釋爲“相反之事”，疑指君臣、上下、夫婦等。① 不確。其實，這裏的陰陽就是陰陽，指天象、天道而言。馬王堆帛書《要》篇：“《易》有天道焉，而不可以日、月、星、辰盡稱也，故爲之以陰陽；有地道焉，不可以水、火、金、土、木盡稱也，故律之柔剛；有人道焉，不可以父子、君臣、夫婦、先後盡稱也，故要之以上下。”《周易·繫辭》：“一陰一陽之謂道。”而禮雖然屬於人道，處理的是父子、君臣、夫婦的關係，但與天道、地道存在密切聯繫，實際是一個整體。所謂“夫禮，天之經也，地之義也，民之行也。天地之經，而民實則之”，“禮，上下之紀、天地之經緯也，民之所以生也。”（《左傳·昭公二十五年》）所以“求中”不僅要察人事，更要“測陰陽之物”，明天道，“思知人不可以不知天”（《禮記·中庸》）。這樣，才能做到“咸順不逆”。

舜得到中，也就是制禮、設儀之後，“焉不易實變名”。“焉”，介詞，“於是”、“乃”之意。“名”，指名分、名位，是禮的核心。《論語·子路》：“名不正則言不順，言不順則事不成，事不成則禮樂不興。”“實”，指“名”所規定的義務關係，如父慈、子孝之類。這裏的“實”是“循名責實”之實，而非一般“名實”之實。故“不易實變名”就是不變易名實，不改變禮所規定的人倫關係及其責任義務。舜不僅“求中”、“設儀”，更重要的是，“身茲服惟允”。“茲”，代詞，此，指中。“茲服”即“服茲”。允，信也。就是一心一意奉行中，恭敬不懈（“翼翼不懈”），終於成就了“三降之德”，贏得帝堯的嘉許，得天命，擢升天子之位。

① 李學勤：《論清華簡〈保訓〉的幾個問題》，《文物》2009 年第 6 期。廖名春、陳慧：《清華簡〈保訓〉解讀》，《中國哲學史》2010 年第 3 期。

根據上面的分析,舜"求中"、"得中"的"中"是一種調節人與人關係的原則、準則,中有適中、適當的意思,具體講,包括欲望的適當、適中,與行爲的適當、適中。中運用於"上下"、"遠邇"不同身份、地位的人群之中,故有中道的意思,但它强調"易位設儀",换位思考,主要是一種忠恕之道。同時,中體現、落實爲禮("儀"),"得中"必然要"隆禮",中的原則主要是通過躬行禮儀來實現的。明白了中即禮,《保訓》與《逸周書》中的一些内容便容易溝通了。已有學者指出,《保訓》與《逸周書》的《文儆》、《文傳》等篇多有聯繫,①二者文體相近,都記載文王臨終遺言。《文儆》、《文傳》約成書於春秋中期後或戰國時期,②與《保訓》的年代也大體相當。但二者的内容表面上又有所不同,《逸周書・文儆第二十四》云:

> 維文王告夢,懼後嗣之無保,庚辰,詔太子發曰:"汝敬之哉!民物多變,民何向非利,利維生痛,痛維生樂,樂維生禮,禮維生義,義維生仁。嗚呼,敬之哉!民之適敗,上察下遂,信(注:或謂"民"之誤)何向非私,私維生抗,抗維生奪,奪維生亂,亂維生亡,亡維生死。嗚呼,敬之哉!汝慎守勿失,以詔有司,夙夜勿忘,若民之向引。

在文王看來,求利是民的本性,但如果任其私欲的膨脹,便會產生對抗、爭奪、混亂,導致亡國乃至死亡的惡果。要避免這一切,關鍵是要"利維生痛"。"痛",或謂當讀爲"通"。③甚是。通者,共也。"利維生痛"也就是要有共同利益。有了共同利益,才能"生樂",有了生活的快樂。而做到這一點,就必須有禮、有義。有了禮、義,才能避免爭奪、混亂之苦,並上升爲仁,使百姓相親相愛。在《保訓》舜的故事中,是用中"不違"也就是調節百姓的"大欲",達到"咸順不逆";而在《文儆》中,是以禮(義)去規範、引導百姓之利,避免私欲的膨脹。一個用中,一個用禮,二者的精神實際是相通的。在兩篇文字中,文王講述的其實是同樣的道理。

二、《保訓》上甲微"假中"、"歸中"解讀

再看上甲微的故事。上甲微爲商人先祖,其父王亥牧牛時爲有易部所殺,他借師

---

① 王連龍:《〈保訓〉與〈逸周書〉多有聯繫》,《社會科學報》2010年3月11日。

② 黃懷信:《〈逸周書〉源流考辨》,西安:西北大學出版社,1992年,第100頁。周玉秀:《〈逸周書〉的語言特點及其文獻學價值》,北京:中華書局,2005年,第269頁。

③ 黃懷信、張懋鎔、田旭東:《逸周書彙校集注》(修訂本)上册,上海:上海古籍出版社,2007年,第232頁。

河伯,替父報仇,滅有易部,殺其君綿臣,曾轟動一時,產生過廣泛影響,其事蹟被記入《竹書紀年》、《山海經》、《世本》、《楚辭·天問》等載籍之中,上甲微也被視爲古代血親復仇的榜樣。但《保訓》所記,則可能是後世儒生推演出的另一個版本,與傳世文獻有所不同。據《山海經·大荒東經》,"王亥託於有易、河伯僕牛。有易殺王亥,取僕牛。"郭璞注引《古本竹書紀年》:"殷王子亥賓於有易而淫焉,有易之君綿臣殺而放之。是故殷主(注:宋本作'上')甲微假師於河伯以伐有易,滅之,遂殺其君綿臣也。"《今本竹書紀年》也說,"(帝泄)十二年,殷侯子亥賓於有易,有易殺而放之……(帝泄)十六年,殷侯微以河伯之師伐有易,殺其君綿臣。"竹簡稱"昔微假中于河","河"即河伯,故此句當與上甲微借河伯之力復仇有關。但該句的"中"當做何解,一直使學者迷惑不解。若根據傳世文獻,此"中"當與軍隊有關,故學者或釋爲"師",或讀爲"衆"。但通讀簡文,其內容與傳世文獻有所不同,對"中"字的解讀,恐怕還應以簡文爲准。按,"假中"的"假"應訓爲"請"。《呂氏春秋·士容》:"齊有善相狗者,其鄰假以買取鼠之狗。"高誘注:"假,猶請也。""中"應訓爲"正"。姜亮夫云:"中得引申爲正,蓋物得其中必正,在兩極則偏矣。故正爲中義之直接最近之引申。""凡中必正,故二字複合爲一詞,所表爲一義。事物各有兩極,而中以持之,凡中在兩極之中,所以持正兩極者,故中即正矣。"[1]"微假中于河"是說,上甲微向河伯請求公正,也就是請河伯主持公正,做審判人、調節人。[2] 蓋古代部落之間發生衝突時,爲避免矛盾激化,常常請與雙方都保持友好關係的第三方來調節。《史記·周本紀》載,"西伯陰行善,諸侯皆來決平。於是虞、芮之人有獄不能決,乃如周。""決平"意爲公平斷案。伯爲諸侯之長,文王爲西伯,虞、芮等小諸侯國有糾紛,找文王斷案,可見伯有主持公道、審理案件的權力。《保訓》中的河,爵位也是伯,地位與文王相當,故也應有調節糾紛、審理案件的權力。[3] 一些學者釋中爲"司法判決書",認爲"微假中于河"是上甲微從河伯處借到司法判決書,恐難以成立。蓋河伯斷獄在於其公平、公正,而不在於其所下之判決書,且河伯、上甲微時是否已有司法判決書制度? 尚屬可疑。如果中是司法判決書,那麼後面"追(歸)中于河"一句,便是把判決書歸還給河伯。可是,上甲微爲什麼不把判決書留在自己身邊,

---

① 姜亮夫:《楚辭通故》第 2 輯,《姜亮夫全集》二,昆明:雲南人民出版社,2002 年,第 309—311 頁。

② 李銳說:"古代'中'有中正義,引申之則與獄訟之公正有關。因疑'假中于河'即是請求河伯作中人、公證人、審判人。當然,這是表面文章,實際很可能是請河伯給予軍隊,而且保證師出有名。"(《〈保訓〉"假中于河"試解》,清華大學簡帛研究網,2009 年 4 月 16 日)。但後來又放棄此說,認爲"假中于河"可能當讀爲"格中於河","假"與"格"相通,爲度量、推究,也就是說上甲微由河(或在河附近地區)體會到了"中"的道理(《上甲微之"中"再論》,孔子 2000 網,2009 年 6 月 24 日)。

③ 劉光勝:《〈保訓〉之"中"何解——兼談清華簡〈保訓〉與〈易經〉的形成》,《光明日報》2009 年 5 月 18 日。

而是要歸還給河伯呢？何不憚其煩也！故從簡文來看，中應訓爲正，不僅文從字順，而且與前面的中統一起來，相互呼應。蓋中即正也。

由於河伯主持公正，支持了上甲微，判定有易有罪，上甲微於是向有易復仇（"以復有易"），在雙重壓力下，有易不得不認罪（"有易服厥罪"）。下一句"微無害"又讓學者感到費解，因爲《紀年》明明說"滅之"，即消滅了有易部，這裏爲什麼又說"無害"呢？故學者或說是上甲微在戰爭中無所折損，大獲全勝；[1]或說是滅有易後的另一場內部鬥爭；[2]或說近於後世司法用語"文無害"。[3]　按，以上說法均不通，"微無害"應按字面理解爲，上甲微對有易氏沒有加害。《保訓》的記載與傳世文獻有所不同，而這種不同正是我們讀懂《保訓》的關鍵。

蓋上古時代，在世界不同地區、不同種族中均普遍存在過血親復仇的現象。爲本氏族的人復仇，是氏族每一個成員應盡的神聖義務，任何拒絕這一使命的行爲，都是不可思議和難以原諒的。古代的復仇往往採取以怨報怨、血親仇殺的形式，復仇者"常常把仇人的整個氏族看作復仇的對象，對氏族中某位成員的傷害，便構成了對受害人整個氏族的傷害，所以肇事者的氏族也被對等的作爲整體仇家看待。至於其中的是非曲直，已無關緊要。因此往往釀成氏族間大規模的械鬥，以致擴大爲滅絕性的戰爭。"[4]例如，澳大利亞的庫爾奈人要將仇人的整個部族加以殺戮，才會得到滿足。又如格靈人不但要殺仇人的全家，甚至還要斬盡他們飼養的牲畜，不許有一個生靈存在。中國古代，也有"斬草除根"的做法，均是這種非理性復仇心理的反映。《紀年》稱"微假師于河伯以伐有易，滅之，遂殺其君綿臣"，反映的應該正是古代以怨報怨、血親復仇的情況。又據《楚辭·天問》："恒秉季德，焉得夫朴牛？何往營班祿，不但還來？昏微遵迹，有狄不寧。何繁鳥萃棘，負子肆情？"此段詩文文義古奧，又有傳寫訛脫，據學者考證，"朴牛"即"僕牛"，"有狄"即"有易"，"昏微"即"上甲微"，"負子"即"婦子"。其中"昏微遵迹"以下四句，"寫上甲微興師伐有易，滅其國家，肆情婦子，使國土成爲一片荊棘"。[5]　可見，上甲微的復仇是相當血腥和野蠻的。然而隨著社會的發展與交往的擴大，人們逐漸認識到避免暴力衝突、培養相互容忍、尊重彼此生活空間，乃是共

---

① 　參見上引周鳳五文。
② 　羅琨：《〈保訓〉"追中于河"解》，清華大學出土文獻研究與保護中心編：《出土文獻》第 1 輯，上海：中西書局，2010 年，第 46—47 頁。
③ 　李均明：《〈保訓〉與周文王的治國理念》，《中國史研究》2009 年 3 期。
④ 　周天游：《古代復仇面面觀》，西安：陝西人民教育出版社，1992 年，第 2 頁。本文關於血親復仇的論述，多參考該書。
⑤ 　袁珂：《山海經校注》，上海：上海古籍出版社，1994 年，第 12—13 頁。

存共榮的先決條件。所以當出現衝突時,人們不再是一味地訴諸武力,而是通過和談,並以傷害人一方認罪、賠償來消除仇恨。這一更具人道色彩的復仇方式在原始社會後期逐漸流行,並演化爲華夏民族獨有的倫理觀念和禮儀習俗——"興滅國,繼絕嗣"。雖然部落、國家之間可能有政治、利益的矛盾,並演化爲軍事的衝突;雖然武力討伐、伸張正義是當時較爲流行的形式,但復仇雪恨絕不是爲了滅亡其部族、摧毀其國家,而是以維護部落、國家間的和睦相處以及禮儀秩序爲目的的。如何炳棣先生指出的:"觀念上,'興滅國、繼絕世'是生命延續的願望從'我'到'彼'的延伸;制度上,'興滅國、繼絕世'是新興王朝保證先朝聖王永不絕祀的一套措施。儘管遠古政治和武力鬥爭的實況不容過份美化,'興滅國、繼絕世'在一定程度上確實反映華夏文化的一系列奠基者的寬宏氣度和高尚情操。"①《保訓》的"微無害",恐怕要放在這一背景下去理解。

　　作爲三代政治文化的繼承者,儒家一方面肯定血親復仇的正義性、合理性,所謂"父母之仇,不與同生;兄弟之仇,不與聚國;朋友之仇,不與聚鄉;族人之仇,不與聚鄰"(《大戴禮記·曾子制言上》),另一方面又對復仇的手段、方式做了限定。② 既不贊同"以德報怨",視爲"寬身之仁"(鄭玄注:寬,猶愛也,愛身以息怨,非禮之正也),也反對"以怨報怨",斥爲"刑戮之民"(見《禮記·表記》)。當有人問"以德報怨,何如"時,孔子回答:"何以報德? 以直報怨,以德報德。"(《論語·憲問》)如果說"以怨報怨"與"以德報怨"是兩個極端的話,那麼,"以直報怨"無疑就是中道了。故"微無害"是說上甲微以中道的方式爲父復仇,迫使有易氏認罪伏法,又"以直報怨",不對其部族趕盡殺絕,《保訓》的記載與傳世文獻有所不同。《紀年》等傳世文獻的主題是復仇的正義性,突出的是上甲微借師河伯、剿滅有易的英雄氣魄,甚至渲染了其屠城滅國的復仇心理。而《保訓》的重點是復仇的中道方式,強調的是上甲微不濫用武力,通過河伯的居中調節,贏得道義、法律和軍事上的支持,同時隱忍、克制,適可而止,不對其整個部族進行加害。這種不同顯然與後世尤其是儒家復仇觀念的變化有關,《保訓》當是出自後世儒者之手,反映的是儒家更爲理性的中道復仇觀。由於觀念不同,二者在史實的記載上也有不同,古本《紀年》說是"滅之",而《保訓》則說是"無害"。古史本來就茫昧無稽,撲朔迷離,後人往往根據需要作出不同的"取捨",這在史籍中甚爲常見,不值

---

① 何炳棣:《華夏人本主義文化:淵源、特徵及意義(下)》,《二十一世紀》1996 年 3 月號。
② 這種限制包括,"書於士",即復仇前後應向掌管政法、獄訟的各級士報告、彙報;"復仇不除害"(《春秋公羊傳·定公四年》),即復仇只限於仇人本身,不得擴及其子弟親屬;有正當的理由才可以復仇,"凡殺人而義者",被殺者的家屬即使同處一個城市,也"令無仇,仇之則死也"(《周禮·地官·調人》);此外,還限定了復仇的時限等,參見周天游:《古代復仇面面觀》,第 7—8 頁。

得奇怪。

上甲微復仇後，"乃歸中于河"。"歸"，簡文做"追"，整理者"讀爲'歸'"。學者或理解爲"歸還"之意，認爲中是指具體的器物。也有學者主張讀本字，如姜廣輝先生認爲："追"即"慎終追遠"之"追"，即"追溯"。"殷人的把握分寸的'中'的方法，可以追溯于河伯。"①羅琨先生認爲："追中於河"，句式同於《尚書·文侯之命》"追孝於前文人"，"追中"之追當與"追孝"之追含義相同，都是追隨、繼承、發揚的意思，"追中于河"的意思是要發揚"河"所信守的公平、公正。② 這些說法雖較有啟發，但仍有值得推敲的地方。《保訓》是說上甲微"乃歸中于河"，而上甲微與河伯是同時代人，自然不能"追溯"了。至於"追孝"，一般理解爲"追養繼孝"，追主要是追念、追祭之意。雖也可引申爲追隨、繼承，但若說"發揚'河'所信守的公平、公正"，那就應是"乃歸河之中"，而不是"歸中于河"了。按，"追"應讀爲"歸"。歸，屬也。"歸中于河"是說，上甲微把中道歸屬於河伯。蓋上甲微秉持中道，以直報怨，是通過河伯的居中調節，故中道的實現自然應歸功於河伯了。又據《山海經·大荒東經》，"河念有易，有易潛出。"郭璞注："言有易本與河伯友善。上甲微，殷之賢王，假師以義伐罪，故河伯不得不助滅之。既而哀念有易，使得潛化而出，化爲搖民國。"可見，歷史的實況遠比後世的宣傳複雜，河伯不僅支持了殷人，判定有易有罪，同時又暗中庇護，幫助有易逃避上甲微的迫害，"微無害"的中道是由河伯一手促成。這樣，就不難理解上甲微爲何要"歸中于河"了。上甲微將中道歸於河伯，同時牢記不忘（"微志弗忘"），將其作爲處理對外矛盾、衝突的原則，傳遞給子孫後代（"傳貽子孫"），一直到成湯（"至于成湯"），恭敬不懈（"祇服不懈"），終於因此獲得天命（"用受大命"）。

綜上所述，《保訓》舜和上甲微的故事都與中道有關，舜的故事是從正面講積極的中，要求在人與人之間確立"度量分界"——恰當的準則、原則，以避免彼此的矛盾、衝突，達到和睦相處。這個中就是禮，是荀子所講的"群居和一之道"，故中是屬於禮樂文化的核心觀念。上甲微的故事則是從反面講消極的中，提出當正常的秩序被打破，部落、國家間出現矛盾、衝突時，應秉持中道，以直報怨，避免冤冤相報、血親仇殺對部落共同體的傷害。這個中同樣與禮有關。不管是正面積極的中，還是反面消極的中，都屬於古代最常見、最重要的政治實踐，故《保訓》予以特別重視，視爲治國安邦的"寶訓"，並認爲是得到天命的關鍵。這與儒家尊王賤霸，尚德不尚力的一貫立場無疑也是一致的。

---

① 姜廣輝：《〈保訓〉十疑》，《光明日報》2009 年 5 月 4 日。
② 羅琨：《〈保訓〉"追中于河"解》，《出土文獻》第 1 輯，第 47 頁。

《中庸》成書之辯難焦點綜說

楊少涵

引　言

　　北宋天聖五年(1027)四月二十一日,十八歲的仁宗皇帝在瓊林苑宴見新科及第進士一百九十七人(後來被戲說爲家喻戶曉的"包青天"包拯即名列其中)。這次宴見有一項重要議程,這就是年輕的仁宗皇帝向新科進士們"人賜御書《中庸》篇各一軸",①並由當朝宰相逐句宣讀講解。②

　　這次宴見,原本只是一個例行的選舉儀式。這個議程,原本只是一個慣常的公事程式。新科進士們獲贈的那本書,原本也只是一種象徵性的御賜禮器。但就是這次宴見,這個議程,這種禮器身份,改變了《中庸》這一文本的歷史命運,推動了儒學的義理轉向。③《中庸》命運的這一改變,絕不亞於那些新科進士個人命運的改變。《中庸》命運的這一改變,直接影響了十三年後范仲淹對張橫渠的"勸讀"。④《中庸》命運的這

①　王應麟:《玉海》卷三四《天聖賜中庸》,《景印文淵閣四庫全書》第 943 冊,第 78 頁(以下簡稱《四庫》,斜杆前數字爲冊數,斜杆後數字爲本冊頁碼。《續修四庫全書》簡稱爲《續四庫》,《四庫存目叢書》簡稱爲《四庫存目》,冊頁標示例同《四庫》)。又,徐松《宋會要》卷五千六百九十六《選舉》二,《續四庫》781/18。

②　這件事應該非常重要,以至於宋元許多歷史文獻都對此進行了記載或轉錄。比如:陳均《九朝編年備要》第九,《四庫》328/281;范祖禹《帝學》卷四,《四庫》696/749;李燾《續資治通鑒長編》卷百五,第四冊,北京:中華書局,2004 年,第 2493 頁;彭百川《太平治跡統類》卷二六,《四庫》408/646;《翰苑新書後集》上卷十四,《四庫》949/590;《宋史》卷三百一十《張知白傳》,北京:中華書局,1995 年,第 10188 頁。

③　關於這件事的前因後果,可參見:余英時《朱熹的歷史世界——宋代士大夫政治文化的研究》(上),臺北:允晨文化公司,2003 年,第 129—139 頁;王曉薇《宋代〈中庸〉學研究》(未刊稿),河北大學 2005 年博士論文;鄭熊《宋儒對〈中庸〉的研究》(未刊稿),西北大學 2007 年博士論文;鄒憬《〈中庸〉成書公案與今本〈中庸〉的流傳與升格》(未刊稿),曲阜師範大學 2008 年碩士論文。

④　呂大臨:《橫渠先生行狀》,《張載集·附錄》,北京:中華書局,1978 年,第 381 頁。

一改變,更是促成了一百四十五年後朱子《中庸章句》的草就。① 當然,《中庸》命運的改變,也連帶出一個紛爭千年的無頭懸案,這就是《中庸》的作者歸屬和成書時間問題。

中國的文人學者向來有"暴發戶造譜牒或者野孩子認父親"②的返根情結,這種情結也纏繞著《中庸》。像一夜成了名的人一樣,天聖五年以後,《中庸》的"譜牒"或"父親"開始受到前所未有的關注。有些人要造《中庸》的譜牒,由此形成了儒家的道統;另一些人則要毁《中庸》的譜牒,由此形成了一撥撥居心各異的反對派。

總體上看,關於《中庸》的作者與成書,歷史上就有三派三種說法。一是傳統派。《中庸》的作者是孔子嫡孫子思(前 483—前 402?),成書於孟子(前 372—前 289)之前、戰國初期。這在兩宋以前,爲無疑之"定論"。《史記・孔子世家》、《漢書・藝文志》、鄭玄(127—200)《禮記目錄》、《孔叢子・居衛》、《隋書・經籍志》、唐陸德明(550—630)《經典釋文序錄》、李翱(772—841)以及兩宋許多理學家,對此都有明確的表態。他們可以稱爲"傳統派"。他們認爲,《中庸》是子思所述,子思門人編定,成於先秦。二是懷疑派。北宋以降,"定論"之說始遭質疑。北宋歐陽修(1007—1073)率先發難,懷疑子思作《中庸》。南宋呂祖謙(1137—1181)、葉適(1150—1223)、王十朋(1112—1171),清葉酉、袁枚(1716—1797)、崔述(1740—1816)、俞樾(1821—1907),近人胡止歸等人,更是提供各種翔實的資料,辯難《中庸》爲子思所作。這些人可稱爲"懷疑派"。他們認爲,《中庸》是秦漢儒生僞作,並託名子思。三是折中派。南宋王柏(1197—1274)、日人武內義雄(1886—1966)、近人蔣伯潛(1892—1956)、馮友蘭(1895—1990)等人則根據《中庸》之文體繁複、思想錯綜等現象,折中諸說,調和其中。這些人可以稱之爲"折中派"。他們認爲,《中庸》文本可分而言之,一部分爲子思述之、門人訂之,一部分爲秦漢儒生重新整理,間雜己語。

具體而言,三派辯難的焦點主要集中於九點。以下詳爲綜說。

一、"三　同"

"三同"即《中庸》第廿八章的"車同軌、書同文、行同倫"。最早對此提出質疑的是王十朋,他曾懷疑地問道:

---

① 關於朱子《中庸章句》草成的具體時間,可參見: 束景南《朱熹年譜長編》,上海: 華東師範大學出版社,2001 年,第 480 頁;陳逢源《朱熹與四書章句集注》,臺北: 里仁書局,2006 年,第 102 頁。

② 錢鍾書:《中國詩與中國畫》,《舊文四篇》,上海: 上海古籍出版社,1979 年,第 3 頁。

　　　　夫子傷周室之衰,三光、五嶽之氣分,故《春秋》書"王正月"以大一統,是書
(引按:指《中庸》)乃曰:"書同文,車同軌。"孔子之時,天下曷嘗同車書乎?[①]

戰國之世,周主失勢,諸侯紛爭,各自爲政,車同軌、書同文、行同倫絶無可能。《中庸》
既有"三同"說法,其早出而爲戰國子思所作,便大可懷疑。

　　此後,懷疑派進一步提出了更多的證據,說明"三同"只能是秦王統一六國之後的
景象,在戰國之世是不可能存在的。俞樾就曾說《中庸》"雖孔氏遺書,要是七十子後
學者所爲"。[②]　後來他進一步將《中庸》成書時間往下劃至秦代。《湖樓筆談》卷一曰:

　　　　子思作《中庸》,漢時已有此說,太史公亦信之。然吾謂《中庸》或孔氏之
徒爲之,而非子思所自爲也。《中庸》蓋秦書也。何以言之? 子思之生當魯
哀公時,其歿也當魯穆公時,是春秋之末而戰國之初。當是時,天下大亂,國
自爲政,家自爲俗,而《中庸》曰"今天下車同軌、書同文、行同倫",此豈子思
之言乎? 吾意秦併六國之後,或孔氏之徒傳述緒言而爲此書。秦始皇二十
八年,《琅邪刻石》文曰"普天之下,摶心揖志,器械一量,同書文字",二十九
年《之罘刻石》文曰"黔首改化,遠邇同度",皆與《中庸》所言合。故知《中庸》
作於此時也。[③]

　　日人武内義雄沿襲俞說,並增加《史記·秦始皇本紀》二十六年"一法度衡石丈
尺。車同軌。書同文字"及許慎《說文解字·序》"分爲七國,田疇異晦,車塗異軌,律
令異法,衣冠異制,言語異聲,文字異形。始皇帝初兼天下,丞相李斯乃奏同之"兩處
證據,以輔俞說。[④]　蔣伯潛、馮友蘭等依之。[⑤]

　　針對王十朋的這種疑問,朱熹(1130—1200)曾有過直接的答覆。《中庸或問》載:

　　　　或問:子思之時,周室衰微,禮樂失官,制度不行於天下久矣,其曰"同軌
同文",何耶? 曰:當是之時,周室雖衰而人猶以爲天下之共主,諸侯雖有不
臣之心,然方彼此爭雄,不能相尚,下及六國之未亡,猶未有能更性改物,而

① 王十朋:《王十朋全集·文集》卷八《策問》,上海:上海古籍出版社,1998年,第704頁。
② 俞樾:《湖樓筆談》卷二,《續四庫》1162/372。
③ 俞樾:《湖樓筆談》卷一,《續四庫》1162/356。琅邪、之罘刻石文見《史記·秦始皇本紀》,北京:中華書
　　局,1995年,第245、250頁。
④ 武内義雄:《子思子考》,《先秦經籍考》(中),江俠菴編譯,上海:商務印書館,1931年,第117—118頁。
　　"一法度衡石丈尺。車同軌。書同文字"見《史記·秦始皇本紀》,北京:中華書局,1995年,第239頁;許
　　慎《說文解字·序》見清王筠《說文解字句讀》卷二九,《續四庫》219/410。
⑤ 蔣伯潛:《諸子通考》,杭州:浙江古籍出版社,1985年,第335—336頁。馮友蘭:《中國哲學史》,上海:
　　商務印書館,1947年,第446頁。

定天下於一者也。則周之文軌，孰得而變之哉？曰：周之車軌書文，何以能若是其必同也？曰：古之有天下者，必改正朔，易服色，殊徽號，以新天下之耳目，而一其心志，若三代之異尚，其見於書傳者詳矣。軌者，車之轍跡也。周人尚輿，而製作之法，領於冬官，其輿之廣六尺六寸，故其轍跡之在地者，相距之間，廣狹如一，無有遠邇，莫不齊同。凡爲車者，必合乎此，然後可以行乎方內而無不通；不合乎此，則不惟有司得以討之，而其行於道路，自將偏倚杌隉，而跬步不前，亦不待禁而自不爲矣。古語所謂“閉門造車，出門合轍”，蓋言其法之同，而《春秋傳》所謂“同軌畢至”者，則以言其四海之內政令所及者，無不來也。文者，書之點畫形象也。《周禮》司徒教民道藝，而書居其一，又有外史掌達書名於四方，而大行人之法，則又每九歲而一喻焉，其制度之詳如此，是以雖其末流，海內分裂，而猶不得變也。必至於秦滅六國，而其號令法制有以同於天下，然後車以六尺爲度，書以小篆、隸書爲法，而周制始改爾。孰爲子思之時而遽然哉？[①]

周秦各有其書同文、車同軌。周代的車以六尺六寸爲制，這是周代的“車同軌”。秦代的車以六尺爲制，這是秦代的“車同軌”。“書同文”也一樣。也就是說，周代有周代的車同軌書同文，秦代有秦代的車同軌書同文。不能因爲秦時有書同文車同軌，就認爲這是秦的首創，周代就不能有車同軌書同文了。歷代得天下者，必先齊其同，秦只是以其同代周之同罷了。

後世維護朱說者，主要從以下四個方面辯護“三同”景象在先秦已成事實，不獨秦然。（一）“三同”在周代既爲可能，亦爲必須。明人胡友信、[②]近人陳槃[③]還從周代“三同”之可能性、現實性和必須性上，說明周室立國之後，爲確保交通過往暢通，信息傳達迅速，有必要也有可能促成“三同”，這也是姬周國祚得以綿延八百年的基本保證之一。（二）周室已有“三同”之制。清人江永（1681—1762）、凌曙（1775—1829）等人詳細辨析了“車同軌，書同文”爲周制原有。[④] 這在一定程度上支援了朱說。近人王國維

---

① 《中庸或問》下，《四書或問》，《朱子全書》6/601—602。從朱子的自問自答中並不能看是直接針對王十朋之疑難，之所以說朱子此處是對王氏之疑的“直接的答覆”，是因爲兩人疑答所涉的同是“三同”之前兩同即車同軌、書同文，這似乎不應是偶然之巧合。另外，與朱子同時的洪邁（1231—1202 年）對“書同文”也有論涉。但洪氏所涉的僅爲《左傳》，似不必爲《中庸》之“三同”而發。不過，洪氏之說可以視作對此問題的一條外證。（《容齋隨筆》卷五《三代書同文》、卷十四《揚之水》，《四庫》851/309、382）

② 胡友信：《書同文行同倫》，高嵣集評《高梅亭讀書叢鈔·明文鈔五編》，《華東師範大學圖書館藏稀見叢書彙編》第二十九冊，北京：北京圖書館出版社，2006 年，第 655—656 頁。

③ 陳槃：《中庸今釋別記》，《大陸雜誌語文叢書》第一輯第一冊，第 305—309 頁。

④ 江永：《群經補義·中庸》，《四庫》194/44。凌曙：《四書典故考核》，《續四庫》169/589。

(1877—1927)也指出先秦諸國篆文具有相通性。[1] 這可以說是旁證了朱說。郭沫若(1892—1978)也認爲,秦的大一統只是一種新的統一,並不能以此否認先秦已有"三同"存在。[2] (三) 先秦文獻已有"三同"之說。清焦袁熹(1661—1736)和陳槃徵引《左傳》隱公元年"同軌畢至",清周柄中(1738—1801)徵引《管子·君臣上》"戈兵一度,書同名,車同軌",於文獻上證明先秦已有"車同軌,書同文"之說。[3] (四) "今"當訓爲"若","三同"景象僅表示一種理想而非一種事實。虛詞"今"在古代本來就有"若"和"將"的意義,表示一種假設口氣或將來時態。[4] 李學勤即認爲《中庸》該句之"今"字當訓爲"若","三同"表示的只是對將來可能景象的一種理想的期許和嚮往的假定。[5] 按俞樾所說,春秋戰國乃亂世,不可能有"三同"事實。然而,因其爲亂世,正好證明亂世之人最可能有"三同"之理想與嚮往。

"三同"問題應該說是懷疑派有力的內證之一。子思行於戰國,"三同"在戰國實爲不可能之事。《中庸》此處明言今天下"三同",則第廿八章的"三同"等幾句話必非子思所作。傳統派之辯護雖然堪稱機巧,但是他們找到的證據總是過於曲折,並不能形成有力的回護。當然,"三同"等幾句話也許是前儒讀經時隨手所做的旁注,後人不明,遂誤竄入經文。果真如此,這幾句話當然不可能是子思所作。但這只能說明這幾句話晚出,不能因之就說整個《中庸》皆爲晚出。

二、"華 嶽"

"華嶽"問題就是由《中庸》第廿六章"華嶽"二字所引發的關於其作者"國籍"及時代的爭論。《中庸》云:

---

[1] 王國維:《史籀篇疏證序》,《觀堂集林》卷五,《民國叢書》第四編第 92 冊。

[2] 郭沫若:《十批判書》,《郭沫若全集》(歷史編)第二卷,北京:人民出版社,1982 年,第 143 頁。

[3] 焦袁熹:《此木軒四書說》卷一,《四庫》210/536。陳槃:《中庸今釋別記》,《大陸雜誌》第二十一卷第四期,第 306 頁。周柄中:《四書典故辨正》卷四,《續四庫》167/444。

[4] 關於訓"今"爲"若",可參見:吳昌瑩《經詞衍釋》,北京:中華書局,1956 年,第 74 頁;裴學海《古書虛詞集釋》,北京:中華書局,1954 年,第 346—348 頁。"今"原有假設之訓,如:《論語·陽貨》"今女安,則爲之"(《論語》17.21),《孟子·梁惠王》"今王與百姓同樂,則王矣"(《孟子》2.1)。還可表將來時態,如:《史記·項羽本紀》"奪項止天下者,必沛公也,吾屬今將爲之虜矣"。

[5] 李學勤:《失落的文明》,上海:上海文藝出版社,1997 年,第 344—345 頁。謝祥皓、劉宗賢:《中國儒學》(成都:四川人民出版社,1993 年,第 242 頁)和孫以楷、陸建華、劉慕方《道家與中國哲學》(先秦卷)(北京:人民出版社,2004 年,第 361 頁)從之。

載華嶽而不重,振河海而不泄。

從字面上看:嶽者,山也,華嶽即華山。華山鄰近咸陽和長安而遠離齊魯大地,稱引華山者應爲離華山較近的秦漢儒者。所以,這一句話應是秦漢儒生所作而不會是魯國的子思。最早提出這個問題的是清人葉酉。袁枚在給葉酉的一封信中,轉述了葉氏的看法:

> 《中庸》填砌拖遝,敷衍成文,手筆去《論語》、《大學》甚遠,尚不如《孟子》。是漢儒所撰,非子思作也,其隙罅有無心而發露者。孔、孟皆山東人,故論事就眼前指點。孔子曰"曾爲泰山,不如林放",曰"泰山其頹",孟子曰"登泰山而小天下,挾泰山以超北海"。就所居之地,指所有之山,人之情也。漢都長安,華山在焉。《中庸》引山稱華嶽而不重,明明是長安之人,引長安之山,此僞託之子思之明驗,已無心而發露矣。①

在這裏,葉酉提出了一個"論事就眼前指點"的創作原則。根據這個原則,古人在作文論事時,往往就近取材,根據眼前事物加以發揮。子思爲魯人,泰山在魯國,按照這一原則,《中庸》果爲子思所作,他最應該稱引的是家鄉的泰山,而不是遙遠的華山。同理,華山更接近秦都咸陽和漢京長安,稱引華山之人,也應該就在華山附近。所以,"載華嶽而不重"這句話應該出自秦漢士人而非魯國的子思。進而,《中庸》既然有此一句,那麼它不應該出自魯國的子思,更可能是秦漢士人所爲。《中庸》的成書當晚至秦漢。

平心而論,葉酉這一疑難的確有他的道理。也正因此,葉氏此論一出,學界紛紛響應。梁紹壬(1792—?)、俞正燮(1775—1804)、武内義雄、蔣伯潛、馮友蘭皆從之。②袁枚稱讚葉酉"真可謂讀書得間,發二千年古人所未有",並非完全是文人之間客套的虛誇之辭。

當然,"論事就眼前指點"的創作原則只是一個大概的說法,沒有絕對的必然性,容許存在例外。郭沫若就認爲"載華嶽而不重"這一句話"無關重要",因爲"與子思約略同時而稍後的宋銒,便'作爲華山之冠以自表',足見東方之人,正因爲未見華山而

---

① 袁枚:《小倉山房盡牘》卷八《又答葉書山庶子》,《袁枚全集》第五册,南京:江蘇古籍出版社,1993年,第163頁。

② 梁紹壬:《兩般秋雨庵隨筆》,《續四庫》,1263/21。俞正燮:《癸巳存稿》卷二《中庸大學》,《俞正燮全集》第二册,合肥:黄山書社,2005年,第82頁。武内義雄:《子思子考》,江俠菴編譯《先秦經籍考》(中),第120頁。蔣伯潛《諸子通考》,第332頁。馮友蘭:《中國哲學史》,第446頁。

生景慕,忽近而求遠,仍人情之常,魯人而言華嶽,亦猶秦人而言東海而已”。① 郭氏的應答很巧妙。每個人的確都有景慕而忽近求遠的“人情之常”。比如,大陸内地的小學生可以沒有見過大海,但這並不影響他們在寫作文時對大海作任意的暢想。即使子思從來沒有到過關内,從來沒有見過華山,但他總應該知道華山的大名。那麽,子思雖爲山東魯人,也可以對華山有所景仰和嚮往,在著作中稱引華山也符合“人之常情”。

相較於郭沫若,徐復觀(1903—1982)對“華嶽”疑難的反駁就更加堅定而細微。但徐復觀對這個問題的看法先後有一個曲折。他在《中庸的地位問題》(1956)一文中僅是猜測性地說“載華嶽而不重的一段話,可能是秦博士整理時加進去的”②。也許他當時還沒有找到更有力的證據來對付葉西提出的問題,只能快刀斬亂麻,把這句話劃出《中庸》之外。後來,他傾向於認定這句話也是子思原作。在《中國人性論史》(1962)一書中,他就修正了自己此前的劃割觀點。之所以修正,是因爲他找到了新的證據。這些證據可以證明,《中庸》所言之“華嶽”並非一座山而是兩座山,更非華陰之華山,而是山東齊魯大地的華山和嶽山。他找到的證據計有三條。第一條是“華嶽”一句後面的“河海”二字。《中庸》第廿六章不但有“華嶽”二字,還有“河海”二字。如果因華山遠離山東,齊魯儒者不會提到華山,同樣,河海遠離陝西,秦漢士子也應該不會提到渤海。《中庸》第廿六章“對山而言‘寶藏興焉’,對水而言‘貨財殖焉’,這卻不是秦地儒者的口吻,因秦地無山海之利”③。第二條是“載華嶽而不重,振河海而不泄”這句話的對仗句法。山水對舉成文。“河海”爲二水:河爲黄河,海爲渤海,“華嶽”也應該是二山:華爲華山,嶽爲嶽山。“華嶽”一詞應該破開來說,不能只視爲一座華山。第三條是今山東之地就有華山與嶽山。山東原來就有兩座山,其名字就是華山和嶽山。宋鈃所景慕之“華山”正是齊地的華山,不是華陰之華山。

“華嶽”爲二山而非一山,早已有人指出。鄭玄(127—200)之注“本亦作山嶽”已顯端倪,但並沒有指是何山何嶽。清代樊廷枚、周柄中、孫應科(1777—?)、王塋(1786—1843)都曾明言“華、嶽”爲二山,與“河、海”對舉成文。④ 但他們的結論仍然是懷疑派的:“華”爲華山,“嶽”爲嶽(吳、岍)山,都在今陝西境内,這仍然意味著《中庸》此語爲秦漢儒者所作。

---

① 郭沫若:《十批判書》,《郭沫若全集》(歷史編)第二卷,北京:人民出版社,1982年,第143頁。
② 徐復觀:《中庸的地位問題》,《中國思想史論集》,臺北:臺灣學生書局,1993年,第76頁。
③ 徐復觀:《中國人性論史·先秦篇》,上海:上海三聯書店,2001年,第125頁。
④ 樊廷枚:《四書釋地補》,《續四庫》170/13。周柄中:《四書典故辨正》卷四,《續四庫》167/444。孫應科:《四書說苑》卷二,《續四庫》170/601—602。王塋:《四書地理考》卷八,《續四庫》170/286。

　　徐復觀費了很大勁來證明"華、嶽"二山在齊魯境內,但他找到的證據實在勉強。山東的華山和嶽山無論如何只是兩座不起眼的小山,去泰山的大名遠也。子思稱引山嶽,也應該是大名鼎鼎的泰山,而不會只是兩個不知名的小山。當然,懷疑派也有其難點。他們找出很多文獻證明"華嶽"雖爲二山,而且仍在秦漢境內,也足夠聞名,但他們對"河海"究指哪二水,卻語焉不詳。只有王鏊認爲河即黃河,海在孔子指渤海,在孟子指楚藪澤。這就是說"河海"二水在齊魯境內。這就出現了一個矛盾。一般說來,山水對舉,山水在地理位置上也應該符合就近原則。但這裏的"華嶽"二山在陝西,"河海"二水卻在山東,對舉之山水拉扯如此之遠,似乎不太合于古人創作規律。

三、"仲　尼"

　　《中庸》在第三人稱敍事的情境下,兩次直接提到孔子的字"仲尼":

　　　　仲尼曰:"君子中庸,小人反中庸。君子之中庸也,君子而時中;小人之中庸也,小人而無忌憚也。"(第二章)

　　　　仲尼祖述堯舜,憲章文武。(第卅章)

　　中國向有名諱的傳統,子思及其門人稱呼孔子時應該知道避諱的。《中庸》直呼"仲尼",那麼《中庸》就不應是子思或子思門人所寫。這一問題也是王十朋首先提出的。他說:

　　　　弟子記聖人之言行,於《論語》皆稱子,如"子曰"及"子以四教"之類,蓋尊師重道之辭,未嘗有字聖人者。是書亦稱"子曰",宜矣,而又有"仲尼曰"、"仲尼祖述堯舜"之語焉,豈有身爲聖人之孫,而字其祖者乎?[①]

　　傳統派消解此問題的主要方法就是,把這兩處稱"仲尼"的語句定爲孔子自言,以避免子思直呼乃祖字諱的矛盾。元人胡炳文(1250—1333)即曰:

　　　　第二章……與第三十章獨揭"仲尼"二字。"仲尼曰",仲尼之言也,所言者,中庸也;"仲尼祖述堯舜"以下,仲尼之行也,所行者,皆中庸也。中和之論發於子思,中庸之論本於仲尼。[②]

①　王十朋:《王十朋全集·文集》卷八《策問》,第704頁。
②　胡炳文:《四書通》卷一《中庸通》,《四庫》203/52。

清人毛先舒(1620—1688)則更進一步認爲:"《中庸》當是夫子自撰之書,子思或爲綜次而引信之耳,其中即有所作,大抵亦是傳述夫子旨義,而要之,夫子語爲多"。①

把這兩處定爲孔子自言,甚至《中庸》就是孔子自撰之書,的確可以避免字諱之疑。但這實屬强爲之辭,過於曲折。其實,對於這個問題還有一種更直接的解決方法,就是朱熹所說的"古人未嘗諱其字"。②《中庸或問》載:

> 或問:此其稱仲尼曰,何也?曰:首章夫子之意,而子思言之,故此以下,又引夫子之言以證之也。曰:孫可以字其祖乎?曰:古者生無爵,死無諡,則子孫之於祖考,亦名之而已矣。周人冠則字而尊其名,死則諡而諱其名,則固已彌文矣,然未嘗諱其字者也。故《儀禮》饋食之祝詞曰:'適爾皇祖伯某父。'乃直以字而面命之。③ 況孔子爵不應諡,而子孫又不得稱其字以別之,則將謂之何哉?若曰孔子,則外之之辭,而孔姓之通稱,若曰夫子,則又當時衆人相呼之通號也,不曰仲尼而何以哉?④

朱子在此指出,春秋戰國時代,對尊長先人並不諱稱其字。這從《論語》、《孟子》等書亦可看出。在《論語》中,孔門弟子除了敬稱乃師爲"子"、"夫子"外,也有稱孔子之字的。叔孫武叔詆毀孔子,子貢就說:"仲尼不可毀也。"(《論語·子張》)《孟子》也有五次稱孔子之字的。⑤ 在《論語》中,甚至還有弟子直呼孔子之名。孔子讓子路問路於長沮、桀溺,長沮問子路:"夫執輿者爲誰?"子路答曰:"爲孔丘。"(《論語·微子》)既然在《論語》和《孟子》中,孔門弟子和孟子對孔子就可以直稱其字,甚至直呼其名。那麼,子思或其門人爲何就不能稱孔子之字?

按照中國古代稱呼原則,稱呼長者、尊者是可以稱字的。《禮記·曲禮》曰"逮事父母,則不諱王父母;……臨文不諱"。這裏提供了兩條不避諱的原則:第一,如果父母早喪,是不避諱稱祖父母名字的,第二,如果是寫文章,也可以不避諱。子思作《中庸》稱"仲尼"正符合這兩條原則,王十朋之疑大可不必。當然,胡炳文的孔子自撰《中庸》之說也言出無據。因爲《論語》中孔子自稱其名"丘"者九處⑥,卻沒有一處自稱其字"仲尼"的。古人何時何地,無論尊卑,自稱都不能用字的。《中庸》稱"仲尼"正表明

---

① 毛先舒:《聖學真語》一卷,《四庫存目》子 95/91。
② 《朱子語類》卷六三,《朱子全書》16/2056。
③ 《朱子語類》卷六三說:"近看《儀禮》,見古人祭祀皆稱其祖爲'伯某甫',可以釋所疑子思不字仲尼之說。"(《朱子全書》16/2056)
④ 《中庸或問》上,《四書或問》,《朱子全書》6/564。
⑤ 《孟子》1.4、1.7、5.4、8.10、9.6。
⑥ 《論語》5.25、5.28、7.24、7.31、7.35、10.16、11.15、16.1、18.6。

《中庸》非孔子所著,胡氏據"仲尼"而判《中庸》爲孔子之作,實在是矯枉過正,過猶不及。

其實,名諱現象的出現雖然較早,但名諱成一傳統則是秦漢以後的事了。衆所周知,韓愈有一篇《諱辯》的文章,指證了當時名諱現象的嚴酷。可見,名諱在唐代已經頗成氣候。但韓文還說:"夫諱始於何時? 作法制以教天下者,非周公孔子歟? 周公作詩不諱,孔子不偏諱二名,《春秋》不譏不諱嫌名。"①南宋王觀國也有一篇《名諱》,專門考察了名諱現象的由來演變。王氏曰:"夏、商無所諱,諱自周始,然而不酷諱也","秦漢以來,始酷諱矣"。王氏解釋說:"夏、周之時質,質則事簡,故無所諱。周之時文,文則事備,故有諱而不酷諱也。秦漢以來,文乎文者也,文乎文則多事,多事則疑,疑則爲之防密矣。此其所以酷諱之也。"②名諱在周代雖然也存在,但並不酷諱,還沒有成爲一種嚴格的禮制。秦漢以後,由於社會風氣重文輕質,酷諱才逐漸形成。韓愈《諱辯》就是對當時酷諱的抨擊。③ 孔門弟子身處秦漢以前,酷諱尚未形成,當然也就有了弟子直呼師名的現象。以"仲尼"二字而疑子思作《中庸》,這明顯是以後來的歷史現象猜測以前的歷史事實,其結論只能是無稽之談。

四、文體不一,前後兩分

從文體上說,晚周秦漢文獻約有兩體,一是記言體,一是議論體。今本《中庸》明顯有兩種文體:前半部分(第二至第十九章、第廿章前半)多是平實切用的記言體,後半部分(第一章、第廿章後半、第廿一至第卅三章)多是隱曲繁晦的議論體。一般而言,同一文獻,其文體應該是統一的。《中庸》在文體上的割裂,難免讓人懷疑其係出自一時一人之手。

最早注意到《中庸》文風前後不一的是王柏。他說:

> 《中庸》者,子思子所著之書,所以開大原立大本而承聖緒也。義理精微
> 而實難于窺測,規撫宏遠而實難于會通,衆說淆雜而實難于折衷,此子朱子
> 以任其責,而後學亦已春融而冰釋矣。惟愚滯之見,常覺其文勢時有斷續,

---

① 韓愈:《韓昌黎全集》卷十二《諱辯》,上海:世界書局,1935 年,第 194 頁。
② 王觀國:《學林》卷三《名諱》,北京:中華書局,1988 年,第 77、80 頁。
③ 即使在唐宋酷諱之風大盛之時,仍然有不避諱的現象。朱熹說:"伊川亦嘗呼明道表德,如唐人尚不諱其名。"(《朱子語類》卷三,《朱子全書》16/2056)

語脈時有交互,思而不敢言也,疑而不敢問也。一日偶見西漢《藝文志》有曰"《中庸說》二篇",顏師古註曰"今《禮記》有《中庸》一篇",而不言其亡一也,惕然有感,然後知班固時尚見其初爲二也,合而亂之,其出於小戴氏之手乎?彼不知古人著書未嘗自名其篇目,凡題辭皆後人之所分識,徒見其兩篇之詞義不同,遂從而參伍錯綜成就其總題已。天賦爲命,人受爲性,所賦所受,本此實理,故"中庸"二字爲道之目,未可爲綱,"誠明"二字可以爲綱,不可爲目。僕不揆妄僭,爲之隱索,取而析之,以類相從,追還舊觀。但見其綱領純而辨也,如此之精;條目疏而理也,如此之瑩,首尾相涵,可謂縝密,氣脈流通,可謂融暢。雖各題一"性"字,而其義不同,一原其性之所自來,一原其性之所實有。雖然提一"教"字,而其旨亦異,一以行爲主,故曰"脩道",一以知爲主,故曰"明誠"。始于天者終於天,始於誠者終於誠,分限嚴而不雜,塗轍一而不差,子思子亦可以無遺憾于千載之上矣。①

王柏看到《中庸》文風的前後不一,並從《漢書·藝文志》"《中庸說》二篇"五字受到啟發,遂斷定《中庸》原爲兩部分,一部分是"中庸",一部分是"誠明"。但後人不明所以,將兩篇合而爲一,於是就有了《中庸》"文勢時有斷續,語脈時有交互"的現象。

馮友蘭在王說的基礎上,進一步把《中庸》二分歸因於文體不同:"然其(按:王柏)所說,固已與吾人以不少提示矣。細觀《中庸》所說義理,首段自'天命之謂性'至'天地位焉,萬物育焉',末段自'在下位不獲乎上',至'無聲無臭至矣',多言人與宇宙之關係,似就孟子哲學中之神秘主義之傾向,加以發揮。其文體亦大概爲論著體裁。中段自'仲尼曰,君子中庸',至'道前定則不窮',多言人事,似就孔子之學說,加以發揮。其文體亦大概爲記言體裁。由此異點推測,則此中段似爲子思原來所作之《中庸》,即《漢書·藝文志》儒家中之《子思》二十三篇之類。首末二段,乃後來儒者所加,即《漢書·藝文志》'凡禮十三家'中之《中庸說》二篇之類也。"②《中庸》前半是記言體,多是發揮孔子學說,後是議論體,則是發揮孟子神秘主義傾向。馮說又爲蔣伯潛所加以發揮。陳澧(1810—1882)曾區分記言體爲三種情況:即"聞而記之"、"傳聞而記之"和"傳聞而記之"但"敷演潤色"。③蔣伯潛據此說:"陳氏所分三種記言體之區別,全在繁簡質文之間也。持此以衡《中庸》,則全篇文體並不一致。自《中庸章句》之第二章至第十一章,尚與《論語》相似,屬於第一種記言體;自第十二章至第十九章,則與《坊

---

① 王柏:《魯齋集》卷十三《古中庸跋》,《四庫》1186/195。
② 馮友蘭:《中國哲學史》,第447—448頁。
③ 陳澧:《東塾讀書記》卷九,《陳澧集》第二冊,上海:上海古籍出版社,2008年,第164—165頁。

記》、《表記》、《緇衣》等相似，屬於第二種記言體；第二十章之‘哀公問政……’，與《哀公問》、《仲尼燕居》、《孔子閒居》、《儒行》等相似，屬於第二種記言體。其第一章及第二十一章以後，則已非記言體而爲議論體矣。故以文體衡之，《中庸》殆非一人所撰，且各段成書之先後，至不一律也。”①

王柏之說有開風氣之功，後來主張《中庸》二分之說無不導源於此。錢穆就曾將《中庸》分爲“誠明篇”和“中和篇”兩篇。② 郭店楚簡和上博竹書問世後，受竹簡文獻文體和思想的啟發，梁濤和郭沂也趨向於《中庸》分爲“中庸篇”和“誠明篇”，“中庸篇”早出，“誠明篇”晚出。③

以文體分《中庸》爲兩部分，前半部分爲記言體，後半部分爲議論體。對於這兩部分的作者，王柏以降，多認爲記言部分早出，議論部分可能晚出。④ 但這裏有一個問題：前半部分記言體純是記錄孔子之語，思想也當然是孔子之思想，如果說只有這一部分爲子思所記，那麼子思自己的思想又在哪里呢？“就拿馮友蘭的分析來說，他認爲自第二章至第二十章的上半段可能是子思的原作。但細察這幾章的內容，只有第十二章、第十四章、第十五章，有子思自己的話，而且也是引述孔子的思想，談不上獨創的見解。如果子思所寫的中庸就是這些，我們實在看不出他有什麼特殊的表現。”⑤

---

① 蔣伯潛：《諸子通考》，第 338—340 頁。

② 錢穆：《中庸新義》，《民主評論》六卷第十六期（1955 年）；《中國學術思想史論》（二），東大圖書公司，1980年。由於錢穆說《中庸》染有老莊思想，故而晚出，由此引來一場不小的爭論。參與這場討論的有徐復觀和黃彰健。徐復觀撰《中庸的地位問題——謹就正於錢賓四先生》一文（《民主評論》七卷第五期，1956年）。錢穆則撰《中庸新義申釋》（《民主評論》七卷第一期，1956 年；後收入《中國學術思想史論》（二），東大圖書公司 1980 年）以回應並回護自己的立場。這一下就更熱鬧了，徐復觀接著又寫了《有關思想史的若干問題》（《人生》第 169—170 期，1957 年；後收入《中國思想史論集》，臺北：臺灣學生書局，1993 年），其中第三點就是檢討《易傳》、《大學》、《中庸》與老莊的關係。黃彰健也撰寫《讀錢賓四先生中庸新義申釋》（上、下）（《大陸雜誌》第十二卷第九和十期，1956 年），加入了這次討論。

③ 梁濤的討論見其《郭店楚簡與〈中庸〉公案》，《臺大歷史學報》2000 年 6 月第 25 期，第 25—51 頁；《荀子與〈中庸〉》，《邯鄲師專學報》2002 年第 2 期；《郭店竹簡與思孟學派》第五章第二節，北京：中國人民大學出版社，2008 年。郭沂之說見其《〈中庸〉成書辨正》，《孔子研究》1995 年第 4 期，第 50—59 頁；《郭店竹簡與先秦學術思想》第三章，上海：上海教育出版社，2001 年。李文波曾對《中庸》分爲上下部分進行了比較系統的考察。（《〈中庸〉成書再辨正》，《哲學研究》2005 年第 6 期）當然，楊朝明不同意這種說法，他分《中庸》爲四部分。（《〈中庸〉成書問題新探》，《河南科技大學學報》（社會科學版），2006 年 10 月第 24 卷第 5期，第 5—12 頁）

④ 勞思光甚至認爲，《中庸》的記言部分“所記孔子之言，亦出傳聞，皆漢代儒生所爲也”，因而整個《中庸》都是漢代作品，不可能是子思所作（《中國哲學史》第二卷，第 49 頁）。

⑤ 吳怡：《中庸誠的哲學》，第 9 頁。吳怡還說：“從第二章直到第二十章前半段，既然都是引證或闡述孔子的思想，當然不能代表中庸作者的獨創見解。至於第二十七章到最後一章，既然都是讚歎之辭，顯然是有所本而不是思想的重心，最多只有輔助解釋之作用而已。那麼，剩下來真正是中庸的精髓自然只有第一章，及從第二十章後半段到第二十六章了。”（《中庸誠的哲學》，第 35 頁）

"《中庸》上半,是子思之學,後半是與子思無關係,據此想像,則《中庸》哲學上之價值甚薄矣。"①爲了避免子思無獨創見解、《中庸》無哲學價值,就必然要承認今本《中庸》雖然文體不一,但其思想仍是一體,而不能遽然兩分。

五、遣詞用字有秦漢痕跡

《中庸》用詞問題可以看作是文體文風問題的細化。人們在分析《中庸》文體的過程中,發現《中庸》前後文體之不同,一定程度上是由於它們使用的辭彙不同。這就涉及歷史語言學問題。不同歷史時期的作者使用的辭彙無論是在構詞方法上,還是在詞義廣延上,都有其歷史階段性,也就是說,一些片語、一些詞義,只有發展到了一定的歷史時期以後才可能出現。那麼,使用這些片語和詞義的文獻便不可能早於這一段歷史,同時,在這些片語和詞義發明以前的古人,當然也就不可能使用它們著書寫作了。

從構詞方法上看,雙音詞之出現晚於單音詞是漢語發展的一個內部規律。②楊澤波先生從《中庸》文本的首章和後十三章中挑出"化育"、"經綸"、"中和"、"高明"等十個相當重要的複詞,經過統計學的分析發現,"《孟子》之前還沒有出現上述十個複詞,所以首章和後十三章的作者不可能早于《孟子》。到了《荀子》之後,經過《韓非子》,再到《呂氏春秋》,上述一些複詞已顯端倪,但範圍和頻率都還趕不上今本《中庸》首章和後十三章,所以首章和後十三章作者的年代不可能早于秦漢"。③那麼,《中庸》這部分的作者也就不可能是子思了。但是,同樣運用漢語單複詞發展的這條規律,郭沂通過把《中庸》的單音詞"知"、"學"及"問"與《孟子》的複音詞"智慧"、"學問"比較發現,"後者使用複音詞的頻率要大大高於前者",因而"今本《中庸》必在《孟子》之前"。④另一點與楊教授相似的是,郭氏所選較的辭彙也在《中庸》的後半部分,但他們卻得出了截然相反的結論。可見,單純運用漢語構詞發展規律來判斷《中庸》作者歸屬,是有一定的危險性的。

從詞義發展上看,詞語的意義有歷史性,一些詞語的意義要到一定的歷史時期後才出現,這個時期的作者們也才能運用它們。武內義雄在比較《中庸》與《荀子》時發

① 武內義雄:《子思子考》,《先秦經籍考》(中),第116頁。
② 王力:《漢語史稿》,《王力文集》第九卷,濟南:山東教育出版社,1988年,第451頁。
③ 楊澤波:《孟子評傳》,南京:南京大學出版社,2000年,第41頁。
④ 郭沂:《郭店竹簡與先秦學術思想》,上海:上海教育出版社,2001年,第439頁。

現，《中庸》"從第廿章至廿四章說誠之文，與荀子《不苟》之文相似，《不苟》比《中庸》之文章爲簡約，且彼是以誠爲養心之法，《中庸》更進一步，以誠爲貫天地人之原理，恐《中庸》此等之章，比《不苟篇》尤爲後出。果然，則中庸之後半截，乃在秦時代，子思後學傳演其上半截之文。"① 徐克謙也表達了相同的觀點。② 胡止歸更是樂此不疲，他詳細考證了代表《中庸》核心思想的"中庸"、"誠明"、"愼獨"、"性命"等詞語的語源及語義演變，尤其是認爲《中庸》首章即言中和，但"考'中和'一詞，《論》《孟》既未見有提出，其用於先秦諸子之著述中者，最早亦見於《荀子》一書"，而且"秦、漢以前'中和'一詞，乃多用於'樂'，形容'樂'之'適中''和諧'……《中庸》未將'中和'用於'樂'，乃用於'人情'；並從'人情'又演繹及于'天道'之'中和'，此則爲荀子所未言"。③ 還有，"中和"一詞用於"天地萬物"者，當發自董仲舒《春秋繁露·循天之道》篇，因此，《中庸》有關中和思想，不可能早于董仲舒舉《對策第一》(公元前 134 年)。④ 胡氏之說不是首出，宋人林光朝(1114—1179)已曾懷疑《中庸》"似董仲舒所作"。⑤

此外，《中庸》裏還有一些語段，似乎含有秦代政治色彩或帶有秦漢思想烙印，人們也據此證明《中庸》晚出。比如：《中庸》廿八章有"愚而好自用，賤而好自專，生乎今之世，反古之道，如此者，災及其身也"二十八字。武內義雄認爲這是反映《史記·始皇本紀》三十四年李斯上議書"五帝不相復，三代不相襲，各以治，非其相反，時勢異也。今陛下創大業，建萬世之功，固非愚儒所知，且越言乃三代之事，何足法也。異時諸侯並爭，厚招遊學，今天下已定，法令出一，百姓當家，則力農工，士則學習法令辟禁，今諸生不師今而學古，非當世惑亂黔首……臣請以古非今者族，吏見知不舉者與同罪"之後政治形勢的。⑥ 再如《中庸》第卅章有"是以聲名洋溢乎中國，施及蠻貊，舟車所至，人力所通；天之所覆，地之所載；日月所照，霜露所隊。凡有血氣者，莫不尊親，故曰配天"一段，武內義雄認爲此似由《琅邪台碑》之"日月所照，舟輿所載，皆終其命，莫不得意"之句所傳演者。⑦ 蔣伯潛亦認爲，這是在歌頌秦並六國，一統天下後之盛況。因而，這些話當出自始皇一統後的儒者之手，而不可能是子思所作。⑧《中庸》

---

① 武內義雄：《子思子考》，《先秦經籍考》，第 120 頁。
② 徐克謙：《試論〈中庸〉基本思想的產生年代》，《齊魯學刊》1989 年第 2 期。
③ 胡止歸：《中庸章句淵源辨證》(上)，《大陸雜誌語文叢書》第一輯第一冊，第 359 頁。
④ 胡止歸：《中庸著作年代辨證》(中)，《大陸雜誌語文叢書》第一輯第一冊，第 323、329。
⑤ 林光朝：《艾軒集》卷六《與鄭編修漁仲》，《四庫》1142/617。
⑥ 武內義雄：《子思子考》，《先秦經籍考》，第 119 頁。
⑦ 同上，第 120 頁。
⑧ 蔣伯潛：《諸子通考》，第 336 頁。除此幾條證據外，傅武光《四書學考》(《臺灣師範大學國文研究所集刊》第八期，第 792—793 頁)更是引用《石門刻石》、《會稽刻石》等刻文，以證《中庸》所記爲秦時之政治實況。

第廿四章還有"禎祥""妖孽"之說,胡止歸認爲這是先秦諸子思想所未有,而爲董仲舒"災異"思想之"濃縮之語",因此《中庸》至多爲"董仲舒同時或稍後之作品"。[①] 這可能是判定《中庸》成書時間最明確也是最晚的了。

六、思想虛高不類孔孟

文體文風和遣詞用字是《中庸》兩分的外在表現,思想風格則是其內在表現。從思想內容上說,如果《中庸》果真爲子思所作,《中庸》就上承孔子,下開孟子,其思想風格和思想內容與孔孟不應該有太大差池。但是,《中庸》的整體思想玄遠虛高,大不類於孔孟平實簡易的思想風格,而且有些地方甚至流露出違背於孔孟的思想內容。這些不同於孔孟的思想風格和思想內容,又多是秦漢以後才頻繁出現的,於是人們就懷疑《中庸》可能是後人所爲。

最早從思想風格上指疑《中庸》的是歐陽修。他曾問道:

> 禮樂之書散亡,而雜出於諸儒之記,獨《中庸》出於子思。子思,聖人之後也,其所傳宜得其真,而其說有異乎聖人者,何也? ……夫孔子必學而後至,堯之思慮或失,舜、禹必資於人,湯、孔子不能無過,此皆勉人力行不怠,有益之言也。《中庸》之誠明不可及,則怠人而中止,無用之空言也。故予疑其傳之謬也。吾子以爲如何?[②]

歐陽修的疑問有兩點:第一,孔子尚必須學,而《中庸》卻說自誠明不學知之;第二,聖人尚且有過,而《中庸》卻說不勉而中、不思而得。根據這兩點,歐陽修斷認《中庸》"虛言高論"、"無用之空言",而"疑其傳之謬也"。王十朋和葉適提出了相似的疑問。王十朋說:"聖人以中庸爲至德,非大全君子,不能當其名,是書載夫子之言,有君子之中庸,有小人之中庸。夫既已小人矣,尚何中庸之有耶?"[③]葉適也說孔子向不輕許人以中庸,而《中庸》卻說"君子中庸",因此懷疑《中庸》"不專出子思";[④]葉適還說,中庸爲至德,孔子向不輕許人,就連德行以下十弟子都不傳,"參也魯",曾子的悟性應該不高於顏、閔,所以孔子不可能將中庸之道傳於曾子,加以曾子之學,以身爲本,《中庸》思想"高

---

①　胡止歸:《中庸著作年代辨證》(上),《大陸雜誌語文叢書》第一輯第一冊,第316—317頁。
②　歐陽修:《問進士策三首》,《歐陽修全集》(上)《居士集》卷四八,上海:世界書局,1936年,第327—328頁。
③　王十朋:《王十朋全集·文集》卷八《策問》,第704頁。
④　葉適:《習學記言序目》卷八《禮記·中庸》,北京:中華書局,1977年,第110頁。

者極高、深者極深",與曾子是完全不同的思想風格,所以不可能經由曾子傳於子思。①

除了思想風格上外,《中庸》中還有一些內容,後人認爲與孔孟思想相違背。《中庸》第十三章"忠恕違道不遠",王十朋認爲這是析道與忠恕爲二,與《論語》忠恕爲一貫之道之義相違,因此這都是"有戾於吾夫子者"。②《中庸》第十九章"治國其如示諸掌"與《論語•八佾》之文言義有出入,宋陳善認爲,這段話應是漢儒誤讀《論語》而雜入之文。③ 其他如首章言"未發已發",鄭樵認爲子思、孟子於此有異。④ 第十六章、第廿九章言"鬼神",胡止歸認爲這與《論語•述而》、《先進》之鬼神觀相違。⑤《中庸》暢言天道,鄒玉現認爲這與董仲舒所代表的春秋公羊派一脈相承,因此得出結論說:"《中庸》的產生只能在思、孟之後,而不會在此之前;它的作者,也只能是思、孟的後學,而不可能是孟子以前的子思。"⑥第廿八章言"反古之道",勞思光認爲這與孔門尊古傳統相反,"此已足見此文之後出"。⑦ 崔述把這些意見總結到一起,肯定地說:

> 孔子、孟子之言皆平實切於日用,無高深廣遠之言。《中庸》獨探賾索隱,欲極微妙之致與孔、孟之言皆不類。其疑一也。《論語》之文簡而明;《孟子》之文曲而盡。《論語》者,有子、曾子門人所記,正與子思同時;何以《中庸》之文獨繁而晦,上去《論語》絕遠,下猶不逮《孟子》? 其可疑二也。……由是言之,《中庸》必非子思所作。蓋子思以後,宗子思者之所爲書,故託之於子思,或傳之久而誤以爲子思也。其中名言偉論蓋皆孔子、子思相傳之言;其或過於高深及語有可議(若"追王大王、王季"之類)者,則其所旁采而益之者也。⑧

---

① 葉適:《習學記言序目》卷四九《皇朝文鑒三•序》,第738—739頁。

② 王十朋:《王十朋全集•文集》卷八《策問》,第703—704頁。

③ 陳善:《捫虱新話》下集卷三《漢儒誤讀論語》,俞鼎孫、俞經輯《儒學警悟》卷三八,第784—785頁。

④ 鄭樵:《六經奧論》,《四庫》184/104。

⑤ 胡止歸:《中庸著作年代辨證》(上),《大陸雜誌語文叢書》第一輯第一冊(原載《大陸雜誌》第二十四卷第五期),第316頁。

⑥ 鄒玉現:《關於〈中庸〉的作者及著作年代》,《山西大學學報》(哲學社會科學版)1990年第1期。

⑦ 勞思光:《新編中國哲學史》第二卷,桂林:廣西師範大學出版社,2005年,第45頁。

⑧ 崔述:《洙泗考信餘錄》卷三《子思》,《崔東壁遺書》,上海:上海古籍出版社,1983年,第397頁。呂思勉對崔氏之疑古之心態頗不以爲然:"近人盛稱其有疑古之功,此特門徑偶然相合,其實崔氏考據之學,並無足稱。漢、宋二學所以不同者,宋學重理,漢學重事。宋學家先有其所謂理者,橫亙於胸中,然後覓事實以佐成其說。漢學家則本無成見,搜採事實,排比考索,而其說乃出焉。此今人所謂主觀、客觀之殊,亦即歸納、演繹二法之異,漢、宋學之不同,其本在此。若夫參伍錯綜,而知前人記載之不審,讀書勤苦精密者,類能爲之,未必遂堪以考據名家也。崔氏考證,雖若深密,然其宗旨實與宋人同,故其見解多不免於迂腐。雖能多發古書之誤,實未能見古事之真。"(《呂思勉論學叢稿•讀〈崔東壁遺書〉》,上海:上海古籍出版社,2006年,第708頁)

從歐陽修到崔述的指責來看,《中庸》因爲思想虛高,不切日用,有違孔孟,所以絕非子思所作。其實,"思想虛高"涉及兩個問題,一是虛高問題,一是思想問題。虛高是一個相對的概念,既然是相對的,就不能完全歸罪於著作本身。蘇軾(1037—1101)即說,子思作《中庸》原爲平常之道,虛高之說只是後人理解上的問題,是"昔之儒者,求爲聖人之道而無所得,於是務爲不知之文"。① 思想是不斷發展的,既然要發展,就不可能老是只談些大白話,有時"虛高"也可能是思想發展的必然趨勢。程大昌(1123—1195)也認爲,孔子與子思所處的時代不同了,因此其著書立說的風格亦當不同,蓋"夫子之設教也以人,人未進是,則不躐等以告,故《論語》一書皆仁義禮樂之具,至爲道日損以上無詔焉。子思之著書也以道,道苟在是,則盡發所見,展竭無餘,不問世之能與乎否也,而遂逆設以待。故《論語》所載率寓遠指於爾言之中,而《中庸》所書並出舊見於難言之地,非子思而敢戻於夫子也,其所指各有以也",②《中庸》與孔子的意旨卻仍然是一脈相承的。承接蘇程二氏之辯解,清翟灝對這一問題有過綜合的評說:

> 歐陽氏疑《中庸》所傳有異乎《論語》之旨,不知《論語》乃聖人垂教之言,時時以之策勵學者,三千之徒莫不共聞,故不得不降己言之。《中庸》乃傳道之言,非可語則不語,雖高明如子貢,初時尚不得聞。子思懼其失傳,勉爲推揚,垂之曠世,而世儒猶莫之知,必待千餘年後,得聞道大儒,方能重闡其義。終以其微妙而難知也。故朱子配合四書必以此書次《論》《孟》後,不令學者躐等及之。東坡作《中庸論》,亦如歐陽之意,云其務爲不可知之文,庶幾乎?後世之以我爲深知之也,夫以己之未知,而遂疑聖言之虛高無益,不進而求其知。二子實已自怠棄矣,猶得以怠人中止,爲他人慮哉?此二子之所以終未聞道也。③

翟氏"終未聞道"之評與子思"道爲知者傳"之說,何其相似。但其述蘇軾之言,疑非東坡本意。因爲蘇氏並不認爲《中庸》本身爲虛高,而是後人根據《中庸》誤爲虛高之文罷了。退一步講,按程大昌和翟灝所說,《中庸》即爲"虛言高論",但虛者自虛,高

---

① 蘇軾:《東坡全集》卷四十一《中庸論》上,《四庫》1107/567。
② 程大昌:《考古編》卷六《中庸》第一,俞鼎孫、俞經輯:《儒學警悟》卷二七,第 573 頁。子思的文章風格和思想風格幽曲難明,這一點早在《孔叢子·居衛》中已經稍顯端倪。子思適宋,宋國大夫樂朔問:"凡書之作,欲以喻民也,簡易爲上,而乃故作難知之辭,不亦繁乎?"子思的答復是:"書之意兼複深奧,訓詁成義,古人所以爲典雅也。昔魯委巷亦有似君之言者。伋答之曰:'道爲知者傳,苟非其人,道不傳矣。'今君何似之甚也!"事後,子思就作了《中庸》。子思既有此文論,如果《中庸》果爲他所作,其思想風格可想而知。
③ 翟灝:《四書考異》,《續四庫》167/27。

者自高,如果大旨與孔孟相同,則仍不失思孟血脈。如鄭樵《六經奧論》就認爲《中庸》與《孟子》"傳道有淺深","其間不能無毫釐之別",但是"其立論則同,其明道則一,而少有毫釐之差。"①所以,以此來判作者是非,終難服人。

七、晚周諸子不稱引《中庸》

梁啓超曾提出十二條古書辨僞公例,其中第一條是"前代從未著錄或絕無人徵引而忽然出現者,十有九皆僞"。② 根據這條公例,要想證明《中庸》早出於孟子,必須找到兩條證據,一是《孟子》或之前典籍著錄《中庸》書名,二是《孟子》或之前典籍稱引《中庸》內容。

最早提及《中庸》書名及其作者的是《史記·孔子世家》,此前不曾有文獻著錄《中庸》。《莊子·天下》、《荀子·非十二子》和《韓非子·顯學》在先秦文獻中,是帶有學術思想史性質的論著,對先秦諸子思想多少會涉及一些,但幾部作品都未曾提及《中庸》。《荀子·非十二子》雖然有"子思唱之,孟軻和之"一段批評性文字,但並無明確稱引子思及《中庸》。《韓非子·顯學》則把"思孟"打開來說,子思之儒與孟氏之儒並列孔學八派之二,其餘也沒有提供任何子思作《中庸》的信息。《莊子》、《荀子》等文獻因門派之爭或門戶之見不提《中庸》,《中庸》、《孟子》同屬思孟學派,《孟子》應該提到《中庸》吧。但是,《孟子》提到子思之名凡十六次,卻沒有一次提到《中庸》。於是王十朋就懷疑:"孟子學於子思者也,七篇之書稱子思多矣,獨無一言及其師之書,又不知是書果子思作否耶?"③當然,"孟子的書,根本是不完全的(今存的《孟子》只七篇,而據《漢書·藝文志》則是十一篇),所以顧炎武舉出好幾條《孟子》遺文,現在的《孟子》書上是沒有的(詳《日知錄》七《孟子外篇》)。《孟子》既有佚文,那麼他辯論性善問題的時候,到底有沒有提到像《中庸》裏頭的話,我們是不可能斷定的。就是沒有,我們也不能說,《中庸》這話,是孟子以後的人寫的。"④

至於稱引《中庸》,涉及古書引文的規範問題。古書引文規範有明引和暗引兩種形式。明引包括兩類:一是引文作者、書名和內容同時出現,其形式是"某某人某某書

---

① 鄭樵:《六經奧論》卷五,《四庫》184/104。
② 梁啓超:《中國歷史研究法》第五章,《飲冰室合集》第 10 冊,《飲冰室專集》七三,北京:中華書局,1989年,第 85 頁。
③ 王十朋:《王十朋全集·文集》卷八《策問》,第 705 頁。
④ 陳槃:《大學中庸今釋》,臺北:"國立編譯館",1984 年,第 5—6 頁。

曰",二是引文内容出現,而作者、書名只現出其一,其形式是"某某人曰"或"某某書曰"。西漢劉向《說苑・敬慎》說:"《中庸》曰:'莫見乎隱,莫顯乎微;故君子能慎其獨也。'"這是明引《中庸》之始。暗引只出現引文内容,而作者和書名不同時出現。暗引包括三類:一是原文引用,即引文與原書文句相同,二是原文引用,但每有增減異同,這是古書引用的常見現象,①三是轉文引用,即引用者將原文轉化爲自己的語言,只述其思想大要。《史記・平津侯主父列傳》引《中庸》第廿章一處、②《爾雅・釋詁》引《中庸》二十餘處,③就是第一類暗引。金德建《司馬遷所見書考》以《中庸》相關内容逐句比照《荀子・非十二子》,④胡止歸溯源《中庸》章句,他們所採用的方法就是第二類暗引。一般來說,明引要比暗引更能確定引文的成書和作者。

　　無論是明引還是暗引,《孟子》之前沒有文獻引文用《中庸》。《孟子・離婁上》第十二章與今本《中庸》第廿章有兩段材料,一般視爲引用與被引用的關係。

《中庸》第廿章

　　在下位不獲乎上,民不可得而治矣。獲乎上有道:不信乎朋友,不獲乎上矣;信乎朋友有道:不順乎親,不信乎朋友矣;順乎親有道:反諸身不誠,不順乎親矣;誠身有道:不明乎善,不誠乎身矣。誠者,天之道也;誠之者,人之道也。誠者,不勉而中,不思而得,從容中道,聖人也。誠之者,擇善而固執之者也。

《孟子・離婁上》

　　孟子曰:居下位而不獲於上,民不可得而治也。獲於上有道:不信於友,弗獲於上矣;信於友有道:事親弗悅,弗信於友矣;悅親有道:反身不誠,不悅於親矣;誠身有道:不明乎善,不誠其身矣。是故誠者,天之道也;思誠者,人之道也。至誠而不動者,未之有也;不誠,未有能動者也。(《孟子》7.12)

---

① 俞樾:《古書疑義舉例》卷三《古書傳述亦有異同例》、《古人引書每有增減例》,《古書疑義舉例五種》,北京:中華書局,1983年,第44—48頁。
② 《史記・平津侯主父列傳》(北京:中華書局,1995年,第2952頁)載公孫弘上書:"臣聞天下之道五,所以行之者三。曰君臣、父子、兄弟、夫婦、長幼之序,此五者天下之通道也。智、仁、勇,此三者,天下之通德,所以行之者也。故曰:'力行近乎仁,好問近乎智,知恥近乎勇。'知此三者,則知所以自治;知所以自治,然後知所以治人國。天下未有不能自治而能治人者也,此百世不易之道也。"唐司馬貞《索隱》曰:"此語出《子思子》,今見《禮記・中庸》篇。"
③ 劉建國:《先秦僞書辨正》,西安:陝西人民出版社,2004年,第234頁。
④ 金德建:《司馬遷所見書考》,上海:上海人民出版社,1963年,第155—161頁。

這兩段材料文句稍異，意旨極近，幾乎重出，應該是引用與被引用的關係。但問題是誰引用誰。是《中庸》引用《孟子》呢，還是《孟子》引用《中庸》？ 如果是前者，《中庸》當早出於孟子，如果是後者，《中庸》就晚出於孟子。

很多人傾向於《中庸》引用《孟子》，所以《中庸》晚出。崔述說："孔子、子思之名言多矣，孟子何以獨述此語？ 孟子述孔子之言皆稱'孔子曰'，又不當掠之爲己語也。"①《孟子》還是比較重視引文規範的，引用孔子的話往往都標明"孔子曰"。但《孟子》對這一段話直接標明是"孟子曰"，而不是"子思曰"或"《中庸》曰"，這就有兩種可能：第一種可能是孟子有掠美之嫌，第二種可能是孟子自得之語。"掠美"或如崔述所說的"掠之爲己語"，按現代引用規範來說，就是"抄襲"或"剽竊"。說孟子"剽竊"，這是辱沒聖賢。那麼就是後一種可能，"《中庸》此章乃取《孟子》語而推演之。……《中庸》之完成，似當在《孟子》成書以後也。"②勞思光則進一步把《中庸》這段話與《淮南子・主術訓》"士處卑隱……不能專誠"一段文字相對照，發現兩者"不唯大意相似，且均用'……有道，不……不……'之語法。其爲同一時代之作品，甚爲明顯。按《孟子》書中亦有類似之語，但與上引二文均有小異，則二文或皆取於《孟子》也"。③《中庸》與《淮南子》是同一時代作品，當然晚出於孟子了。

也有人認爲是《孟子》引用《中庸》。首先，關於《孟子》的"孟子曰"三字，有人認爲這是《孟子》結書者的誤作。"《孟子》爲孟子及其弟子所共撰，其中相當一部分爲孟子之語而弟子記之。這樣，孟子弟子便很容易把孟子對前人之語的引述當作孟子本人的話。"④其次，從兩處文本來看，《孟子》"至誠而不動者，未之有也，不誠未有能動者也"是《中庸》所不曾有的，"顯然是屬於《孟子》徵引之後所補充的新意。"而且，《孟子》以"是故"一語引出誠者，也應該是《孟子》補充的新意，"估計這應當《孟子》徵引《中庸》原文之後再加以類似按語形式的一種語氣。"⑤最後，從兩段話的思想來看，《孟子》

① 崔述：《洙泗考信餘錄》卷三《子思》，《崔東壁遺書》，第 397 頁。梁啓超同崔說。(《古書真僞及其年代》，《飲冰室合集・專集一百四》第 12 冊，北京：中華書局，1989 年，第 111 頁)

② 蔣伯潛：《諸子通考》，第 333—334 頁。

③ 勞思光：《中國哲學史》第二卷，第 52 頁。

④ 郭沂：《郭店竹簡與先秦學術思想》，上海：上海教育出版社，2001 年，第 437 頁。吳怡則認爲，此處引文其實就是孔子語，所以有"孟子曰"，則是引證錯誤。但沒有提供何以是孔子語，不足爲證。(《中庸誠的哲學》，第 5 頁)

⑤ 金德建：《司馬遷所見書考》，第 154—155 頁。郭沂也認爲，在"不獲於上"和"誠者，天之道也"之前，《孟子》分別多一聯結詞"而"和"是故"，"這其實已透露出《孟子》晚於《中庸》的消息。"(《郭店竹簡與先秦學術思想》，第 437 頁)

中的"思誠者"應該是對《中庸》中的"誠之者"的發展,因而是《孟子》引自《中庸》。①

可見,梁啟超的那條辨偽公例似乎並不能完全確定《中庸》晚出,也許《中庸》正是他所說的"十有九"之外的"十之一"。

八、子思"困宋"作《中庸》

歷史上一種說法,子思被困於宋國期間作了《中庸》。這種說法最早源於《史記》。《史記·孔子世家》說,子思"年六十二。嘗困於宋。作《中庸》"。《孔叢子·居衛》附會《史記》並發揮渲染曰:

> 子思年十六,適宋,宋大夫樂朔與之言學焉。朔曰:"《尚書》虞夏數四篇善也。下此以訖於秦、費效堯、舜之言耳,殊不如也。"子思答曰:"事變有極,正自當爾。假令周公、堯、舜更時異處,其書周矣。"朔曰:"凡書之作,欲以喻民也,簡易爲上,而乃故作難知之辭,不亦繁乎?"子思曰:"書之意兼複深奧,訓詁成義,古人所以爲典雅也。昔魯委巷亦有似君之言者。伋答之曰:'道爲知者傳,苟非其人,道不傳矣。'今君何似之甚也!"樂朔不悅而退。曰:"孺子辱吾。"其徒曰:"魯雖以宋爲舊,然世有讐焉。請攻之。"遂圍子思。宋君聞之,駕而救子思。子思既免,曰:"文王困於羑,作《周易》,祖君屈於陳、蔡,作《春秋》,吾困於宋,可無作乎?"於是撰《中庸》之書四十九篇。②

明豐坊偽造魏《石經大學》,原碑之考正者虞松引漢賈逵之言曰:"孔伋居於宋,懼先聖之學不明,而帝王之道墜,故作《大學》以經之,《中庸》以緯之。"③《孔叢子》和《石經大學》公認爲偽,雅不足信。④ 不過,這些材料有一個共同特點,就是子思作《中庸》的地點是宋國。

《中庸》只有一次提到宋,就是第廿八章:

> 子曰:吾說夏禮,杞不足徵也;吾學殷禮,有宋存焉;吾學周禮,今用之,吾從周。

---

① 郭沂:《中庸成書辨正》,《孔子研究》1995 年第 4 期;《郭店竹簡與先秦學術思想》,第 437 頁。楊澤波:《孟子評傳》,第 47 頁。

② 《孔叢子·居衛》,第 45—46 頁。

③ 轉引自張心澂編著《偽書通考》(上冊·經部),上海:商務印書館,1957 年,第 512 頁。

④ 胡止歸:《中庸章句淵源辨證》(中),《大陸雜誌語文叢書》第一輯第一冊,第 364 頁。

多數學者認爲,《中庸》這裏轉載孔子之言,實爲綜合《論語·八佾》兩章而來。《八佾》第九章說:"子曰:夏禮,吾能言之,杞,不足徵也;殷禮,吾能言之,宋,不足徵也;文獻不足故也。足,則能徵之矣。"《八佾》第十九章說:"子曰:周監於二代,郁郁乎文哉! 吾從周。"①

但是,《論語》與《中庸》所記載的雖然是同一件事,它們的態度卻有很大的出入。《論語》說"殷禮,吾能言之,宋不足徵也",殷禮在宋"不足徵","不足徵"暗示殷禮幾已蕩然無存。而《中庸》卻說"吾學殷禮,有宋存焉",殷禮在宋尚存。《中庸》與《論語》在宋國殷禮的問題上,一存一廢,態度截然相反。

這就引來一個問題,子思是否可能爲《中庸》的作者? 如果《中庸》確爲子思所作,那麼《中庸》引用孔子之語應該非常確當。現在,兩書對於宋國殷禮存廢的態度卻大有出入。於是,王十朋就疑問:

> 《語》(按:指《論語》)曰:"夏禮、殷禮吾能言之,杞、宋不足徵也。"是書(按:指《中庸》)乃曰:"吾學夏禮,杞不足徵。吾學殷禮,有宋存焉。"又未知其孰是耶?②

《論語》記載孔子之言應該是最有權威的。《中庸》與《論語》出現出入,只能是《論語》而非《中庸》。所以,王氏的言外之意顯然是說《中庸》不是子思所作,否則不會出現這種出入。

針對王氏之疑,清人有"宋諱說"。閻若璩(1636—1704)從《孔叢子》得到啟發:

> 向謂聖人之言述於賢人口中,少有改易便不如聖人確。如《論語》杞、宋不足徵,《中庸》易其文曰"有宋存"。案孔子七世祖正考父得《商頌》十二篇於周之大師,歸以祀其先王。而孔子錄詩時亡其七篇,此非宋不足徵之切證乎? 觀"中庸其至矣乎",及"明乎郊社之禮"分明是子思增損隱括《論語》之文,此則改《論語》而失其意故不確,知我罪我,一聽世之君子,余則信孔子過篤耳,一時聞者駭而安焉。越後二十餘年,歲寒夜水,老鰥無睡,忽憶《孔子世家》末言伯魚生伋字子思,嘗困於宋,子思作《中庸》。不覺豁然以悟,起坐歎曰:《中庸》既作於宋,易其文,殆爲宋諱乎?《荀子》'禮,居是邑,不非其大夫',況宋實爲其宗國。……《孔叢子》雖僞書,然載宋大夫樂朔與子思論《尚

---

① 與《論語》和《中庸》的記載相關,《禮記·禮運》也曾記載:"孔子曰:我欲觀夏道,是故之杞而不足徵也;吾得《夏時》焉。我欲觀殷道,是故之宋而不足徵也;吾得《坤乾》焉。《夏時》、《坤乾》,皆文之僅存者。""孔子曰:吾觀周道,幽厲傷之,吾舍魯,何適矣。"一般認爲,《禮運》這兩處記載與《八佾》亦屬同源。

② 王十朋:《王十朋全集·文集》卷八《策問》,第704頁。

書》，朔以爲辱己，起徒攻子思。子思既免，於是撰《中庸》之書，似亦未必全無因。則書中辭宜遜，且爾時杞既亡而宋獨存，易之亦與事實合。①

子思既"困"於宋，又得宋君搭救，不免要感恩於宋，說話口氣也應該謙遜其辭。《中庸》與《論語》語辭態度上的出入，並不是子思有意曲解孔子，只是"殆爲宋諱"。清人宋翔鳳(1179—1680)則進一步認爲：

> 《論語》爲弟子所述，非孔子親撰，與子思述孔子之意作《中庸》無異，安得云賢人口中不如聖人之確乎？《中庸》一篇明《春秋》之義也。……孔子作《春秋》，多刺高褒諱抑損之詞，故當時弟子述《論語》，子游作《禮運》，皆云杞、宋俱不足徵，蓋深沒其詞。子思作《中庸》又在後，遂抉發《春秋》之旨，申明王魯之誼，微言始得而聞焉。②

《論語》與《中庸》中的孔子之語都是後人所記。孔子作《春秋》"多刺高褒諱抑損之詞"，所以親炙孔子的《論語》編訂者說話也就不太客氣。但《中庸》的時間較晚，於是就承《春秋》之旨，微言大義，說話稍微客氣。總之，《中庸》與《論語》一樣，對宋存殷禮的說法雖然有一些出入，那只是時代不同，用語不一罷了。

俗話說，拿人家的手軟，吃人家的嘴軟。從情理上來講，子思困宋，應當對宋及其歷史的表態有所保留，所以才會出現祖孫異說的情況。這就是"宋諱說"的主要用意。

"宋諱說"得到不少人的認可。蔣伯潛說："《論語》記'宋不足徵也'。而《中庸》則曰'有宋存焉'者，殆以時正居宋，爲宋諱耳。則子思作《中庸》，在居宋時，宜若可信矣。"③楊樹達也說："閻氏此說至確。然則避忌變文，乃孔門之家法，又在周已然，不僅漢人爾矣。"④

當然，"宋諱說"也遭到一些人的反對。胡止歸說：

> 《中庸》改《論語》之"宋不足徵"爲"有宋存焉"，意正與《論語》相反。(子思)因居於宋而避諱，乃謙遜其辭言"有宋存焉"，意謂其文獻則能足徵。子思既係一代賢儒，當不應諱言若是；雖或勉言合於禮，然竄改乃祖之言，以圖

---

① 閻若璩：《四書釋地又續》卷上，《四庫》210/374。
② 宋翔鳳：《四書釋地辨證》下，《續四庫》170/456—457。但俞樾《古書疑義舉例》卷三第二十七例認爲宋氏附會《公羊》，屬之巧合，而以古書傳述有異有同解《中庸》此句。(《古書疑義舉例五種》，第44頁)
③ 蔣伯潛：《諸子通考》，第330頁。金德建說《論語·八佾》與《中庸》所記"同樣是記錄孔子當時所說的話，可是語氣分檔卻很顯明。《中庸》里不再說起'宋不足徵'，而一定要說'有宋存焉'，這豈不顯然地就因爲是在宋國的地方寫作《中庸》的緣故嗎？惟其子思身在當地，聞見親切，就不能夠全部抹殺宋國的文獻爲'不足徵'，才不能不改變一下語氣，說做是'有宋存焉'了。"(《司馬遷所見書考》，第162頁)
④ 楊樹達：《古書疑義舉例續補》卷一《稱引傳記以忌諱而刪改例》，《古書疑義舉例五種》，第197頁。

迎會當時,則子思作《中庸》一書,其立言之徵實性,亦大可說矣。閻氏所云,似於理未安。①

胡氏感到"宋諱說""似於理未安"。其"未安"之"理"有兩條:第一,"子思既係一代賢儒,當不應謾言若是",第二,"雖或勉言合於禮,然竄改乃祖之言,以圖迎會當時,則子思作《中庸》一書,其立言之徵實性,亦大可說矣"。子思是一代賢儒,不會為了一點小恩小惠就替人說話,更不會為此竄改祖父的原話。所以,《中庸》斷不是子思所作。

另外,還有人試圖用一種猜測性的方法來化解孔子、子思同指異說的矛盾。廖煥超曾大膽地說,《孔子世家》"子思作《中庸》"五個字"原為讀史者的備註,後被誤抄入正文","是後人增竄的,不是司馬遷的原作"。而且,備註和誤抄的年代就是在南宋以後,"因為只有南宋以後,人們才開始注意《禮記》中的《中庸》一篇"。② 這就把問題徹底化解了:子思可以困宋,但《中庸》不是他作的,祖孫之言合不合、困宋之時諱不諱等問題都不存在了。然而,這種猜測要求必須考證出"子思作中庸"這五個字確實是後人竄入的。但這卻不是一個好對付的問題。至於說這五個字是南宋人備註和誤抄的,我敢負責地說,這肯定是廖氏的一時興會,想當然耳。我們已經知道,早在一千多前年的北宋天聖五年,人們已經開始注意到《禮記》中的《中庸》一篇。這是鐵定了的事實。再如史書所載,甚至早在兩晉南北朝時,《中庸》已經單行,開始受到注意。當然,由於晉戴顒和梁武帝蕭衍(464—549)的《中庸》著作沒有流傳下來,我不敢打這個包票。但絕對不會如廖氏所言,南宋以後人們才開始注意到《中庸》,而"子思作《中庸》"是南宋人的惡作劇。

九、子思終年及其作《中庸》時的歲數

關於子思年齡的說法很多,溯其根源,無不起於對《史記·孔子世家》中一句話的不同斷句。《孔子世家》云:

孔子生鯉,字伯魚。伯魚年五十,先孔子死。伯魚生伋,字子思,年六十二。嘗困於宋。子思作《中庸》。

---

① 胡止歸:《中庸章句淵源辨證》(中),《大陸雜誌語文叢書》第一輯第一冊,第364頁。
② 廖煥超:《〈中庸〉作者獻疑》,《孔子研究》1990年第2期。

這句話前面一截的斷句向無疑義,問題出在最後十三個字的斷句上。對這十三個字,歷來有兩種斷句法。一是"年六十二。嘗困於宋。子思作中庸"。這是現在通用的斷句。一是"年六十二,嘗困於宋,子思作《中庸》"。宋蘇轍說:"子思年六十二作《中庸》。"①這顯然是作第二種斷句。

這看似只是斷句上的小問題,但對確定子思一生壽命及子思作《中庸》時的年齡卻大有影響。如果按前一種斷句,"六十二"就是子思一生的確切歲數,子思作《中庸》當在這六十二年之內。如果按照後一種斷句,"六十二"只是子思困宋作《中庸》時的年齡,子思一生就不只有六十二歲。

這爲後世猜測子思一生歲數及其作《中庸》時的年齡提供了更大的想像空間。《孔叢子·居衛》說"子思年十六,適宋……撰《中庸》四十九篇"。《公儀》有子思與魯穆公討論《中庸》的記載,《記問》還有孔子與子思祖孫對答數語。② 子思未冠著書,屬於早熟一類的奇才。元代何異孫則說,"周威烈王十七年,魯穆公顯立,始尊事子思,……子思於是年作《中庸》"。③ 子思作《中庸》是在魯穆公即位那一年,這就把子思終年定在魯穆公即位以後。

對於這兩種推斷,歷來亦有不同聲音。呂祖謙對《孔叢子》稱子思年十六撰《中庸》頗不以爲然,說"未冠既非著書之時"。④ 孔子十五歲才剛志於學,子思才智不會過於乃祖,十六歲作《中庸》屬未冠著書,似乎於理不合。宋濂(1310—1381)對子思年齡亦頗懷疑:"子思年共六十二,魯穆公同時人。穆公之立,距孔子之沒七十年。子思疑未長也,而何有答問哉?"⑤按照《孔子世家》的第一種斷句,子思是伯魚之子,終年六十二歲。伯魚卒於周敬王三十七年(公元前 483 年),子思至少要在周敬王三十七八年出生。⑥ 所以子思出生距魯穆公元年(公元前 415 年)已經六十九年,決不可能值緣穆公,更不可能與穆公對答。

子思未冠著書的問題很好解決。清代的常增就有"早慧說"。他認爲"聖門偉器,多在穉齡",孔門弟子多在早年已有其成,如子夏年十九、子游年十八已稱文學,子賤二十有三,久仕單父。子思乃聖人之後,應當有直追諸門人的才智,年十六作《中庸》

---

① 蘇轍:《古史》卷三一《孔子列傳》,《四庫》371/477。
② 《孔叢子·記問》《公儀》,第 29—30、51—51 頁。
③ 何異孫:《十一經問對》卷二,《四庫》184/375。
④ 呂祖謙:《大事記解題》卷一,《四庫》324/146。
⑤ 宋濂:《諸子辨》,《宋濂全集》第一冊,杭州:浙江古籍出版社,1999 年,第 144 頁。
⑥ 錢穆:《先秦諸子系年》二六、五八,《錢賓四先生全集》第五冊,臺北:聯經出版公司,1998 年,第 60、199 頁。

並非完全不可能。① 劉建國則提出另外一種可能：按戰國初期的乘法歌訣，十六歲的標準說法就應是"十又六"，如《論語·爲政》"吾十有五"，六十歲的標準說法才是"十六"，如《列子》稱顏淵壽四八，就不應該理解爲四十八歲，而是三十二歲。那麼《孔叢子》的"十六"也應理解爲十個六，即六十歲，而不是十六歲。② 所以，《孔叢子》說子思年十六作《中庸》其實是六十作《中庸》。順便提及的是，康有爲曾說過子思是在二十歲那一年作的《中庸》。③ 但這可能是康氏一時興起的神來之語，實在不知何據。

　　子思值緣穆公的問題稍微複雜。很多文獻讓我們有理由相信，子思的確值緣穆公。郭店楚簡有魯穆公與子思對話八支竹簡。④《孟子》亦有四處記載魯繆（穆）公禮尊子思。⑤ 可見，《孔叢子》稱子思值緣穆公的確不是虛說妄言。這就逼迫我們放棄《孔子世家》的第一種斷句，即不能定子思終年六十二歲，而要遠遠大於六十二歲。清人毛奇齡（1623—1716）《四書賸言》引王復禮之說，《史記》"六十二"系"八十二"之誤。⑥ 郭沂根據漢代出土文獻字形，亦疑"六十二"乃"九十二"之誤。⑦果如此，則子思值緣穆公，與孔子對答，年六十二作《中庸》等問題都渙然冰釋。

結　　語

　　以上就是關於《中庸》成書及其作者的辯難和爭論的九大焦點問題。這九點可以進一步歸結爲三個方面。第一，前三個問題屬於內證。在這方面，懷疑派佔有一定的優勢。這就逼迫傳統派爲維護傳統的觀點，必須對這些出於《中庸》文本內部的矛盾提供解決辦法。但就目前的證據來說，傳統派並沒有更強力的文獻證據。所以，很多辯護性說法多屬猜測臆斷。第二，傳統派在中間三個問題上始終具有一種堅信。對於思想長河中的子思與《中庸》來說，這三個問題並不具有特別強勢的證偽功能。這就爲傳統派的堅信態度能夠一直存在提供了寬廣的空間。畢竟，文本流傳是一回事，思想創發是另一回事。在古代傳播技術不夠發達的情況下，兩者不可能完全同步。

---

① 常增：《四書緯》，《續庫本》170/481。
② 劉建國：《先秦僞書辨正》，第 232 頁。
③ 康有爲：《萬木草堂口說·中庸》，《康有爲全集》第二集，上海：上海古籍出版社，1990 年，第 346 頁。
④ 可參見李零《郭店楚簡校讀記》，北京：中國人民大學出版社，2007 年，第 109 頁；劉釗《郭店楚簡校釋》，福州：福建人民出版社，2005 年，第 177—179 頁。
⑤ 《孟子·公孫丑下》（4.11）、《萬章下》（10.6，10.7）、《告子下》（12.6）。
⑥ 毛奇齡：《四書賸言》卷三，《四庫》210/233。
⑦ 郭沂：《孟子車非孟子考：思孟關係考實》，《中國哲學史》2002 年第 3 期，第 20 頁。

第三,最後三個問題多屬於折中派的旁證。這些折中的旁證,卻很能吸引人們的興趣。折中派在後三個疑點上秉持一種調和的態度,這是中國古籍中很多語句的意義多樣性給予他們的方便。

從這九個方面的論辨中可以看出,三派都雖然可以說是持之有故,言之成理,但每一方都拿不出壓倒性的鐵證。從目前的情況來看,這種鐵證也是拿不出來的,可能永遠也拿不出來。所以,無論三派誰占一點上風,終歸難以服人。在目前不能提供更多物質材料的情況下,傳統派的信念立場往往形成不了太强的維護力量,懷疑派提供的物質材料又有諸多的多解性,這時,折中派的觀點就往往具有一定的吸引力。這也是時下多數人折中地認爲《中庸》作者是一個群體性概念的原因。但無論如何,在當前的條件下,從文獻上來斷定《中庸》作者的具體歸屬和成書的確切時間,面對將來可能發掘的地下材料,都帶有很大的冒險性。也就是說,與先秦許多著作一樣,《中庸》的成書年代及其作者歸屬也是難下定論的。這可能就是最終的結論。

李覯對禮的體認與經世建構

林存陽

自周公制禮作樂、孔子倡興禮學之後，歷代爲政者、學人繩繩相繼，於禮之意蘊多所闡發，且不乏以禮爲準則加以思想或制度建構者，雖然有得有失，卻形成了一種"以禮經世"的傳統。其間，北宋學者李覯，就是一位很有特色而值得關注的人物。

在宋、明、清代一些人的眼中，李覯乃一"非常儒"、"旴江一時儒宗"、"宋代儒宗"、"一代大儒"、"宋大儒"、"文章道德之大儒"、"豪杰之士"，其立身、爲學、用世之志，無不卓然可觀，堪爲典型！而經民國間黃節、胡適先生之表彰①，尤其是 20 世紀 80 年代以來學人多方面、多角度的研究，李覯及其思想、學術的意義和影響，更得到了較爲充分的闡揚，其歷史地位也越來越受到重視和肯定。

一

李覯，字泰伯，學人稱泰伯先生、旴江先生，北宋建昌軍南城縣（今江西省南城縣）人。先世爲南唐宗室，後衰微。生於宋真宗大中祥符二年（1009），卒於仁宗嘉祐四年（1059），享年五十一歲。

李覯一生，大體可分爲三個階段：二十三歲以前，爲求學成長時期；二十三至四十

---

① 黃節《李覯傳》稱："宋承五季之後，君臣父子之道大亂。其時儒者立說，務張君權以救之，未卹民之多艱也。若折衷三代，恢擴民義，乃自覯始。……要之，自孟軻而後，言民義者，未能或之先也。"（《國粹學報》1908 年第 45 期）胡適《記李覯的學說———一個不曾得君行道的王安石》稱："李覯是北宋的一個大思想家。他的大膽，他的見識，他的條理，在北宋的學者之中，幾乎沒有一個對手！……近來讀他的全集，才知道他是江西學派的一個極重要的代表，是王安石的先導，是兩宋哲學的一個開山大師。"（《努力週報》1922 年 11 月 5 日）

八歲,爲研治學問、從事著述時期;四十九至五十一歲,爲短暫的仕宦時期。

　　李覯之爲學,發蒙於其父之教導。在《先夫人墓誌》中,李覯稱述道:"先君嘗學,不應舉,以教其子作詩賦,亦樂施惠。尤直信,生平無所爭,不識州縣廷。終以不得意死,年四十三。"①故而,自六七歲始,李覯即能"調聲韻,習字書,勉勉不忘"②,"十歲知聲律,十二近文章"③,由此奠定了爲學根柢。十七歲,爲父服喪畢,在母親的辛勤操持下,李覯更"得出游求師友,不爲家事罔其心,用卒業爲成人"④。此後,自二十三歲著成《潛書》,李覯一直致力於"康國濟民"的經世大業,推出了一系列富有思辯性、政論性的著作和文章,以期起衰振弊、有益於世,爲危機重重的北宋王朝提供更新之出路。

　　與一般讀書人斤斤於求取功名、謀求仕宦不同,李覯則懷有强烈的憂患意識。其《寄懷》詩曰:"俗儒抱書卷,未去眼中膜。誰將古人淚,更爲今人落?"⑤又在致友人書中曰:"多少儒衣只假塗,貴來誰肯更觀書? 其間或以文爭勝,未見如君識有餘。長把《六經》爲準的,最應三代是權輿。可憐後世名空在,直鈞而今豈得魚?"⑥基於此,他潛研學問的同時,也不斷地上書朝廷或地方的執政者,如吳肅、王堯臣、富弼、劉敞、范仲淹等,申明自己的爲學歷程、取嚮及著述旨趣所在,祈望能有所知遇。功夫不負有心人,仁宗康定二年(1041),三十三歲的李覯被郡舉薦應"茂才異等科"。然而,翌年考試卻名落孫山。儘管如此,李覯並沒放棄自己的理想追求,依然孜孜於用世之思,著述不斷。此後,得余靖、范仲淹先後舉薦,遂於皇祐二年(1050)七月被朝廷授予將仕郎試太學助教⑦。此一冗散、品秩低下的虛銜,當然與余、范二人的舉薦初衷和李覯的期待差距甚大。不過,經此努力,余靖所云"博學通識,包括古今,潛心著書,研極治亂,江南儒士,共所師法",及范仲淹所稱"善講論《六經》,辯博明達,釋然見聖人之旨。著書立言,有孟軻、揚雄之風義,實無愧於天下之士。……於經術文章,實能兼富,今草澤中未見其比。……則知斯人之才、之學,非常儒也"⑧,則爲李覯贏得了朝野上下的聲譽。所以,七年後,國子監奏請差李覯充太學說書,赴太學供職。第二年,再特授

① 李覯著,王國軒校點:《李覯集》卷三十一,北京:中華書局,1981年,第359—360頁。
② 同上,卷二十七,《上蘇祠部書》,第297頁。
③ 同上,卷二十七,《上余監丞書》,第296頁。
④ 同上,卷三十一,《先夫人墓誌》,第359頁。
⑤ 同上,卷三十五,第383頁。
⑥ 同上,卷三十七,《謝宋屯田見示永平錄海南編》,第453頁。
⑦ 《告詞》曰:"敕建昌軍草澤李覯:藩臣仲淹以覯所著文二十四篇來上。予俾禁掖近侍詳較,皆曰學業優,議論正,有立言之體。且履行脩整,誠如薦章所云,故特以一命及爾。爾其益自進于道,勿患朝廷之不知也。可特授將仕郎試太學助教,不理選限。皇祐二年七月日。"王國軒校點:《李覯集·外集》卷一,第466頁。
⑧ 李覯著,王國軒校點:《李覯集·外集》卷一,《薦章四首》,第471、469頁。

通州海門縣主簿,太學說書如故。嘉祐四年(1059),又接替胡瑗被任命爲權同管勾太學。可惜的是,是年八月,李覯請假經營祖母墳塋時遽爾長逝,終未能大展懷抱。

就李覯的爲學宗旨來看,確有獨特之處。在《上蘇祠部書》中,他曾自言:"自以家世儒素,生長好學。……其間染采薰香,附合時律外,尤存心於古學,沉酣鼓舞,其志不甚眇小。"①《上李舍人書》曰:"生而嗜學,誦古書,爲古文,不敢稍逗撓。"②那麼,李覯所致力的"古學"究竟是什麼呢? 他做了如下闡述:"所務唯學,所好唯經,於當時之文,誠未有以過人者。至若周公之作,孔子之述,先儒之所未達,歷代之所不行者,嘗用功焉。其志將以昭聖人之法,拯王道之綱,製爲圖書,以備施用"③;"雞鳴而起,誦孔子、孟軻羣聖人之言,纂成文章,以康國濟民爲意。餘力讀孫、吳書,學耕戰法,以備朝廷犬馬驅指。膚寒熱,腹飢渴,顛倒而不變"④;"所守者何爲? 非貴亦非富。古今聖與賢,歷歷垂星斗。景行苟有成,進退無一繆。不能功天下,尚可名身後"⑤;"惟四代之學攷諸經可見已! ……《詩》《書》之道廢,人唯見利而不聞義焉耳。……天下治,則禪禮樂以陶吾民,一有不幸,猶當伏大節。爲臣死忠,爲子死孝。使人有所法,且有所賴。是惟朝家教學之意。若其弄筆以徼利達而已,豈徒二三子之羞,抑爲國者之憂。"⑥如此等等,很顯然地表明了李覯"游心於聖人之蘊志,將以堯吾君、羲吾民"⑦的宏大爲學抱負。此一取嚮,自然與那些祗知讀書或藉讀書以射科取富貴者迥異其趣。也正因此,李覯既敢於對"漢以來諸儒曲見蕪說,頗或擊去"⑧,也敢於對注疏之學提出異議,並明確表示:"先代諸儒,各自爲家,好同惡異,有甚寇讎,吾豈斯人之徒哉? 憂傷後學不得已焉耳。"⑨李覯之所以能如此,乃在於他"不喜他習,惟文惟學。……所嚮皆得至於仁義之淵、禮樂之源"⑩、"讀書屬文,務到聖處"⑪、"讀書取大者,纖悉或靡記。……不唯務章句,所欲興禮義"⑫。而文則是宣達此一取嚮的載體。在李覯看來,"文者,豈徒筆札章句而已,誠治物之器焉。其大則核禮之序,宣樂之和,繕政典,飾刑

① 李覯著,王國軒校點:《李覯集》卷二十七,第 297 頁。
② 同上,卷二十七,第 289 頁。
③ 同上,卷二十七,《上富舍人書》,第 278 頁。
④ 同上,卷二十七,《上孫寺丞書》,第 296 頁。
⑤ 同上,卷三十五,《寄章友直》,第 388—389 頁。
⑥ 同上,卷二十三,《袁州學記》,第 247—248 頁。
⑦ 同上,卷二十七,《上范待制書》,第 293 頁。
⑧ 同上,卷二十七,《上江職方書》,第 283 頁。
⑨ 同上,卷四,《刪定易圖序論》,第 52 頁。
⑩ 同上,卷二十七,《上慎殿丞書》,第 284 頁。
⑪ 同上,卷二十七,《上江職方書》,第 283 頁。
⑫ 同上,卷三十五,《寄祖祕丞》,第 385 頁。

書。上之爲史,則怙亂者懼;下之爲詩,則失德者戒。發而爲詔誥,則國體明而官守備;列而爲奏議,則闕政修而民隱露。周還委曲,非文曷濟?"[1]而其歸趣,則在於"惟道之圖"[2]。何謂"道"? 李覯闡釋曰:"夫道者,通也,無不通也。孰能通之? 中之謂也。……古之言王道者,是亦先其大者也。後之執王道者,是以輕藥石賤糗糒,病餓且不救者也。……禮有本末,用有先後,本末副焉,固醇矣。有其本以慢其末,古人或不免焉。畧其本而詳其末,今人豈少哉? ……夫知道者,無古無今,無王無霸,無治無亂,惟用與不用耳!"[3]清人王謙嘗謂:"先生少以道自任,嘗憤斯文失墜,屏棄舉子業,日夜講求孔子之道,以上溯《六經》本旨。又熟晰當世大務,凡天人運會,古今治亂得失之繇,無不發之於文。……先生不但爲儒者倡,且爲文人倡。而徒以儒者之文目先生,抑又固矣!"[4]王綜亦曰:"先生固文章道德之大儒也。……明道之文也。……經世之道也。明道與經世合,而乃見先生之人也。"[5]二人所論,庶幾得李覯爲學之大體矣。

李覯一生儘管不免蹉跎,卻頗不平常。李覯所自期的"非常人",及范仲淹對李覯"非常儒"的稱譽,體現出李覯的獨特之處。而李覯之所以"非常",則在於:一、與一般人致力於詩賦不同,他非常重視策論,爲學務從大處起議論;二、與一般人汲汲於追求功名利祿不同,他非常關心世道人心、國計民瘼,具有深沈的憂患意識;三、與一般人學無宗尚不同,他孜孜於聖賢之學,特別是服膺孔子之道,以仁義之淵、禮樂之源爲歸趣;四、與對教育、教化的輕視認識不同,他堅持"立人以善,成善以教"[6],主張安民之要,必以教化爲先;五、與對往代學術或因循或懷疑不同,他則既有所遵循,又敢於提出自己的見解。如此等等,彰顯出李覯雖然"好尚與衆異"[7]卻能獨自樹立的爲人、爲學個性。

二

在李覯的思想體系中,禮可謂是其間的"靈魂"或"大關鍵"。或者說,以"禮"爲核

① 李覯著,王國軒校點:《李覯集》卷二十七,《上李舍人書》,第 288 頁。在《答黃著作書》中,李覯表明自己爲文與時人取嚮之差異曰:"今之學者,誰不爲文? 大抵摹勒孟子,劫掠昌黎。若爲文之道止此而已,則但誦得古文十數篇,拆南補北,染舊作新,盡可爲名士矣,何工拙之辨哉? 覯之施爲,異於是矣。"《李覯集》卷二十八,第 324 頁。

② 同上,卷二十九,《命箴》,第 331 頁。

③ 同上,卷二十五,《敘陳公爕字》,第 271—272 頁。

④ 同上,附錄三,《王謙李旴江先生文集原序》,第 533 頁。

⑤ 同上,附錄三,《王綜重修李旴江先生文集原序》,第 534 頁。

⑥ 同上,卷十三,《教道第一》,第 111 頁。

⑦ 同上,卷三十五,《寄祖祕丞》,第 384 頁。

心,李覯建立起其思想和經世的體系。大儒朱熹曾評價李覯曰:"李泰伯文實得之經中,雖淺,然皆自大處起議論。首卷《潛書》、《民言》好,如古《潛夫論》之類。《周禮論》好,如宰相掌人主飲食男女事,某意如此。今其論皆然,文字氣象大段好,甚使人愛之,亦可見其時節方興如此好。"①胡適先生亦稱:"李覯、歐陽修、王安石一班人想從禮樂刑政一方面來做那'自大其教'的事業;程頤、朱熹一班人想從身心性命一方面來做那'自大其教'的事業。李覯是最能代表這種精神的人。"②朱、胡二人所論,正揭示出李覯用力所在。

李覯之於禮,終生探研不倦。以宋仁宗明道元年(1032)著爲《禮論》七篇爲開端,李覯對禮的研討愈益恢廓、深入。1036年,修《明堂定制圖》並撰序;1039年,成《富國》、《强兵》、《安民》三十策;1043年,成《周禮致太平論》並序五十一篇;1047年,作《禮論後語》;1052年,刊行《周禮致太平論》十卷;一直到1059年臨終時,猶"無他言",而握著門人陳次公的手,"以《明堂定制圖》爲託,又以爲《三禮論》未成爲恨。"③如此孜孜探究著述,足見禮在李覯心目中的位置。

在《禮論七篇·序》中,李覯揭示著此書之旨趣曰:"予幼而好古,誦味經籍,窺測教意,然卒未能語其綱條。至於今茲年二十四,思之熟矣。……故作《禮論》七篇。推其本以見其末,正其名以責其實。崇先聖之遺制,攻後世之乖缺。邦國之龜筮,生民之耳目,在乎此矣。"④基於此,他首先對禮之意義作了如下闡釋:"夫禮,人道之準,世教之主也。聖人之所以治天下國家,修身正心,無他,一於禮而已矣。"而他所說的"禮",並非像一般人所理解的僅爲"禮樂刑政"或"仁義禮智信"中之一目,而是這兩個系列的總稱。他指出,分別來看,"飲食,衣服,宮室,器皿,夫婦,父子,長幼,君臣,上下,師友,賓客,死喪,祭祀,禮之本也。曰樂,曰政,曰刑,禮之支也。而刑者,又政之屬矣。曰仁,曰義,曰智,曰信,禮之別名也。是七者,蓋皆禮矣"⑤;但合而觀之,則"禮者,虛稱也,法制之總名也"⑥。也就是說,禮不僅僅是儀節、儀式等表象的東西,也不僅僅是諸條目中的一個小節目,而是關涉到大至國家社會、小至日用常行的"生民之大"者,實包蘊了禮、樂、政、刑與仁、義、禮、智、信諸內容,乃一"大禮"。而這在李覯看來,正是"堯、舜繼禪,禹成其功,成湯、文、武勘其禍難,周公坐而修之,孔子著之於冊,

①　黎靖德編,王星賢點校:《朱子語類》卷一百三十九,《論文上》,北京:中華書局,1986年,第3307頁。
②　胡適:《記李覯的學說———一個不曾得君行道的王安石》,《努力週報》1922年11月5日。
③　李覯著,王國軒校點:《李覯集》附錄三,《門人陳次公撰先生墓誌銘》,第487頁。
④　同上,卷二,第5頁。
⑤　同上,卷二,《禮論第一》,第5—6頁。
⑥　同上,卷二,《禮論第五》,第14頁。

七十子之徒奉之以爲教,而後禮、樂、刑、政之物,仁、義、智、信之用,囊括而無遺"①的傳統,而此傳統自漢代以後則未能得到傳續。這一獨特致思,成爲李覯論禮的基石,或者說,這是他建構禮之體的依據。

對於李覯的這一"怪"論,時人章望之曾發難曰:"率天下之人爲禮不求諸內,而競諸外,人之內不充而惟外之飾焉,終亦必亂而已矣。亦猶《老子》之言'禮者,忠信之薄'。蓋不知禮之本,徒以其節制文章,獻酬揖讓,登降俯仰之繁而罪之也。"於此,李覯辯解道:"夫有諸內者必出於外,有諸外者必由於內。執謂禮、樂、刑、政之大,不發於心而偽飾云乎?……吾之論則曰'聞諸聖人',於是引《禮運》、周公六典之類以明之。今章子乃曰'學乎聖人者何必易其言',是未嘗讀吾之論也。……聖人之於禮,其言蓋參差:言其大則無事不包,言其小則庶事之一耳。故周官三百六十職,題曰《周禮》以該之,言其大也。其次則曰禮典,與治教政刑事配焉。其小則曰五禮,與射御書數並焉。章子得其小而不得其大,宜其病吾言也。……嗚呼!章子以揖拜爲禮,宜乎其不得以兼仁義也。……人不知而不慍,謂之君子。吾不得已而申之者,爲其惑衆也。吾言止是矣,章子雖復言,吾不慍也。"②

而針對胡瑗"民之於禮也,如獸之於圈也、禽之於絏也、魚之於沼也,豈其所樂哉,勉強而制爾。民之於侈縱奔放也,如獸之於山藪也、禽之於飛翔也、魚之於江湖也,豈有所使哉,情之自然爾"之論,李覯提出了不同看法。他認爲:"民之於禮,既非所樂,則勉強而制者,何歟?君與師之教也。去自然之情而就勉強,人之所難也。而君欲以爲功,師欲以爲名,命之曰讎敵,不妄也。且制作之意,本不如此,唯禮爲能順人情,豈嘗勉強之哉?……因人之情而把持之,使有所成就耳。……然則有禮者得遂其情,以孝以悌,以忠以義,身尊名榮,罔有後患。是謂獸之於山藪、鳥之於飛翔、魚之於江湖也。無禮者不得遂其情,爲罪辜,爲離散,窮苦怨悔,弗可振起,是謂獸之於圈、鳥之於絏、魚之於沼也。而先生倒之,何謂也?若以人之情皆不善,須禮以變化之,則先生之視天下不啻如蛇豕、如蟲蛆,何不恭之甚也?幸深思之。萬一愚言可取,則願告于不知禮者曰:無近於圈,汝有山藪;無從於絏,汝有飛翔;無入於沼,汝有江湖云爾。則先王之道庶乎復用,天下之人其仰聖君賢師若司命焉。"③

李覯不僅十分關注禮之體,而且也很重視禮之用。其所著《周禮致太平論》五十篇,比較典型地體現了他的這一取嚮。前此論《周禮》者,主要有兩種觀點:一是認爲

---

① 李覯著,王國軒校點:《李覯集》卷二,《禮論第七》,第 20 頁。
② 同上,卷二,《禮論後語》,第 24—26 頁。
③ 同上,卷二十八,《與胡先生書》,第 317—318 頁。

《周禮》乃周公致太平之迹，以劉歆、鄭康成爲代表；二是認爲《周禮》乃末世、六國陰謀之書，以林碩、何休爲代表。對於這兩種觀點，李覯是贊成前者的。在他看來，"《六典》之文，其用心至悉，如天焉有象者在，如地焉有形者載。非古聰明睿智，誰能及此？其曰周公致太平者，信矣。……今之不識者，抑又譊譊，將使人君何所取法？"基於這一認識，他從内治、國用、軍衛、刑禁、官人、教道六個方面，作了詳細申論。在序中，他對這樣架構的旨趣作了如下說明："天下之理，由家道正，女色階禍，莫斯之甚，述《内治》七篇。利用厚生，爲政之本，節以制度，乃無傷害，述《國用》十六篇。備預不虞，兵不可闕，先王之制，則得其宜，述《軍衛》四篇。刑以防姦，古今通義，唯其用之，有所不至，述《刑禁》六篇。綱紀既立，持之在人，天工其代，非賢罔乂，述《官人》八篇。何以得賢？教學爲先，經世軌俗，能事以畢，述《教道》九篇。"並强調："豈徒解經而已哉！唯聖人君子知其有爲言之也。"①而在《寄周禮致太平論上諸公啓》中，他更申明作此書之取嚮曰："謹錄《周禮致太平論》十卷，塵于下風。世之儒者，以異於注疏爲學，以奇其詞句爲文。而覯此書於注疏則不異，何足謂之學？於詞句則不奇，何足謂之文？惟大君子有心于天下國家者，少停左右，觀其意義所歸，則文學也者，筌蹄而已。"②

《周禮致太平論》外，其他論著中亦有以禮經世的建構。如在《富國策》中，李覯强調："愚竊觀儒者之論，鮮不貴義而賤利，其言非道德教化則不出諸口矣。……是則治國之實，必本於財用。……禮以是舉，政以是成，愛以是立，威以是行。舍是而克爲治者，未之有也。是故賢聖之君，經濟之士，必先富其國焉。所謂富國者，非曰巧籌算，析毫末，厚取於民以媒怨也，在乎强本節用，下無不足而上則有餘也。"③《强兵策》曰："愚以爲仁義者，兵之本也；詐力者，兵之末也。本末相權，用之得所，則無敵矣。"④《安民策》曰："所謂安者，非徒飲之、食之、治之、令之而已也，必先於教化焉。"⑤又於《慶曆民言》中曰："禮職於儒，儒微而禮不宗，故釋、老奪之。孝子念親必歸于寺觀，而宗廟不跡矣。夫祭祀，豈徒自盡其心以交神明而已，蓋有君臣、父子、夫婦、親疏、長幼、貴賤、上下、爵賞、政事之義，是謂教之本也。……儒之彊則禮可復，雖釋、老其若我何？"⑥而其所著《明堂定制圖》，尤爲具體。他指出："明堂者，古聖王之大務也。所以事上帝，嚴先祖，班時令，合諸侯。朝廷之儀，莫盛於此。然而年世久遠，規模靡見。

---

① 李覯著，王國軒校點：《李覯集》卷五，第 67 頁。
② 同上，卷二十六，第 276 頁。
③ 同上，卷十六，《富國策第一》，第 133 頁。
④ 同上，卷十七，《强兵策第一》，第 151 頁。
⑤ 同上，卷十八，《安民策第一》，第 168 頁。
⑥ 同上，卷二十二，《慶曆民言三十篇·孝原》，第 246 頁。

經傳所出,參差不同。羣儒讜張,各信其習。脩墜補闕,何所適從?"①有鑒於此,他以《周禮‧考工記》、《大戴禮‧盛德記》、《禮記‧月令》、《白虎通》、聶崇義《三禮圖》、《明堂位》、《禮記外傳》等爲據,重新對明堂之形制作了釐定。後來,范仲淹於 1050 年舉薦李覯時,曾將此圖呈進,並强調:"臣伏見建昌軍草澤李覯,十餘年前曾撰《明堂圖》並序一首,大約言周家之制,見於《月令》及《考工記》、《大戴禮》,而三家之說少異,古今惑之。覯能研精其書,會同大義,按而視之,可以制作。臣於去年十一月錄進前人所業十卷,其《明堂圖序》爲一卷,必在兩制看詳。今朝廷行此大禮,千載一時,何斯人學古之心上契聖作。臣今再錄其《圖》並序上進,伏望特賜聖覽,於朝廷討論之際,庶有所補。"②李覯於是年被特授將仕郎試太學助教,當與此有很大關係。凡此之類,較系統地體現出李覯以禮爲治的經世建構。用李覯自己的話說,他之所以亟亟於此,就是要"昭聖人之法,拯王道之綱,製爲圖書,以備施用"③,以實現"康國濟民"的用世抱負。

余靖曾評價李覯所著《禮論》曰:"所示《禮論》七篇,推進《禮經》,準的世教,派仁義,贊刑政,正其本於禮,成一家之言。工古人之未工,導明王之要道。豈止獨步江表,校聲名於後俊者哉!"④傅振鐸序李覯文集曰:"嘗讀先生《禮論》,推本見末,正名責實,循乎所至近,包乎所至廣,雖刑政爲帝王大法,仁義智信爲天秉良彝,悉範圍于兹,準且繩之存乎其禮,神而明之存乎用禮之人。……世代殊王,敦禮則一。"⑤又羅一峰撰《修墓記》稱李覯:"學通五經,尤長於禮,以文辭自立,其言大而正。"⑥而陳鍾凡先生論江西學派,亦揭示李覯之學曰:"以禮制爲施政立教之大本,舉凡一切經國寧民,修己治人之道,莫不以禮爲之準則。……統觀其說,以禮制爲立國之大經,富强爲行政之埻的。吾國儒先,自孟子以言利爲非,董仲舒以謀利計功爲戒,直至李氏,始起而昌言矯正之。不可謂非政論上一大進步也。"⑦諸人所論,正彰顯出李覯以禮爲核心的爲學取嚮和經世致思。

總之,李覯之於禮,既有思想的闡發,也有經世的建構,洵可謂有體有用、體用相得益彰。此一爲學、爲治取嚮,既不同於漢唐諸儒的章句、注疏之學,也不同於宋代諸

---

① 李覯著,王國軒校點:《李覯集》卷十五,《明堂定制圖序》,第 122 頁。
② 李覯著,王國軒校點:《李覯外集》卷一,《薦章四首》,第 469—470 頁。
③ 李覯著,王國軒校點:《李覯集》卷二十七,《上富舍人書》,第 278 頁。
④ 李覯著,王國軒校點:《李覯外集》卷二,《余侍郎三書》,第 474 頁。
⑤ 李覯著,王國軒校點:《李覯集》附錄三,《傅振鐸刊江李泰伯先生文集原敘》,第 530—531 頁。
⑥ 夏良勝等纂修:《正德建昌府志》卷十一,上海:古籍書店,1964 年影印本,第 16 頁。
⑦ 陳鍾凡:《兩宋思想述評》,上海:東方出版社,1996 年,第 160、168 頁。

儒重理(或天理)而薄禮的爲學之方,而別具一色。觀李覯所言"長把六經爲準的,最應三代是權輿"①,可知其所期待的,是要追蹤三代禮樂之治或王道之治。但值得指出的是,李覯的這一期待,是尊古、酌古,而非泥古、復古。因爲,其所言、所思、所著,無不表現出非常强烈的現實或當下意識,乃針對現實存在的弊端有感而發的。誠如其所感慨的:"制治于未亂,保邦于未危,陰陽有消長,日月有蔽虧。在乎備之得所,則禍何能爲?"②其目的,就是要審時度勢,發揚"禮時爲大"精神,藉禮來尋求、建構社會秩序,以使之達到合理、和諧的狀態。

三

李覯對禮的獨特認識,及以禮經世的建構,其依據是什麽呢?

於此,李覯本人曾有這樣的解釋。在《禮論第六》中,他針對"吾子之論樂、刑、政、仁、義、智、信咸統於禮也,其始得之於心歟? 抑嘗聞聖人之言及此者歟"之問,明確表示:"予聞諸聖人矣。"並詳細徵引相關文獻闡釋道:"《禮運》記孔子之言曰:禹、湯、文、武、成王、周公,此六君子者,未有不謹於禮者也。以著其義,以考其信,著有過,刑仁講讓,示民有常。其下文曰'禮者,君之大柄也。所以別嫌明微,儐鬼神,考制度,別仁義,所以治政安君也。'周公作六官之典,曰治典,曰教典,曰禮典,曰政典,曰刑典,曰事典,而并謂之《周禮》。今之《禮記》其創意命篇有不爲威儀制度者,《中庸》、《緇衣》、《儒行》、《大學》之類是也。及其成書,總而謂之《禮記》。是其本傳之者,亦知禮矣。不獨此二書而已也。韓宣子適魯,見《易象》與《魯春秋》曰:'周禮盡在魯矣!'則當時亦謂《易象》、《春秋》爲《禮經》也。"從而得出如下結論:"故知禮者,生民之大也。樂得之而以成,政得之而以行,刑得之而以清,仁得之而不廢,義得之而不誣,智得之而不惑,信得之而不渝。聖人之所以作,賢者之所以述,天子之所以正天下,諸侯之所以治其國,卿大夫之所以守其位,庶人之所以保其生,無一物而不以禮也。窮天地,亘萬世,不可須臾而去也。"③釐定明堂圖時,他明確指出所依據者爲《周禮·考工記》、《大戴禮·盛德記》、《禮記·月令》、《白虎通》、聶崇義《三禮圖》、《明堂位》、《禮記外傳》等。又在《周禮致太平論》序中表明自己的取嚮曰:"覯竊觀《六典》之文,其用心至悉,

---

① 李覯著,王國軒校點:《李覯集》卷三十七,《謝宋屯田見示永平錄海南編》,第453頁。
② 同上,卷一,《長江賦》,第2頁。
③ 同上,卷二,第19—20頁。

如天焉有象者在,如地焉有形者載。非古聰明睿智,誰能及此? 其曰周公致太平者,信矣。鄙儒俗士,各滯所見,林之學不著何説。《公羊》誠不合禮,盜憎主人,夫何足怪? 今之不識者,抑又譊譊,將使人君何所取法?"①也就是説,李覯所憑依的,乃禹、湯、文、武、成王、周公、孔子以來"謹於禮"的傳統。

現當代學者對李覯論禮依據又作了新的探討,認爲李覯之禮論,與荀子有著密切的承繼關係或較多相似之處,儘管二者之間也存在一定的差異。比如,夏長樸先生説:"在討論李覯重禮思想的淵源所自時,可以很明顯地發現,先秦的《禮記》、《周禮》、《易》、《左傳》及《論語》等典籍固然是其根源,但是李覯所不曾明言的荀子隆禮理論,才是他論禮的主要來源。比對李覯與荀子對禮的產生,禮的作用——養、分、節等,以及禮的範圍時,很自然的可以發現李覯的重禮思想是荀子隆禮思想的延續與進一步的發展。"②又如,韋政通先生説:"如果要爲李覯的思想找尋傳承的關係,打開李氏文集組成的篇目,除易論外,主要在禮論、國用、富國、强兵、安民,宋以前的儒者,特別重視這些問題的,只有一個荀子;尤其是以禮爲中心的社會政治理論,在個別的思想家中,李覯實爲荀子這方面思想惟一的一次重現。……李覯和荀子之間,在禮論方面雖然有一定程度的傳承關係,但就整個思想系統看,二人所表現的特徵仍有顯著的差別。"③

在所著《周禮致太平論》之《官人第六》、《教道第九》中,李覯確曾引述過荀子的話。而觀李覯《禮論》、《富國策》、《强兵策》,及《荀子》中之《禮論》、《富國》、《强國》、《議兵》等篇,也頗爲形似。儘管李覯沒表示過其禮論承自荀子,但説他受到荀子的影響,或者與荀子有一定的繼承關係,亦無不可。但值得注意的是,姑且不論二人所處時代,以及持論針對的對象不同,僅從李覯對禮乃禮樂刑政、仁義禮智信的總攝這一體認來看,其與荀子的禮論就有著實質性的差別。

而通過對李覯相關言論的梳理,我們認爲,李覯以禮爲核心的思想體系,與孔子更多關聯、更爲密切。

首先,就爲學宗尚和歸趣來看,孔子在李覯心目中是一位景仰和模效的範型。這在李覯的言論中多有反映,前文已有所涉及,茲再將有關者勾勒如下:

---

① 李覯著,王國軒校點:《李覯集》卷五,第 67 頁。
② 夏長樸:《李覯與王安石研究》,大安出版社,1989 年,第 26 頁。
③ 韋政通:《中國思想史》,上海書店出版社,2003 年,第 683—684 頁。其他有關論述尚有:賴井洋《略論李覯對荀子〈禮論〉的繼承和發展》(《韶關大學學報》1999 年第 6 期),趙軍政、張斌、賴井洋《李覯與荀子禮論的異同》(《漢中師範學院學報》2000 年第 1 期),石櫻櫻《李覯與荀子禮論思想比較研究》(《僑光技術學院通觀洞識學報》2008 年第 9 期),金燕《李覯經世思想研究》(南開大學博士學位論文,2008 年)等。

　　孔子之言滿天地，孔子之道未嘗行。簠簋牲幣廟以王禮，食其死不食其生，師其言不師其道。故得其言者爲富貴，得其道者爲餓夫。悲夫！①

　　生年二十三，……雞鳴而起，誦孔子、孟軻群聖人之言，纂成文章，以康國濟民爲意。……膚寒熱，腹飢渴，顛倒而不變。②

　　覯小人，世宅田野，上天哀憐，以古人之性授之，讀書屬文，務到聖處，其言周公之作、孔子之述，蓋多得其根本。漢以來諸儒曲見蕪說，頗或擊去，以此著書數萬言矣。……未明者明之，未備者備之。使三代之道，珠連玉積，盡在掌上，所大願也。③

　　吉凶由人，乃《易》之教也。……若夫釋人事而責天道，斯孔子所罕言。古之龜筮，雖質諸神明，必參以行事。……後之儒生，非史非巫，而言稱運命，矯舉經籍，以緣飾邪說，謂存亡得喪，一出自然，其聽之者亦已荒矣。……爲人上者，必以《王制》從事，則《易》道明而君道成矣。④

　　世俗見孔子不用而作經，乃言聖賢得志則在行事，不在書也。噫！孔子誠不用矣。堯、舜、禹、湯時，聖賢有不得志者乎？……其學，要諸仲尼，餘鮮取焉。……覯嘆今人之異乎古，美貫之之異乎今。孰告吾君而大用之？⑤

　　四十無聞，早畏仲尼之戒；三千奏牘，終慚曼倩之才。⑥

　　夫道者，通也，無不通也。孰能通之？中之謂也。……古之言王道者，是亦先其大者也。後之執王道者，是以輕藥石賤糗糒，病餓且不救者也。王莽亦嘗井田矣，房琯亦嘗車戰矣，豈不取笑？……吾觀夫子之行如天焉，其變化非凡可測。⑦

　　孔子有仁壽積善餘慶之說，夫仁，天下之美道，殺身尚爲之。矧夫嚮勸甚明，歷觀前志，多有效驗，可不務哉？⑧

　　孔門有高弟，曾子以孝著。求諸聖人言，尚曰參也魯。才敏誰不願？顧恐難荷負。苟無德將之，何益於父母？……伎倆勿求名，適時乃有補。計慮勿尚巧，合義乃可處。持重尚寡過，摧剛庶無懼。內以保家族，外以揚名譽。

---

①　《潛書十五篇》之十五，第 220 頁。
②　《上孫寺丞書》，第 296 頁。
③　《上江職方書》，第 283 頁
④　《刪定易圖序論·論六》，第 66 頁。
⑤　《延平集序》，第 269—270 頁。
⑥　《謝授官表》，第 274 頁。
⑦　《敘陳公變字》，第 271—272 頁。
⑧　《敘張延之字》，第 273 頁。

高山在所仰,今人豈殊古? 參魯爲汝名,其字曰孝孺。①

　　大哉孔子,吾何能稱焉? 顏淵曰:'仰之彌高,鑽之彌堅;瞻之在前,忽焉在後。''仰之彌高'也,則吾以爲極星,考之正之,舍是則無四方矣。'鑽之彌堅'也,則吾以爲磐石,據之依之,舍是則無安居矣。'瞻之在前,忽焉在後'也,則吾以爲鬼神,生之斂之,舍是則無庶物矣。他人之道,借曰善焉,有之可也,亡之可也。夫子之道,不可須臾去也。不聞之,是無耳也;不見之,是無目也;不言之,是無口也;不學之、不思之,是無心、無精爽也,尚可以爲人乎哉? 吾於斯道,夜而諷之矣,晝而讀之矣,髮斑斑而不知其疲矣,終沒吾世而已矣。②

　　而李覯所創之旰江書院,則設有洙泗堂、明倫堂,"列誠意、正心、致知、格物四齋"③,是亦可見其對孔子之景仰,及引導後學之趨嚮。故清人李來泰序李覯文集稱:"予以爲自唐迄宋,接孔、孟之派者,實維家泰伯。"④王謙亦評李覯曰:"先生少以道自任,嘗憤斯文失墜,屏棄舉子業,日夜講求孔子之道,以上溯《六經》本旨。"⑤謝甘棠更推崇李覯道:"堯、舜以來,道統在君相;孔、孟以後,道統在師儒。有宋道學之興,濂、洛、關、閩抑盛矣,然皆互相師友,淵源一脈。若夫上總孔、孟之學,下開濂、洛、關、閩之傳,前無所師,後無所友,則唐昌黎子外,其吾鄉泰伯先生乎?"⑥以上李覯自言及後學對他的評價,皆體現出李覯學宗孔子和以孔子之學爲歸趣的總體取嚮。

　　其次,就禮之取嚮而言,李覯對孔子很是推崇,且欲遵循其教。在所著《常語》中,李覯強調道:"聖人無高行,何謂也? 曰:聖人之行必以禮也,禮則無高矣。夫其高者,出於禮也,異於人也,故能赫赫之如彼也。孔子事親無異稱,居喪無異聞,立朝無異節,何也? 安禮也。出於禮者,非聖人也,矯世者之爲之也。"⑦而若將李覯之禮觀念及相關著論,與《論語》中所載孔子關於禮的言論相觀照,如"道之以政,齊之以刑,民免而無恥;道之以德,齊之以禮,有恥且格"、"殷因於夏禮,所損益可知也;周因於殷禮,所損益可知也;其或繼周者,雖百世可知也"(《論語·爲政》)、"能以禮讓爲國乎,何有! 不能以禮讓爲國,如禮何"(《論語·里仁》)、"禮,與其奢也,寧儉;喪,與其易也,

---

① 《名男曰參魯以詩喻之》,第 387 頁。
② 《常語下》,第 376—377 頁。
③ 夏良勝等纂修:《正德建昌府志》卷七,第 1 頁。
④ 李覯著,王國軒校點:《李覯集》附錄三,《李來泰宋泰伯公文集原敘》,第 525 頁。
⑤ 同上,《王謙李旰江先生文集原序》,第 533 頁。
⑥ 同上,《謝甘棠重刊旰江全集序》,第 535 頁。
⑦ 李覯著,王國軒校點:《李覯集》卷三十四,《常語下》,第 376 頁。

寧戚"(《論語·八佾》)、"君子博學於文,約之以禮,亦可以弗畔矣"(《論語·雍也》)、"克己復禮爲仁。一日克己復禮,天下歸仁焉。爲仁由己,而由人乎哉?……非禮勿視,非禮勿聽,非禮勿言,非禮勿動"(《論語·顏淵》)、"恭而無禮則勞,慎而無禮則葸,勇而無禮則亂,直而無禮則絞。君子篤於親,則民興於仁;故舊不遺,則民不偷"(《論語·泰伯》)、"子適衛,冉有僕。子曰:'庶矣哉!'冉有曰:'既庶矣,又何加焉?'曰:'富之。'曰:'既富矣,又何加焉?'曰:'教之。'"(《論語·子路》)等等,是不難看出其間的承繼關係的。所以,祖無擇序李覯文集稱:"孔子沒千有餘祀,斯文衰敝。……嗟乎!秦漢以來,禮樂則不爲,而任刑以毆其民,將納於治,適所以亂之也。歷世寖久,皆謂天下當如是,可以致治而不治者,時耳。故有奮筆舌爲章句,卒不及於禮樂者,末哉文也。旰江李泰伯,……年少志大,常憤疾斯文衰敝,曰:'墜地已甚,誰其拯之?'於是夙夜討論文、武、周公、孔子之遺文舊制,兼明乎當世之務,悉著于篇。……善乎! 文、武、周公、孔子之遺文舊制與夫當世之務,言之備矣。務學君子可不景行於斯!"[1]清人李丕則亦稱:"公(李覯——引者注)爲守禮君子,首接孔、孟道統之傳者也。其學本於禮,此橫渠之知禮成性也。其道本於性,此開明道之定性體仁也。……如泰伯公者,言必尊經,行必盡倫,道爲中道,學爲實學,三代以後,接孟氏井田學校之傳者,舍公其誰與歸?"[2]當然,隨著時代的變遷、思想的發展,以及所面對的時局和社會矛盾有別,李覯之將禮樂刑政、仁義禮智信總歸於"禮"的取嚮,顯然是在承繼孔子的同時,又有了新的開拓。姑且不論李覯對禮的體認對錯與否,從大體或根本意向上來說,李覯之所思與以禮經世的建構,應該說本源於孔子,或者說與孔子更爲接近。[3]

四

綜觀李覯一生,雖於宦途頗爲蹭蹬,"僅博一官以老"(李來泰語),然其獨特的學

---

① 祖無擇:《直講李先生文集序》,《李覯集》卷首,第1頁。

② 李覯著,王國軒校點:《李覯集》附錄三,《李丕則旰江先生文集原序》,第532頁。

③ 李澄源先生在《禮之衍變》一文中,曾對先秦禮的演變及孔子、孟子、荀子禮思想的承繼、特色,作了詳細、深入地剖析,並得出如下結論:"禮之含義,與時並進,代各不同。始於祀神之禮進而爲法度之通名,此由殷周到春秋也。由法度之通名,變而爲事爲之節中,與人心之節文,此由春秋賢士之尊禮,變而爲儒家之禮樂也。由人心之節文而轉爲孝之表徵,此由前期儒家到後期儒家也。凡此皆就其內容言也。若其所以說明理者,則由天秩之禮變爲人心之節文,此由殷周到儒家也。由人心之節文轉而求合天道,而成天人合一,此由前期儒家至末期儒家也。惟荀子處於其中,所具甚廣,爲承上啓下之人,此其所以爲禮學大師耶?"(《文教叢刊》第五六期合刊,1946年11月出版)

術建樹和以禮經世的憂患情懷,則是歷歲月而不泯、更時代而可鑒的。誠如清人盧文弨所言:"讀其條畫經世之言,侃侃鑿鑿,殆可見諸施行,不爲空談。以薦先後僅得太學官位,不足以行其志,而其言則已立矣。見稱於二三大儒,有以也夫!"①

不過,當我們感慨於李覯不爲世用的同時,也應爲他感到慶幸。畢竟,學人之於社會,並非官位的高低所能衡量。倘若李覯於科舉仕宦之途春風得意,其思想和學術建樹或許就不是今天所能看到的規模了。清人傅振鐸曾有一種觀念,他認爲:"學以有用爲大,曰用世也,匪世用也。"以此看李覯的遭際,則"世用先生(李覯——引者注)不若先生用世之爲大"②!況且從李覯的本意來說,他是不屑於與那些祇知求功名、謀官位者爲伍的,而是期望自己"憤吊世故,警憲邦國,遐探切喻,辭不柔伏"③的用世之思爲知者所瞭解、鑑納,進而能於當時危機重重的社會、政治有所裨益。當然,李覯也深知這是很難達到的。所以,他除積極努力進取外,更多地把希望寄予後來者,如其所謂"適時匪我長,不朽乃所擬"④、"歷觀五經傳注及正義,誠有未盡善,志於道者,宜其致詰。然但當著爲私書,或言於同志,庶幾其說不泯絕。後有知我者,則先王之道明,如是足矣"⑤、"自古聖人之德業,舉在於書"⑥等,即此一意向的表露。而在《自遣》詩中,李覯更表明自己的心迹和志向曰:"富貴浮雲畢竟空,大都仁義最無窮。一千八百周時國,誰及顏回陋巷中?"⑦如此灑落胸懷,亦足以"終古如不死"⑧矣。

撫今追昔,李覯之立身、爲學、康國濟民之情懷、更新學風之努力,還是頗值得後人反思和回味的。"一生冷暖志不伸,追蹤賢聖仰孔門。秉禮用世顏回樂,康國濟民非常人。"或可作爲李覯一生的寫照吧。

---

① 盧文弨:《抱經堂文集》卷十三,《書李泰伯文集後》,《叢書集成初編》本,北京:中華書局,1985 年,第 187 頁。
② 李覯著,王國軒校點:《李覯集》附錄三,《傅振鐸盱江李泰伯先生文集原敘》,第 530—531 頁。
③ 同上,卷二十,《潛書十五篇》,第 214 頁。
④ 同上,卷三十五,《寄祖祕丞》,第 387 頁。
⑤ 同上,卷二十八,《答宋屯田書》,第 319—320 頁。
⑥ 同上,卷二十三,《虔州柏林溫氏書樓記》,第 254 頁。
⑦ 同上,卷三十六,《自遣》,第 432 頁。
⑧ 同上,卷三十五,《寄懷三首》,第 382 頁。

從"古之學者爲己,今之學者爲人"看孔子的公私觀*

宋　健

　　有關儒家的公私觀,近些年來一度成爲學界討論的熱點,此一論題的深入探討涉及了人文、社會科學兩個領域的諸多學科,如形而上學、倫理學、心理學、法學、社會學、人類學、文化學等;就所達成的結論而言,又頗顯張力——"有的專家認爲先秦儒家只提倡'大公無私',一味'以公滅私';有的專家又以'親親互隱'作爲孔孟儒家支持'貪贓枉法'的所謂鐵證,斷言儒家是'典型的腐敗';有的專家認爲儒家泯滅了'私';有的專家又認爲儒家不要'公';有的專家認爲儒家不講'公德'只講'私德',有的專家的主張則恰恰相反。"[1]值得注意的是,許多學者往往徵引相同的文本、案例,卻得出大相徑庭的結論,此在人文科學領域內雖不足爲奇,然亦須予以審視。

一、分歧產生的原因

　　關於儒家公私觀理解產生的分歧,至少基於以下兩個原因:
　　1. 原因之一:儒家的多維性
　　其一,今凡論儒家(或儒學或儒教),當以蒙文通先生一喻——"譬之長江大河,放

＊　本文受海南大學"211工程大學建設"專項資金資助。
① 郭齊勇:《孔孟儒家公私觀與公共事務倫理》,見陳來、甘陽主編《孔子與當代中國》,北京:生活·讀書·新知三聯書店,2008年,第342頁。

乎東海,雖首尾相屬,然其流之曲折異同,固已百變"①爲啟示:首先,泛論吾國學術思想之發展:所謂"先秦子學→兩漢經學→魏晉玄學→隋唐佛學→宋明理學→清代樸學",即略明"其流之曲折"。其次,就儒家内部而言:孟軻有別於荀卿、古文經學迥異於今文經學、程朱不同於陸王……諸多案例不勝枚舉,誠可謂"百變"。隨著郭店楚簡和上博楚簡的陸續出土與公佈,宋明理學家構造的思孟"單傳式"的道統說雖未完全顛覆,但已引起學界的重新審視。其實就《論語》而言,細讀之下,亦會發現孔子與孔門弟子思想之間或顯或隱的差異②,何況孔孟? 再次,就孔子自身思想而言,也是一個"包含多元因素的多層次交錯依存"③的多面體。

其二,中國文化雖以儒家文化爲主流,然道家、道教、佛教思想一直扮演著添補儒家思想的不足、修正其積弊、推動其發展的角色④。中國文化無疑是複雜多面的,無論何時何地,儒家思想都沒有形成"一手遮天"的局面:"漢代雖獨尊儒術,但儒學之中已滲入諸子之說;魏晉時期玄學盛行,而玄學某種意義上即是援道入儒的產物;宋明時期出現了儒釋道相拒而又相容的複雜格局,被視爲新儒學的理學,便吸納了佛道的某些義理。"⑤因此我們不可將社會中存在的所有問題統統視爲儒家思想的折射。不能一面忙於爲孔子去"聖"、去"王",宣稱、揶揄"素王"、"至聖先師"種種稱謂的虛妄甚至虛無;一面又將中國歷史的種種陰暗面都"歸功"於這條"喪家狗":此豈非成非孔子,敗由孔子的雙重標準? 儒學縱不能與專制社會完全剝離,亦不可爲其"黑賬"埋單——"平時袖手談心性,臨危一死報君王",宋明兩代的諸多社會問題,難道僅是由理學的高度發展所導致的嗎? ——儒家尤其是儒家政治哲學研究者須如庖丁一樣"合於桑林之舞、乃中《經首》之會"(《莊子·養生主》),技經肯綮地分析!

思想與現實無疑具有密切的聯繫,然而問題的相關性並不等於問題本身。晚清以降,對儒學的研究,常常是用儒學與現實問題的相關性研究來消解儒學自身的研究。雖然從某種意義上來講,儒學的價值正體現在"不離日用倫常"的現實層面;但亦

---

① 蒙文通:《儒家哲學思想之發展》,見《儒學五論》,桂林:廣西師範大學出版社,2007年,第3頁。
② 明顯的差異如:孔子與子路有關"正名"思想的爭論,孔子與宰我有關"三年之喪"的問答等;隱晦的差異如:《論語·學而》中,"子曰:'弟子,入則孝,出則悌,謹而信,泛愛衆,而親仁。行有餘力,則以學文'";而其弟子"子夏曰:'賢賢易色;事父母,能竭其力;事君,能致其身;與朋友交,言而有信。雖曰未學,吾必謂之學矣'"。兩章大意略同,然朱熹《四書章句集注》在解釋子夏章時,引吳氏的觀點,闡釋出常爲人忽略的隱微差異:"子夏之言,其意善矣。然辭氣之間,抑揚太過,其流之弊,將或至於廢學。必若上章夫子之言,然後爲無弊也。"孔子與孔門弟子思想之間的差異多似"全體"與"一端"、"中道"與"狂狷"之別。
③ 李澤厚:《中國古代思想史論》,北京:人民出版社,1985年,第7頁。
④ 此處僅粗略提及,相關思想可詳參湯用彤先生的《魏晉玄學論稿》。例如,湯先生曾云:"世人多以玄學爲老莊之附庸,而忘其亦係儒學之蛻變。"
⑤ 楊國榮:《善的歷程——儒家價值體系研究》,上海:上海人民出版社,2006年,第7頁。

須尊重思想的相對獨立性①。

2. 原因之二：解釋者與文本

學術爭鳴,固然不能以"成心"②、曲解"本義"等方式來解構不同意見;但對於解釋者"觀點先行"的弊病,則應予以批評。解釋者在解釋活動之前已帶有某種先見與預設(切勿將此種先見、預設與問題意識相混淆)。解釋活動的展開只是由其早已確立的先見與預設出發,進行"材料"③檢索。凡此狀態下,文本已失去了語言的多維性與意義的生成性,而淪爲爲其先見與預設提供佐證的"隻言片語"——順之則取,逆之則視而不見或有意曲解。如此解釋,大可"攻其一點不及其餘"。此種方法在面對古代典籍特別是《論語》時似乎更加失靈,因爲《論語》中沒有西方形而上學式的定義,這就要求持論者不能僅憑某個句子將孔子的思想一言以蔽之。例如,即便是"仁"這樣一個核心範疇,在《論語》中也找不到一個明確的形而上學式的定義。若僅以"愛人"作爲"仁"的定義,緣何孔子會批評"鄉愿,德之賊也"(《論語·陽貨》);爲何又指出"唯仁者,能好人,能惡人"(《論語·里仁》)。面對孔子所特有的"意向性"智慧,我們是否可以像黑格爾一樣,說"這本書一點哲學味道都沒有,裏面所講的是一種常識道德,在哪一個民族文化裏都找得到,思辯的哲學是一點也沒有的——只有一些善良的、老練的、道德的教訓"呢？我想,錢穆先生所講的"做學問當從一項項的材料,進而研究到一部部的書,而在每一部書的背後,必然當注意到作者其人。倘使這部書真有價值,不專是些材料的話,則書的背後一定會有一個人"④,對於每位解釋者都應具有啟迪意義。

鑒於以上兩個原因,本文選取"古之學者爲己,今之學者爲人"(《論語·憲問》)一句作爲探討孔子公私觀的切入點。誠如余英時先生所說："我並不是想用'集體'和'個體'的二分法來簡化國家、社會和個人之間的種種複雜的關係。我也不相信任何一個實際的社會,無論是傳統的或現代的,東方的或西方的,可以簡單地劃分爲純集體主義或純個體主義的形態。所以本文涉及集體主義或個體主義的概念時,都只有畸輕畸重之間的相對意義,而且也僅僅是爲了分析上的方便。"⑤此觀點同樣適宜於本文。

---

① 強調尊重思想的相對獨立性,並非要模擬西學,建立一座形而上學的大廈;而是在肯定儒學"不離日用常行內"的同時,重視其"直造先天未畫前"的特質。

② 語出《莊子·齊物論》："夫隨其成心而師之,誰獨且無師乎？"

③ 錢穆先生曾云："若要一部書一部書地讀,便該瞭解這一作書之人。每一部書應作一全體看,不專是零碎材料的拼湊。"錢穆：《中國史學名著》,北京：生活·讀書·新知三聯書店,2000年,第11頁。

④ 錢穆：《中國史學名著》,第8—9頁。

⑤ 余英時：《群己之間——中國現代思想史上的兩個循環》,見《現代儒學論》第2版,上海：上海人民出版社,2010年,第189頁。

二、何謂"爲己之學"與"爲人之學"①?

《論語集解義疏》引孔安國曰:

　　爲己,履道而行之也;爲人,徒能言之也。

皇侃對孔安國注疏解時說:"徒,空也。外空爲人言之,而己無其行也。一云,徒則圖也。言徒爲人說也。"

《北堂書鈔》引《新序》曰:

　　齊王問墨子曰:"古之學者爲己,今之學者爲人,何如?"對曰:"古之學者,得一善言,以附其身;今之學者,得一善言,務以悅人。"②

《後漢書·桓榮傳論》論曰:

　　孔子曰:"古之學者爲己,今之學者爲人。"爲人者憑譽以顯揚,爲己者因心以會道。③

就以上所引,不難看出孔子倡導一種"爲己之學",肯定"己"的意義與價值。無論其是在何種意義上言"爲己",我們都必須承認"己"在孔子思想中已具有一種自覺的思考。儒家所講的"己"既不是此岸世界的虛妄,亦不是某些學者所謂的只是一種簡單的"角色"存在④。"爲己之學"中的"己"首先是一種真實的存在("誠");其次,"己"存在的狀態是自由的。這裏所說的"自由",顯然有別於個人主義"原子式"的自由,所以不能認定"爲己"是一種個人中心主義;但又不能走向反面,將孔子思想完全等同於社群主義。因爲孔子不是"個人與社群"二元對立式的思維。"己"的自由從認識方面講,是一種自我意識的覺醒⑤;從實踐方面講,表現爲主體不斷超越自身、完善自身⑥。

---

① 本文僅就"爲己之學"與"爲人之學"的橫截面,即"己"、"人"與"公"、"私"之間的關係來談。
② 轉引自楊樹達《論語疏證》,上海:上海古籍出版社,2007 年,第 356—357 頁。
③ 轉引自楊樹達《論語疏證》,第 357 頁。
④ 黃裕生:《普遍倫理學的出發點:自由個體還是關係角色》;關於對此種提法的批判已有胡治洪:《虛妄的"本相"——駁黃裕生先生所謂的"本相倫理學"並兼及"西化"思潮》;文碧方:《論作爲"爲己之學"的儒家——兼評黃裕生〈普遍倫理學的出發點:自由個體還是關係角色〉》等。以上諸文參見郭齊勇主編:《儒家倫理爭鳴集——以"親親互隱"爲中心》,武漢:湖北教育出版社,2004 年。
⑤ 尤爲突出地表現在儒者對歷史、文化的使命感與擔當感。如,"鳥獸不可與同群,吾非斯人之徒與而誰與? 天下有道,丘不與易也"(《論語·微子》)。
⑥ "爲己之學"的實踐既具有"致廣大而盡精微,極高明而道中庸"的"聖者境界",又具備"履道而行之"、"得一善言以附其身"、"因心以會道"的"學者工夫",是境界與工夫的融會貫通,是儒家理想性與實踐性的熔融。

此種超越與完善彰顯了"人"作爲存在的意義與價值，這種意義與價值的認可與評價無須憑藉任何外在對象，此時的"人"是一種自由的人。

孔子所謂的"己"與現代意義的私領域二者之間的關係是怎樣的呢？

1. 就"己"作爲真實的存在（"誠"）而言：孔子本於實然地揭示了私領域的正負兩面性。學界對此常常衆說紛紜，褒貶不一。此處僅以孔子與仲弓的一次問答爲例：

> 仲弓爲季氏宰，問政。子曰："先有司，赦小過，舉賢才。"曰："焉知賢才而舉之？"子曰："舉爾所知；爾所不知，人其舍諸？"（《論語·子路》）

當弟子問及"焉知賢才而舉之"的問題時，孔子的回答是"舉爾所知"。仲弓所問，或許基於兩點考慮：一是擔心"無以盡知一時之賢才"；二是人皆有"私"，"自家如何判得"他人是不是真正的賢才。以上所思，可以說是基於秉"公"去"私"的想法，無疑是正確的。我們再來看孔子的回答——"舉爾所知"。程頤在解釋此章時說："人各親其親，然後不獨親其親"[1]。孔子首先肯定人是有"私"的——凡是心理健康的人都會"各親其親"。其教導弟子也並非要仲弓泯滅"私"情，而是在"私"情的基礎上超越"私"情——"然後不獨親其親"。孟子所講的"老吾老，以及人之老；幼吾幼，以及人之幼，天下可運於掌"正是對孔子這一思想的發揮與再創造。這裏我們可以看到："私"的本然在夫子的循循善誘[2]下轉化爲一種"公"的應然。孔門的這一問答或許正以一種活色生香的方式詮釋著儒學的内在超越性。所以，程子有評曰：

> 仲弓曰："焉知賢才而舉之"、子曰："舉爾所知，爾所不知，人其舍諸。"便見仲弓與聖人用心之大小。推此義，則一心可以興邦，一心可以喪邦，只在公私之間爾。[3]

2. 就"己"存在的狀態（自由）而言：自由的"爲己之學"，往往表現爲儒者對"道"的體認——"志於道，據於德，依於仁，游於藝"（《論語·述而》）；"篤信好學，守死善道"（《論語·泰伯》）。體認之後，存道於心，充内形外，見諸實踐，又表現出一種既剛健有力又溫潤高潔的"士的精神"。如"富與貴，是人之所欲也；不以其道得之，不處也。貧與賤，是人之惡也；不以其道得之，不去也。君子去仁，惡乎成名？君子無終食之間違仁，造次必於是，顛沛必於是"（《論語·里仁》）；"士志於道，而恥惡衣惡食者，未足與議也"（《論語·里仁》）；"士不可以不弘毅，任重而道遠。仁以爲己任，不亦重

---

① 朱熹：《四書章句集注》，北京：中華書局，1983年，第141頁。
② 夫子循循善誘的方式蘊涵著"意向性"的智慧，文章的第三部分將對此予以闡釋。
③ 朱熹：《四書章句集注》，第141頁。

乎？死而後已，不亦遠乎"(《論語·泰伯》)；"以道事君，不可則止"(《論語·先進》)；"君子易事而難說也。說之不以道，不說也；及其使人也，器之。小人難事而易說也；說之雖不以道，說也；及其使人也，求備焉"(《論語·子路》)；"邦有道，穀；邦無道，穀，恥也"(《論語·憲問》)等諸多方面。

何以保證"爲己之學"能夠自由地體認與踐行呢？這就涉及中國哲學中一個重要範疇——"志"①。誠如王夫之(字而農，1619—1692)在其《張子正蒙注》中所講："庸人有意而無志，中人志立而意亂之，君子持其志以慎其意，聖人純乎志以成德而無意。"

至於"爲人之學"的負面意義，歷代注釋均有批判。然而對於"爲人之學"的批判，並不等於對"爲人"的批判，兩者性質完全不同："爲人之學"是出於私欲的，汲汲邀譽於別人；"爲人"卻是基於公心②(朱熹："立心以直")，即帶有"外王"的性質。就歷代對"古之學者爲己，今之學者爲人"章的注解來看，大致以宋代爲分水嶺。漢唐多數注釋著眼於批判邀譽於別人的"爲人之學"；而宋以後的注釋，隨著儒學的不斷深化，開始自覺地對帶有"外王"性質的"爲人"進行反思。

"爲己之學"與"爲人之學"之間錯綜複雜的多維關係，在顏淵、子路與孔子的一次"各言爾志"中得以展現：

> 顏淵、季路侍。子曰："盍各言爾志？"子路曰："願車馬衣〈輕〉裘，與朋友共，敝之而無憾。"顏淵曰："願無伐善，無施勞。"子路曰："願聞子之志。"子曰："老者安之，朋友信之，少者懷之"(《論語·公冶長》)。

人物 ＼ 内容	"志"	程子對"志"的評述	筆者管窺
子路	願車馬衣〈輕〉裘，與朋友共，敝之而無憾。	子路求仁。觀其志，豈可以勢利拘之哉？	去"爲人之學"，志於"爲人"。
顏淵	願無伐善，無施勞。	顏淵不違仁。其志可謂大矣，然未免出於有意也。	將"爲人"内轉爲"爲己之學"。

---

① 相關思想詳參胡家祥：《志：中國哲學的重要範疇》，《江西師範大學學報》(哲學社會科學版)1996 年第 3 期；《"任志"才是自由——關於"自由"之一解》，《社會科學》1996 年第 3 期。

② 日常生活中的"爲人"常常雜糅著邀譽於別人的不直心態，因此孔子對此類現象常常予以辨析與"提純"。如，"子曰：'孰謂微生高直？或乞醯焉，乞諸鄰而與之'"(《論語·公冶長》)。

續　表

内容 人物	"志"	程子對"志"的評述	筆者管窺
孔子	老者安之,朋友信之,少者懷之。	夫子安仁。 如天地之化工,付與萬物而己不勞焉。	化"爲己"與"爲人"、"内聖"與"外王"爲一體。①

由此可見,孔子肯定"爲己之學"並不等於只講"私德";否定"爲人之學"也並不意味著不講"公德"。現代意義上的私領域與公領域,無論學者如何定義,均或多或少地帶有封閉性。此種封閉性根源於邏輯同一性的知性思維。本文所謂孔子的公私觀,並非對此種思維的比附,恰恰相反地表現爲對它的解構與重建。因此,對"爲己"、"爲人"二者關係的進一步剖析就顯得尤爲必要。

三、"爲己"與"爲人"的關係

1. 是什麼——動態性

《論語》中的"爲己"與"爲人"首先表現爲兩者的動態相通性,這由清代學者劉沅《論語恒解》對此章做的注可窺一斑:

> 己,謂身也。萬物皆備於我,反身而誠,則天地萬物一以貫之,成己可成人矣。反是而求名務外,即爲爲人。
>
> 夫子曰"修己以敬",即安人、安百姓。爲己者,内而存養,求其無纖毫之駁雜;外而實踐,必忠恕而精義。夫是以德成而獨善、兼善皆於己優爲。

劉沅在否定"求名務外"的"爲人之學"的同時,又肯定"成人"、"兼善"——"爲人"的重要性。

《左傳·襄公三十一年》云:

> 鄭人游於鄉校,以論執政。然明謂子產曰:"毁鄉校如何?"子產曰:"何爲? 夫人朝夕而游焉,以議執政之善否。其所善者吾則行之;其所惡者吾則改之,是吾師也。若之何毁之? 我聞忠善以損怨,不聞作威以防怨。豈不遽

---

① 周敦頤云:"志伊尹之所志,學顏子之所學,過則聖,及則賢,不及則亦不失於令名"(周敦頤:《通書》)。

止,然猶防川。"……仲尼聞是語也,曰:"人謂子產不仁,吾不信也。"

儒家認爲,士人所具有的議政功能與社會導向作用成爲"爲己"通向"爲人"的橋梁,此種相通性在古代士人的理解(或理想)中往往是一種應然。"天下有道,則庶人不議";當季康子問政於孔子時,孔子會說:"君子之德,風;小人之德,草。草上之風必偃"(《論語·顏淵》)。

孟子繼承並發展了此種思想,他稱讚"禹、稷、顏回同道":

> 禹、稷當平世,三過其門而不入,孔子賢之。顏子當亂世,居於陋巷。一簞食,一瓢飲。人不堪其憂,顏子不改其樂,孔子賢之。孟子曰:"禹、稷、顏回同道。禹思天下有溺者,由己溺之也;稷思天下有饑者,由己饑之也,是以如是其急也。禹、稷、顏子易地則皆然。"(《孟子·離婁下》)

明末清初思想家黃宗羲在《明夷待訪錄·學校篇》中將類似思想進一步發揮:

> 學校所以養士,然古之聖王,其意不僅此也。必使治天下之具皆出於學校,而後設學校之意始備。……天子之所是未必是,天子之所非未必非,天子亦遂不敢自爲非是,而公其非是於學校。是故養士爲學校之一事,而學校不僅爲養士而設也。……東漢太學三萬人,危言深論,不隱豪強,公卿避其貶議。宋諸生伏闕捶鼓,請起李綱。三代遺風,惟此猶爲相近。使當日之在朝廷者,以其所非是爲非是,將見盜賊奸邪懾心於正氣霜雪之下!君安而國可保也。

"在本朝則美政,在下位則美俗"成爲儒者共同追求的理想。所以,朱熹在《四書章句集注》中稱讚"爲己之學"章:

> 聖賢論學者用心得失之際,其說多矣,然未有如此言之切而要者。於此明辨而日省之,則庶乎其不昧於所從矣。[1]

進一步引程頤兩語以發明彰義:"程子曰:'爲己,欲得之於己也;爲人,欲見知於人也';程子曰:'古之學者爲己,其終至於成物。今之學者爲人,其終至於喪己。'"

《朱子語類》中朱子將程頤兩語的精微之別道出:

> 問:"伊川云:'爲己,欲得之於己也;爲人,欲見知於人也。'後又云:'"古之學者爲己",其終至於成物;"今之學者爲人",其終至於喪己。'兩說不同,

---

[1] 朱熹:《四書章句集注》,第155頁。

何也?"曰:"此兩段意思自別,前段是低底爲人,後段是好底爲人。前爲人,只是欲見知於人而已。後爲人,卻是真個要爲人。然不曾先去自家身己上做得工夫,非唯是爲那人不得,末後和己也喪了!"

程頤前語,著眼於批判邀譽於別人的"低底爲人"——"爲人,欲見知於人也"——出於私欲,故不可行;值得注意的是後語,爲何初衷基於公心("好底爲人")、"真個要爲人",最終卻導致"和己也喪了"的結局?作爲文人治國,"不知幾百年,方有如此人物"(蘇軾語)的王安石無疑是一絕佳的例子。其一生似乎都在孜孜以求"爲人",朱熹曾評價他"以文章節行高一世,而尤以道德經濟爲己任";然如此"以道德經濟爲己任"的王安石卻對"爲己"與"爲人"的關係剖析得十分透徹,曾云:

> 爲己,學者之本也。……爲人,學之末也。是以學者之事,必先爲己,其爲己有餘,而天下之勢可以爲人矣,則不可以不爲人。故學者之學也,始不在於爲人,而卒能爲人也。今夫始學之始、其道未足以爲己,而其志在於爲人也,則亦可謂謬用其心矣。謬用其心者,雖有志於爲人,其能乎哉?[1]

"不曾先去自家身己上做得工夫",那麼"雖有志於爲人,其能乎哉"?[2]

由此反觀孔子與子路的對話:

> 子路問君子。子曰:"修己以敬。"曰:"如斯而已乎?"曰:"修己以安人。"曰:"如斯而已乎?"曰:"修己以安百姓"(《論語·憲問》)。

"安人"、"安百姓"皆以"修己"爲前提。也就是說,無論"齊家"還是"治國"、"平天下",皆應以"修身"爲本;"己欲立而立人,己欲達而達人"建立在己能立,己能達的基礎之上。"爲己之學"是本,本立而"爲人"。唯有如此,方能保證由"爲己"通向"爲人"是一個良性的開展。

需要看到隱性的一面,"修己"的最終歸宿是"安人"、"安百姓";"爲己"也要善"推",落腳於"爲人"。這就賦予"爲己之學"從開始就已經具有了一種相反的意義:"相對於安人而言,修己(自我實現)多少居於從屬的地位。作爲一個從屬於安人的過

---

[1] 《臨川先生文集》六十八卷《楊墨》。轉引自余英時《試論中國文化的重建問題》,見《中國思想傳統的現代詮釋》,南京:江蘇人民出版社,2003年,第37—38頁。

[2] 王安石其人與其推行的變法在當時後世備受"詬病"。不同的評價背後無疑蘊含著不同的價值體系。此處無意爲其下一定論,引入王安石現象,只想展現"爲己"與"爲人","脩身"與"齊家"、"治國"、"平天下"諸環節間的確存在著張力。也正因此種張力的存在,《大學》才將其意向地統一爲"自天子以至於庶人,壹是皆以脩身爲本"。

程,修己的內容主要不是培養獨特的個性,而是使自我合乎社會的普遍規範。"①

承認孔子思想的這種顯隱的張力,是否就能將"己"與"人"的關係簡單地視爲一種"角色關係"? 若不是一種簡單的"角色關係",又是什麼使得從"爲己"到"爲人"成爲一種可能呢?

2. 爲什麼——非對象性

"齊景公問政於孔子。孔子對曰:'君君,臣臣,父父,子子'"(《論語·顏淵》)。此句經常被當作儒家倫理是一種角色倫理的有力證據,儒家構建的"人"似乎總是生活於種種角色中。我們不能簡單地否定儒家倫理的角色性,但應看出孔子所謂的"角色"蘊含著"非對象性"的特質。"爲人君,止於仁;爲人臣,止於敬;爲人子,止於孝;爲人父,止於慈;與國人交,止於信"(《大學》)——每個人看似都是關係角色的存在,實則其所致力的是人之爲人的"義",而非你的對手方,這樣的"人"就不只是諸多角色的中介。

關於"非對象性"在"已發"層面(現實層面)上的表現,如孟子所說:"今人乍見孺子將入於井,皆有怵惕惻隱之心。非所以內交於孺子之父母也,非所以要譽於鄉黨朋友也,非惡其聲而然也。""內交於孺子之父母"、"要譽於鄉黨朋友"、"惡其聲而然"皆是一種"對象性"思維,由孟子"十字打開"的"義",使得由"爲己"到"爲人"成爲一種非工具理性式的良性開展。

關於"己意"在"未發"狀態下應有的"對象性"之"義",儒家有以下論述:

《大學》所講的"誠意":

> 所謂誠其意者:毋自欺也,如惡惡臭,如好好色,此之謂自謙,故君子必慎其獨也! 小人閒居爲不善,無所不至,見君子而後厭然,揜其不善,而著其善。人之視己,如見其肺肝然,則何益矣。此謂誠於中,形於外,故君子必慎其獨也。曾子曰:"十目所視,十手所指,其嚴乎。"富潤屋,德潤身,心寬體胖,故君子必誠其意。

又如《中庸》開篇所講:

> 天命之謂性,率性之謂道,脩道之謂教。道也者,不可須臾離也,可離非道也。是故君子戒慎乎其所不睹,恐懼乎其所不聞。莫見乎隱,莫顯乎微,故君子慎其獨也。

因此,孔子所講的真正意義上的"學"是"毋自欺"、"人之視己,如見其肺肝然"的、

---

① 楊國榮:《善的歷程——儒家價值體系研究》,第21頁。

是"誠於中，形於外"、"戒愼乎其所不睹，恐懼乎其所不聞"的"非對象性"學習。這就使儒家的"爲己"有別於一般意義上的爲己。

"獨者，人所不知而己所獨知之地也。言幽暗之中，細微之事，跡雖未形而幾則已動，人雖不知而己獨知之，則是天下之事無有著見明顯而過於此者。是以君子既常戒懼，而於此尤加謹焉，所以遏人欲於將萌，而不使其滋長於隱微之中，以至離道之遠也。"①孔子雖倡導"爲己之學"，但並非倡導爲己之私欲而學。真正的"爲己之學"是"誠"的、是"正"的，是經過"愼其獨也"的反省，是一種君子之學。因此，孔子會說："君子求諸己；小人求諸人。"（《論語·衛靈公》）"非對象性"思維奠定了"爲己之學"初屬私人領域之事，卻不帶任何私欲之色，反而恰恰具有著"公平"、"公正"、"公開"等公共領域的性質②。正是如此，孟子所講的"推恩"才不是一種虛妄與僞善。

四、結　語

綜上所述，孔子的公私觀——以"己"與"人"爲核心——具有"意向性"智慧。

首先，"己"與"人"並非各自閉合地分屬於"私"與"公"兩個領域。因此，孔子的公私觀不是二元對立、割裂式的，而是動態相通的——推"己"及"人"，由"私"致"共"的——惟有如此，"夫仁者，己欲立而立人，己欲達而達人。能近取譬，可謂仁之方也已"（《論語·雍也》），才是見之於行事之深切著明，而非徒托空言也。

其次，"公"與"私"在孔子思想中不是一維的、孤立的，而是與"道"、"誠"、"愼獨"、"盡善盡美"等諸多重要範疇合力構成了一個"包含多元因素的多層次交錯依存"的多維思想體系，這種多維性來源於孔子對"道"的體認。"道"的統一性與多樣性鑄就了孔子思想頗具張力又能意向統一的"極高明"性。可悲可歎的是：因爲傳統文化的斷層，"時下的孔子思想"既失去了文本層面的多維性、又失去了生活層面的鮮活性。③

再次，無論是在"公"領域還是在"私"領域，孔子都強調一種非對象性思維，"義"

---

① 朱熹：《四書章句集注》，第 18 頁。

② 《大學》、《中庸》、《孟子》中對"心"這一範疇的持續辨析，可以看作是對《論語》中"己"蘊含的"非對象性"特質的一種深化與發展。如，陸九淵在肯定孟子爲儒學發展作出的理論貢獻時說："夫子以仁發明斯道，其言無罅縫。孟子十字打開，更無隱遁"（陸象山：《象山語錄·語錄上》，《陸九淵集》卷三十四，北京：中華書局，1980 年，第 398 頁）。

③ 以至於對"聖之時也"只能做"摩登聖人"解；對於"中庸"只會當折中主義解。勿怪"子曰：'中庸之爲德也，其至矣乎？民鮮久矣'"（《論語·雍也》）；"子曰：'天下國家可均也，爵祿可辭也，白刃可蹈也，中庸不可能也'"（《中庸》）。

使儒家既沒有出現如楊朱"拔一毛而利天下,不爲也"的極端重"私"學說;亦沒有出現如墨家對巨子"赴湯蹈刃、死不旋踵"高度集權學說。孔子表現出的是一種"將個體價值與群體價值、自我實現與社會安定統一起來的致思趨向"。[1]

關於孔子"私"與"公"的討論可能永遠不會休止,而討論背後的問題更值得我們去深思:孔子及其儒家究竟爲中國文化打下了什麽樣的烙印?

> 儀封人請見,曰:"君子之至於斯也,吾未嘗不得見也。"從者見之。出曰:"二三子何患於喪乎? 天下之無道也久矣,天將以夫子爲木鐸。"(《論語·八佾》)

木鐸之音存乎? 望存焉!

---

① 楊國榮:《善的歷程——儒家價值體系研究》,第 26 頁。

漢簡《奏讞書》"柳下季治獄"小議

楊朝明

李學勤先生在爲拙著《魯文化史》所作的《序言》[①]中提到了《奏讞書》記載的柳下季斷案的事例。李先生說,《奏讞書》中的文辭沒有什麼費解之處,而"白徒"和"倡"怎樣成爲刑徒的名稱,實無法得其答案。所以李先生又說:由此可以看出,我們關於魯國的瞭解還是相當有限的。由於古代歷史的材料比較有限,而關於魯國,《奏讞書》所涉及的內容雖然簡短,卻蘊涵了不少信息,有助於我們對魯國歷史文化相關問題的深入理解。

《奏讞書》見於 1983 年末江陵張家山出土的漢簡。其中記有柳下季斷案的事例,原文如下:

> 異時魯法:盜一錢到廿,罰金一兩;過廿到百,罰金二兩;過百到二百,爲白徒;過二百到千,完爲倡。又曰:諸以縣官事訑其上者,以白徒罪論之。有白徒罪二者,加其罪一等。白徒者,當今隸臣妾;倡,當城旦。今佐丁盜粟一斗,值三錢,柳下季爲魯君治之,論完丁爲倡,奏魯君。君曰:"盜以一錢到廿錢,罰金一兩,今佐丁盜一斗粟,值三錢,完爲倡,不已重乎?"柳下季曰:"吏初捕丁來,冠鈌冠,臣案其上功牒,署能治禮,儒服。夫儒者,君子之節也;禮者,君子學也;盜者,小人之心也。今丁有小人之心,盜君子節,又盜君子學,以上功,再訑其上,有白徒罪二,此以完爲倡。"君曰:"當哉!"[②]

何謂"讞"?《說文》曰:"議罪也。"《廣韻》:"讞,議獄。"又曰:"讞,正獄。"《漢書·景帝紀》曰:"諸獄疑,若雖文致於法而於人心不厭者,輒讞之。"所以,讞即評議定罪。《漢書·刑法志》曰:"高皇帝七年,制詔御史:獄之疑者,吏或不敢決,有罪者久而不論,無

---

① 載楊朝明《魯文化史》,濟南:齊魯書社,2001 年。
② 江陵張家山漢簡整理小組:《江陵張家山漢簡〈奏讞書〉釋文(二)》"二〇",《文物》1995 年第 3 期。爲方便印刷,這裏只寫出整理後的文字。

罪者久繫不決。自今以來,縣道官獄疑者,各讞所屬二千石官,二千石官以其罪名當報之。所不能決者,皆移廷尉,廷尉亦當報之。廷尉所不能決,謹具爲奏,傅所當比律令以聞。"竹簡《奏讞書》正是這種議罪案例的彙集。

作爲一個成詞,"奏讞"可能出現較早,《漢書》已有"奏讞"連稱的記載。而在漢初,"奏讞"已經是一個規範的固定用語,其義即由《漢書·刑法志》所記載的漢高帝七年"讞疑獄詔"而起。《文物》1993年第8期和1995年第3期相繼發表了《奏讞書》全部釋文,其中包含了春秋至西漢時期的22個案例。從中看出,竹簡《奏讞書》中的案例一般都在文書末尾綴有"疑罪"、"疑某罪"的字樣,完整的文書還有"敢讞之"的帶"讞"字的敬語和"廷報"內容,這與《漢書·刑法志》所說的疑獄奏讞的情形符合,說明《奏讞書》之名與收錄文書性質正相一致。

《奏讞書》中有的文書不同于上述案例的形式,但都與《奏讞書》具有內在聯繫,屬於奏讞環節的有機組成部分。與一般的史書按照時代敘事不同,《奏讞書》大體上是將年代較早的案件排在全書的後部,較晚的案例則排在前部。其中,案例十九是"史獻與衛君",案例二十是"柳下季與魯君"的議對,即我們所說的"柳下季治獄",這兩則春秋時期的案例排列較後,是作爲斷案的事例進行記述的。

柳下季本名展禽,又名柳下惠。他出身于魯國公族,其始祖公子展爲孝公之後。柳下季爲職士師,掌管刑獄,專司法律。在史籍中,有一些關於他的零星記載,但他任職士師的具體事蹟卻較爲稀少,《論語·微子》說:"柳下惠爲士師,三黜。"他爲士師有一定的時間跨度,可是,關於他判定案獄事例並未見到。這樣,《奏讞書》中柳下季爲魯君治獄的記載就顯得彌足珍貴。

正如李學勤先生所言,在《奏讞書》的記述中,"白徒"和"倡"怎樣成爲刑徒的名稱不好理解。盜錢數量不同,罰錢則有多少的不同。而過百到二百,則爲白徒;若有人盜錢過二百到一千,即"完爲倡"。"白徒"和"倡"都是一種刑罰,按照《奏讞書》的說明,"白徒"相當於漢代的隸臣妾;而作爲刑罰,"倡"則重于"白徒",當城旦。所謂"完爲倡",即剃其髮爲"倡"。完,乃是一種輕刑。《漢書·惠帝紀》:"民年七十以上,若不滿十歲,有罪當刑者,皆完之。"孟康曰:"不加肉刑,髡鬢也。"顏師古注:"若預及之言也。謂七十以上,及不滿十歲以下,皆完之也。"髡,剃去頭髮。《漢書·刑法志》:"完者使守積。"顏師古注:"完,謂不虧其體,但居作也。"意思是以剃光頭髮作爲處罰,可以在家勞作。那時,人們愛髮而蓄髮,剃髮就是一種處罰。

"白徒"確曾屢見於古書,如《管子·乘馬篇》及《七法篇》。尹注《七法篇》云:"白徒,謂不練之卒,無武藝。"又《呂氏春秋·決勝篇》"冢輿白徒",高注云:"白衣之徒。"《漢書·鄒陽傳》"驅白徒之衆",顏師古注云:"白徒言素非軍旅之人,若今言白丁矣。"

蓋指未經過軍事訓練之人而言。簡文稱:"白徒者,當今隸臣妾。"有學者對漢文帝刑法改革前"隸臣妾"的身份進行了研究,認爲"'隸臣妾'是一種刑徒,刑期有限,同時具有官奴隸身份,但又不同於奴隸社會的奴隸"。[①] 春秋時期的"白徒"與漢代的"隸臣妾"的共同點就是他們的"官奴隸身份",應當屬於有期徒刑一類,即降低了原來的社會地位或政治身份。這樣,春秋時期魯國的刑罰以"白徒"懲罰盜賊,應該是明顯比"罰金"更重的處罰。

與"隸臣妾"相比,"城旦"自然處罰更重。《漢書·刑法志》曰:"罪人獄已決,完爲城旦舂,滿三歲爲鬼薪、白粲。鬼薪、白粲一歲,爲隸臣妾。隸臣妾一歲,免爲庶人。隸臣妾滿二歲,爲司寇。司寇一歲,及作如司寇二歲,皆免爲庶人。"據《漢書·刑法志》,由於著名的提縈救父事件,孝文帝覺得本來的刑法太過殘苛,於是下令減輕刑法。文帝說:"今人有過,教未施而刑已加焉,或欲改行爲善,而道亡繇至,朕甚憐之。夫刑至斷支體,刻肌膚,終身不息,何其刑之痛而不德也!豈稱爲民父母之意哉?其除肉刑,有以易之;及令罪人各以輕重,不亡逃,有年而免。具爲令。"於是,丞相張倉、御史大夫馮敬重新上奏:"臣謹議請定律曰:諸當完者,完爲城旦舂;當黥者,髡鉗爲城旦舂;當劓者,笞三百;當斬左止者,笞五百;當斬右止,及殺人先自告,及吏坐受賕枉法,守縣官財物而即盜之,已論命復有笞罪者,皆棄市。罪人獄已決,完爲城旦舂,滿三歲爲鬼薪、白粲。鬼薪、白粲一歲,爲隸臣妾。隸臣妾一歲,免爲庶人。隸臣妾滿二歲,爲司寇。司寇一歲,及作如司寇二歲,皆免爲庶人。其亡逃及有罪耐以上,不用此令。前令之刑城旦舂歲而非禁錮者,完爲城旦舂歲數以免。"

漢承秦制,漢初也基本沿襲秦律。秦《法律答問》有曰:"當耐爲隸臣,以司寇誣人,何論?當耐爲隸臣,又系城旦六歲。"按照秦律,盜百一十錢以上耐爲隸臣,盜六百六十錢以上黥爲城旦。在這裏,無論"耐"還是"黥",都屬於肉刑。秦律中既有終身服刑而又分不同等級的城旦舂、鬼薪、白粲、隸臣妾、司(伺)寇、候,又有有服刑期限的貲徭、貲居邊、貲戍等,齊國的"公人"制度也與此相似。據銀雀山漢簡的材料可知,在戰國時期,齊國也有被罰沒爲"官奴隸身份"的人,成爲"公人",有三日、一歲、二歲、終身和"黥刑以爲公人"等不同等級,有期、無期徒刑與肉刑互相銜接,十分嚴密,與秦律相似。魯法中之白徒、倡分別相當於秦律之隸臣妾、城旦,二者有很大的可比性,說明兩種法律在刑制上有很多的共同性,但魯國之法中的"完"卻非肉刑,所以,相比之下,魯國法律較之爲輕。所謂"城旦舂",同樣也具有"官奴隸身份"。城旦,築城;舂,舂米。魯法中的"倡"與之同類,所謂"倡",即表演歌舞的人。《說文》:"倡,樂也。"《聲類》:

---

① 張頡慧:《張家山漢簡中"隸臣妾"身份探討》,《中原文物》2004 年第 1 期。

"倡,俳也。"《字林》:"倡,優樂也。""倡"泛指表演歌舞雜戲的藝人,又稱倡人、倡優、倡伎、倡俳等。據《史記·孔子世家》,定公十年春齊魯兩國國君會於夾谷時,齊國就令"優倡侏儒爲戲而前",按照《孔子世家》的記載,這屬於所謂"宮中之樂",但孔子認爲這是"匹夫而營惑諸侯",故而依法處治,他們落得個"手足異處"的下場。可見,作爲官奴,"倡"的地位很低。

魯國有佐丁盜粟一斗,值三錢,按照魯法,只應給予"罰金一兩"的處罰,可是,柳下季卻論處完丁爲倡。柳下季認爲,捕吏當初捉他來時,他"冠鈌冠"。李學勤先生引《說苑》等考定,所謂"鈌冠"即"鷸冠",是一種用翠鳥羽毛裝飾的冠。[1] 查找冊簿文書,這屬於儒服,應當能夠治禮。在柳下季看來,"夫儒者,君子之節也;禮者,君子學也;盜者,小人之心也",此人爲儒能禮,卻成爲盜!他有小人之心,卻既"盜君子節,又盜君子學",而魯法還有規定:"諸以縣官事訑其上者,以白徒罪論之。""訑"有自得、自然的意思,表示欺詐。一次欺詐,有白徒罪一。丁有小人之心,盜君子節,白徒罪一;又盜君子學,兩"訑其上",故有白徒罪二。最終罪加一等,此以完爲倡。

柳下季對佐丁的處罰,並沒有僅僅將眼光停留在他"盜粟一斗"的表面犯罪上,他對佐丁的論處,重點在於"誅心",他所懲處的是佐丁的欺世盜名。我們知道,作爲儒家創始人的孔子曾"數稱"柳下惠,以之爲道德典範,對他十分認同。[2] 在這一點上,孔子其實也與柳下惠完全一致。這不由讓我們想到孔子"誅""亂政者"少正卯的事情。少正卯屬於"魯國聞人",孔子爲政七日而誅之,連孔子的弟子子貢都有疑問。孔子對子貢說:

> 天下有大惡者五,而竊盜不與焉。一曰心逆而險,二曰行僻而堅,三曰言偽而辯,四曰記醜而博,五曰順非而澤。此五者有一於人,則不免君子之誅,而少正卯皆兼有之。其居處足以撮徒成黨,其談說足以飾褒榮眾,其強禦足以反是獨立,此乃人之奸雄者也,不可以不除!夫殷湯誅尹諧、文王誅潘正、周公誅管蔡、太公誅華士、管仲誅付乙、子產誅史何,是此七子皆異世而同誅者,以七子異世而同惡,故不可赦也。詩云:"憂心悄悄,慍於群小。"小人成群,斯足憂矣。(《孔子家語·始誅》)

孔子認爲,天下大逆不道的惡行有五種,而一般性的盜竊並不在其中。這五種惡行分別是思想背離而險惡,行爲邪僻而堅定,言論錯誤而雄辯,記述非義的事物並十分廣博,贊同錯誤的言行並加以美飾。一個人只要具有這五種思想行爲的一種,就免不了

---

① 李學勤先生:《〈奏讞書〉解說》,《文物》1995 年第 3 期。
② 楊朝明:《柳下惠道德思想考論》,《孔子研究》1994 年第 2 期。

"君子之誅",而少正卯兼而有之。這樣的人過於兇險,影響惡劣,不可以不懲处。歷史上有很多這樣的人,他們雖處在不同的時代,罪惡卻是相同的,因此都是不可以赦免的。小人成群,著實令人憂慮!

在春秋時期眾多的諸侯國中,魯國是最注重禮的國度。當春秋時期各國出現禮崩樂壞的現實時,魯國的貴族知識階層都憂心忡忡,維護周禮。禮的精神在於孝恭慈仁,信誠惠和,孔子重禮,他"誅"少正卯,十分契合於禮。少正卯屬於無禮之輩,不論其政治主張,還是他的做人風格和處世態度,都與周禮的要求嚴重不符。柳下惠同樣蒙恥救民,期於社會至善,佐丁之處,不亦宜乎!

魯國有禮,同樣有法。魯國之法卻與"周禮盡在魯矣"(《左傳》昭公二年)的名聲完全一致,魯禮包含有法的功能,魯法擁有禮的精神。魯國的法律條文還可以在其他古籍中看到。例如《孔子家語・致思》篇有這樣的記載:

> 魯國之法:贖人臣妾於諸侯者,皆取金於府。子貢贖之,辭而不取金。孔子聞之曰:"賜失之矣。夫聖人之舉事也,可以移風易俗,而教導可以施之於百姓,非獨適身之行也。今魯國富者寡而貧者眾,贖人受金則爲不廉,則何以相贖乎? 自今以後,魯人不復贖人於諸侯。"

按照魯國法律的規定,從諸侯國贖回做奴僕的魯國人,都可以從魯國府庫裏領取金錢。子貢贖回了奴僕,卻推辭而不領取錢財。孔子聽說了這件事,認爲這是端木賜的過失。孔子認爲,聖人做一件事,可以通過它移風易俗,而且可用來教化開導百姓,並非只是順適自身的行爲。因爲當時魯國富人少而窮人多,如果因爲贖人從府庫領取錢財就是心胸不廣,缺乏廉正,那麼用什麼來贖人呢? 孔子擔心的是,從今以後,魯國人不再能從其他諸侯國那裏贖回人了。從這條記載中,我們不僅可以看出魯國宗法禮制的精神所在,更可以看出魯人在執行"魯法"時考慮的重點在於對社會的影響,在於對民眾的教化意義。在這方面,應當說孔子與柳下季完全相同。

《奏讞書》雖爲西漢竹書,但其中記載柳下季的事情卻發生在春秋前期,這一則材料不會是憑空產生,這不僅是因爲它與柳下惠的身份相合,而且法律條文歷代相沿,流傳廣泛,爲眾所周知,這裏的記載很有價值。我們認爲,《奏讞書》值得注意的,還有其中出現的"儒服"一詞。春秋末年,孔子創立儒學,儒家學派產生,以後,"儒服"一詞自然頻頻出現。如:《莊子・田子方》記曰:

> 莊子見魯哀公。哀公曰:"魯多儒士,少爲先生方者。"莊子曰:"魯少儒。"哀公曰:"舉魯國而儒服,何謂少乎?"莊子曰:"周聞之,儒者冠圜冠者,知天時;履句屨者,知地形;緩佩玦者,事至而斷。君子有其道者,未必爲其

服也;爲其服者,未必知其道也。公固以爲不然,何不號於中國曰:無此道而服此服者,其罪死!"於是哀公號之五日,而魯國無敢儒服者,獨有一丈夫儒服而立乎公門。公即召而問以國事,千轉萬變而不窮。

《墨子·公孟子》曰:

公孟子戴章甫,搢忽,儒服,而以見子墨子。

《史記·仲尼弟子列傳》曰:

孔子設禮稍誘子路,子路後儒服委質,因門人請爲弟子。

《劉敬叔孫通列傳》曰:

叔孫通儒服。

"儒"在儒家產生之前類似於一種職業出現較早。有學者考證說,"儒"在殷商時期已經存在了,甲骨文中作"需",象以水沖洗沐浴濡身之形。①《禮記·儒行》有曰:"儒有澡身而浴德。"《孟子·離婁下》說:"雖有惡人,齋戒沐浴則可以事上帝。"古代的儒,在祭祀、相禮等行爲中常常齋戒沐浴。這就是說,認爲原始的"儒"字作"需"或"濡",從這一點上講很有道理。東漢許慎的《說文解字》說:"儒,柔也。術士之稱。從人,需聲。"段玉裁注曰:"鄭《目錄》云:儒行者,以其記有道德所行。儒之言,優也,柔也;能安人,能服人。又,儒者濡也,以先王之道能濡其身。"儒的本意或爲教化。前述從象形文字角度所得的看法,與段注是一致的。②

在《奏讞書》中,柳下季所說到的"儒"就是能夠相禮的人,不僅具有君子之名,而且具有君子之實的人。

總之,漢簡《奏讞書》"柳下季治獄"的價值是多方面的,甚至我們也可以從這一點上看到柳下惠治獄對漢代的影響。例如,《奏讞書》中"柳下季與魯君"的議對,就與《漢書·張釋之傳》載廷尉張釋之與漢文帝議罪之例相同,所倡導的司法精神非常一致。顧頡剛說:"漢代統一了魯國的禮教和秦國的法律。"③其實,從本文看,漢代繼承魯國的禮治精神可能更具有實質意義。④

---

① 徐中舒:《甲骨文中所見的儒》,《四川大學學報》1975 年第 4 期。
② 楊朝明:《儒家文化面面觀》,濟南:齊魯書社,2000 年,第 1 頁。
③ 顧頡剛:《由"烝"、"報"等婚姻方式看社會制度的變遷》後之王煦華"附記",《文史》第十五輯。
④ 筆者也曾認同顧頡剛先生的看法,見楊朝明《魯國禮樂傳統研究》,《歷史研究》1995 年第 3 期。

《論語·爲政》"闕疑"、"闕殆"考疑

張詒三

　　子張學干禄。子曰："多聞闕疑,慎言其餘,則寡尤;多見闕殆,慎行其餘,則寡悔。言寡尤,行寡悔,禄在其中矣。"(《論語·爲政》)

　　歷來多把"闕"當動詞解,爲今"缺少"之"缺"義。此種解釋始於漢代包咸(字子良,公元前6—公元65年)。《十三經注疏·論語注疏》"闕疑"句下引包曰:"尤,過也。疑則闕之,其餘不疑,猶慎言之,則少過。""闕殆"句下,包曰:"殆,危也。所見危者,闕而不行,則少悔。"邢昺(字叔明,932—1010)正義:"……言雖博學多聞,疑則闕之,尤須慎言其餘不疑者,則少過也。……殆,危也。言雖廣覽多見,所見危者,闕而不行,尤須慎行其餘不危者,則少悔恨也。"①朱熹(字元晦,一字仲晦,1130—1200)《集注》云:"……愚謂多聞見者學之博,闕疑殆者擇之精,慎言行者守之約。"②王引之(字伯申,1769—1834)《經義述聞》:"殆,猶疑也。謂所見之事若可疑,則闕而不敢行也。"③可知,"闕疑"是"疑則闕之","闕殆"是"闕而不行"。

　　如此理解,多有扞格,"多聞闕疑"句有"聞"、"闕"兩個動詞,所以有的《論語》注本直接斷開作"多聞,闕疑";至於"闕疑"如何解釋,前人沿襲包咸說法作"疑則闕之"。按這種解釋,"闕"爲動詞,"疑"爲名詞,顯然"闕"、"疑"兩詞是動賓關係,果真如此,"闕疑"應該是"空缺那些可疑的"。既然承接"多聞"說"空缺",那"空缺"的具體意思只能是"不聞",可是,既然"空缺(不聞)"了,又怎麼判斷其爲"可疑"? 如果已經知道某處"可疑",爲什麼不"多聞"以釋疑? 所以,按包咸的解釋,從語法規則和義理方面衡量,都有疑竇。至於"闕殆"就更難解釋,包咸謂"所見危者,闕而不行",且不說如此

①　邢昺:《論語注疏》卷一,影印阮元校刻《十三經注疏》本,北京:中華書局,1980年,第2462頁。
②　朱熹:《論語集注》卷一,《四書章句集注》,北京:中華書局,1983年,第58頁。
③　王引之:《經義述聞》卷三十一,《通說上》,南京:江蘇古籍出版社,1985年,第740頁。

解釋,其增字之弊,十分明顯,從義理方面看,也很可疑,因爲就孔子的思想看,發現了有危險的地方,是應該去補救的,"危而不持,顛而不扶,則將焉用彼相矣?"(《論語·季氏》)可見,既然不能"危而不持",也就不允許"所見危者,闕而不行",王引之則只好打圓場,說"殆,猶疑也"。

再說,"聽"和"聞"是有區別的,"聽"強調動作,"聞"是"聽到",強調結果,成語"聽而不聞",很能反映這種區別;"視"和"見"的情況也是如此,如成語"視而不見"。所以,"聞"的意思是"聽到","見"的意思是"看到"。楊伯峻(原名楊德崇,1909—1992)《論語譯注》譯"多聞闕疑":"多聞,有懷疑的地方,加以保留。""多見闕殆":"多看,有懷疑的地方,加以保留。"①這樣翻譯的問題是:"多聞"沒有譯,但是,"聞"顯然和"聽"意思一樣了。"多見"譯成"多看",顯然也不符合"見"的"見到"義。

另外,《漢語大詞典》收"闕疑"一詞,釋義爲:"遇有疑惑,暫時空著,不做主觀推測。"②舉例正是《論語》該例。《漢語大詞典》收"闕殆"一詞,謂"不做危險的事。"③舉例也是《論語》該句。我們利用電子文獻檢索系統,檢索了秦代以前的大量上古時期的文獻,也沒有發現這個例子之外的"闕疑"和"闕殆"。可見,按傳統解釋出現的"闕疑"、"闕殆"兩詞,也是明顯的孤例。

按:此處"闕"當爲"厥"字之借,義同"其"。"多聞闕疑"即"多聞厥(其)疑","多見闕殆"即"多見厥(其)殆"。試述理由如下:"闕"與"厥"聲符相同,古音相近,"厥"在上古音韻地位爲見母月部,"闕"爲溪母月部,④兩字同在月部,聲母"見"、"溪"都是牙音,區別只在送氣與否,仍屬於雙聲,讀音很接近。

古籍中"闕"、"厥"常常通假,《論語·憲問》:"闕黨童子將命。"《漢書·古今人表》引有"厥黨童子",顏師古(字籕,581—645)注:"即闕黨童子也。"⑤《周易·大有》:"厥孚,交如,威如,吉。"漢墓帛書本《周易》爲"闕復,交如,委如,終吉","厥"作"闕"。⑥《墨子·非命中》:"我聞有夏人矯天命,布命於下,帝試是惡,用闕師。"⑦下篇作"用爽厥師"。⑧《史記·司馬相如傳》:"舜在假典,顧省厥遺;此之謂也。"⑨《文選·封禪文》

① 楊伯峻:《論語譯注》,北京:中華書局,1980年,第19頁。
② 漢語大詞典編寫組編:《漢語大詞典》(縮印本),上海:漢語大詞典出版社,1997年,第7180頁。
③ 同上,第7179頁。
④ 郭錫良:《漢字古音手冊》,北京:北京大學出版社,1986年,第45、46頁。
⑤ 班固:《漢書》卷二十,《古今人表第八》,北京:中華書局,1982年,第935頁。
⑥ 鄧球柏:《帛書周易校釋》,長沙:湖南人民出版社,2002年,第367頁。
⑦ 王煥鑣:《墨子集詁》,上海:上海古籍出版社,2005年,第890頁。
⑧ 同上,第906頁。
⑨ 司馬遷:《史記》卷一百一十七,《司馬相如傳》,北京:中華書局,1982年,第3072頁。

"厥"作"闕"。① 近年出土的簡帛文獻中,"厥"常作"闕",如《馬王堆漢墓帛書·五行》:"五行皆刑(形)于闕(厥)内,時行之,胃(謂)之君子。"②可見,"闕"、"厥"通假常見。

古籍中"厥"、"其"對文:《尚書·仲虺之告》"慎厥終,惟其始。"③又《說命中》:"慮善以動,動惟厥時。有其善,喪厥善。矜其能,喪厥功。惟事事乃其有備,有備無患。"④

《論語》形成時代當在春秋晚期,我們發現春秋時期的銅器銘文中,"其"、"厥"換用、對用的例子很多。在《殷周青銅器銘文選(四)》中,主要是春秋時期的銘文,其中"擇其吉金"與"擇厥吉金"應是同義結構,該書"擇×吉金"結構共35例,其中"擇其吉金"24例,占68.5%,"擇厥吉金"11例,占31.4%。其中還有"用厥吉金"、"取厥吉金",其中"厥"也是與"其"同義。同一篇銘文中"其"、"厥"對用的例子如:

> 佳王正月初吉乙亥,鼄(邾)公華擇氒(厥)吉金,玄鏐、赤鏞,用乍氒(厥)訴(龢)鍾,台(以)乍(祚)其皇且(祖)考。曰:餘異(翼)䢼(恭)威(畏),忌㤅(淑)穆不㒸(墜)于氒(厥)身,鑄其訴(龢)鍾,……⑤

銘文中的"氒"即後來的"厥",唐鈺明《其、厥考辨》注釋①"'厥'在古文字資料中……隸定爲氒"⑥可證。

以上可知:"闕"、"厥"音近,常常通假;"厥"、"其"義同,多有換用、對用。

再從《論語》中"聞"、"見"的用法來看,"多聞闕疑"也應該是"多聞厥(其)疑","多見闕殆"亦應爲"多見厥(其)殆"。

先說"聞",《論語》全書"聞"共有59次(《十三經辭典·論語卷》爲59次⑦,楊伯峻《論語詞典》爲58次,⑧我們採用新說),先除去"多聞闕疑",其餘58例中,作名詞"聲聞"講的有1例,即"四十五十而無聞焉"(《論語·子罕》),作"有名聲"講的6例,如:

> 子張問:"士何如斯可謂之達矣?"子曰:"何哉,爾所謂達者?"子張對曰:"在邦必聞,在家必聞。"子曰:"是聞也,非達也。夫達也者,質直而好義,察言而觀色,慮以下人。在邦必達,在家必達。夫聞也者,色取仁而行違,居之

---

① 蕭統編:《文選》,上海:上海古籍出版社,1986年,第2145頁。
② 馬王堆漢墓帛書整理小組:《馬王堆漢墓帛書》(壹),北京:文物出版社,1980年,第17頁。
③ 蔡沈集注:《書經》(影印本),上海:上海古籍出版社,1987年,第45頁。
④ 同上,第60頁。
⑤ 馬承源等編:《殷周青銅器銘文選(四)》,《邾公華鍾》,第525頁。
⑥ 唐鈺明:《著名中年語言學家自選集·唐鈺明卷》,合肥:安徽教育出版社,2002年,第180頁。
⑦ 十三經辭典編輯委員會:《十三經辭典·論語卷》,西安:陝西人民出版社,2002年,第416頁。
⑧ 楊伯峻:《論語譯注》後附《論語詞典》,第298頁。

不疑。在邦必聞,在家必聞。”(《論語·顏淵》)

這一章中,“聞”與“達”相對,爲“聞名”義無疑。

作名詞“見聞”(楊伯峻《論語詞典》釋爲“所聽到的事物”)講的有 5 例:“子路有聞,未之能行,唯恐有聞。”(《論語·公冶長》)“多聞,擇其善者而從之。”(《論語·述而》)“友直,友諒,友多聞,益矣。”(《論語·季氏》)“子亦有異聞乎?”(《論語·季氏》)

其餘“聞”作動詞“聽聞”講的 46 例中,“聞”帶賓語的 36 例,如:“必聞其政”(《論語·學而》)、“子在齊聞韶”(《論語·述而》)、“吾聞諸夫子”(《論語·子張》),例多不盡舉。

那麼另有 10 例做動詞“聽聞”講而不帶賓語的:

(1) 子貢曰:“夫子之文章,可得而聞也;夫子之言性與天道,不可得而聞也。”(《論語·公冶長》)

(2) 子張曰:“異乎吾所聞:君子尊賢而容衆,嘉善而矜不能。……”(《論語·子張》)

(3) 子路問:“聞斯行諸?”子曰:“有父兄在,如之何其聞斯行之?”冉有問:“聞斯行諸?”子曰:“聞斯行之。”公西華曰:“由也問聞斯行諸,子曰‘有父兄在’;求也問聞斯行諸,子曰‘聞斯行之’。赤也惑,敢問。”子曰:“求也退,故進之;由也兼人,故退之。”(《論語·先進》)

以上三章中,例(1)“不可得而聞”的“聞”之所以不帶賓語,因爲“聞”的內容“夫子之文章”和“夫子之言性與天道”已經在上文出現。例(2)“所聞”中,“聞”與“所”構成“所”字詞組,表示“聽聞到的內容”,所以“聞”不帶賓語。例(3)中“聞斯行諸”中“聞”本身就是指“聞道”,因爲後面的“行諸(之乎)”和“行之”中都有“之”代指“聞”的內容。可以認爲是“聞(之)而行之乎”,“聞”蒙後而省略了“之”。看來,“聞”做動詞“聽聞”,則強調結果,一般帶賓語,如果不帶賓語,必須是下列兩種情況下:一、“聞”的內容已經在前文或後文出現;二、“所”字結構中。

可見,“聽聞”義的“聞”,是必須帶賓語的。《說文·耳部》:“聞,知聞也。”王力《古代漢語》:“聽”是一般的聽,“聞”是聽見,意義不同,“聞”與“聽”的關係等於“見”與“視”的關係,所以《禮記·大學》說“心不在焉,視而不見,聽而不聞。”[①]我們再看“多聞闕疑,慎言其餘”中,以往的解釋“多聞”的“聞”都是“聽聞”義,所以後面的“闕疑”只能是“聞”的賓語,才能和《論語》中“聞”的意義和用法相吻合。

---

① 王力主編:《古代漢語》(修訂本)第三冊,北京:中華書局,1980 年,第 1190 頁。

再說"見"的用法:"見"在《論語》中共 67 例,據楊伯峻《論語譯注》所附《論語詞典》67 例"見"中,①"看見"義的共 47 例,楊先生舉的例子就是"多見闕殆",我們且把這句置之不論,其餘 46 例中,作"看見、見到"義的"見"全部帶賓語,如:"我未見好仁者"(《論語·里仁》)、"我未見力不足者"(《論語·里仁》)、"見賢思齊焉,見不賢而內自省也"(《論語·里仁》)、"子見南子,子路不說"(《論語·衛靈公》)、"子見夫子乎?"(《論語·微子》),例多不盡舉。

據楊伯峻《論語譯注》所附《論語詞典》,《論語》中"見"還有其他意義和用法:(二) 謁見(8 次):"子路慍見曰"(《論語·衛靈公》)(三) 使接見(1 次):"孺悲欲見孔子。"(《論語·陽貨》)(四) 使動用法,使謁見(1 次):"陽貨欲見孔子"(《論語·陽貨》)(五) 舊讀現,被接見(2 次):"儀封人請見。"(《論語·八佾》)"互鄉難與言,童子見,門人惑。"(《論語·述而》)(六) 舊讀現,使動用法,使被接見(1 次):"從者見之"(《論語·八佾》)(七) 舊讀現,引見(1 次):"見其二子焉。"(《論語·微子》)(八) 見得,覺得(2 次):"安見方六七十如五六十而非邦也者?"(《論語·先進》)"多見其不知量也!"(《論語·子張》)(九) 同現(1 次):"天下有道則見,無道則隱。"(《論語·泰伯》)

從以上所列可知,"聞"的意思是"聽到","見"的意思是"看到",都強調動作行爲的結果,一般情況下,"聞"和"見"都要帶賓語,從這個角度也可以看出"多聞闕疑",不能斷爲"多聞,闕疑",只能是"多聞闕疑",而且"闕疑"是"聞"的賓語才符合"聞"的一般意義用法特點;至於"多見闕殆",也應是動賓結構,"闕殆"應是"見"的賓語。

把"闕"理解成"厥"之借字,義同"其",《論語》該章方文通字順:"多聞闕疑,慎言其餘,則寡尤。"是說:"多聽聽那些有疑惑的(沒有把握的),謹慎地說那些別的(沒有疑惑的),則很少錯誤。"至於"多見闕殆,慎行其餘,則寡悔",則是"多看看那些有危殆的,謹慎地做那些別的(沒有危險的),則很少後悔。"

由於對《論語》中"多聞闕疑"、"多見闕殆"的誤解,後世辭書收有"闕疑"、"闕殆",至今兩詞已被普遍使用,尤其"闕疑",使用頗多,如李學勤先生撰有《王國維的"闕疑"精神》一文,文中多次使用"闕疑"一詞。是不是後代辭書多收"闕疑"、"闕殆",我們對"多聞闕疑"、"多見闕殆"的解釋就應該將錯就錯呢?顯然不是,我們的態度是:語言是約定俗成的,我們承認"闕疑"、"闕殆"已經成詞的事實,但是,不能因此而放棄對《論語·爲政》"多聞闕疑"、"多見闕殆"本意的探討,這才是實事求是的態度吧。

---

① 楊伯峻:《論語譯注》後附《論語詞典》,北京:中華書局,1980 年,第 245 頁。

理學內核與經學外衣[*]

——二程《春秋》學析論

李建軍

序　論

　　二程，即程顥和程頤兄弟二人：兄程顥，字伯淳，學者稱明道先生；弟程頤，字正叔，學者稱伊川先生。《宋史·道學傳序》云：

> 仁宗明道初年，程顥及弟頤寔生，及長，受業周氏，已乃擴大其所聞，表章《大學》、《中庸》二篇，與《語》、《孟》並行，於是上自帝王傳心之奧，下至初學入德之門，融會貫通，無復餘蘊。①

　　二程上接周敦頤，"融會貫通"，"初學入德之門"以至"帝王傳心之奧"，成爲理學發展史上承前啟後的核心人物。二程的理學貢獻，用今天的學術話語來講，就在於他們"建立了以理爲核心話題的哲學體系，開啟了理學的新學風，實現了新的理論思維形態的轉生"，他們的學說"體現了道體形而上學與倫理學的融合，使倫理道德得到形上學的支撐和論證"，"構成了道德形上學這個宋明理學的中心課題"，②簡言之，二程乃是宋明理學的奠基者。

　　然而，二程的理學思想卻基本上不是運用論著的形式有條理、有系統地表述出來的，而是採用箋注、論說經書的方式零碎、鬆散地闡發出來的。《周易》和《四書》是二

　　＊　該文乃國家社科基金項目（10CZW028）、中國博士後科學基金資助項目（20100480082）階段成果。

　　①　脫脫：《宋史》，北京：中華書局，1985年，第12710頁。
　　②　張立文：《宋明理學研究》，北京：人民出版社，2002年，第24—25頁。

程關注的重點,通過箋注和論說《周易》,①二程構建了其哲學體系中的宇宙觀和本體論,通過"改正"和說解《四書》,②二程又闡發了其理學思想中的心性論。其實,經書之中除了《周易》和《四書》,《春秋》也頗爲二程所看重。他們通過注解和評議《春秋》,雖然零碎卻相當清晰地表達了他們道德形上學中的倫理觀和天人論。關於這一點,學界論述不多。本文試圖全面檢視二程關於《春秋》的論述,聚零爲整,整理出他們的倫理觀和天人論,然後進一步探討他們爲什麼和怎麼樣用經學外衣表達倫理觀和天人論這些理學內核,最後簡要分析他們這種作法的歷史影響。

理論的探討需要文獻的堅實支撐,在正式論述前,我們先來檢視一下二程有關《春秋》的文獻。《程氏文集》中,程顥的《南廟試九敘惟歌論》以及《南廟試策五道》之第二道都有詳論《春秋》之處,於此可以管窺程顥也是熟於《春秋》的。與程顥相比,其弟程頤更是深於《春秋》。《程氏遺書》和《程氏外書》中有大量的伊川論《春秋》之語,而且,《程氏經說》中還有一部程頤的《春秋傳》。其實,程頤本來不打算親手作《春秋傳》的,《程氏外書》記載:

> 昔劉質夫作《春秋傳》,未成。每有人問伊川,必對曰:"已令劉絢作之,自不須某費工夫也。"《劉傳》既成,來呈伊川,門人請觀。伊川曰:"却須著某親作。"竟不以《劉傳》示人。伊川沒後,方得見今世《傳》解至閔公者。③

看來,程頤是不滿意門人劉質夫所作《春秋傳》,才決定親自動手的。此事在《程氏外書》另一處也有記載:

> 先生(指尹和靖,引者注)嘗問伊川《春秋》解,伊川每曰:"已令劉絢去編集,俟其來。"一日,劉集成,呈於伊川,先生復請之。伊川曰:"當須自做也。"自涪陵歸,方下筆,竟不能成書,劉集終亦不出。④

程頤"自涪陵歸,方下筆"作《春秋傳》,此時已是晚年。⑤ 該書才作很少一部分,程頤就去世了。陳亮跋是書云:"伊川先生之序此書也,蓋年七十有一矣,四年而先生沒。今其書之可見者纔二十年,世咸惜其缺也。"⑥今觀收入《程氏經說》的《春秋傳》,

---

① 程頤有《伊川易傳》,另《程氏遺書》和《程氏外書》中有二程大量關於《周易》的論說。

② 程顥有《明道先生改正大學》,程頤有《伊川先生改正大學》、《論語解》,另《程氏遺書》和《程氏外書》中有二程大量關於《四書》的說解。

③ 《程氏外書》卷一二,程顥、程頤:《二程集》,王孝魚點校本,北京:中華書局,2004 年,第 432—433 頁。

④ 同上,第 436 頁。

⑤ 程頤"自涪陵歸",大約在宋徽宗建中靖國元年(1101),此時距程頤之卒(1107),也就只有六七年。

⑥ 朱彝尊:《經義考》卷一八二,北京:中華書局,1998 年,第 941 頁。

編者在桓公九年傳末注云:"先生作《春秋傳》至此而終。舊有解說者,纂集附之於後。"①原來程頤傳《春秋》,到桓公九年就沒了。今日《程氏經說》中的《春秋傳》,春秋十二公二百四十二年中,有解說的只有九十五年,其中隱公元年至桓公九年這二十年,每年都有傳,殆即程傳之原文;桓公九年以後,還有一些零星的解說,蓋纂集伊川平日解說《春秋》之語。程頤的《春秋傳》,雖是一部未完之稿,但卻基本上呈現了程氏治《春秋》的主體脈絡,故而彌足珍貴。下面,我們就以《程氏經說》中的程頤《春秋傳》(下簡稱程傳)爲基本文獻,再結合《程氏遺書》、《程氏外書》、《程氏文集》中二程有關《春秋》的論述,來具體分析二程是如何論《春秋》、解《春秋》的。

本　論

一　理　學　內　核

二程《春秋》學的理學內核主要體現在倫理維度解《春秋》以及天人應和論《春秋》兩個方面,而理學視角觀《春秋》則是二程詮釋《春秋》理學內核的前提和基礎。

(一)理學視角觀《春秋》

1. 是非較著,窮理要籍

程頤激烈地反對"以史視《春秋》",其《春秋傳序》云:

> 後世以史視《春秋》,謂褒善貶惡而已,至於經世之大法,則不知也。《春秋》大義數十,其義雖大,炳如日星,乃易見也。惟其微辭隱義,時措從宜者,爲難知也:或抑或縱,或與或奪,或進或退,或微或顯,而得乎義理之安,文質之中,寬猛之宜,是非之公,乃制事之權衡,揆道之模範也。②

程頤認爲《春秋》有"大義"、有"隱義","乃制事之權衡,揆道之模範",視《春秋》爲經世大書("制事之權衡")和哲學要籍("揆道之模範")。此處,我們先來討論後一點。《程氏遺書》卷一五云:

---

① 《程氏經說》卷四《春秋傳》,《二程集》,第 1107 頁。
② 同上,第 1125 頁。

聖人之道,如《河圖》、《洛書》,其始止於畫上便出義。後之人既重卦,又繫辭,求之未必得其理。至如《春秋》,是其所是,非其所非,不過只是當年數人而已。學者不觀他書,只觀《春秋》,亦可盡道。①

程氏指出"學者不觀他書,只觀《春秋》,亦可盡道",高度肯定《春秋》具有"盡道"特質。該書該卷又云:

學《春秋》亦善,一句是一事,是非便見於此,此亦窮理之要。然他經豈不可以窮? 但他經論其義,《春秋》因其行事,是非較著,故窮理爲要。嘗語學者,且先讀《論語》、《孟子》,更讀一經,然後看《春秋》。先識得個義理,方可看《春秋》。②

程氏認爲,《春秋》與他經相比,"因其行事,是非較著",因而更適合於作爲"窮理"的要籍。同時,程氏又指出,"先識得個義理,方可看《春秋》",認爲《春秋》是較高層次的義理讀物。

程氏視《春秋》爲"揆道"之書、"盡道"之書、"窮理"之書,其實正是在用理學的"慧眼"去發掘《春秋》中的"道"、"理",這種發掘正折射出程氏觀照《春秋》的理學視角。

2. 聖人之用,經世大書

程氏不僅視《春秋》爲窮理要籍,而且尊其爲經世大書,程頤《春秋傳序》云:

夫子當周之末,以聖人之不復作也,順天應時之治不復有也,於是作《春秋》爲百王不易之大法,所謂"考諸三王而不謬,建諸天地而不悖,質諸鬼神而無疑,百世以俟聖人而不惑"者也。……後王知《春秋》之義,則雖德非禹、湯,尚可以法三代之治。自秦而下,其學不傳。予悼夫聖人之志不明於後世也,故作《傳》以明之,俾後之人通其文而求其義,得其意而法其用,則三代可復也。③

程頤認爲孔子所作《春秋》,"爲百王不易之大法",④具有安邦治國的經世之用。

---

① 《程氏遺書》卷一五,《二程集》,第 157 頁。
② 同上,第 164 頁。
③ 《程氏經說》卷四《春秋傳》,《二程集》,第 1125 頁。
④ 程氏此意,在《程氏遺書》中也有多處提及。卷三有云:"三王不足四,無四三王之理。如忠質文之所尚,子丑寅之所建,歲三月爲一時之理。秦强以亥爲正,畢竟不能行。孔子知是理,故其志不欲爲一王之法,欲爲百王之通法,如語顏淵爲邦是也,其法度又一寓之《春秋》。"(《二程集》,第 62 頁)又卷一八有云:"上古之時,自伏羲、堯、舜,歷夏、商以至於周,或文或質,因襲損益,其變既極,其法既詳,於是孔子參酌其宜,以爲百王法度之中制,此其所以《春秋》作也。"(《二程集》,第 245 頁)又卷二二上有云:"《春秋》之書,百王不易之法。三王以後,相因既備,周道衰,而聖人慮後世聖人不作,大道遂墜,故作此一書。"(《二程集》,第 283 頁)

又說"後王知《春秋》之義,則雖德非禹、湯,尚可以法三代之治",更是點明了《春秋》的政治功用。其實,程頤作《春秋傳》,就是爲了"俾後之人通其文而求其義,得其意而法其用",復三代之治。

程氏尊《春秋》爲經世大書,也是他們把該書與《詩》、《書》、《易》等儒經相較而得出的認識:

> 夫子刪《詩》,贊《易》,敘《書》,皆是載聖人之道,然未見聖人之用,故作《春秋》。《春秋》聖人之用也。如曰:"知我者,其惟《春秋》乎! 罪我者,其惟《春秋》乎!"便是聖人用處。①
>
> 《詩》、《書》載道之文,《春秋》聖人之用。(一本此下云:"五經之有《春秋》,猶法律之有斷例也。律令惟言其法,至於斷例則始見其法之用也。")《詩》、《書》如藥方,《春秋》如用藥治疾,聖人之用全在此書,所謂"不如載之行事深切著明"者也。②

程氏認爲《詩》、《書》、《易》言"聖人之道",《春秋》才是"聖人之用";如果把前者比作藥方,那麼後者則是用藥治疾的治法。程氏精闢的比喻,點明瞭《春秋》這部涵蘊"聖人之用"的儒經的經世特質。

程氏既視《春秋》爲窮理要籍,又尊其爲經世大書,其實這正體現了一種理學的視角。宋代儒士尤其是理學人士治學,特別講究修身齊家治國平天下的循序漸進。如果說"窮理"屬於儒者"修齊治平"序列中"修齊"層次,那麼"經世"則是"治平"層次。程氏認爲研習《春秋》,既可"窮理",又能"經世",其實這既是他們對《春秋》的極力褒贊,也是他們運用理學視角重新審視《春秋》的獨特"發現"。

(二)倫理維度解《春秋》

程頤在《春秋》的首條經文"隱公元年,春,王正月"的傳中開宗明義地說到:

> 書"春王正月",示人君當上奉天時,下承王正。明此義,則知王與天同大,人道立矣。③

在程氏看來,人間的王與上界的天是一致的,"人道"其實就是"天道"在人類社會中的體現。如果說二程是通過《周易》來構建"天道",那麼這裏他們就是想通過《春秋》來闡發"天道"的體現——"人道"。實際上,二程的目的是達到了的。他們通過箋

---

① 《程氏遺書》卷二三,《二程集》,第305頁。
② 《程氏遺書》卷二上,《二程集》,第19頁。
③ 《程氏經說》卷四《春秋傳》,《二程集》,第1086頁。

注和評議《春秋》,就"人道"所涉及的方方面面都提出了明確的主張。值得注意的是,程氏所闡發的"人道",很多時候用"理"、"天理"、"人理"這一類的概念來表述,這樣程氏通過"理"溝通了天道與人道,貫穿起了宇宙的天理與人間的倫理。程氏的闡發,實際上將《春秋》經學納入了理學的範疇。下面我們通過文本來具體分析程氏借助《春秋》,都闡發了哪些倫理思想。

1. 君臣之道

程頤曾經作過崇政殿說書,很善於在經筵侍講上將話題歸結到爲君之道上,《宋史》本傳記載:

> 頤每進講,色甚莊,繼以諷諫。聞帝在官中盥而避蟻,問:"有是乎?"曰:"然,誠恐傷之爾。"頤曰:"推此心以及四海,帝王之要道也。"①

程頤從哲宗"盥而避蟻",生發出"推此心以及四海,帝王之要道也"的妙論,真可謂善講矣。又朱熹《伊洛淵源錄》卷四記載:

> 先生(指程頤,引者注)在經筵,每當進上,必宿齋豫戒,潛思存誠,冀以感動上意。而其爲說,常於文義之外,反復推明,歸之人主。一日,當講"顏子不改其樂"章,門人或疑此章非有人君事也,將何以爲說。及講,既畢文義,乃復言曰:"陋巷之士,仁義在躬,而忘其貧賤;人主崇高,奉養備極,苟不知學,安能不爲富貴所移? 且顏子,王佐之才也,而簞食瓢飲;季氏,魯國之蠹也,而富於周公。魯君用舍如此,非後世之監乎!"聞者嘆服,而哲宗亦常首肯之。②

朱熹指出程頤"爲說,常於文義之外,反復推明,歸之人主",不誣也。程頤解說《春秋》也是如此,也是很善於闡發爲君之道。同時,程頤傳《春秋》,也非常注意闡發爲臣之道。總之,君臣之道是程傳關注的焦點。

(1) 君王至尊不可敵

程氏是非常講究"尊王"的,程傳曰:

> 王者奉若天道,故稱天王,其命曰天命,其討曰天討。盡此道者,王道也。③

---

① 《宋史·程頤傳》,第 12719 頁。
② 朱熹:《伊洛淵源錄》卷四,《朱子全書》,上海:上海古籍出版社,合肥:安徽教育出版社,2002 年,第 12 冊,第 966 頁。
③ 《程氏經說》卷四《春秋傳》隱公元年"秋七月,天王使宰咺來歸惠公仲子之賵"條,《二程集》,第 1087 頁。

程頤認爲王者是天道的奉持者,從哲學理據上論證了王的至尊。桓公五年"秋,蔡人、衛人、陳人從王伐鄭"條,程傳云:

> 王奪鄭伯政,鄭伯不朝,王以諸侯伐鄭,鄭伯禦之,戰於繻葛,王卒大敗。王師於諸侯不書敗,諸侯不可敵王也;於夷狄不書戰,夷狄不能抗王也,此理也。其敵其抗,王道之失也。①

程頤宣稱"諸侯不可敵王"、"夷狄不可抗王",正是在捍衛君王至高無上的權威。而且,君王的這種權威無處不在。莊公六年"春,王正月,王人子突救衛"條,程傳云:

> 雖微稱字,王人當尊也。②

"王人當尊",這正是尊王的一種體現。又文公九年"冬,秦人來歸僖公、成風之襚"條,程傳曰:

> 雖子母,先君後夫人,體當然也。③

程頤認爲,雖然僖公爲子,成風爲母,但還是應如經文那樣僖公在前,成風列後,因爲僖公是君,君排在前,乃"體當然也"。

(2) 臣而輕君有所責

桓公八年"祭公來,遂逆王后于紀"條,程傳云:

> 祭公受命逆后,而至魯先行私禮,故書來,而以逆后爲遂事,責其不虔王命,而輕天下之母也。④

程頤認爲《春秋》書"來",乃是批評受命迎娶王后的祭公"不虔王命,而輕天下之母",流露出對臣子輕慢君命的責備。

(3) 臣而逼君有所貶

僖公二十九年"夏六月,會王人、晉人、宋人、齊人、陳人、蔡人、秦人,盟于翟泉"條,程傳云:

> 晉文連年會盟,皆在王畿之側,而此盟復迫王城,又與王人盟,强迫甚矣,故諱公,諸侯貶稱人,惡之大也。⑤

---

① 《程氏經說》卷四《春秋傳》,《二程集》,第 1104 頁。
② 同上,第 1109 頁。
③ 同上,第 1115 頁。
④ 同上,第 1107 頁。
⑤ 同上,第 1113 頁。

程頤認爲此處諸侯皆稱"人",乃是《春秋》惡"此盟復迫王城,又與王人盟,强迫甚矣",故而貶抑的結果,流露出對臣子逼迫君王的深惡痛絕。

(4)臣而無君乃大惡

隱公元年"春,王正月"條,程傳云:

> 隱不書即位,明大法於始也。諸侯之立,必由王命,隱公自立,故不書即位,不與其爲君也。①

程頤認爲,《春秋》於隱公元年"不書即位",乃是因爲"隱公自立",不由王命,故而"不書即位,不與其爲君",流露出對諸侯無視天王的貶絕。又隱公四年"冬十有二月,衛人立晉"條,程傳云:

> 衛人逆公子晉于邢而立之。書曰"衛人立晉",衛人立之也。諸侯之立,必受命於天子,當時雖不受命於天子,猶受命於先君。衛人以晉公子也,可以立,故立之,《春秋》所不與也。雖先君子孫,不由天子先君之命,不可立也,故去其公子。②

程頤指出"雖先君子孫,不由天子先君之命,不可立也",再次闡發尊王思想。又隱公三年"三月庚戌,天王崩"條,程傳云:

> 崩,上墜之形。四海之內,皆當奔赴,魯君不往,罪極惡大,不可勝誅,不書而自見也。③

程頤指出,天王崩殂,諸侯不往,乃是"極惡罪大,不可勝誅",流露對臣而無君的切齒痛恨。

(5)臣而背君大不義

二程主張臣子應竭忠盡智效力於王,若君王有難,臣子應當死難,而不可背君事新主。《程氏遺書》卷二二記載:

> (同伯溫)又問:"孔子稱管仲'如其仁',何也?"(伊川先生)曰:"但稱其有仁之功也。管仲其初事子糾,所事非正。《春秋》書'公伐齊納糾',稱糾而不稱子糾,不當立者也。不當立而事之,失於初也。及其敗也,可以死,亦可以無死。與人同事而死之,理也。知始事之非而改之,義也。召忽之死,正

① 《程氏經說》卷四《春秋傳》,《二程集》,第1086頁。
② 同上,第1093頁。
③ 同上,第1091頁。

也。管仲之不死,權其宜可以無死也。故仲尼稱之曰:'如其仁',謂其有仁之功也。使管仲所事子糾正而不死,後雖有大功,聖人豈復稱之耶?"①

程頤認爲,管仲和召忽事子糾,子糾敗,召忽死,乃"正也",管仲不死,乃是因爲子糾非正(非君王嫡子),"權其宜可以無死也"。但管仲作爲臣子的境界已比召忽低了一級,召忽之爲才是"正",管仲之爲頂多只是"權"。假如管仲所事的子糾乃君王嫡子而有難,管仲不死難,那麼即使其後有大功,也是不足稱道的。看來,當君王(包括儲君)有難,臣子是有"義務"死難的呀!正因爲程氏有此主張,所以他才會嚴厲批評唐初的魏徵、王珪,《程氏外書》卷六:

> 如魏徵、王珪不死建成之難,而從太宗,可謂害於義矣。②

同書卷七:

> 建成既爲太子,而秦王奪之,魏徵去建成而事秦王,不義之大也。③

程氏指責魏徵、王珪不死君難,改事新主,"可謂害於義矣","不義之大也",流露出對臣而背君的深惡痛絕。

(6)臣而弑君天理滅

弑君之嫌,無所逃其罪也。《程氏遺書》卷一八云:

> (問):"趙盾弑君之事,聖人不書趙穿,何也?"
>
> 曰:"此《春秋》之大義也。趙穿手弑其君,人誰不知?若盾之罪,非《春秋》書之,更無人知也。仲尼曰:'惜哉,越境乃免。'此語要人會得。若出境而反,又不討賊也,則不免;除出境遂不反,乃可免也。"④

程頤之意,趙盾雖未親手弑君,但亡不越境,返不討賊,有弑君之嫌,與弑君同罪,故《春秋》特書"趙盾弑其君",此乃《春秋》闡幽發微之大義。

弑君之賊,天下所當誅也。隱公四年"戊申,衛州吁弑殺其君完"條,程傳云:

> 自古篡弑多公族,蓋謂先君子孫,可以爲君,國人亦以爲然,而奉之。《春秋》於此,明大義以示萬世,故春秋之初,弑君者皆不稱公子公孫,蓋身爲

---

① 《程氏遺書》卷二二,《二程集》,第284—285頁。
② 《程氏外書》卷六,《二程集》,第387—388頁。
③ 同上,第394頁。
④ 《程氏遺書》卷一八,《二程集》,第230頁。

大惡,自絕於先君矣,豈復得爲先君子孫也? 古者公族刑死則無服,況殺君乎?①

程氏指出,公族弒君,《春秋》"不稱公子公孫","蓋身爲大惡,自絕於先君矣"。又隱公四年"宋公、陳侯、蔡人、衛人伐鄭"條,程傳云:

宋以公子馮在鄭,故與諸侯伐之也。日摟諸侯以伐鄭,固爲皋矣;而衛弒其君,天下所當誅也,乃與修好而同伐人,其惡甚矣。②

程氏於此激憤地指出,弒君之賊,"天下所當誅也"。

弒君之舉,不天無王之極。桓公元年"春,王正月,公即位"條,程傳云:

桓公弒君而立,不天無王之極也,而書"春王正月,公即位",以天道王法正其罪也。③

程氏呵斥"桓公弒君而立,不天無王之極也",流露出對弒君的極度憤恨。又桓公元年"夏四月丁未,公及鄭伯盟于越"條,程傳云:

桓公欲結鄭好以自安,故既與許田,又爲盟也。弒君之人,凡民罔弗憝,而鄭與之盟以定之,其皋大矣。④

程氏指出,"弒君之人,凡民罔弗憝",表達出對弒君的切齒痛恨。

弒君之罪,人理滅天運乖。桓公二年"春,王正月,戊申,宋督弒其君與夷及其大夫孔父"條,程傳云:

桓公無王,而書王正月,正宋督之皋也。弒逆之罪,不以王法正之,天理滅矣。督雖無王,而天理未嘗亡也。人臣死君難,書"及"以著其節。⑤

又桓公四年"夏,天王使宰渠伯糾來聘"條,程傳云:

桓公弒君而立,天子不能治,天下莫能討,而王使其宰聘之,示加尊寵,天理滅矣,人道無矣。書天王,言當奉天也,而其爲如此。名糾,尊卑貴賤之義亡也。人理既滅,天運乖矣;陰陽失序,歲功不能成矣,故不具四時。⑥

---

① 《程氏經說》卷四《春秋傳》,《二程集》,第 1092 頁。
② 同上,第 1092—1093 頁。
③ 同上,第 1100 頁。
④ 同上,第 1101 頁。
⑤ 同上,第 1101 頁。
⑥ 同上,第 1103—1104 頁。

又桓公七年"夏,穀伯綏來朝,鄧侯吾離來朝"條,程傳云:

> 臣而弑君,天理滅矣,宜天下所不容也,而反天子聘之,諸侯相繼而朝
> 之,逆亂天道,歲功不能成矣,故不書秋冬,與四年同。①

程頤痛斥宋督弑君,指出"弑逆之罪,不以王法正之,天理滅矣"。更讓程氏義憤填膺的是,桓公弑君而立,可"天子不能治,天下莫能討","而反天子聘之,諸侯相繼而朝之",程氏激憤地指出"天理滅矣,人道無矣"。程頤進一步認爲,桓公四年和七年之所以"不書秋冬",就是因爲"人理滅矣,天運乖矣;陰陽失序,歲功不能成矣,故不具四時"。在程頤看來,"臣而弑君"這樣的滅天理、無人道之舉甚至可以使"陰陽失序",程氏對弑君的深惡痛絕於此可見一斑。

2. 父子之義

《春秋》記載了這樣一件事:衛靈公的太子蒯聵因爲得罪了衛靈公的夫人南子,而被衛靈公驅逐出了衛國。衛靈公死後,衛人立蒯聵之子、也就是衛靈公之孫輒爲衛君。後來蒯聵在晉國的支持下謀求返國爲君,遭到其子輒的抵制。對於這樣一椿父子爭君位的公案,《公羊傳》認爲輒"不以父命辭王父命",可也。後來西漢的雋不疑曾運用《公羊》的這個理論臨機決斷。對此,程氏指出,雋不疑"處事應機則不異於古人",而"說《春秋》則非"。② 程氏認爲雋不疑對《春秋》經義的理解不對,實際上也就是否認了《公羊》的觀點。那麼程氏對於這椿涉及父子之義的公案有何不同的觀點呢?《程氏外書》卷九:

> 蒯聵(瞶)得罪於父,不得復立;輒亦不得背其父而不與其國,委於所可
> 立,使不失先君之社稷,而身從父,則義矣。③

程氏指出:蒯聵得罪了其父(衛靈公),當然不得復立;而輒也不應將其父(蒯聵)拒於國門之外。那麼應如何處置呢?程氏認爲輒應"委於所可立,使不失先君之社稷,而身從父,則義矣"。他是讓輒將君位讓給一個能保存社稷的人,然後自己"身從父",去盡爲子之道。程氏的觀點實質就是"父命子從",蒯聵不應違背其父(衛靈公)之命再返回衛國爲君,輒也不應違背其父(蒯聵)之命"距而不納",爲子之道,遵從父命才是"義"呀! 同時,我們還可以看到,程氏針對這椿公案給出的建議也頗值得玩味,對此,趙伯雄先生有精闢的論述:"這個建議固然可笑,卻清楚地表明了宋代理學

---

① 《程氏經說》卷四《春秋傳》,《二程集》,第 1106 頁。
② 《程氏外書》卷一一,《二程集》,第 411 頁。
③ 同上,第 402 頁。

家的立場——倫理綱常高於一切,爲了倫常,甚至最大的政治利益都是可以犧牲的。"①

3. 夫婦之倫

(1) 婦人從夫

隱公二年冬,"十有二月,乙卯,夫人子氏薨"條,程傳曰:

> 婦人從夫者也,公在,故不書葬,於此見夫婦之義矣。②

程頤於此明確提出"婦人從夫"。婦人既然依從夫君,那就不要爲夫君啟禍端,如因婦人釀成情殺,量刑時殺人者並非罪魁,婦人才是首惡。《程氏遺書》卷二二:

> 文姜與桓公如齊,終啟弒桓之惡,其罪大矣,故聖人於其遜於齊,致於廟,皆止曰夫人,而去其姜氏,以見大義與國人已絕矣。然弒桓之惡,文姜實不知,但緣文姜而啟爾。……此最是聖人用法致嚴處,可以見大義。……本朝太祖皇帝立法,極合《春秋》之意,法中有夫因婦而被殺者,以婦爲首,正與此合。③

魯桓公的夫人文姜與齊襄公私通,後來造成了齊襄公謀害魯桓公的悲劇。關於此事,程氏更多地將罪責歸之於文姜,雖然"弒桓之惡,文姜實不知","但緣文姜而啟",故而"弒桓"的罪魁禍首不是齊襄公,而是文姜。因此聖人修《春秋》時"止曰夫人,而去其姜氏,以見大義與國人絕矣","此最是聖人用法致嚴處,可以見大義"。可能在程氏看來,夫婦有別,夫有新歡未必不可,婦有私情則絕對不可,因爲婦人本應絕對忠誠於夫君的。程氏進一步肯定"因婦而被殺者,以婦爲首"的太祖皇帝之法"極合《春秋》之意"。從這,我們是可以看到作爲理學家的程氏對女性的態度的。關於此,我們還可以從程氏對孀婦再嫁的論述中得到更明確的信息、得到佐證:

> 問:"孀婦於理似不可取,如何?"曰:"然。凡取,以配身也。若取失節者以配身,是己失節也。"又問:"或有孤孀貧窮無託者,可再嫁否?"曰:"只是後世怕寒餓死,故有是說。然餓死事極小,失節事極大。"④

(2) 嫡妾之分

程氏不但強調夫婦之別,而且非常注意同夫的婦人之中尚有嫡妾之分。隱公元

---

① 趙伯雄:《春秋學史》,濟南:山東教育出版社,2004 年,第 478 頁。
② 《程氏經說》卷四《春秋傳》,《二程集》,第 1090 頁。
③ 《程氏遺書》卷二二,《二程集》,第 300 頁。
④ 同上,第 301 頁。

年"秋七月,天王使宰咺來歸惠公仲子之賵"條,程傳曰:

> 《春秋》因王命以正王法,稱天王以奉天命,夫婦,人倫之本,故當先正。春秋之時,嫡妾僭亂,聖人尤謹其名分。……仲子繫惠公而言,故正其名,不曰夫人,曰"惠公仲子",謂惠公仲子妾稱也。以夫人禮賵人之妾,不天亂倫之甚也。①

又文公五年"春王正月,王使榮叔歸含且賵"條,程傳曰:

> 天子成妾母爲夫人,亂倫之甚,失天理矣。不稱天,義已明。稱叔,存禮也。"王使召伯來會葬",天子以妾母同嫡,亂天理,故不稱天。聖人於此,尤謹其戒。②

程頤認爲,夫人是夫人,妾是妾,二者不能混淆,因爲這種倫理綱常是天理的體現。如果以夫人之禮待妾,那就是"亂倫之甚,失天理矣"。看來理學家是非常講究嫡妾之分的,並已把它提到了天理的高度。

4. 長幼之序

(1) 譴責以少犯長

僖公十八年"五月戊寅,宋師及齊師戰于甗,齊師敗績"條,程傳曰:

> 書"宋及",曲在宋也。奉少以奪長,其辠大矣。③

齊桓公卒,齊人立公子無虧,宋襄公欲爲齊立公子昭(即齊孝公)爲君,故以諸侯伐齊,殺無虧。程頤認爲,無虧是長,昭是少,宋襄公"奉少以奪長","其辠大矣"。看來,程頤是非常強調長幼之序的。也正因爲此,他批評春秋時齊國的公子糾與公子小白爭君位是"以少犯長"。④ 程頤批評"以少犯長",斥責"奉少奪長",正是爲了維護倫理綱常中的長幼之序。

(2) 駁斥母弟之說

程氏非常強調長幼之序,而對兄弟之親則不甚措懷。若有人以兄弟是否同母來區分親疏,程氏則大加撻伐。隱公七年"夏,齊侯使其弟年來聘"條,程傳曰:

> 先儒母弟之說,蓋緣禮文有立嫡子同母弟之說。其曰同母弟,蓋謂嫡

---

① 《程氏經說》卷四《春秋傳》,《二程集》,第1088頁。
② 同上,第1114頁。
③ 同上,第1112頁。
④ 《程氏遺書》卷二上,《二程集》,第19頁。

爾，非以同母爲加親也。若以同母爲加親，是不知人理，近於禽道也。天下不明斯義也久矣。①

程氏指責"以同母爲加親"，是"不知人理，近於禽道"。也正基於此，程氏對《公羊傳》的"母弟"說大爲不滿：

《公羊》說《春秋》，書弟謂母弟，此大害義。禽獸則知母而不知父，人必知本，豈論同母與不同母乎？②

程氏强調父權，認爲人之本在父不在母，兄弟之間同母與否自是可以忽略不計的。

5. 相交之禮

(1) 相交以信

隱公元年"三月，公及邾儀父盟于蔑"條，程傳云：

盟誓以結信，出於人情，先王所不禁也。後世屢盟而不信，則辜也。諸侯交相盟誓，亂世之事也。③

又隱公三年"冬十有二月，齊侯、鄭伯盟于石門"條，程傳云：

天下無王，諸侯不守信義，數相盟誓，所以長亂也，故外諸侯盟，來告者則書之。④

又隱公六年"春，鄭人來輸平"條，程傳云：

魯與鄭舊修好，既而迫於宋、衛，遂與之同伐鄭，故鄭來絕交。輸平，變其平也。匹夫且不肯失信於人，爲國君而負約，可羞之甚也。⑤

程頤對"屢盟而不信"深惡痛絕，指出"匹夫且不肯失信於人"，嚴厲斥責"爲國君而負約，可羞之甚也"。人與人交要講信，國與國交更要講信，程頤所說的"鄰國之交，講信修睦可也，安用盟爲"⑥正是基於這個主張，程氏對胥命之事（約言相命而不爲盟詛）頗爲肯定，桓公三年"夏，齊侯、衛侯胥命于蒲"條，程傳云：

① 《程氏經說》卷四《春秋傳》，《二程集》，第 1096 頁。
② 《程氏外書》卷九，《二程集》，第 402 頁。
③ 《程氏經說》卷四《春秋傳》，《二程集》，第 1087 頁。
④ 同上，第 1091 頁。
⑤ 同上，第 1095 頁。
⑥ 《程氏經說》卷四《春秋傳》隱公八年"九月辛卯，公及莒人盟于浮來"條，《二程集》，第 1097 頁。

二國爲會,約言相命而不爲盟詛,近於理也,故善之。①

又《程氏遺書》卷二二下云:

《春秋》書盟,如何? 先王之時有盟否? 或疑《周官》司盟者。曰:"先王之時所以有盟者,亦因民而爲之,未可非司盟也。但春秋時信義皆亡,日以盟詛爲事,上不遵周王之命,《春秋》書,皆貶也。唯胥命之事稍爲近正,故終齊、衛二君之世不相侵伐,亦可喜也。"②

程氏認爲"約言相命而不爲盟詛,近於理也",又說"唯胥命之事稍爲近正",都是對邦交以信的肯定。

(2) 相交以義

隱公二年"夏五月,莒人入向"條,程傳曰:

莒子娶于向,向姜不安莒而歸,莒人入向,以姜氏還。天下有道,禮樂征伐自天子出。春秋之時,諸侯擅相侵伐,舉兵以侵伐人,其罪著矣。《春秋》直書其事,而責常在被侵伐者。蓋彼加兵於己,則當引咎,或自辯,喻之以禮義,不得免焉,則固其封疆,告於天子方伯,若忿而與戰,則以與戰者爲主,處己絶亂之道也。③

又《程氏外書》卷九云:

《春秋》書戰,以戰之者爲客,受戰者爲主,以此見聖人深意。蓋彼無義來戰,則必上告於天子,次告於方伯,近赴於鄰國,不如是而與之戰者,是以聖人深責之也。若不得已而與之戰者則異文以示意,來戰于乾時是也。④

程氏認爲,邦國相交當以義,即使他國"加兵於己",也不要"忿而與戰",而應首先"引咎""自辯","喻之以禮義",接著"固其封疆",然後"上告於天子,次告於方伯,近赴於鄰國",總之,國陷危境也要以禮義處之,絶對不能以暴制暴。

(3) 相交以誠

襄公十一年"會于蕭魚"條,程傳云:

諸侯數月之間再伐鄭,鄭之反復可知。鄭又服而請會,不書鄭會,謂其

① 《程氏經說》卷四《春秋傳》,《二程集》,第 1102 頁。
② 《程氏遺書》卷二二下,《二程集》,第 303—304 頁。
③ 《程氏經說》卷四《春秋傳》,《二程集》,第 1089 頁。
④ 《程氏外書》卷九,《二程集》,第 401 頁。

不可信也,而晉悼公推至誠以待人,信之不疑。至哉,誠之能感人也! 自此,
鄭不背晉者二十四年。①

程氏稱讚"晉悼公推至誠以待人",感歎"至哉,誠之能感人也",清晰地表達了他
"誠以待人"的主張。

6. 修身之法

(1) 勉人以賢

二程關於進德修身的理論,主要集中在他們對《四書》的說解和論述中。至於《春
秋》,二程主要是借之以闡發倫理綱常。但進德修身與倫理綱常聯繫緊密,故二程在
對《春秋》的箋注和評議中,也涉及到了一些道德存養的問題。成公八年"冬,衛人來
媵"條,程傳曰:

> 媵,小事,不書。伯姬之嫁,諸侯皆來媵之,故書,以見其賢。女子之賢,
> 尚聞於諸侯,況君子乎?②

程頤說"女子之賢,尚聞於諸侯,況君子乎",流露出其勉人以賢的殷殷之情。

(2) 君子正己

成公十六年"秋,公會晉侯、齊侯、衛侯、宋華元、邾人于沙隨,不見公"條,程傳云:

> 晉侯怒公後期,故不見公。君子正己而無卹乎人,魯之後期,國難故也,
> 晉不見爲非矣。彼曲我直,故不足爲恥也。③

程氏批評晉侯不審魯侯後期實因國難的原委而武斷地拒絕見公,實在是有違"君
子正己而無卹乎人"的準則。"君子正己而無卹乎人",這是程氏關於道德修養的一個
重要論述。

(3) 遷善悔過

程氏關於修身的另一個重要論述是談"遷善改過"的。文公四年"晉侯伐秦"條,
程傳云:

> 秦逞忿以伐晉,晉畏而避之,其見報,乃常情也。秦至此,能悔過矣,故
> 不復報晉。聖人取其遷善悔過,乃其善也。④

---

① 《程氏經說》卷四《春秋傳》,《二程集》,第1121頁。
② 同上,第1118頁。
③ 同上,第1119頁。
④ 同上,第1114頁。

程氏肯定秦侯能悔"逞忿以伐晉"之過,"不復報晉",乃"遷善"之舉。實際上,提倡"遷善改過",乃是二程道德修養論中的重要内容。

7. 夷夏之辨

(1) 華夷之別在禮義

《程氏遺書》卷二上云:

> 禮一失則爲夷狄,再失則爲禽獸。聖人初恐人入於禽獸也,故於《春秋》之法極謹嚴。中國而用夷狄禮,則便夷狄之。韓愈言"《春秋》謹嚴",深得其旨。①

程頤認爲,華夏夷狄之別就在於有無禮義,有之、守之則爲華夏,無之、失之則爲夷狄。文公十年"夏,秦伐晉"條,程傳云:

> 晉舍嫡嗣而外求君,罪也;既而悔之,正也。秦不顧義理之是非,惟以報復爲事,夷狄之道也,故夷之。②

又昭公十二年"冬,晉伐鮮虞"條,程傳云:

> 晉假道於鮮虞而遂伐之,見利忘義,夷狄之道也。③

程氏批評"秦不顧義理之是非,惟以報復爲事",斥之爲夷狄之道,又批評晉國"見利忘義",也斥之爲夷狄之道。於此,我們可以看到,程氏是從文明的角度,以有無禮義來甄別華夷的。

(2) 夷夏之防尤當謹

隱公二年"秋八月庚辰,公及戎盟于唐"條,程傳云:

> 戎猾夏而與之盟,非義也。④

又成公二年"冬十有一月丙申,公及楚人、秦人、宋人、陳人、衛人、鄭人、齊人、曹人、邾人、薛人、鄫人盟于蜀"條,程傳云:

> 楚爲强盛,凌轢中國,諸侯苟能保固疆圉,要結鄰好,豈有不能自存之理,乃懼而服從,與之約盟,故皆稱人,以見其衰弱。⑤

---

① 《程氏遺書》卷二上,《二程集》,第43頁。
② 《程氏經說》卷四《春秋傳》,《二程集》,第1115頁。
③ 同上,第1122頁。
④ 同上,第1090頁。
⑤ 同上,第1117頁。

又隱公二年“春,公會戎于潛”條,程傳云:

> 周室既衰,蠻夷猾夏,有散居中國者,方伯大國,明大義而攘斥之,義也;
> 其餘列國,慎固封守可也,若與之和好,以免侵暴,非所謂“戎狄是膺”,所以
> 容其亂華也,故《春秋》華夷之辨尤謹。居其地,而親中國、與盟會者,則與
> 之。公之會戎,非義也。①

程頤指出,中國之邦,對於“猾夏”、“亂華”之“蠻夷”,力強則“攘斥之”,力弱則“慎
固封守可也”,絕不能卑躬屈膝,“懼而服從,與之約盟”,亂了“華夷之辨”。

(三) 天人應合論《春秋》

1. 天人相應,人理滅則天運乖

(1) 天人之際有回應

《程氏遺書》卷一五云:

> “隕石於宋”,自空凝結而隕;“六鶂退飛”,倒逆飛也。倒逆飛,必有氣驅
> 之也。如此等,皆是異事也,故書之。大抵《春秋》所書災異,皆天人響應,有
> 致之之道。如石隕於宋而言“隕石”,夷伯之廟震,而言“震夷伯之廟”,此天
> 應之也。但人以淺狹之見,以爲無應,其實皆應之。②

程氏之意,《春秋》不言“石隕於宋”而書“隕石於宋”,不言“夷伯之廟震”,而書“震
夷伯之廟”,《春秋》這樣將詞序顛倒,就是要凸顯“天”這個行爲主體,讓讀者知曉“隕
石於宋”者是“天”,“震夷伯之廟”者也是“天”,從而悟得天人之際有“回應”,有“致之
之道”。《程氏遺書》卷二三云:

> 《春秋》書隕石隕霜,何故不言石隕霜隕? 此便見得天人一處。昔嘗對
> 哲宗說:“天人之間甚可畏,作善則千里之外應之,作惡則千里之外違之。昔
> 子陵與漢光武同寢,太史奏客星侵帝座甚急。子陵匹夫,天應如此,況一人
> 之尊,舉措用心,可不戒慎!”③

程氏從《春秋》“不言石隕霜隕”,而“書隕石隕霜”,悟得“天人一處”(天人回應),
並進而向皇上呈言,說明“天人之間甚可畏,作善則千里之外應之,作惡則千里之外違
之”,將天人回應的思想闡發得活靈活現。當然,程氏也告誡不可將天人回應像漢儒

---

① 《程氏經說》卷四《春秋傳》,《二程集》,第 1089 頁。
② 《程氏遺書》卷一五,《二程集》,第 159 頁。
③ 《程氏遺書》卷二三,《二程集》,第 309 頁。

那樣"推得太過",《程氏遺書》卷二二下云:

> 又問:"漢儒談《春秋》災異,如何?"曰:"自漢以來,無人知此。董仲舒說天人相與之際,亦略見些模樣,只被漢儒推得大過。亦何必說某事有某應?"①

又《程氏遺書》卷一五云:

> 漢儒言災異,皆牽合不足信,儒者見此,因盡廢之。②

程氏之意,天人之際有回應,但又不可過分牽合。

(2) 天失其度人感之

隱公九年"三月癸酉,大雨震電;庚辰,大雨雪"條,程傳云:

> 陰陽運動,有常而無忒,凡失其度,皆人爲感之也。故《春秋》,災異必書。漢儒傳其說而不達其理,故所言多妄。三月大雨震電,不時,災也。大雨雪,非常爲大,亦災也。③

程頤指出"陰陽運動,有常而無忒,凡失其度,皆人爲感之也",程氏之意,天之災異,人爲感之,天人之際,真是桴鼓相應。桓公元年"秋,大水"條,程傳云:

> 君修德則和氣應而雨暘,若桓行逆德而致陰沴,乃其宜也。④

又桓公三年"有年"條,程傳云:

> 書"有年",紀異也。人事順於下,則天氣和於上。桓弒君而立,逆天理,亂人倫,天地之氣爲之繆戾,水旱凶災,乃其宜也。今乃有年,故書其異。⑤

程氏指出:"人事順於下,則天氣和於上",如人世有"逆天理,亂人倫"的弒君之惡,則"天地之氣爲之繆戾",以致出現災異("水旱凶災,乃其宜也")。又桓公四年"夏,天王使宰渠伯糾來聘"條,程傳云:

> 桓公弒君而立,天子不能治,天下莫能討,而王使其宰聘之,示加尊寵,天理滅矣,人道無矣。書天王,言當奉天也,而其爲如此。名糾,尊卑貴賤之

---

① 《程氏遺書》卷二三,《二程集》,第 304 頁。
② 同上,第 159 頁。
③ 《程氏經說》卷四《春秋傳》,《二程集》,第 1098 頁。
④ 同上,第 1101 頁。
⑤ 同上,第 1103 頁。

義亡也。人理既滅,天運乖矣;陰陽失序,歲功不能成矣,故不具四時。①

程頤指出,"人理既滅"就會導致"天運乖矣","陰陽失序",最後使得"歲功"都"不能成",更是將天人相應表達得淋漓盡致。

2. 天人相合,人事勝天不爲災

《程氏遺書》卷二二下云:

> 問:"《春秋》書日食,如何?"曰:"日食有定數,聖人必書者,蓋欲人君因此恐懼修省,如治世而有此變,則不能爲災,亂世則爲災矣。人氣血盛,雖遇寒暑邪穢,不能爲害;其氣血衰,則爲害必矣。"②

又《程氏外書》卷五云:

> 《春秋》書災異,蓋非偶然。不云霜隕,而云隕霜;不云夷伯之廟震,而云震夷伯之廟;分明是有意於人也。天人之理,自有相合。人事勝,則天不爲災;人事不勝,則天爲災。人事常隨天理,天變非應人事。如祈寒暑雨,天之常理,然人氣壯,則不爲疾;氣羸弱,則必有疾。非天固欲爲害,人事德不勝也。如漢儒之學,皆牽合附會,不可信。③

程氏認爲,天象出現異常(如日食),只要"人君因此恐懼修省","人事勝",德行備,則這種異常也不會演變爲災害,就如同"祈寒暑雨","氣羸弱,則必有疾","人氣壯,則不爲疾"。程氏之意,"天人之理,自有相合","人"在"天"面前並非束手無策,只要"人"有"德",即使"天"有"異",也不爲"災",因爲"人"的德可以使其逢凶化吉。

程氏一方面指出,天人之際有回應,人(尤其是君王)爲惡事,則天將降災報應之;另一方面又指出,人(尤其是君王)修德行,即使天象異常也不爲災。爲惡必遭天譴(天將降災報應之),修德如有天佑(即使天有異,也不爲災),程氏指出"天"這個法器,原來是要以之爲獎懲手段,勸人爲善,戒人行惡。

當然,程氏借助《春秋》災異而闡發的天人應合論,也是其理學思想的一部分。如果說程氏著意詮釋《春秋》的綱常,使其《春秋》學從天理與倫理和合的維度煥發出理學的異彩;那麼程氏苦心解說《春秋》的災異,又得其《春秋》學從天道與人道應合的層面放射出理學的光芒。同時,程氏將《春秋》既目之爲窮理要籍,又尊之爲經世大書,這種視角也折射出程氏敏銳的理學眼光。總之,二程《春秋》學具有濃鬱的理學色彩,

---

① 《程氏經說》卷四《春秋傳》,《二程集》,第 1103—1104 頁。
② 《程氏遺書》卷二二下,《二程集》,第 299 頁。
③ 《程氏外書》卷五,《二程集》,第 374 頁。

可以說是宋儒以理學維度研究《春秋》的典範。

二、經學外衣

(一) 以"理"解"經"：治"經"在於明"理"

二程乃借經學來說理學的先驅,他們研治經學的目的決定了他們在治經方法上肯定迥異於漢唐儒士經生。二程對漢唐經學頗不以爲然,"漢之經術安用? 只是以章句訓詁爲事。"①他們認爲章句訓詁發明不了經術奧義,乃無用之學,"滯心於章句之末,則無所用也。此學者之大患。"②所以他們主張治經必須求其義理,"聖人作經,本欲明道。今人若不先明義理,不可治經。"③那麼怎樣明義理呢? 程氏認爲要"思索",要有"獨見"：

> 思索經義,不能於簡策之外脫然有獨見,資之何由深? 居之何由安? 非特誤己,亦且誤人也。④

在另一處,程氏又提出了要"自得"：

> 學者要自得。《六經》浩渺,乍來難盡曉,且見得路逕後,各自立得一個門庭,歸而求之可矣。⑤

"思索"經義,終於"自得",有了"獨見",可這樣做的目的是什麼呢?

> 窮經,將以致用也。⑥

> 經所以載道也,器所以適用也。學經而不知道,治器而不適用,奚益哉?⑦

原來程氏治經是爲了"知道"和"致用"。聯繫到二程的學說和當時的社會背景,我們可以推論,他們所說的"知道"和"致用"其實就是要通過治經構建起以"道"("理")爲核心的思想體系,來挽救在佛老精緻的思辯哲學進逼下已處於頹勢的儒學。

---

① 《程氏遺書》卷一八,《二程集》,第 232 頁。
② 《程氏粹言》卷一,《二程集》,第 1187 頁。
③ 《程氏遺書》卷二上,《二程集》,第 13 頁。
④ 《程氏粹言》卷一,《二程集》,第 1186 頁。
⑤ 《程氏遺書》卷二二上,《二程集》,第 296 頁。
⑥ 同上,第 71 頁。
⑦ 同上,第 95 頁。

可是經書原文中未必就有二程所需要的思想啊,於是郢書燕說勢所難免。二程所謂的"獨見"和"自得"不正是隱含著超脫經書原旨去闡發新見的深意嗎? 以程頤《春秋傳》爲例,桓公四年和七年只有春夏沒有秋冬,這原本可能是"史闕文",而君子修《春秋》時"經承舊史",所以也未增補。而程頤卻從此處挖掘出了"臣而弑君,天理滅矣","逆亂天道,歲功不能成矣,故不書秋冬"的煌煌大義。作爲理學家的程頤的這種作法,倒很像是治《春秋》的今文經學家"借事明義"的路數,"止是借當時之事,做一樣子,其事之合與不合,備與不備,本所不計。"①

對於二程借經說"理"、以"理"解經的方法論意義,學者們有很好的論述。郝明工先生認爲:"可以說它是從明理以知經的哲理層面上,通過經以載道的價值取向,借助由經窮理的闡釋形式來建構出一個哲學化的解經方式雛形。"②郝先生稱讚二程"建構出一個哲學化的解經方式雛形",並非虛譽。李明友先生對二程的這一點也有很高的評價:"二程不僅强調治經以明道、明義理,而且以'理'解經,使儒家經典切實地爲修身養性和治國平天下服務。顯然,二程經學的出現,是儒家經學研究方法上的一次改造和革新。"③李先生指出二程經學帶來了"儒家經學研究方法上的一次改造和革新",實屬的論。

(二)借"經"寓"理":說"理"最好借"經"

如本文開篇所述,二程的理學思想基本上不是運用論著的形式,而是採用箋注、論說經書的方式闡發出來的。顯而易見,論著肯定比經解更適合於闡發條理井然、體系嚴密的理學思想,可二程爲什麽要棄論著而選經解作爲其構建理學思想體系的物質外殼呢? 這是不是捨長以就短呢? 關於這個問題,李曉東先生已經指出,理學家喜好披上經學的外衣來闡發理學的内核,既有自身心理偏愛的原因,也有社會心理環境的考量。④

值得注意的是,借"經"說"理",其始作俑者應該就是二程。二程之前,宋代思想

---

① 皮錫瑞:《經學通論》卷四,北京:中華書局,1954年,第21頁。
② 郝明工:《新儒學的經學真諦——二程洛學之經學評估》,《新東方》1996年第1期。
③ 李明友:《理學的主題與二程的洛學》,《浙江學刊》1991年第6期。
④ 李曉東說:"從内在的心理根源講,理學家都是儒生,在啓蒙時代就深受儒家經典熏陶,對儒經懷有特殊的偏愛。用經學的形式表達思想觀點,是符合他們内心要求和願望的。從客觀的心理環境講……爲了使理學思想能通過經學的管道向全社會各階層人們灌輸,理學家便紛紛致力於注解經書的活動,把自己的思想觀點用隱晦的方式通過注文和解經言論曲折地反映出來,並極力造成一種假象,仿佛是在代聖賢立言,替聖人說清、說透經文奧義,所表達的觀點,都是經中固有的聖人原義,與自己無關。這不僅使理學思想戴上'聖人之道'神聖光環,也有助於衆多尊孔習經的文人儒士從感情上接受理學,理學就是這樣與經學密切結合在一起了。"《經學與宋明理學》,《中國史研究》1987年第2期。

界尚有像李覯《平土書》、歐陽修《本論》那樣的論文體,二程之後,李、歐那樣的專論已難覓蹤影,思想家(主要是理學家)的學說基本上是散見於各自的經注及解說經文的語錄、書信之中。

二程借經書來闡發理學思想,是有所選擇的。如前所述,他們借《周易》來構建本體論,借《四書》來闡發心性論,又借《春秋》來表達倫理觀。至於前兩個問題,不屬本文探討範圍,現在我們來重點分析一下第三個問題,即二程爲什麼要借《春秋》而不是其他經書來表達其倫理觀。這恐怕與程氏對《春秋》性質的認定有關。《程氏外書》卷九:

> 《詩》、《書》、《易》言聖人之道備矣,何以復作《春秋》? 蓋《春秋》聖人之用也。《詩》、《書》、《易》如律,《春秋》如斷案;《詩》、《書》、《易》如藥方,《春秋》如治法。①

程氏認爲《春秋》乃"聖人之用",就如同"斷案"、"治法"一樣,是屬於某個領域實際操作層面的。"斷案"是屬於法律領域的,"治法"是屬於醫藥領域的,那麼《春秋》是屬於哪個領域的呢? 本文認爲,程氏是把《春秋》歸屬於政治和倫理領域的。《春秋》記載了東周前期二百多年的歷史,書中所載列國的內政外交以及聖人通過筆削所表達的褒貶抑揚,正可以作爲政治的鏡鑒和指南;而經中所言君臣、父子、夫婦、長幼的倫常關係以及君子通過"修"、"述"所凸顯的取捨好惡,也剛好可作爲當下倫理綱常的權衡和準繩。比較而言,程氏更看重《春秋》可用於闡發倫理思想的一面。《程氏遺書》卷一五:

> 學《春秋》亦善,一句是一事,是非便見於此,此亦窮理之要。然他經豈不可以窮? 但他經論其義,《春秋》因其行事,是非較著,故窮理爲要。②

程氏明確指出《春秋》的優點在於"因其行事,是非較著",不像他經"論其義",故該書實乃"窮理之要"。程氏此處所言的"窮理",自然不是指去窮什麼政治之理,而是指去窮天理,具體說,是指去窮天理在人類社會中的體現——人理,聯繫到《春秋》,這個人理當然不是指心性修養的人理,而是指倫理綱常的人理。要言之,正是因爲《春秋》"因其行事,是非較著",故而程氏把該書作爲窮"人理"(倫理綱常)的載體。程氏甚至說:"學者不觀他書,只觀《春秋》,亦可盡道。"③顯然,此處"盡道"指的是盡"天道"

---

① 《程氏外書》卷九,《二程集》,第 401 頁。

② 《程氏外書》卷一五,《二程集》,第 164 頁。

③ 同上,第 157 頁。

的體現——"人道"，具體說，即關於倫理綱常的"人道"。也可能正是因爲程氏是把《春秋》視爲窮人理、盡人道之書，所以他們要借用該書來闡發倫理綱常了。

三、歷史影響

二程的《春秋》學，尤其是程頤的《春秋傳》，世人評價頗高，陳亮在《書伊川先生春秋傳後》曰：

> 先生於是二十年間，其義甚精，其類例博矣。學者苟精考其書，優柔厭飫，自得於言意之外，而達之其餘，則精義之功在我矣；較之終日讀其全書而於我無與者，其得失何如也？[①]

陳亮褒讚程頤《春秋傳》的"精"、"博"，也許正是看到了該書言政治、論綱常的許多觀點是具有普適性的，是能夠以一執萬的。與陳亮不同，劉永之更欣賞該書的"獨到"：

> 程子之《傳》有舍乎褒貶予奪而立言者，非先儒之所及也。[②]

劉氏讚揚程子之傳匠心獨運，不落先儒褒貶予奪論《春秋》的窠臼，充分肯定了程傳的獨特價值。顯而易見，與先儒治《春秋》的箋注經解不同，程《傳》根本就不是一部純粹的經學著作，而是一部披著經學外衣的理學典籍。這樣一部肩負新的學術使命（闡發理學思想），採用新的闡釋方式（往往郢書燕說）寫就的書，當然"非先儒之所及也"。

程《傳》對後世影響頗大，典型的例子是程氏的私淑弟子胡安國作《春秋傳》，很多地方都來源於程《傳》的啓發。胡安國在論其學術統緒時自稱"吾所聞在《春秋》，自伊川先生所發"，[③]又胡氏在其《春秋傳》卷首敍傳授時稱該書"大綱本《孟子》，而微詞多以程氏之說爲證"。[④] 其實，關於這一點，宋代學者察之甚明，如張九成說："近世《春秋》之學，伊川開其端，劉質夫廣其意，至胡文定而其說大明。"[⑤]

總之，在《春秋》學方面，尤其是通過《春秋》闡發理學思想方面，胡安國與二程確實存在著繼承與發展的關係。我們可以進一步說，從學術淵源上講，胡《傳》把《春秋》

---

① 《經義考》卷一八二引陳亮語，第 941 頁。
② 《經義考》卷一八二引劉永之語，第 941 頁。
③ 《宋元學案》卷二十五《龜山學案》附錄胡安國語，第 956 頁。
④ 胡安國：《春秋胡氏傳》，《四部叢刊續編》本，上海：商務印書館，1934 年，第 4 頁。
⑤ 《經義考》卷一八五，第 951 頁。

改造成了倫理教科書和政治教科書,其實正是程《傳》喜言倫理和多言政治的邏輯延伸。

二程的《春秋》學在思想史上的價值不僅體現在其思想觀念對後世的影響,也體現在其借"經"寓"理"、以"理"解"經"的方法體系對後學的啟迪。二程的弟子楊時著有《中庸義》,謝良佐著有《論語解》,都是在繼踵二程的路數。當然,對於程氏借"經"寓"理"、以"理"解"經"的法門體會最深的還是要數程氏的四傳弟子朱熹。朱熹曾說:

> 且如伊川解經,是據他一時所見道理恁地說,未必便是聖經本旨。要之,他那個說,却亦是好說。[1]

朱熹指出"伊川解經""未必便是聖經本旨",但又肯定"他那個說却亦是好說",看來,朱熹是並不反對郢書燕說的,只要那個"燕說"是個"好說",又何必去計較它與"郢書"的原意是否符合呢! 關於此,朱子還有高論:

> 文王者自不妨孔子之說,孔子者自不害文王之說。然孔子却不是曉文王意不得,但他又自要說一樣道理也。[2]

朱熹此處是論文王的《易經》與孔子的《易傳》可以兩不相妨,傳是可以針對於經"自要說一樣道理"的。既然孔子已經為大家開了先河,理學家們又何嘗不可以借解經來"自要說一樣道理"呢? 實際上,朱熹的《四書章句集注》就是沿著二程以來借"經"寓"理"、以"理"解"經"的路子而成就的一個"自要說一樣道理"的典範。

結　　論

綜上所述,我們可以看到,二程《春秋》學的理學內核主要體現在倫理維度解《春秋》以及天人應和論《春秋》兩個方面,而理學視角觀《春秋》則是二程詮釋《春秋》理學內核的前提和基礎。細言之,程氏將《春秋》既目之爲窮理要籍,又尊之爲經世大書,這種視角折射出程氏敏銳的理學眼光。程氏帶著這種眼光審視《春秋》,發現該書蘊藏著君臣之道、父子之義、夫婦之倫、長幼之序、相交之禮、修身之法、夷夏之辨等綱常倫理方面的精義。同時,程氏考察《春秋》所記災異,一方面指出,天人之際有回應,人(尤其是君王)爲惡事,則天將降災報應之;另一方面又認爲,人(尤其是君王)修德行,

---

① 黎靖德編,王星賢點校:《朱子語類》,北京:中華書局,1986 年,第 2625 頁。
② 同上,第 2626 頁。

即使天象異常也不爲災。爲惡必遭天譴(天將降災報應之),修德如有天佑(即使天有異,也不爲災),程氏祭出“天”這個法器,原來是要以之爲獎懲手段,勸人爲善,戒人行惡。如果說程氏著意詮釋《春秋》的綱常,使其《春秋》學從天理與倫理和合的維度煥發出理學的異彩;那麼程氏苦心解說《春秋》的災異,又使其《春秋》學從天道與人道應合的層面放射出理學的光芒。總之,二程《春秋》學具有濃鬱的理學色彩,可以說是宋儒以理學維度研究《春秋》的典範。

二程《春秋》學的價值不僅體現在他們所表達的理學內核,也體現在他們爲表達這種理學內核所採取的方法路徑。二程主張治經先要“獨見”、“自得”,然後“知道”、“明理”,最後“經世”、“致用”,在這些環節中,“知道”和“明理”至爲關鍵,它們既是“獨見”和“自得”的目的,又是“經世”和“致用”的基礎。簡言之,治“經”的中心環節就是要明“理”。二程的這種認識,正是他們以“理”解“經”,運用理學思想詮釋經學典籍的理論基礎。同時,二程也意識到,披上經學的外衣,讓理學思想戴上聖人之道的神聖光環,有助於衆多尊孔習經的文人儒士從感情上接受理學。於是他們借“經”寓“理”,利用經學的舊瓶去盛裝理學的新酒,採用箋注、論說經書的方式去表達理學的思想主張。

二程《春秋》學,不但其理學思想對後世有深遠的意義,而且其以“理”解“經”、借“經”寓“理”的方法路徑對後學也有鮮明的影響。

明代《孝經》學述論

舒大剛

朱元璋建立的明朝,是中國歷史上唯一一個由農民起義成功建立的正統王朝,朱元璋也是一個由中國農民自己扶植起來和塑造出來的皇帝。應當說,朱元璋在思想感情上還是一直保持著與民同其憂樂情感的,他對具有"民本"思想的儒學也並不反感。爲爭取更多的反元力量,他一改蒙元時期尚武輕文、"九儒十丐"的局面,從舉義伊始即重視收羅儒生和利用儒教。《明史·儒林傳序》稱:"明太祖起布衣,定天下,當干戈搶攘之時,所至徵召耆儒,講論道德,修明治術,興起教化,煥乎成一代之宏規。雖天亶英姿,而諸儒之功,不爲無助也。"如朱升、宋濂、劉基諸人,都早早地被他羅至帳下,爲他出謀劃策。這些儒生也不辜負知遇之恩,爲朱元璋最終奪取天下貢獻了智慧和奇謀。

至正十六年(1356)七月朱元璋被"諸將擁立"爲吳國公;九月"如鎮江,謁孔子廟,遣儒士告諭父老,勸農桑"[1],表現出對儒家聖賢的禮敬和對儒學之士的重用。奪取天下之後,又恢復科舉考試,"制科取士,一以經義爲先。網羅碩學,嗣世承平,文教特盛。大臣以文學登用者,林立朝右"[2]。特別是元朝後期綱常失度,孝悌不振,出現"元之臣子,不遵祖訓,廢壞綱常,有如大德廢長立幼,泰定以臣弑君,天曆以弟鴆兄。至於弟收兄妻,子烝父妾,上下相習,恬不爲怪"[3]等現象,"至於閨闥之間,每多無別……其於父子、君臣、夫婦、長幼之倫,瀆亂甚矣"[4]!朱元璋立國之後,特別注意綱常倫理的重振和建設。於是,儒學在經歷了蒙元衰微之後,在明代又得到復蘇和發展,儒家"孝悌"之道也走出元朝的低谷期,在明代得到進一步的提倡和強調。

① 《明史》卷一《太祖本紀》。
② 《明史》卷二八二《儒林傳一》。
③ 朱元璋:《北伐檄文》,載谷應泰:《明史紀事本末》卷八。
④ 徐乾學:《資治通鑒後編》卷一八四。

一、朱元璋對孝悌的提倡

無論是出於農民階級樸素的親親情感，還是出於永保萬世一統大明江山的政治需要，朱元璋都毫不猶豫地選擇了儒家"孝悌之道"來作爲維繫社會穩定、促進家族和諧的道德力量。洪武元年(1368)即帝位後，立即"恭詣太廟，追尊四代考妣爲皇帝、皇后，立太社、太稷於京師，佈告天下"①，實現了《孝經》所謂"嚴父配天"、"立身揚名、以顯父母"的"大孝"之極至。

自己光顯了父母，也要天下讀書人樹立此種意識。洪武十七年(1384)二月，李昂奉命將科舉考試的法規頒行於天下：凡三年舉行大考一次，逢子、午、卯、酉年由省城舉行"鄉試"，辰、戌、丑、未年朝廷舉行"會試"。這年九月，在京城鄉試中，許多國子監生中舉。朱元璋以爲："似這等生員，好生光顯他父母！"於是下令禮部發佈紅榜，到考生的原籍張掛，使他的鄉親里人普遍知道，以彰顯其光宗耀祖的效果。從此之後，科舉之途始重，而在舉人家鄉張榜表彰，也就形成制度。②

朱元璋作爲一個布衣起家的皇帝，對貧賤父母養育子女之不易有特別深刻的感受，從而對子女應該報答父母養育之恩的孝悌之道更有自己獨特的體悟。一天，他看到在後苑庭中的一棵樹上一對老烏哺乳幼雛的殷勤景象，使他頓生惻仁之心，大起孝悌之思。於是寫下一首語淺情深的《思親歌》：

> 苑中高樹枝葉雲，上有慈烏乳雛勤。
> 雛翎少幹呼教飛，騰翔啞啞朝與昏。
> 有時力及隨飛去，有時不及枝內存。
> 呼來呼去羽翎硬，萬里長風兩翼振。
> 父母雙飛緊相隨，雛知返哺天性真。
> 歔欷慈烏慟惻仁，人而不如烏乎，將何伸？將何伸？
> 吾思昔日微庶民，苦哉，憔悴堂上親有似，不如烏之至孝精。
> 歔欷，歔欷，夢寐心不泯！③

你看那庭中樹上，一對老烏爲哺育小鳥兒，辛勤捕食，朝夕不息；等小鳥羽毛稍

---

① 洪武元年《即位詔》，《明太祖文集》卷一。
② 《禮部志稿》卷七一。
③ 朱元璋：《思亲歌》，《明太祖文集》卷一二。

幹,羽翼稍豐,鳥媽媽、鳥爸爸又幫助小鳥兒練習飛翔,不辭辛苦。而小鳥兒也頗知報恩,捕到食物後,竟然知道反哺于鳥媽、鳥爸。這真是一幅老鳥將雛、小鳥反哺的真情圖景呵!

烏知慈幼,烏知反哺,難道人類連鳥獸都不如,竟然不知道孝親敬長麼!他回想起自己那早死的父母,辛苦一輩子,最後竟落得凍餓而死,沒有享受到他當皇帝後的一天清福,真是令他夢寐難安,傷悼不已!

也許正是對貧賤父母悲慘遭遇的哀憫和歉疚,朱元璋立國後,對孝悌之道特別強調和提倡。在洪武初年所發的許多詔書中,他常常強調"孝親忠君",藉以重樹"忠孝"的社會風尚和士君子人格。

在朱元璋看來,前代名臣之所以成功、名垂青史,也就在於他們能夠以"忠孝"自勉,以做忠臣、做孝子爲自己人生的最高境界。他在諭布政使詔中說:"朕每觀前代名臣傳記,人各設施,皆以律身保命爲務,然後孝於親而忠於君。"他於是要求地方官員,首要任務就是宣揚"孝親忠君之道":"其布政司官當方面,承朕命宣教化、布威德,若肯除奸去僞,豈慮孝親忠君之道不致哉?"[1]

出於對"忠孝"的強調,朱元璋對以"忠孝"教子的人,十分稱讚,並予以重賞。洪武四年(1371),御史台管局官員宇文桂因事被拘問,發現他的囊中書信多至百封,這些書信不談政事,不講孝悌,"悉係浙右儒吏獎譽之言,或是或非,皆欲禍人"。

可難得的是,其中有一封家書卻不一般,乃是平涼縣尹王軫之父托宇文桂轉交給兒子的家書,這封家書與其他"皆欲禍人"的信件不一樣,王父在信中諄諄告誡兒子說:

凡事須清心潔己,以廉自守,食貧處儉,儒者之常,慎勿以富貴爲念……治民以仁慈爲心,報國以忠勤爲本,處己當以謙敬,學業更須勉力。暇日即以性理之書及群經留玩,自然所思無邪;更須熟讀新律,自然守法不惑云云。[2]

這封教兒子"清心潔己"、"以廉自守"的家書,令朱元璋龍顏大悅,因爲他不是教兒子如何去鑽營、謀利,而是教他"以仁慈"治民,"以忠勤"報國,"以謙敬"處己,多多瀏覽"群經"、"熟讀新律",這些都是這位剛剛建國、百廢待舉的開國皇帝所迫切需要的。於是朱元璋對之大爲稱賞,立即頒令天下予以褒獎,還賜以銀、絹、良藥等物,以

---

① 朱元璋:《諭山西布政使華克勤詔》,《明太祖文集》卷二。
② 葉盛:《水東日記》卷一一;周召:《雙橋隨筆》卷二。

示鼓勵①。

雖說朱元璋自幼沒有讀過什麼書,但卻對《孝經》非常熟悉,不僅耳熟能詳,而且還順口成誦,隨文稱引。他在《翰林承旨誥》別出心裁地將今之"翰林院官"比附爲古之"五經博士",說"於斯之職,非博通今古,己身已修,己家已齊,善惡之人善惡,口無擇言,行無頹跡"不能爲②,這裏就化用了《大學》"修身齊家"、《孝經》"口無擇言,身無擇行"等内容。

又有詔敕說:"朕聞古之爲士者,志在匡君濟民、立身揚名,崇父母、彰祖宗,必欲爲世之傑者也。"③也化用了《孝經》"立身行道、揚名後世、以顯父母"的文句。

朱元璋還遠師《周官》"教治政令"之遺意,作《教民榜文》,頒佈天下閭里;還御製《大誥》三編,頒佈天下學校,宣揚勸耕睦民、親親敬長等道德教條。

他甚至認爲,就是像孔子那樣的聖賢,也是因爲他們能夠"出弟入孝,謹以事君",所以才能"流今皆經而書,歷代崇其德而先師焉"④。

他悲歎前代"不才者衆,忠孝者寡"⑤,勸導士子文人,無論是居家事學,還是出仕爲宦,都要以"患不能忠君"、"患不能盡孝"爲念,只要常存"忠孝"之念,唯恐不能爲不能精,就會成爲一個永遠沒有憂患的人,那才是真正的聰明人:"昔智人患此,而豁然無患矣,此其所以智也。"⑥

爲加强"忠孝"教育,朱元璋下令將歷代孝子、忠臣事蹟輯錄出來,親自作序,揭其"父母之親天性也,加以篤明,是增孝也"的真理⑦;還將奸臣傳也輯錄出來,編爲《相鑒奸臣傳》,以爲天下後世之警示。

朱元璋判定人好壞的標準,不是他的品德和操守如何高尚,而在於他是否"盡忠盡孝"。他對漢代高隱嚴光就持批評態度,說"當國家中興之初",嚴光卻"棲巖濱水,以爲自樂",而不是像名臣耿弇、鄧禹那樣"生稟天地之正氣,孝於家而尊於師,忠於君而理於務"。在他看來,耿、鄧能行"忠"、"孝",那才是真正的"濟人利物"之"正大之賢"⑧。

對於不忠之人,他自然要嚴懲不貸,誅及九族;對於不孝之人,他也是痛加責罰,

---

① 朱元璋:《賜平涼縣尹王軫父諭》,《明太祖文集》卷八。
② 朱元璋:《翰林承旨誥》,《明太祖文集》卷四。
③ 朱元璋:《諭戀闕臣僚敕》,《明太祖文集》卷七。
④ 朱元璋:《國子祭酒誥》,《明太祖文集》卷四。
⑤ 朱元璋:《諭戀闕臣僚敕》,《明太祖文集》卷七。
⑥ 朱元璋:《諭年幼承敕郎曹儀及給事中等省親》,《明太祖文集》卷七。
⑦ 朱元璋:《相鑒賢臣傳序》,《明太祖文集》卷一五。
⑧ 朱元璋:《嚴光論》,《明太祖文集》卷一○。

決不寬貸的。曾經有執法官問他,能否答應"捶父淩母"犯人的親屬用"印律成千,誦聲琅然"方式爲之贖免呢? 朱元璋堅決地說:"《經》云:'五刑之屬三千,而罪莫大於不孝。'雖古聖人,亦惡其惡!"①

從以上引述中,我們不難發現,朱元璋重視"孝悌之道",幾乎到了用"孝悌"來衡量一切善惡美醜的程度。

同時我們還會發現,朱元璋講孝悌時常常是"忠孝"連言,而且"忠"在"孝"先、"孝"由"忠"顯。"孝悌之道"已經不再是通過强調父子之親、骨肉之愛等血緣親情,進而推及忠君愛民的善良情感,而是以"忠君敬長"爲主導的政治隸屬關係。

《孝經》提倡"事親孝故忠可移於君"的"移孝爲忠"的順序,在朱元璋這裏已經被顛倒過來——成爲"先忠君乃能孝親"了。"父子之道天性"、"孝莫大於嚴父"的原始親親倫理,在朱元璋的詞典中,實際變成了"君臣之道天性"、"孝莫大於忠君"的政治守則了。

這裏我們必須指出的是,由於朱元璋對"忠大於孝"、"下盡心於上"的過分强調,孝悌這種本來具有"上行下效"對等情懷的倫理,在明代卻被片面地扭曲,成爲單方面的子對於父、臣對於君的奴隸道德,因而一本帶有濃厚愚忠愚孝氣息的《二十四孝》,在此時便得到廣泛的傳播,其普及程度甚至超過了《孝經》本身。

二、明代後繼君王對孝悌的力行

當然,作爲開國之君的大明太祖如此宣揚"忠孝",自然也會產生一些正面影響,即使是威嚴幽邃的禁宮和高高在上的皇族,也不能不在孝悌上有所表現。朱元璋的馬皇后率先積極回應,親撰《勸世書》,在《嘉言篇》中多引《孝經》之言,皇太子、漢王、趙王皆再拜恭受,退而焚香啟誦,惕然悚敬,咸稱"母儀萬方,化行四海"②。

從此之後,"列聖繼承,有隆勿替"③。明朝對皇后德行,首先考察的就是孝行,她們死後立諡法,都要冠以一個"孝"字,如太祖高皇后"孝慈",成祖徐皇后"仁孝",仁宗張皇后"誠孝",宣宗孫皇后"孝恭",英宗錢皇后"孝莊"、周太后"孝肅",等等。試想,一個兒媳無論她多麼漂亮,多麼能幹,如果她對父母、公婆不能孝順,對兄弟姊妹不能

---

① 朱元璋:《誦經論》,《明太祖文集》卷一〇。
② 虞淳熙:《孝經集靈》,載朱鴻《孝經總類》亥集。
③ 沈淮:《孝經會通自序》,載朱鴻《孝經總類》酉集。

友愛,那還算個好兒媳麼? 特別是身居皇后、皇妃位子的后妃們,如果她們不能孝親睦族,那還能夠母儀天下、化民成俗麼? 無怪明朝要一絲不苟地考察后妃們是否仁孝了。

明朝歷代皇帝、各位親王,都要以孝道相勖勉。永樂帝除委人編纂儒家修身要樞、政治典範的《四書五經大全》,以爲士子讀書的標準外,還命令文學侍從們編纂"《傳心要語》一卷、《孝順事實》十卷、《爲善陰騭》十卷",用以勸孝勸悌、教仁教忠,這些書在明代一朝遵用。

《明史·選舉志一》載:"萬曆中,定宗室子十歲以上俱入宗學。⋯⋯令學生誦習《皇明祖訓》、《孝順事實》、《爲善陰騭》諸書,而《四書》、《五經》、《通鑑》、性理,亦相兼誦讀。"

朱鴻說:"太祖高皇帝廓清寰宇,首以六事爲訓。成祖文皇帝繼統,刊行《孝順事實》,頒示天下。列聖相傳,益隆孝治。"[1]所謂"六事",即《周禮》之六行:"孝、友、睦、婣、任、恤。"要求對親人孝悌,對朋輩友愛,對鄰里和睦,對親戚親和,遇事有擔待,遇弱能仁恤,這是朱元璋首先告誡天下之人應當做到的。他兒子朱棣當皇帝後,又特別將古今賢達之人的孝悌事蹟類編起來,以爲天下人之榜樣。由於這兩位爲大明定立制度、確立傳統的皇帝的提倡,後來繼位之君都轉相傳承,使大明的"孝治"越發突出。

分封在外的藩王們,也多能以忠孝相表率,明代諸王中,有"性孝友恭謹"、"以孝聞"(《明史·秦潛王樉傳》)之稱的不乏其人。這些藩王及其後繼者,或"以賢孝聞"、"孝友好文學"、"以節孝旌"、"以仁孝聞"(《明史·晉恭王㭎傳》);或"以孝行聞於朝"、獲"賜祠額曰'崇孝'"、"事其父以孝聞"(《明史·周定王橚傳》);或"事母至孝"、"以仁孝著稱,武宗表曰'彰孝之坊'"(《明史·楚昭王楨傳》)。

特別是洪武十一年獲封於蜀的獻王朱椿,更是諸王中恭行忠孝的模範。蜀獻王椿喜好讀書,能做學問,"博綜典籍,容止都雅",有"蜀秀才"之稱;他就封於蜀之後,聘請當代大儒方孝孺爲其師傅,興辦郡學,資助清貧學者,倡行教化,史稱"以禮教守西陲","蜀人由此安樂日益殷富,川中二百年不被兵革,椿力也"(《明史·蜀獻王傳》)。

蜀獻王還"以孝率民","摹印《孝經》,頒於境內"。又有人以元鄒鉉的《壽親養老新書》來獻,蜀獻王"覽之終卷",見其中"扶衰防患之具、道志怡神之說,咸備載而無遺",甚有功於民眾增孝繼志,於是再度刻行此書,[2]以廣其傳。

① 朱鴻:《孝說》,載《孝經總類》巳集。
② 方孝孺:《壽親養老新書序》,《遜志齋集》卷一二。

三、明代《孝經》的普及

上有所倡,下必隨之。有皇帝號召於上,就必有臣工回應於下,於是"忠孝"在明代得到空前提倡,父之教子,婦之勖夫,皆以"忠孝"爲本。嘉靖時議禮名臣楊爵"家書二十五則,諄諄以忠孝勖其子孫,未嘗一言及私"①。

《孝經》這部言孝教孝的經典,在明代也被推崇到無所不能、無所不驗的神聖甚至神秘的地步,被推爲"不可思議"的"極靈極變之書",似乎一提倡《孝經》,就自然會出現祥光瑞景,可以消災彌難,異端邪說自然而息。

一代名儒陳繼儒說:

> 余嘗觀六朝高人名士,崇信《孝經》,或以殉葬,或以薦靈,病者誦之輒愈,闘者誦之輒解,火者誦之輒止,蓋《孝經》之不可思議如是。若使家誦戶讀,童而習之,白首而不已焉,上非此無以舉,下非此無以學,孝感所至,能令醴泉出、異草生、犬豕同乳、烏鵲同巢、盜賊弛兵過而不敢犯孝子鄉。則《孝經》一卷,未必非吾儒極靈極變之書。何至令浮屠、老子旁行禍福之說於天下? 經正則庶民興,其惟《孝經》乎!②

明代推崇"四書",有以《四書》代替《五經》的傾向,但是對《孝經》卻並不忽視和放棄。不僅沒有放棄,而且還認爲《孝經》是《四書》的根本、是《六經》之總會,故於教學最宜擺在優先的地位。

余時英《孝經集義自序》就分析《四書》說: 昔者,夫子與群弟子論求"仁"者不一而足,可是《論語》的首篇卻歸結爲"孝弟也者,其爲仁之本與"。《孟子》七篇,所討論的無非"仁義",可是孟子在解釋什麼是仁義本質特徵時,卻總歸於"事親"(孝)和"從兄"(悌)。《大學》也強調"孝"是"事君"的前提,是"治國平天下"的關鍵。《中庸》也認爲"爲政"在於"修身",最終也歸結到"親親爲大"。於是他總結說:"由是而觀,則知《四書》固道德之蘊奧,若《孝經》一書,又所以立其本而養正焉者也。"③從而證明《孝經》是《四書》原理的根本,是立身行道首先應當培養的正道所在。

曹端撰《孝經述要自序》,又從"孝悌"與"仁德"關係的角度進行了論證:"性有五

---

① 《四庫全書總目》卷一七五《楊忠介集提要》。
② 陳繼儒:《沈氏易孝經旁訓序》,《經義考》卷二二七。
③ 余時英:《孝經集義自序》,《經義考》卷二二八。

常,而仁爲首;仁兼萬善,而孝爲先。蓋仁者孝所由生,而孝者仁所由行也。是故君子莫大乎盡性,盡性莫大乎爲仁,爲仁莫大乎行孝。行孝之至,則推無不準,感無不通。……'孝'云者,至德要道之總名也;'經'云者,持世立教之大典也。然則《孝經》者,其《六經》之精義奧旨歟?"①

《六經》是講五常之性(即仁、義、禮、智、信)的,而五常中又以仁德最爲首要。仁是各種善德的總合,而孝又是仁的發端。仁是從親親這種基礎的德行推廣開來的("老吾老以及人之老"),孝悌就是行仁的最先途徑。君子就是要懂得推廣自己的本性,而推廣本性就是要體悟到仁德,而行仁最關鍵的就是孝悌。同理可推,孝悌就是仁義的核心精神,而《孝經》就是《六經》精義和奧旨所在。

既然《孝經》涵攝了《六經》"精義奧旨",是"立本""養正"之書,那麼只要《孝經》推廣了、流行了,《六經》之義、《四書》之蘊也就盡在其中了。從前漢儒強調"游文於《六經》之中,留意於'仁義'之際",朱子強調"爲學先須從《四書》始",現在看來,只要通過熟讀《孝經》,這些深奧的大道理就能迎刃而解了。

於是王禕《孝經集說序》云:"孝者,天之經,地之義,而百行之原也;自天子達於庶人,尊卑雖有等差,至於爲孝,曷有間哉?《五經》、《四子》之言備矣,而教學必以《孝經》爲先,則以聖言雖衆,而《孝經》者實總會之也。是書大行,其必人曾參而家閔損,有關於世教甚重,豈曰小補而已!"②

當時藏書之家也想仿照南朝人的做法,想將《孝經》列居群書之首。嘉靖九年(1530)崔汲"作小樓於家塾之尾",請問其父銑應該"貯何書"? 崔銑對他說,只要藏"數卷"有用之書即可矣,遂作《數卷樓記》:"取《孝經》、《四書》、《易》、《書》、《詩》、《春秋》、《儀禮》、《小戴禮》、《周禮》,曰此本言也;取程氏三書《易傳》、《程志》、《文略》,曰此幹言也;取《左氏傳》、溫公《通鑑》、《宋元綱目》、《文章正宗》、《選詩》,曰此支言也。"③這裏就是將《孝經》置於衆經之首、群籍之端的地位。陸德明《經典釋文》曾說:"王儉《七志》,《孝經》爲初",崔氏此說即其翻版。

針對宋人以《孟子》代替《孝經》的做法,祝允明覺得應當予以糾正,提出科舉考試應以《孝經》取代《孟子》,與《論語》共同處於必讀必考的地位:"《五經》之外,《孝經》、《論語》同出孔門,與《五經》者均也。自宋以來,始有《四書》之目,本朝因之,非敢妄議。然愚謂《大學》、《中庸》終是《禮記》之一篇,《孟子》之言,羽翼孔氏,然終是子部儒

---

① 曹端:《孝經述要自序》,《曹月川集》。
② 王禕:《孝經集說序》,《王文忠集》卷五。
③ 崔銑:《數卷樓記》,《洹詞》卷六《休集》。

家之一編耳。古人多有刪駁，國初亦嘗欲廢罷。故愚以爲，宜以《學》、《庸》還之禮家，《論語》並引《孝經》同升以爲一經，《孟子》只散諸論場爲便。"①

明人對於民間教化，也是首以《孝經》爲教。隆慶中，葉春及《惠安政書》所舉《明倫五條》，第一條說："一、孝順父母，乃高皇帝口授吾民第一義，欲盡斯道，宜如《孝經》。《孝經》曰：'用天之道，因地之利，謹身節用，以養父母，此庶人之孝也。'蓋分之能爲者如此。嗟夫，父母之德，豈有極哉！"②

葉氏在其書《社學篇》中，制定教學之規時，也是以《孝經》爲首的："年小者只教一二句而止，或教《孝經》、《三字經》，不許用《千字文》、《千家姓》、《幼學詩》等書。以次讀《大學》、《中庸》、《論語》、《孟子》，然後治經。"③

可見，由於"高皇帝"朱元璋的提倡，明代社會無論是正風俗、明人倫，還是幼兒啟蒙昧、學詩禮，《孝經》都在首先必讀必講之列。

更有進士王立道著論，欲將《孝經》與《尚書》、《論語》並爲"三經"："紀言專乎右史，六經莫古於《尚書》；立教昉於素王，四子獨尊夫《論語》。暨《孝經》垂訓於千古，由曾參請益於一時。誦其言，莫非洋洋之聖謨；資其理，足成蕩蕩之王道"云云④。以爲《尚書》是六經中最古老的，《論語》是四書中最首要的，而《孝經》則是儒者垂訓立極最切緊的。只要讀此三經，就可以知道聖人的深謀遠慮，實現普天同慶的王道政治。

在明代，只要《孝經》不丟，勤加研習，也就會有進身出仕的機會。謝應芳於元末避亂於新鄭，顛沛流離之中耽誤了對兒孫的九經教育，但他卻憑藉自己的記憶，向兒輩教習了《論語》、《孟子》、《孝經》諸書。他有詩記其事曰："阿翁眠食黿頭舍，兒子耕耘犢鼻裩。記得《孝經刊誤》本，尚能口授教曾孫。"⑤

他於戰亂之中，堅持校勘經典、研習儒籍，當時有人不理解，勸他"勿自苦"，他卻堅信《孝經》乃"聖教"所在，是"顯親揚父母"的資本，於是又有詩記道："龍鍾去年冬，修書辨魚魯。吾兒念吾衰，勸我勿自苦。吾嘗責吾兒，曾讀《孝經》否？聖人教斯民，揚名顯父母。窮達固有命，劬勞何敢負？芟夷兔園冊，於道或小補。方誦《蓼莪》篇，安知又初度？存順沒吾寧，全歸冀朝暮。"⑥

---

① 祝允明：《貢舉私議》，《懷星堂集》卷一一。

② 葉春及：《惠安政書》，《石洞集》卷七。

③ 同上。

④ 王立道：《擬宋范祖禹進三經要語表》，《具茨集》文集卷八。

⑤ 謝應芳：《索居無聊，自七月既望至中秋前九日，腹稿得小詩十首，不追琢，不詮次，大率皆眼前事，無遠興也。然胸中芥蒂有消釋未盡者，或見於詞，可笑》，《龜巢稿》卷一七。

⑥ 謝應芳：《冬至前一日寫懷二首》，《龜巢稿》卷一七。

洪武初，正是這種看似淺薄、簡單的教育，幫助謝應芳的子孫謀得了功名。當地方官以"通經"推薦其孫謝墥時，墥以未通《六經》欲辭，應芳乃作詩勉之："猗歟古聖賢，遺言存簡編。《孝經》及《論語》，《孟子》書七篇。載道繼六籍，煌煌日星懸。斯文覺斯民，千有五百年。汝生家避兵，《九經》失青氈。借書二三策，教汝朝暮間。大哉孔孟學，曾如管窺天。還鄉願卒業，奈汝多迍邅。……天朝恩惠寬，茅拔茹或連。立身報君親，慎勿違至言。"①殊不知謝墥深通《孝經》、《論語》，正好迎合了朱元璋強調"忠孝"的聖懷，果然一舉而中。

謝應芳高興之餘，又寫一詩給孫兒，要他學習趙普盡忠效主，以"半部《論語》治天下"："龍門一躍去年秋，徑著青袍赴遠遊。半部《魯論》堪輔世，政須忠藎繼前修。"②得意之中，他沒有忘記將這一經驗傳授給他的朋友們："西北風高寒露零，牽蘿補屋捷柴荊。看雲長日烏皮几，夜夜教兒讀《孝經》。"③

與此一情形相同的，還有東阿儒學訓導黃玨。玨"生於元季兵亂之際，稍長而端重喜學，時舉家竄匿岩谷中，山長公愛之，取瓦石書《孝經》、《論語》授之，手捧瓦石誦不輟口"④。

《孝經》既可以勸善，又可以助人發身入仕，還可自娛，故一些安貧樂道之士，也就以講授《孝經》爲樂，明代著名書畫鑒賞家、長洲人朱存理即其人也。朱氏自記說：弘治二年(1489)，避暑于"溪南東郭主人"之二松下，"攜書一束、琴一張、酒一壺，竹床石鼎"居焉。溪上之人知有博學之人在其松下，於是"有童冠數人來，以予講《孝經》、《論語》之書"。朱氏爲之講授，自謂"予得以孔子之說導夫人，而吾樂在於斯焉"⑤！

至於鄉里塾師，亦多以《孝經》爲教學之本。葛昕回憶說："余爲諸生時，猶及見蒙少必讀《小學》，而《孝經》一書，即窮鄉塾師，亦知令其徒童而習之。"⑥

朱鴻也說："或疑《孝經》乃童蒙習讀之書，世有以淺近忽之者。殊不知童蒙雖未曉道理，然良知良能固自在也。開蒙而先授以《孝經》，則四德之本、百行之原，教從此生，道從此達，由是而爲賢爲聖，胥此焉出矣。若捨《孝經》而遽讀他書，何能進步？此《孝經》所以爲徹上徹下之書，所當先務者也。"⑦

---

① 謝應芳：《洪武乙丑秋，新鄭縣學以通經薦吾孫墥，移文本縣，征赴吏部。墥于六經有望洋之歎，且欲辭而不可得，予以孔孟之書列乎九經，墥嘗受業，故臨別示此數語勗之》，《龜巢稿》卷一七。

② 謝應芳：《示孫墥四首》之一，《龜巢稿》卷一七。

③ 謝應芳：《贈詹伯遠》，《龜巢稿》卷一七。

④ 楊士奇：《東阿縣儒學訓導黃先生墓表》，《東里文集》卷一五。

⑤ 朱存理：《儆松軒記》，《樓居雜著》。

⑥ 葛昕：《刻孝經引》，《集玉山房稿》卷六。

⑦ 朱鴻：《孝經質疑》，《孝經總類》已集。

由於科舉以《四書集注》發題,故士子非《四書》不讀;而制行又以《孝經》爲准,故儒者亦捨《孝經》而無觀。泰州王艮"七歲受書鄉塾,貧不能竟學,父灶丁冬晨犯寒役於官,艮哭曰:'爲人子,令父至此,得爲人乎?'出代父役,入定省惟謹",這無疑是一個知道孝順的青年。可是"艮讀書止《孝經》、《論語》、《大學》,信口談說"①。後因師從王守仁,乃稍稍改變這一習氣。王艮、王畿是王守仁兩大弟子,王艮早年學習尚且局限到"止讀《孝經》、《論語》、《大學》"三書的地步,其他尋常儒士之唯《孝經》、《四書》是守,亦可知矣!

上層士大夫推重聖化《孝經》,下層民衆就進一步迷信神化《孝經》,就像當時普遍盛行的佛、道二教誦經、念佛一樣,一些人也將《孝經》作爲祈福禳禍乃至超度親人亡靈的經典。

永樂初,高涼梁惟正新婚初別,留在家中的夫人就夜夜爲之念誦《孝經》爲之祝禱,王恭有詩記其事說:"清門女大初嫁夫,射中金屏與夢符。勉郎也似樂羊婦,懷節偏同曹大家。郎騎驄馬西臺客,妾向空閨侍姑側。朝吟劉向《列女》篇,夜誦曾參《孝經》策。願爲王雎不顧情,願夫天路受恩榮。銅魚山崩海水竭,世上應磨賢婦名。"②

洪武時期,侯官處士林德"自恨曠學",臨死之際,"切切囑其諸子",不要和尚、道士念經,而要諸子"日誦《孝經》、《論語》於靈座側"③,以便自己的亡靈能夠安然升入天國。

與宋代一樣,明代無論是皇室、親王,還是民間草野;無論是大人君子,還是女子婦人,只要稍有條件,莫不以《孝經》、《論語》爲發蒙的幼學教材。明清時期的許多著名人物,都是幼習《孝經》,少年立志,遂致有所成立。

如王冕之"六歲通《論語》、《孝經》大義"④;金幼牧弟幼孚"方髫亂時"其父"教以《孝經》、《論語》,不數過輒能背誦"⑤;向寶"五歲能誦《孝經》,七歲通《四書章句》"⑥;宋禮"自幼聰敏,母曾氏教以《孝經》、《小學》"⑦;國子祭酒李懋"七歲,《孝經》、《小學》、《四書》皆已成誦"⑧;蔡毅中"五歲通《孝經》,父問讀書何爲,對曰:欲爲聖賢耳。"⑨

① 《明史》卷二八三《儒林傳二》。
② 王恭:《高涼梁惟正賢婦歌》,《白雲樵唱集》卷二。
③ 梁潛:《林處士墓表》,《泊庵集》卷一〇。
④ 呂升:《故山樵王先生行狀》,《竹齋集》卷末。
⑤ 金幼孜:《亡弟幼孚徵士墓誌銘》,《金文靖集》卷九。
⑥ 金幼孜:《向公神道碑銘》,《金文靖集》卷九。
⑦ 梁潛:《宋伯循墓表》,《泊庵集》卷一〇;楊士奇:《宋東齋墓誌銘》,《東里集》續集卷三五。
⑧ 彭琉:《安成李懋時勉行狀》,《古廉文集》卷一二。
⑨ 《明史》卷二一六《蔡毅中傳》。

都御史陳智"自幼岐嶷異常兒……嘗讀《孝經》,至'立身行道,揚名於後世,以顯父母',師爲釋其義,即拱手曰:'智敢不勉。'"①

朱用純"晨起謁家祠退,即莊誦《孝經》數遍,手書其文教學者。置義田,修墓祭,贍宗族,友愛諸弟,白首無間"②,等等,不勝枚舉。

用儒家經典來教育小兒,用傳統孝道來激勵士氣,許多地方、許多家族已經相沿成俗,形成一時風氣,雖高陽酒徒、閨門弱女也不例外,這大大地改善了地方風俗和社會治安。

泰和人張源春,性"酷嗜酒,然甚愛其女",稍一停杯息盞,"輒呼其女而教之,《孝經》、《論語》,皆其口授也。"③

明初"三楊"之一的楊士奇也是泰和人,他在《石岡書院記》記載故鄉風俗說:"吾嘗竊謂吾郡之俗,所爲可重非他郡所及者,其民務義修禮,尚氣節,雖至貧,不肯棄《詩》、《書》不習;至賤者,能誦《孝經》、《論語》,曉知其大義。凡城郭閭巷、山溪林谷之中,無不有學。富貴者遇逢掖士(儒生——引者),必敬禮之,不敢慢易;而尤重世族,苟其世賤,後雖貴盛,人固不願與齒,而彼亦不敢以其貴盛加人——吾鄉之俗如此。"④

"雖至貧,不肯棄《詩》、《書》不習;至賤者,能誦《孝經》、《論語》,曉知其大義"——這是多麼珍貴的樂學尊教的傳統呵!有了《詩》、《書》之仁義、《孝》、《論》之德行,何愁而不治?用於家則家理,移於鄉則鄉安,治於國則天下太平。

《孝經》曰:"移風易俗,莫善於樂;安上治民,莫善於禮。"又說:"教民親愛,莫善於孝;教民禮順,莫善於悌。"泰和一方之善風美俗之形成,不能不說與崇儒貴孝有莫大關係。

經開國之君朱元璋的大力提倡、明代後繼之君的身體力行,儒家的"孝悌"之道在明代又得到復蘇和大力推廣,《孝經》也在明代得到更大範圍的普及。但是,也是由於朱元璋對"孝悌"之道的片面理解和強調,使孝悌這一親親情感,向忠君報主方面嚴重傾斜,導致了明清以來愚忠愚孝思潮的產生和盛行。明代,無疑是孝悌文化在經歷了元代破壞後的復蘇時期,但也可視爲儒家孝悌觀念被專制君主利用和誤導,因而產生消極影響的重要轉捩點。

① 王直:《都御史陳公墓表》,《抑庵文集》後集卷二六。
② 黃嗣東:《道學淵源錄》卷八三。
③ 梁潛:《蕭母張氏孺人墓誌銘》,《泊庵集》卷一一。
④ 楊士奇:《石岡書院記》,《東里文集》卷二。

論王夫之的"占學一理"

張學智

（一）

　　王夫之的易學觀中,占學一理,即占以示學是重要方面,這個方面代表了他對《周易》的性質、《周易》在人的精神修養方面的作用以及占筮體例等問題的根本理解。

　　王夫之認爲,《易》本爲卜筮而創制,此不待言,此點易知易見,歷代無異辭。但《易》是否僅僅卜筮之書? 此則大有申論之必要。在發抒對於《周易》性質的看法時,王夫之說:

> 　　《易》之垂訓於萬世,占其一道爾,故曰:"《易》有聖人之道四焉。"唯"制器者尚其象",在上世器未備而民用不利,爲所必尚,至後世而非所急耳。以言尚辭,以動尚變,學《易》之事也。故占《易》學《易》,聖人之用《易》,二道並行,不可偏廢也。[①]

在他看來,"《易》有聖人之道四",卜筮只是其中的一個方面。"以言者尚其辭",不是說《周易》卦爻辭文辭華美,是後世文章淵藪,而是說,卦爻辭可供人研習講論,以討究其中道理之得失。"以動者尚其變",是說《易》之卦爻,皆以陰陽之消長,發動之時位來摹擬、象徵事物的變化。"以制器者尚其象",是說上古時器用草創,無成器可以仿效摹制,故從《周易》卦象中吸取靈感。後世器用日精,則以已成之器爲製作之源而不必求諸卦象。但此點王夫之有不同的說法,《周易內傳》對"易有聖人之道四焉"中制器尚象的解釋,則以爲非徒上古時制器尚象,即使後世器用大備,日進日精之時,所制

---

① 《周易內傳發例》,《船山全書》第一冊,長沙:嶽麓書社,2011年,第654頁。

之器仍暗合陰陽剛柔、虛實錯綜之象,只不過人於此多習焉不察罷了。在王夫之眼裏,《易》有聖人之道四,皆學《易》之事,《周易》即占即學。《繫辭》說:"居則觀其象而玩其辭",此學《易》之事。"動則觀其變而玩其辭",此占筮之事,而占即學。孔子云"五十以學《易》,可以無大過矣"①,是說寡過在於學《易》;云"不占而已矣"②,是說欲恒其德在於學《易》。即以占而言,君子如有疑,必先反求諸己,或謀之師友,得道之中正而遵之,這樣疑惑減到至寡,不能決再求之於筮。從這個意義說,筮爲學之餘,學是始終從事而不可須臾離的。《繫辭》說:"《易》之爲書也不可遠。"如果僅視之爲卜筮之書,那麼無疑惑需卜筮決疑之時,《易》可以束之高閣。王夫之的結論是,當變動,處利害,遇凶吉之時,若平時無學,則不知所從,天即使欲庇佑亦無從著手。故整部《周易》所示人的是,占學並重,而尤以學爲重。廣義而言,占亦學之事。就此點著眼上溯易學史,則漢儒象數之學重在占,王弼以後至程頤,重在學。朱熹矯後世廢占重學之弊,以《易》爲卜筮之書,說"《易》非學者所宜讀",亦非允宜之論。

王夫之認爲,《易》即學即占,此意在整部《周易》中處處可見,相較而言,其占於六十四卦卦爻辭及吉凶悔吝之斷辭中較多,而學則於《繫辭》通論《周易》性質、功用諸章中表現得最爲鮮明。王夫之注《易》,也在《繫辭》部分極論天人性命之理。如作於晚年、代表他成熟思想的《周易內傳》,即於《繫辭》注中暢論他關於宇宙人生的根本見解,以顯示《周易》爲學者修德進學必讀之書,《易》非僅爲卜筮而設。如在《繫辭》上傳第四章、第五章③之注中,王夫之談到《周易》的性質和功用:

> 前章(第四章)由《易》而推天道之所自合,見《易》爲至命之書。此章推人所受於天之性,而合之於《易》,見《易》爲盡性之學。蓋聖人作《易》以詔吉凶而利民用者,皆佑人性分之所固有,以獎成其德業,而非天道之遠人,吉凶聽其自然也。修之者吉,修其性之良能也。悖之者凶,悖其性之定理也。所性全體之外,無有吉凶。於此占,即於此學矣。④

這裏王夫之說,《繫辭》第四章,即從"《易》與天地準,故能彌綸天地之道"到"範圍天地之化而不過"一段,主要說天道,能從中見天理天命,可顯《易》爲至命之書;而第五章,即從"繼善成性"到"成象之謂乾,效法之謂坤"一段,主要說人道,人效法《周易》以行,可顯《易》爲盡性之書。總之,《易》爲盡性至命之書。從它的來源說,《易》之道體天地

---

① 見《論語·述而》。
② 見《論語·子路》。
③ 此分章法依朱熹《周易本義》。
④ 《周易內傳》,《船山全書》第一冊,第524頁。

之理,盡人物之性。"《易》之錯綜變化,得失不定,皆物理人事之所有。當其時,居其位,則有其道。……而易無擇於六位之貴賤險易,皆因時以奠居,奬其靜而抑其躁,則無土不有天理之必盡,而健順之化皆行焉,是體天地廣大之生以詔人而利物也。"①從學《易》說,人通過《周易》視宇宙萬物爲一整全而有結構、條理的系統,並以所知之陰陽化理參贊萬物之變。王夫之賦予《周易》十分豐富的內涵,認爲它是通過卦象這套符號系統來表達天地的神妙變化,不僅僅是通過象數來測度已成之跡。它反映了天地人物之性,它指示人以安身立命之道:樂天知命故不憂,安土敦仁故能愛。故它是盡性至命之書,《周易》是學之事,學中寓占。它可以提高人對宇宙原理的體證,確立正確的人生價值目標,並不僅僅是用來測度萬物之變化以幫助人採取正確的措施避凶趨吉。

在展示天道和指示修爲之理兩個方面,王夫之更重視後者,他認爲,《易》不僅可以展現天道,示人安身立命之理,並且可以由天之賦予人之稟受,示人以盡性至命之歸。這一點在對《繫辭》"一陰一陽之謂道,繼之者善也,成之者性也"一句的解釋中可以明確見出:

> "— —"云者,相合以成,主持而分劑之謂也。……此太極之所以出生萬物,成萬理而起萬事者也,資始資生之本體也,故謂之"道"。亘古今,統天人,攝人物,皆受成於此。其在人也,則自此而善,自此而性矣。夫一陰一陽,《易》之全體大用也。乃泝善與性之所從出,統宗於道者,固即此理。是則人物之有道,《易》之有象數,同原而不容歧視,明矣。②

這是說,道由一陰一陽相合以成,道主持分劑萬物之運化。一陰一陽之道是產生萬物成就萬事的根源,也是資始資生的本體。人之性,是繼道而有,因道而成,所以《繫辭》下文爲"繼之者善,成之者性"。因爲萬事萬物皆出於道,而道的實質是理,《易》之象數是對此道此理的摹擬與展現,所以《易》與人、物有相同的來源,不容視爲相異的二個物事。這裏對《易》的本原性給予極大強調。

雖然人與物同出一源,但有各自的性質,人與人亦有不同的特性。王夫之在解釋《繫辭》"一陰一陽之謂道,繼之者善也,成之者性也"一句時,對人作爲類之所以首出庶物,對人各有其性之因,《易》即寓乎性中之緣由,都作了富有形上意味的說明:

> 道統天地人物,善、性則專就人而言也。一陰一陽之謂道,天地之自爲

① 《周易內傳》,《船山全書》第一册,第 522 頁。
② 同上,第 525—526 頁。

體,人與萬物之所受命,莫不然也。而在天者即爲理,不必其分劑之宜;在物者乘大化之偶然,而不能遇分劑之適得;則合一陰一陽之美以首出萬物而靈焉者,人也。"繼"者,天人相接續之際,命之流行於人者也。其合也有倫,其分也有理,仁智不可爲之名,而實其所自生。……"成之",謂形已成,而凝於其中也。此則有生以後,終始相依,極至於聖而非外益,下至於牿亡之後猶有存焉者也。於是人各有性,而一陰一陽之道,妙合而凝焉。然則性也,命也,皆通極於道,爲"一之一之"之神所漸化,而顯仁藏用者。道大而性小,性小而載道之大以無遺。道隱而性彰,性彰而所以能然者終隱。道外無性,而性乃道之所函。是一陰一陽之妙,以次而漸凝於人,而成乎人之性。則全《易》之理不離乎性中,即性以推求之,《易》之蘊豈待他求象數哉!①

這是說,道統天地人物,它自身的性質是一陰一陽。就人與物說,人、物受天地之道爲己之性,其性亦一陰一陽。但何能獨得爲人? 這只能由天地運化中的偶然性來說明。天無私心,自然而然,它在主持分劑中並不想特意成就人,天地中之人、物,亦各爲乘大化而流行的偶然物,不必恰好得遇爲人。王夫之對大化流行中萬物的軌跡是這樣描述的:一陰一陽之氣相倚而不離,隨其隱顯,有一彼一此之往來,雖大小多寡不齊,但必由一陰一陽相交而成。事物偶然相值,若問此偶然爲何如此而不如彼,必推至道之經營、主持,不見其作爲而其結果精密巧妙無比。實則此皆偶然,偶然爲人,偶然爲物,但人必首出萬物。所謂"繼"之者,指人繼天道而成己性。人作爲整體的類,與天有共性,此共性即"倫"。作爲類的人,則有其性之表現,此即"理"。此理可名之爲仁智,但仁智實不能將性包括殆盡,只可說爲性所生。"繼之"是就來源說,"成之"是就稟得說。稟得一陰一陽之氣而成形,性即凝於其中。修養之極爲聖人,亦就此性成就而非外鑠;下而淪爲禽獸,亦非將性牿亡淨盡而無孑遺。所謂性命,皆道的表現。賦有性命的個體,皆在一陰一陽之神化中漸漬,皆顯諸仁而藏諸用。道大性小,道隱性彰,表現道之《易》理實際即表現道之性體,所以說《易》之理即人性之理。

這裏王夫之強調的是,既然《易》理就是性理,《易》理之彰顯實際上就在對人造的符號而作的詮釋中。《易》系統的意義全在詮釋。離開了詮釋活動就沒有《易》。而詮釋主要是詮釋出《周易》中所蘊含的道理,而不是其中的象數。象數不能對人的"學"有些少助益。所以王夫之解《易》的方向是"即性以推求之,《易》之蘊豈待他求象數哉"! 這一點不僅是王夫之反對朱熹《易》爲卜筮之書的根據,也是他反對一切形式的

---

① 《周易內傳》,《船山全書》第一冊,第526頁。

象數之學的根據。

（二）

與《易》同源自一陰一陽之道的性，它的内容爲何？怎樣發生現實的作用？王夫之對《繫辭》"顯諸仁，藏諸用，鼓萬物而不與聖人同憂，盛德大業，至矣哉"一段話的發揮中對這個問題作了充分回答，這一回答同樣充滿了形上意味：

> 此言一陰一陽之道，爲《易》之全體，而於人性之中，爲德業所自立，以見盡性者之不可離也。性函於心。心之體，處於至靜而惻然有動者，仁也。性之能，麗於事物而不窮于其所施，用也。仁函於心，本隱也，而天理者未動而不測其所在，雖或聞見有得，而終不與己相親；惻然内動，乃以知吾心之有此，而條緒昭察於心目之前，則唯仁爲道之所顯也。此陰陽固有其誠，而必著其幾於動靜之介者也。用麗於事物，本著也，而所以用者率不可得而見。……變化錯綜於形聲兩泯之地，用之密運，乃一陰一陽主持分劑之微權，而藏於動靜之中者也。顯而微，藏而著，此陰陽配合參伍之妙，"一之一之"之道也。以其顯者鼓之，使惻然而興；以其藏者鼓之，而不匱於用。一陰一陽之道流行於兩間、充周於萬物者如此。故吉凶悔吝無所擇，而仁皆存，用皆行焉。在聖人之有憂者，皆其可樂之天、可安之土。唯《易》全體此道以爲教，故聖人於《易》，可以釋其憂，以偕百姓而同歸於道，由此而盛德著，大業興。一陰一陽之道爲《易》之蘊，而具於人性之中也如此，誠至極而無可尚矣。[1]

這也是說，一陰一陽之道是《易》的内容，也是人性的内容，此道是人之德業所以立的根據，是盡性者不可離的本原。性函于心中，作爲心之體，它是至靜無感的。由外感，惻然之心動，仁之德顯。這套心性學理論來源於朱子。朱子的性即理，性靜情動，性體心用，性者心之德愛之理諸義是此處王夫之的理論根源。性藏於心中，但能敷施爲具體事物之理而不窮於心之所用。性本隱，處於隱之時的性純是天理，這時天理是邏輯上的有、潛存的有，因未顯發而不能測其所在。雖然此時有聞見之知，但性作爲道德理性而不爲所動。待外感之以德性内容，性惻然内動，顯爲仁，性方從邏輯的有、潛

---

[1] 《周易内傳》，《船山全書》第一冊，第 528 頁。

在的有變而爲現實的有,作爲應對具體的感的條理彰顯於心中。此時可以說性有仁道顯現於前。也可以說,一陰一陽之道固有之理,必借其動幾之媒介而著見。具體的用與事物同在,同顯現於此,但作爲發動之本、顯現之本的性卻不可得見,因爲它是形而上的潛存。而具體事物之動,爲此一陰一陽之道之密運,爲之主持分劑,鼓之舞之使其興起。

道、性的作用如此,可以說它充周於一切處,顯現於一切事物,不管它對於處在具體時位的卜筮者而言顯現何種吉凶,但它藏諸仁,顯諸用的性質卻永遠如此。故聖人有憂,道無憂,道永遠隨其所遇而樂天知命,隨其所居之地而安土敦仁。因爲《易》是體道而有,故能以道爲教。聖人以《易》爲教,就可釋其憂而偕百姓同歸于道。由此而盛德著,大業興。道作爲《易》的內容,同時作爲人性的內容,其地位自然"至極而無尚"了。

作爲道的表現和設施的《易》,其內容是"生生不已"。"生生不已"有二個層面的含義,一個是宇宙萬物的生成變化層面,一個是揲筮所象徵的層面。這二個層面都顯現了道的義涵。王夫之說:

> 《易》之所自設,皆一陰一陽之道,而人性之全體也。"生生"者,有其體,而動幾必萌,以顯諸仁;有其藏,必以時利見,而效其用。鼓萬物而不憂,則無不可發見,以興起富有日新之德業。此性一而四端必萌,萬善必興,生生不已之幾。而《易》之繇大衍而生數,繇數而生爻,繇爻而生卦,繇卦而生變、占,繇變、占而生天下之亹亹。有源故不窮,乘時故不悖,皆即此道也。①

這是說,《周易》的創設根據一陰一陽之道。就人、物而言,此道亦即人性、物理之全體。人性與宇宙萬物體現著同一原理。這同一原理即"生生"之仁。有生生之仁做本體,必然表現爲幾的萌動,以顯本體之仁。本體必發爲其用,其用是通過對時空中的具體事物的潤沃、啟動而實現的。作爲本體的一陰一陽之道、生生之仁鼓動具體事物,它本身則無目的,無意志,完全出自本性的必然性,但它的結果卻是興起日新之德業。如果其用表現爲人的活動,則必是由內在之性萌發爲四端,人的各種合目的合規律的活動由此而興。人、物的活動代表了、概括了一陰一陽之道的全部精神。換句話說,生生不已就是《易》最真實的內涵,就是一陰一陽之道最真切的體現。這就是王夫之對"生生之謂《易》"一句的理解。這一理解說明,王夫之把他作爲一個理學家對宇宙的體會、解釋投射于《易》之上,使《易》突破了作爲卜筮工具的作用,貫注、承載了人

---

① 《周易內傳》,《船山全書》第一冊,第 529—530 頁。

對宇宙的覺解,表現了人的精神境界。《易》的占學一理、即占即學的基本觀點在這裏最鮮明地表現了出來。

就《易》的揲筮成卦的過程說,也體現了"生生之謂《易》"的精神。《易》的本質是變,變的發生是被內在的生的本性所鼓動的,變的過程就是生的過程。如《易》"大衍之數五十,其用四十有九。"經過分二、掛一、揲四、歸奇,四營始成一變。再合一、三分之,而始成一爻。一爻經三變,這樣的過程重複六次而成一六畫之卦。故《繫辭》有"四營而成易,十有八變而成卦"之說。其間七、八、九、六之數之生,也可以說皆《易》本有之神理的造作,同時也是生生的過程。在解釋《繫辭》"顯道神德行,是故可與酬酢,可與佑神矣。子曰:知變化之道者,其知神之所爲乎"一句時,王夫之說:

> 上言卦之所自畫與蓍之所用,皆準於天地之理數;而卦象雖立,成數雖在,其十有八變、分二之無心,而七、八、九、六妙合於軌則者,非可以意計測度,則神之所爲也。夫不測之謂神,而神者豈別有不可測者哉? 誠而已矣。分之合之,錯之綜之,進之退之,盈虛屈伸一因乎時,而行其健順之良能以不匱於充實至足之理數,則功未著、效未見之先,固非人耳目有盡之見聞、心思未徹之知虛所能測,而一陰一陽不測之神可體其妙用。故夫子終歎之,以爲法象昭垂,而神非誠不喻;成數雖在,固非筮史所能知。君子之於《易》,終身焉耳矣。[①]

這是說,就卦的來源和卜筮之用說,皆合於天地之理及其數量規定性。此理數由道內在的性質所衍生。它是一個自然而合律則的系統。"誠"即道體自身,"神"言其衍生象數之神妙莫測。從道體之體用合一說,神即是誠。誠體之運動,其分合、錯綜、進退、盈虛、屈伸,皆由其自身"行其健順之良能"所包含的數量潛能,而鋪排於、充實於具體時空中,用之不竭,予之不匱。道體內含的數量潛能的鋪排、充實,是一個非人力能知的自足的展開過程。自然法象所昭示垂訓的,無非此誠神之體用。此誠神之體用,完全體現了生生之不窮和自然合理之不悖。不窮不悖,是一陰一陽之道的根本性質。

王夫之在解釋《繫辭》"陰陽不測之謂神"一句時,更闡發了他對誠和神的理解:

> "神"者,道之妙萬物者也。《易》之所可見者象也,可數者數也;而立於吉凶之先,無心於分而爲兩之際,人謀之所不至,其動靜無端,莫之爲而爲者,神也。使陰陽有一成之則,升降消長,以漸而爲序,以均而爲適,則人可

---

① 《周易內傳》,《船山全書》第一冊,第551頁。

以私意測之，而無所謂神矣。……唯至健至順之極變化以周於險阻者，無擇無端，而時至幾生於不容已，莫能測也。《易》唯以此體其無方，爲其無體，周流六虛，無有典要，因時順變，不主故常，則性載神以盡用，神帥性以達權之道至矣。一陰一陽者，原不測也。以此益知"一之一之"云者，非一彼而即一此，如組織之相間，而拂乎神之無方、乖乎道之各得，明矣。然則列次序，列方位，方而矩之，圓而規之，整齊排比，舉一隅則三隅盡見，截然四塊八段以爲《易》，豈非可觀之小道，而蠻術之小人亦可以其小慧成法，坐而測之乎！①

這裏關於神的定義，與他後來在《張子正蒙注》中所論"神"、"化"等觀念是一致的：神是道體、誠體衍化、展開、主持分劑具體事物的微妙作用，是可以經驗的象數背後，人無法知其所以然的造物過程。神的本義是神妙莫測，故無一成不變的法則，這就是"神無方而易無體"。一有方體，一有成法，則不成其爲"神"。它雖神妙不測，但卻乘一陰一陽之至健至順而成變化，這種變化無時不有，無處不在，以時會運至而生幾，神與道體、性體、誠體互相作用的方式是，道體承載其神妙之作用而極變化之能，神循誠體之性而活動以達到最適宜之機權，其活動"周流六虛，無有典要，因時順變，不主故常"，是體用、經權、常變的完美合一。它渾然一體，莫知其向，故不能截然相分，劃然相隔。以慣常的思想方法實測之、把握之，則"神"失其神妙而不成其爲"神"。這裏王夫之是以一個傑出的形上學家的宏闊眼光去看宇宙的實相，去領略和理解誠體、神體的存在與活動方式。從這個立場去看象數之學對宇宙萬化的排比、測算，皆以既成之死物套變化無方之活體，只是一套框定在一定成規下的死物，扼殺了、湮滅了其動感與神采。在王夫之之眼裏，賣弄這種方法的是"可觀之小道"、"蠻術之小人"的"小慧成法"，缺乏創造性智慧之靈動飄逸。

以上通過王夫之對《繫辭》第五章的解說，可以看出，王夫之的易學觀充滿了形上學的智慧，他從易道推原其來源——道體、誠體及其活動方式，以說明易道廣大，它是宇宙的指代符號；卦爻象背後，潛藏著一個豐富的活體世界。通過詮釋，這個活體世界可以生動地展示在我們面前，通過這個活體，可以折射出人的精神世界的全部蘊藏。所以，《易》最重要的是學，不是技，即占即學，知天以知人，知天以知易之道，知易道以知性命之統宗，聖功之要領，乃是一順理成章之事。所以王夫之對《繫辭》第五章之章旨有一極爲深切的總結：

此章推極性命之原于《易》之道，以明即性見《易》，而體《易》乃能盡性於

---

① 《周易內傳》，《船山全書》第一冊，第531頁。

占,而學《易》之理備矣。根極精微,發天人之蘊,《六經》、《語》、《孟》示人知
性知天,未有如此之深切著明者;誠性學之統宗,聖功之要領,于《易》而顯。
乃說者謂《易》爲卜筮之專技,不關於學,將置夫子此章之言於何地乎?①

可以說,王夫之的易學觀,他對於易的性質與作用的根本期許,在此章之注解與歸結
中可以概見。

(三)

《易》的性質既如上述,王夫之對於占筮的看法是,吉凶易知,得失難就,因爲得失
關乎君子之出處去就,立身大節、利害休咎縮於其中。他贊成張載對於占筮的看法:
"《易》爲君子謀,不爲小人謀"。王夫之詳述這一觀點說:

> 《易》之爲筮而作,此不待言。王弼以後,言《易》者盡廢其占,而朱子非
> 之,允矣。雖然,抑問筮以何爲,而所筮者何人何事邪? 至哉張子之言曰:
> "《易》爲君子謀,不爲小人謀。"然非張子之創說也。《禮》:筮人之問筮者曰:
> 義與? 志與? 義則筮,志則否。文王、周公之彝訓,垂於筮氏之官守且然,而
> 況君子之有爲有行,而就天化以盡人道哉! 自愚者言之,得失易知也,吉凶
> 難知也。自知道者言之,吉凶易知也,得失難知也。②

《易》之創制,本爲卜筮,此自不待言,但爲何要占筮,占筮之後遵何者爲準則而行動,
這卻有義利之判,君子小人之分。張載對於占筮性質的斷辭十分斬截,義利之辨甚
嚴,其實張載是有本而言。《禮記》就有"占義不占利"之言。此處的"志"指私人意志。
筮人拒絕爲私人意志占筮,而願爲正義之事卜休咎。這裏把占義不占利說成文王、周
公之遺訓,這表明,在王夫之心目中,《易》在伏羲畫八卦之時,因屬草創,自然簡而無
文,且無卦辭爻辭導人以解釋方向,主要爲吉凶利害之占。自文王、周公重卦、系卦爻
之辭,孔子作十翼以昭明《易》之性質、體例,《易》即突破了原有性質,而爲即占即學,
以學爲重。占筮也一變而爲君子窮理盡性之事。《易》乃天下之公器,君子小人都可
以利用。小人以之占吉凶,知吉凶,得失即在焉。也就是說,在小人,占得吉則趨之,
占得凶則避之,吉即得,失即凶,得失一準之於利益,不復有道德之考量。故在小人,

① 《周易內傳》,《船山全書》第一冊,第 532 頁。
② 《周易內傳發例》,《船山全書》第一冊,第 653 頁。

難知者爲吉凶,易知者爲得失。卜問的內容只是吉凶,吉凶一知,得失立判。得失也即吉凶。而在君子,卜問吉凶只是初步之事,知吉凶之後,依道德準則而有之行動,便非吉凶得失所能盡括。君子所謂得失,不只是利害,還有道德意識所帶來的公私、義利、誠僞、正邪及志節、出處等考量。王夫之認爲,君子之所以吉凶易知,得失難知,就在於吉凶二端,吉則順受,凶亦無違,樂天知命而無憂。吉凶悔吝,前知不憂,不前知亦不憂。君子對此祇取盡人事而聽天命的態度。凶之大者無過於死,而對於死,亦可以泰然處之,"存吾順事,歿吾寧也。"故知之早晚,無所用之。而得失則不然,且不說立仁義之道爲持身準則甚難,即此道確定之後,出處從違,差之毫釐便謬以千里,即使學識修養極高之人,也難免疑惑不知。特別是一些千夫之存亡生死繫於一身的人,其一人之從違,可生天下之險阻。事幾之隱蔽,後果之莫測,更易使之首鼠兩端。且事變之難知,造化之弄人,更使人有難知難預之歎。此所謂吉凶易知,得失難知也。就這裏的解釋看,王夫之確實是把《易》看做占君子不占小人之具,他也主動地以《易》爲學,以養成高度的精神境界和知識儲備以應對卜問之吉凶。

王夫之還根據以上對《易》的性質的體會,提出"《易》爲君子謀,不爲小人謀"的主張,對張載的這一說法做了進一步闡述,在其中指出他關於義利的根本見解,並對朱熹所謂"教誠"提出駁正,他說:

> 《易》爲君子謀,不爲小人謀。君子之謀于《易》,非欲知吉凶而已,所以知憂,知懼,而知所擇執也。故曰:"无有師保,如臨父母"。《本義》往往有戒占者之言,贅矣。然所戒者,剛柔之節,進退之度,王者之刑賞因革,君子之出處語默,兩俱近道,而戒以慎擇而固執之。若夫貞之爲言正也,出乎正則入乎邪,即微《易》之戒,豈有不貞而可以徼利者哉! 貞之爲利也,不相離也,貞則利,利必貞也,故有貞凶,而無不利之貞,無不貞之利。且《易》之所謂利者,非小人之利,求榮而榮,求富而富,欲焉而遂,恣焉而逞者也。故曰"利物",非私利於己之謂也;曰"合義",合於義即利,所謂不以利爲利,以義爲利也。故凡言貞吉者,言既得其正而又吉。或謂所吉者在正,而非不正者之可幸吉,此即戒矣。[①]

這還是說,君子之占筮,是學之事,重在知吉凶之後何以自處。君子之擇執不是擇吉而趨,而是擇執符合道義的行爲。此時雖無師保教你如何做,但還是應該採取道義。朱熹的《周易本義》以《易》爲卜筮之書,所以書中有大量的教誠之言。其解釋卦爻辭

---

① 《周易內傳發例》,《船山全書》第一冊,第671頁。

當中的斷占之言,常有"戒占者宜如是","故其象占如此,亦戒辭也","占者如是,則如其應矣","故爲此象,而占與戒皆在其中矣"等等,於中顯出價值指向。《易》之後有教誡,這是正確的,但王夫之進一步指出,《易》所教誡於人的,多非出於利害上的考慮,而是剛柔之摶節,進退之審度,王者刑賞之適度,君子出處語默之適時等,皆是關於立身大節等道德性命上的考量,是教誡人對符合道義之事擇善固執。

王夫之於此更深入討論朱熹對"利貞"的解釋,就中表達他關於義利的根本觀點。朱熹訓"貞"爲"正而固也","乾,元亨利貞"爲"乾道大通而至正,故於筮得此卦,而六爻皆不變者,言其占當得大通,而必利在正固,然後可以保其終也"。① 王夫之認爲,於"利貞"應當有辨,應當區別"貞可得利因而守貞"和"守貞自然有利"兩個不同的意思。王夫之主張後者,他說的"貞之爲利也,不相離也,貞則利,利必貞也"的意思是,利是固守正義的自然結果,不是爲利而固守正義。就長遠說,就根本說,固守正義必然帶來有正面價值的結果。固守正義可能有眼前的禍患,但沒有非正面價值的結果。不守正義的行爲,雖眼前可能有利益,但從根本上說是沒有正面價值意義的。王夫之並且指出,所謂利益,不是小人的求榮得榮,求富得富,不是私欲得遂,私忿得逞。《易》所謂"利物足以和義"(見《乾·文言》)之"利物",不是說對己有私利;曰"合義",是說合于道義即有利益。這都是說不以利爲行爲的目標、行爲的動力,而是說追求道義,利即在其中了。卦爻辭斷言"貞吉",意思是因得其正故吉,不是說不正者可以僥倖得吉。這就是《周易》對人的教誡。從這裏可以看出,王夫之理學氣息之濃厚毫不亞於朱子,甚至可以說,他在對《周易》的注釋上所表現出的對理學原則的堅守,比朱子猶有過之。他把朱子因視《周易》爲卜筮之書而沖淡了、放鬆了的道德訓誡,以峻拔迅利的方式重新加以強調,其中對朱子實暗寓批評之意。其中表現出的欲借創新學術以興滅繼絕的苦心,是很清楚的。

此外,王夫之爲了强化《周易》以學爲主,卜問爲次的性質,還提出了"鬼謀助人謀"的說法。他在《周易內傳發例》中說:

> 故聖人作《易》,以鬼謀助人謀之不逮,百姓可用,而君子不敢不度外內以知懼,此則筮者筮吉凶於得失之幾也。固非如《火珠林》者,盜賊可就問以利害。而世所傳邵子牡丹之榮悴,瓷枕之全毀,亦何用知之以瀆神化哉! 是知占者即微言大義之所存,崇德廣業之所慎,不可云德以占吉凶,而非學者之先務也。②

① 《周易本義·乾》。
② 《周易內傳發例》,《船山全書》第一冊,第654頁。

"人謀"、"鬼謀"語本《易傳·繫辭》"天地設位,聖人成能,人謀鬼謀,百姓成能"句,意爲,自然界有天地陰陽之分判與對位,聖人象之以作《周易》。《周易》實"人謀"與"鬼謀"之合,故人皆可據以"占事知來"。"人謀"指揲筮過程中人爲的活動,如分二、掛一、揲四、歸奇以得出七八九六之數;"鬼謀"指揲筮過程中人不能預知而純偶然的活動,如分而爲兩中每堆蓍草的數目,純出於無心,故筮得何卦,人不能預知。就《易》之原理說,只有"人謀""鬼謀"兩相參與而成卦,才能既有某種神秘的力量使人信向,又不致完全無規律可循,純爲偶然的活動,類同兒戲。如龜卜,其經鑽灼所成之兆紋即純爲"鬼謀",因其無揲筮成數的觀念,因之而有的規律性無從導入,故純爲一偶然性活動。在長期的卜筮實踐中,因其理性成分太弱而逐漸爲占筮所代替。而禽壬、遁甲一類預測吉凶之術,又因無"鬼謀"的參與,純是人爲設定的數字推算,"排甲子死數",減弱了其中因人力無法參與而有的神秘性、神聖性,故只淪爲術數小技。《周易》之成卦,主要是"人謀",而"鬼謀"輔之,故其占卜吉凶的合理性大爲增加。但如上言,王夫之視《易》爲"學"之事,它的主要功能在君子得卦之後就吉凶以定得失。故王夫之在解釋《易》之"居則觀其象而玩其辭,動則觀其變而玩其占"一語時說:"'觀象玩辭',學《易》之事;'觀變玩占',筮《易》之事;占亦辭之所占也。……《易》因天道以治人事,學之以定其所守,而有事於筮,則占其時位之所宜,以慎於得失,而不忘憂虞,則進退動靜一依於理,而'自天佑之,吉无不利'矣。天者,理而已矣,得理則得天矣。"①這一句可以說是君子"筮者,筮吉凶於得失之幾"的最好解釋。王夫之認爲,《易》既是"占君子不占小人","《易》爲君子謀,不爲小人謀",所以它不像《火珠林》一類專講占術之書,任何人可即之以叩問吉凶利害。邵雍雖爲命世大儒,但其類似術數的"數學"處處遭到王夫之的批評。其以《周易》占牡丹之花開花謝,瓷枕之或全或毀,皆視《易》爲《火珠林》一類占書,其不知易之深蘊也明矣。王夫之以《周易》之占爲"微言大義之所存,崇德廣業之所慎",期之可謂深遠。

相同的意思,王夫之在對《繫辭》"夫《易》何爲者也"一句的解說中作了總結性的詮釋:

> 夏、商之世,《易》道中衰,或多爲繁說,侈於吉凶,而不要歸於道,文王乃作《周易》,一本諸天人之至理,止其誣冗,唯君子謀道乃得占以稽疑,理定於一而義嚴矣。以此立教,後世之竊《易》者,或濫於符命,如《乾鑿度》;或淫於導引,如《參同契》;或假以飾浮屠之邪妄,如李通玄之注《華嚴》;又其下則地

① 《周易內傳》,《船山全書》第一冊,第516頁。

術星命之小人皆爭託焉。惡知《易》之爲用但如斯而已乎？"通天下之志"以陰陽之情，"定天下之業"以健順之德，"斷天下之疑"以得失之理，非是三者，《易》之所不謀也。①

這裏說夏商之《連山》、《歸藏》只爲卜筮吉凶，文王乃重卦、系卦爻辭，將《易》引入道德性命之域。王夫之關於易學歷史的追溯是否符合事實這裏且不論，值得重視的是，王夫之認爲自文王之後，《易》即爲君子謀道之書。謀道有疑才稽諸《易》，《易》並非只爲占卜吉凶之書。《易》以天地萬物之理爲其製作原則，其中展示的義理是十分嚴正的。後來儒家以之爲立教的經典，垂訓後世。漢易之術數符命，佛道之以《易》牽合彼教教義，民間之堪輿星命，皆誣託《周易》以行。不知《易》創制之本義原爲道德性命，《易》本是以一陰一陽來宣示宇宙法則，以乾坤健順之德來貞定天下之事業，以得失之理而非吉凶之兆來決斷天下之疑。此爲制《易》、用《易》、學《易》、筮《易》之正鵠，舍此則非《易》之所謀。

若將此正鵠具體化爲實用之術，則王夫之嚴守《易傳》"聖人之道四焉"：言者尚其辭，動者尚其變，制器者尚其象，卜筮者尚其占。王夫之認爲，他對於《周易》的解釋，一遵此聖人之道，言《易》必守理爲之體，而此四者爲用之法式。他以這種詮釋方向爲"聖人垂教之精義"，終生篤信固守，一毫不敢放鬆。這就是王夫之反復向我們昭示的易學觀。這種易學觀指向的是人格養成而非利益之得，處處充盈著理性精神、人文精神。

---

① 《周易內傳》，《船山全書》第一冊，第557—558頁。

圖書在版編目（CIP）數據

孔子學刊. 第 2 輯 / 楊朝明主編. —上海：上海古
籍出版社,2011.8
　ISBN 978-7-5325-5970-1

　Ⅰ. ①孔…　Ⅱ. ①楊…　Ⅲ. ①儒家—叢刊
Ⅳ. ①B222-55

　中國版本圖書館 CIP 數據核字(2011)第 125137 號

孔子學刊（第二輯）

楊朝明　主編

上海世紀出版股份有限公司　出版

上　海　古　籍　出　版　社

（上海瑞金二路 272 號　郵政編碼 200020）

（1）網址：www.guji.com.cn

（2）E-mail：gujil@guji.com.cn

（3）易文網網址：www.ewen.cc

上海世紀出版股份有限公司發行中心發行經銷

上海展强印刷有限公司印刷

開本 787×1092　1/16　印張 18.75　插頁 2　字數 346,000

2011 年 8 月第 1 版　2011 年 8 月第 1 次印刷

印數：1—1,800

ISBN 978-7-5325-5970-1

B·739　定價：48.00 元

如有質量問題，請與承印公司聯系